本书系中共上海市嘉定区监察委员会参与合作研究之项目成果

A Collection of Criminal Charges Application
and Cases Under the Jurisdiction of China's

SUPERVISORY COMMISSION

监察委管辖案件罪名适用精编

—— 李翔 / 主编 ——

北京大学出版社
PEKING UNIVERSITY PRESS

图书在版编目(CIP)数据

监察委管辖案件罪名适用精编/李翔主编. —北京:北京大学出版社,2021.4
ISBN 978-7-301-32069-3

Ⅰ.①监⋯　Ⅱ.①李⋯　Ⅲ.①刑法—罪名—法律适用—中国　Ⅳ.①D924.305

中国版本图书馆 CIP 数据核字(2021)第 047822 号

书　　　名	监察委管辖案件罪名适用精编 JIANCHAWEI GUANXIA ANJIAN ZUIMING SHIYONG JINGBIAN
著作责任者	李　翔　主编
责 任 编 辑	徐　音
标 准 书 号	ISBN 978-7-301-32069-3
出 版 发 行	北京大学出版社
地　　　址	北京市海淀区成府路 205 号　100871
网　　　址	http://www.pup.cn　新浪微博:@北京大学出版社
电 子 信 箱	sdyy_2005@126.com
电　　　话	邮购部 010-62752015　发行部 010-62750672　编辑部 021-62071998
印 刷 者	天津中印联印务有限公司
经 销 者	新华书店
	730 毫米×980 毫米　16 开本　30.5 印张　467 千字 2021 年 4 月第 1 版　2021 年 4 月第 1 次印刷
定　　　价	108.00 元

未经许可,不得以任何方式复制或抄袭本书之部分或全部内容。
版权所有,侵权必究
举报电话: 010-62752024　电子信箱: fd@pup.pku.edu.cn
图书如有印装质量问题,请与出版部联系,电话: 010-62756370

第一章　贪污贿赂犯罪

一、贪污罪 …………………………………………………… 1
二、挪用公款罪 ……………………………………………… 12
三、受贿罪 …………………………………………………… 19
四、单位受贿罪 ……………………………………………… 28
五、行贿罪 …………………………………………………… 33
六、利用影响力受贿罪 ……………………………………… 40
七、对有影响力的人行贿罪 ………………………………… 46
八、对单位行贿罪 …………………………………………… 54
九、介绍贿赂罪 ……………………………………………… 59
十、单位行贿罪 ……………………………………………… 70
十一、巨额财产来源不明罪 ………………………………… 76
十二、隐瞒境外存款罪 ……………………………………… 82
十三、私分国有资产罪 ……………………………………… 92
十四、私分罚没财物罪 ……………………………………… 99
十五、非国家工作人员受贿罪 ……………………………… 104
十六、对非国家工作人员行贿罪 …………………………… 113
十七、对外国公职人员、国际公共组织官员行贿罪 ……… 121

第二章　滥用职权犯罪

- 一、滥用职权罪 …………………………………………………… 124
- 二、国有公司、企业、事业单位人员滥用职权罪 ……………… 135
- 三、滥用管理公司、证券职权罪 ………………………………… 139
- 四、食品、药品监管渎职罪 ……………………………………… 145
- 五、故意泄露国家秘密罪 ………………………………………… 151
- 六、报复陷害罪 …………………………………………………… 155
- 七、阻碍解救被拐卖、绑架妇女、儿童罪 ……………………… 162
- 八、帮助犯罪分子逃避处罚罪 …………………………………… 164
- 九、违法发放林木采伐许可证罪 ………………………………… 174
- 十、办理偷越国（边）境人员出入境证件罪 …………………… 178
- 十一、放行偷越国（边）境人员罪 ……………………………… 186
- 十二、挪用特定款物罪 …………………………………………… 188
- 十三、非法剥夺公民宗教信仰自由罪 …………………………… 191
- 十四、侵犯少数民族风俗习惯罪 ………………………………… 193
- 十五、打击报复会计、统计人员罪 ……………………………… 194

第三章　玩忽职守犯罪

- 一、玩忽职守罪 …………………………………………………… 196
- 二、国有公司、企业、事业单位人员失职罪 …………………… 205
- 三、签订、履行合同失职被骗罪 ………………………………… 210
- 四、国家机关工作人员签订、履行合同失职被骗罪 …………… 216
- 五、环境监管失职罪 ……………………………………………… 220
- 六、传染病防治失职罪 …………………………………………… 225
- 七、商检失职罪 …………………………………………………… 232
- 八、动植物检疫失职罪 …………………………………………… 237
- 九、不解救被拐卖、绑架妇女、儿童罪 ………………………… 241

十、失职造成珍贵文物损毁、流失罪 …………………………… 243
十一、过失泄露国家秘密罪 …………………………………………… 246

第四章 徇私舞弊犯罪

一、徇私舞弊低价折股、出售国有资产罪 ……………………… 250
二、非法批准征收、征用、占用土地罪 ………………………… 255
三、非法低价出让国有土地使用权罪 …………………………… 262
四、非法经营同类营业罪 …………………………………………… 267
五、为亲友非法牟利罪 ……………………………………………… 271
六、枉法仲裁罪 ……………………………………………………… 275
七、徇私舞弊发售发票、抵扣税款、出口退税罪 ……………… 281
八、商检徇私舞弊罪 ………………………………………………… 287
九、动植物检疫徇私舞弊罪 ………………………………………… 293
十、放纵走私罪 ……………………………………………………… 297
十一、放纵制售伪劣商品犯罪行为罪 …………………………… 303
十二、招收公务员、学生徇私舞弊罪 …………………………… 309
十三、徇私舞弊不移交刑事案件罪 ……………………………… 313
十四、违法提供出口退税凭证罪 ………………………………… 320
十五、徇私舞弊不征、少征税款罪 ……………………………… 324

第五章 重大责任事故犯罪

一、重大责任事故罪 ………………………………………………… 330
二、教育设施重大安全事故罪 …………………………………… 336
三、消防责任事故罪 ………………………………………………… 340
四、重大劳动安全事故罪 ………………………………………… 346
五、强令、组织他人违章冒险作业罪 …………………………… 350
六、不报、谎报安全事故罪 ……………………………………… 354

七、铁路运营安全事故罪 ········· 360

八、重大飞行事故罪 ········· 364

九、大型群众性活动重大安全事故罪 ········· 369

十、危险物品肇事罪 ········· 373

十一、工程重大安全事故罪 ········· 380

第六章 公职人员其他犯罪

一、破坏选举罪 ········· 390

二、背信损害上市公司利益罪 ········· 394

三、金融工作人员购买假币、以假币换取货币罪 ········· 398

四、利用未公开信息交易罪 ········· 401

五、诱骗投资者买卖证券、期货合约罪 ········· 408

六、背信运用受托财产罪 ········· 411

七、违法运用资金罪 ········· 416

八、违法发放贷款罪 ········· 425

九、吸收客户资金不入账罪 ········· 431

十、违规出具金融票证罪 ········· 435

十一、对违法票据承兑、付款、保证罪 ········· 441

十二、非法转让、倒卖土地使用权罪 ········· 447

十三、私自开拆、隐匿、毁弃邮件、电报罪 ········· 454

十四、职务侵占罪 ········· 457

十五、挪用资金罪 ········· 465

十六、故意延误投递邮件罪 ········· 473

十七、泄露不应公开的案件信息罪 ········· 477

十八、披露、报道不应公开的案件信息罪 ········· 479

十九、接送不合格兵员罪 ········· 480

后记 ········· 483

第一章

贪污贿赂犯罪

一、贪 污 罪

（一）刑法条文①

第一百八十三条第二款　国有保险公司工作人员和国有保险公司委派到非国有保险公司从事公务的人员有前款行为的，依照本法第三百八十二条、第三百八十三条的规定定罪处罚。

第二百七十一条第二款　国有公司、企业或者其他国有单位中从事公务的人员和国有公司、企业或者其他国有单位委派到非国有公司、企业以及其他单位从事公务的人员有前款行为的，依照本法第三百八十二条、第三百八十三条的规定定罪处罚。

第三百八十二条　国家工作人员利用职务上的便利，侵吞、窃取、骗取或者以其他手段非法占有公共财物的，是贪污罪。

受国家机关、国有公司、企业、事业单位、人民团体委托管理、经营国有财产的人员，利用职务上的便利，侵吞、窃取、骗取或者以其他手段非法占有国有财物的，以贪污论。

与前两款所列人员勾结，伙同贪污的，以共犯论处。

第三百九十四条　国家工作人员在国内公务活动或者对外交往中接受礼物，依照国家规定应当交公而不交公，数额较大的，依照本法第三百八十二条、第三百八十三条的规定定罪处罚。

---

① 除特别说明外，均指《中华人民共和国刑法》。

(二) 犯罪构成

1. 法益

本罪侵害的法益既包括公共财物的所有权，又包括国家工作人员的职务廉洁性。本罪的犯罪对象一般为公共财物，非公共财物也能成为本罪对象，这是因为刑法规定贪污犯罪可以由国家机关、国有公司、企业、事业单位委派至非国有公司、企业、事业单位等的人员构成，其利用职务便利侵吞、窃取、骗取或以其他手段非法占有的财物不限于公共财物。

2. 客观行为

本罪在客观方面表现为利用职务之便，侵吞、窃取、骗取或者以其他手段非法占有公共财物的行为。

侵吞，与侵占词义相近，是指将自己因职务而占有、管理的公共财物据为己有或为第三人所有，包括事实上的处分与法律上的处分。窃取，是指违反占有者意思将他人占有下的公共财物转为自己占有。[①] 骗取，指假借职务的合法行为，行欺骗之实，使处分人陷入错误认识而处分公共财物。其他手段，指除了侵吞、窃取、骗取之外的其他利用职务便利的手段。主要有以下几种：(1) 内外勾结，迂回贪污。即国家工作人员利用职务上的便利，内外勾结，将自己管理、经营的公共（国有）财物以合法形式，转给与其勾结的外部人员，然后再迂回取回，据为己有。(2) 公款私存、私贷坐吃利息。(3) 利用回扣非法占有公款。即行为人在为本单位购买货物时，将卖方从购货款中抽出一部分作为回扣的款项占为己有的行为。[②] (4) 利用合同非法占有公款。如行为人在为本单位购买货物、推销产品等经济活动中，在与他人签订经济合同时，双方恶意串通，提高合同标的价格，然后将抬高的差价私分等。(5) 间接贪污。如国家工作人员利用职务之便，使用单位雇请的工人为自己干活等。(6) 占有应交单位的劳务收入。(7) 利用新技术手段进行贪污。即行为人利用职务便利，运用新的科技手段进行贪污的行为。主要有：银行工

---

① 参见张明楷：《刑法学》（第五版），法律出版社2016年版，第1184页。
② 收受回扣款的行为是受贿或商业受贿，而不是贪污。

作人员利用微机侵吞公款、套取利息,证券从业人员利用技术手段侵吞股金、红利等。

本罪在结果上须造成客观的危害结果,包括贪污数额较大或者客观上存在贪污情节较重的事实。

本罪的"占有公共财物"需要建立在利用职务之便的基础上,即不利用职务之便侵吞、窃取、骗取或者以其他手段非法占有公共财物的不构成贪污罪。

3. 行为主体

本罪的行为主体是国家工作人员或受国家机关、国有公司、企业、事业单位、人民团体委托管理、经营国有财产的人员。国家工作人员包括:(1) 国家机关中从事公务的人员,包括在国家各级权力机关、司法机关、行政机关以及军事机关中从事公务的人员;(2) 国有公司、企业、事业单位、人民团体中从事公务的人员;(3) 国家机关、国有公司、企业、事业单位委派至非国有公司、企业、事业单位、社会团体从事公务的人员;(4) 其他依照法律从事公务的人员。其具备以下两个特征,第一,特定条件下行使国家管理职能;第二,依照法律规定从事公务。具体包括:(1) 依法履行职责的各级人民代表大会代表;(2) 依法履行职责的人民陪审员;(3) 协助乡镇人民政府、街道办事处从事行政管理工作的村民委员会、居民委员会等基层组织人员;(4) 其他由法律授权从事公务的人员。根据《全国人民代表大会常务委员会关于〈中华人民共和国刑法〉第九十三条第二款的解释》,村民委员会等村基层组织人员协助人民政府从事下列行政管理工作,属于《中华人民共和国刑法》(以下简称《刑法》)第93条第2款规定的"其他依照法律从事公务的人员":(1) 救灾、抢险、防汛、优抚、扶贫、移民、救济款物的管理;(2) 社会捐助公益事业款物的管理;(3) 国有土地的经营和管理;(4) 土地征收、征用补偿费用的管理;(5) 代征、代缴税款;(6) 有关计划生育、户籍、征兵工作;(7) 协助人民政府从事的其他行政管理工作。

4. 主观罪过

本罪在主观方面必须出于故意,并具有非法占有公共财物的目的。过失不构成本罪。其故意的具体内容表现为,行为人明知自己利用职务之便所实施的行为会发生非法占有公共（国有）财物或非国有单位财物的结果，并且希望这种结果的发生。犯罪的目的，是非法占有公共（国有）财物或非国有单位财物。而非法占有公共（国有）财物或非国有单位财物的目的，既可以是行为人企图将公共（国有）财物或非国有单位财物永久地占为己有，也可以是行为人希望将公共（国有）财物或非国有单位财物非法获取后转送他人。另外，贪污罪不以特定的犯罪动机为其主观方面的必备要素，只要行为人故意实施了利用职务之便非法占有公共（国有）财物或非国有单位财物的行为，无论出于何种动机，均可构成贪污罪。

（三）司法认定

1. 共同犯罪

行为人与国家工作人员勾结，利用国家工作人员的职务便利，共同侵吞、窃取、骗取或者以其他手段非法占有公共财物的，以贪污罪共犯论处。公司、企业或者其他单位中，不具有国家工作人员身份的人与国家工作人员勾结，分别利用各自的职务便利，共同将本单位财物非法占为己有的，按照主犯的犯罪性质定罪。①

关于国家出资企业工作人员在改制过程中隐匿公司、企业财产归个人持股的改制后公司、企业所有的行为的处理：国家工作人员或者受国家机关、国有公司、企业、事业单位、人民团体委托管理、经营国有财产的人员利用职务上的便利，在国家出资企业改制过程中故意通过低估资产、隐瞒债权、虚设债务、虚构产权交易等方式隐匿公司、企业财产，转为本人持有股份的改制后公司、企业所有，应当依法追究刑事责任的，依照《刑法》第382条、第383条的规定，以贪污罪定罪处罚。贪污数额一般应当以所隐匿财产全额计算；改制后公司、企业仍有国有股份的，按股份比例扣除归于国有的部分。前述规定以外的人员与前述人员共同实施上述行为的，以贪污罪的共犯

---

① 参见《最高人民法院关于审理贪污、职务侵占案件如何认定共同犯罪几个问题的解释》第1条、第3条。

论处。①

2. 停止形态

贪污罪既遂与未遂的认定：贪污罪是一种以非法占有为目的的财产性职务犯罪，与盗窃、诈骗、抢夺等侵犯财产罪一样，应当以行为人是否实际控制财物作为区分贪污罪既遂与未遂的标准。对于行为人利用职务上的便利，实施了虚假平账等贪污行为，但公共财物尚未实际转移，或者尚未被行为人控制就被查获的，应当认定为贪污未遂。行为人控制公共财物后，是否将财物据为己有，不影响贪污既遂的认定。②

关于国家出资企业工作人员在改制过程中隐匿公司、企业财产归个人持股的改制后公司、企业所有的行为的处理：所隐匿财产在改制过程中已为行为人实际控制，或者国家出资企业改制已经完成的，以犯罪既遂处理。③

3. 罪数

多次贪污未经处理的，数额累计计算，以一罪论处。

行为人通过伪造国家机关公文、证件担任国家工作人员职务以后，又利用职务上的便利实施侵占本单位财物、收受贿赂、挪用本单位资金等行为，构成犯罪的，应当分别以伪造国家机关公文、证件罪和相应的贪污罪、受贿罪、挪用公款罪等追究刑事责任，实行数罪并罚。④

（四）量刑标准

《最高人民法院、最高人民检察院关于办理贪污贿赂刑事案件适用法律若干问题的解释》第1—4条规定了贪污数额及相对应的处罚：

贪污数额在3万元以上不满20万元的，应当认定为《刑法》第383条第1款规定的"数额较大"，依法判处3年以下有期徒刑或者拘役，并处罚金。

---

① 参见《最高人民法院、最高人民检察院关于办理国家出资企业中职务犯罪案件具体应用法律若干问题的意见》第1条。
② 参见《全国法院审理经济犯罪案件工作座谈会纪要》第2条。
③ 参见《最高人民法院、最高人民检察院关于办理国家出资企业中职务犯罪案件具体应用法律若干问题的意见》第1条。
④ 参见《最高人民法院研究室关于对行为人通过伪造国家机关公文、证件担任国家工作人员职务并利用职务上的便利侵占本单位财物、收受贿赂、挪用本单位资金等行为如何适用法律问题的答复》。

贪污数额在1万元以上不满3万元,具有下列情形之一的,应当认定为《刑法》第383条第1款规定的"其他较重情节",依法判处3年以下有期徒刑或者拘役,并处罚金:(1)贪污救灾、抢险、防汛、优抚、扶贫、移民、救济、防疫、社会捐助等特定款物的;(2)曾因贪污、受贿、挪用公款受过党纪、行政处分的;(3)曾因故意犯罪受过刑事追究的;(4)赃款赃物用于非法活动的;(5)拒不交待赃款赃物去向或者拒不配合追缴工作,致使无法追缴的;(6)造成恶劣影响或者其他严重后果的。

贪污数额在20万元以上不满300万元的,应当认定为《刑法》第383条第1款规定的"数额巨大",依法判处3年以上10年以下有期徒刑,并处罚金或者没收财产。贪污数额在10万元以上不满20万元,具有下列情形之一的,应当认定为《刑法》第383条第1款规定的"其他严重情节",依法判处3年以上10年以下有期徒刑,并处罚金或者没收财产:(1)贪污救灾、抢险、防汛、优抚、扶贫、移民、救济、防疫、社会捐助等特定款物的;(2)曾因贪污、受贿、挪用公款受过党纪、行政处分的;(3)曾因故意犯罪受过刑事追究的;(4)赃款赃物用于非法活动的;(5)拒不交待赃款赃物去向或者拒不配合追缴工作,致使无法追缴的;(6)造成恶劣影响或者其他严重后果的。

贪污数额在300万元以上的,应当认定为《刑法》第383条第1款规定的"数额特别巨大",依法判处10年以上有期徒刑、无期徒刑或者死刑,并处罚金或者没收财产。贪污数额在150万元以上不满300万元,具有下列情形之一的,应当认定为《刑法》第383条第1款规定的"其他特别严重情节",依法判处10年以上有期徒刑、无期徒刑或者死刑,并处罚金或者没收财产:(1)贪污救灾、抢险、防汛、优抚、扶贫、移民、救济、防疫、社会捐助等特定款物的;(2)曾因贪污、受贿、挪用公款受过党纪、行政处分的;(3)曾因故意犯罪受过刑事追究的;(4)赃款赃物用于非法活动的;(5)拒不交待赃款赃物去向或者拒不配合追缴工作,致使无法追缴的;(6)造成恶劣影响或者其他严重后果的。

贪污数额特别巨大,犯罪情节特别严重、社会影响特别恶劣、给国家和人民利益造成特别重大损失的,可以判处死刑。符合前款规定的情形,但具有自首，立功，如实供述自己罪行、真诚悔罪、积极退赃，或者避免、减少损害结果的发生等情节，不是必须立即执行的，可以判处死刑缓期 2 年执行。符合第 1 款规定情形的，根据犯罪情节等情况可以判处死刑缓期 2 年执行，同时裁判决定在其死刑缓期执行 2 年期满依法减为无期徒刑后，终身监禁，不得减刑、假释。

《最高人民法院、最高人民检察院关于办理职务犯罪案件认定自首、立功等量刑情节若干问题的意见》第 4 条规定了关于赃款赃物追缴等情形的处理：贪污案件中赃款赃物全部或者大部分追缴的，一般应当考虑从轻处罚。犯罪分子及其亲友主动退赃或者在办案机关追缴赃款赃物过程中积极配合的，在量刑时应当与办案机关查办案件过程中依职权追缴赃款赃物的有所区别。职务犯罪案件立案后，犯罪分子及其亲友自行挽回的经济损失，司法机关或者犯罪分子所在单位及其上级主管部门挽回的经济损失，或者因客观原因减少的经济损失，不予扣减，但可以作为酌情从轻处罚的情节。

（五）解释索引

(1)《最高人民检察院关于贪污养老、医疗等社会保险基金能否适用〈最高人民法院、最高人民检察院关于办理贪污贿赂刑事案件适用法律若干问题的解释〉第一条第二款第一项规定的批复》（2017 年 7 月 26 日）；

(2)《关于充分发挥检察职能依法保障和促进科技创新的意见》（2016 年 7 月 7 日）；

(3)《最高人民法院、最高人民检察院关于办理贪污贿赂刑事案件适用法律若干问题的解释》（2016 年 4 月 18 日）；

(4)《最高人民法院关于〈中华人民共和国刑法修正案（九）〉时间效力问题的解释》（2015 年 10 月 29 日）；

(5)《最高人民法院、最高人民检察院关于办理职务犯罪案件严格适用缓刑、免予刑事处罚若干问题的意见》（2012 年 8 月 8 日）；

(6)《最高人民法院、最高人民检察院关于办理国家出资企业中职务犯罪案件具体应用法律若干问题的意见》（2010 年 11 月 26 日）；

(7)《最高人民法院、最高人民检察院关于办理职务犯罪案件认定自首、

立功等量刑情节若干问题的意见》(2009年3月12日);

(8)《最高人民法院研究室关于对行为人通过伪造国家机关公文、证件担任国家工作人员职务并利用职务上的便利侵占本单位财物、收受贿赂、挪用本单位资金等行为如何适用法律问题的答复》(2004年3月20日);

(9)《全国法院审理经济犯罪案件工作座谈会纪要》(2003年11月13日);

(10)《最高人民法院、最高人民检察院关于办理妨害预防、控制突发传染病疫情等灾害的刑事案件具体应用法律若干问题的解释》(2003年5月14日);

(11)《最高人民法院关于审理贪污、职务侵占案件如何认定共同犯罪几个问题的解释》(2000年6月30日);

(12)《关于人民检察院直接受理立案侦查案件立案标准的规定(试行)》(1999年9月16日)。

(六) 案例举要

 杨延虎等贪污案[①]

【裁判要点】

(1)贪污罪中的"利用职务上的便利",是指利用职务上主管、管理、经手公共财物的权力及方便条件,既包括利用本人职务上主管、管理公共财物的职务便利,也包括利用职务上有隶属关系的其他国家工作人员的职务便利。

(2)土地使用权具有财产性利益,属于《刑法》第382条第1款规定中的"公共财物",可以成为贪污的对象。

【基本案情】

被告人杨延虎1996年8月任中共义乌市委常委,2003年3月任义乌市人大常委会副主任,2000年8月兼任中国小商品城福田市场(2003年3月改称中国义乌国际商贸城,以下简称"国际商贸城")建设领导小组副组长兼指挥

---

① (2009)浙刑二终字第34号。最高人民法院指导性案例11号。

部总指挥，主持指挥部全面工作。

2002年，杨延虎得知义乌市稠城街道共和村将列入拆迁和旧村改造范围后，决定在该村购买旧房，利用其职务便利，在拆迁安置时骗取非法利益。杨延虎遂与被告人王月芳（杨延虎的妻妹）、被告人郑新潮（王月芳之夫）共谋后，由王、郑二人出面，通过共和村王某某，以王月芳的名义在该村购买赵某某的3间旧房（房产证登记面积61.87平方米，发证日期1998年8月3日）。按当地拆迁和旧村改造政策，赵某某有无该旧房，其所得安置土地面积均相同，事实上赵某某也按无房户得到了土地安置。2003年3、4月份，为使3间旧房所对应土地确权到王月芳名下，在杨延虎指使和安排下，郑新潮再次通过共和村王某某，让该村村民委员会及其成员出具了该3间旧房系王月芳1983年所建的虚假证明。杨延虎利用职务便利，要求兼任国际商贸城建设指挥部分管土地确权工作的副总指挥、义乌市国土资源局副局长吴某某和指挥部确权报批科人员，对王月芳拆迁安置、土地确权予以关照。国际商贸城建设指挥部遂将王月芳所购房屋作为有村证明但无产权证的旧房进行确权审核，上报义乌市国土资源局确权，并按丈量结果认定其占地面积64.7平方米。

此后，被告人杨延虎与郑新潮、王月芳等人共谋，在其岳父王某祥在共和村拆迁中可得25.5平方米土地确权的基础上，于2005年1月编造了由王月芳等人签名的申请报告，谎称"王某祥与王月芳共有三间半房屋，占地90.2平方米，二人在1986年分家，王某祥分得36.1平方米，王月芳分得54.1平方米，有关部门确认王某祥房屋25.5平方米、王月芳房屋64平方米有误"，要求义乌市国土资源局更正。随后，杨延虎利用职务便利，指使国际商贸城建设指挥部工作人员以该部名义对该申请报告盖章确认，并使该申请报告得到义乌市国土资源局和义乌市政府认可，从而让王月芳、王某祥分别获得72平方米和54平方米（共126平方米）的建设用地审批。按王某祥的土地确权面积仅应得36平方米建设用地审批，其余90平方米系非法所得。2005年5月，杨延虎等人在支付选位费24.552万元后，在国际商贸城拆迁安置区获得两间店面72平方米土地的拆迁安置补偿（案发后，该72平方米的土地使用权被依法冻结）。该处地块在用作安置前已被国家征用并转为建设用地，属国有划拨土地。经评估，该处每平方米的土地使用权价值35270元。

杨延虎等人非法所得的建设用地90平方米，按照当地拆迁安置规定，折合拆迁安置区店面的土地面积为72平方米，价值253.944万元，扣除其支付的24.552万元后，实际非法所得229.392万元。

此外，2001年至2007年间，被告人杨延虎利用职务便利，为他人承揽工程、拆迁安置、国有土地受让等谋取利益，先后非法收受或索取57万元，其中索贿5万元。

【裁判结果】

浙江省金华市中级人民法院于2008年12月15日作出（2008）金中刑二初字第30号刑事判决：（1）被告人杨延虎犯贪污罪，判处有期徒刑15年，并处没收财产20万元；犯受贿罪，判处有期徒刑11年，并处没收财产10万元；决定执行有期徒刑18年，并处没收财产30万元。（2）被告人郑新潮犯贪污罪，判处有期徒刑5年。（3）被告人王月芳犯贪污罪，判处有期徒刑3年。宣判后，三被告人均提出上诉。

浙江省高级人民法院于2009年3月16日作出（2009）浙刑二终字第34号刑事裁定，驳回上诉，维持原判。

【裁判理由】

法院生效裁判认为：

关于被告人杨延虎的辩护人提出杨延虎没有利用职务便利的辩护意见。经查，义乌国际商贸城指挥部系义乌市委、市政府为确保国际商贸城建设工程顺利进行而设立的机构，指挥部下设确权报批科，工作人员从国土资源局抽调，负责土地确权、建房建设用地的审核及报批工作，分管该科的副总指挥吴某某也是国土资源局的副局长。确权报批科作为指挥部下设机构，同时受指挥部的领导，作为指挥部总指挥的杨延虎具有对该科室的领导职权。贪污罪中的"利用职务上的便利"，是指利用职务上主管、管理、经手公共财物的权力及方便条件，既包括利用本人职务上主管、管理公共财物的职务便利，也包括利用职务上有隶属关系的其他国家工作人员的职务便利。本案中，杨延虎正是利用担任中共义乌市委常委、义乌市人大常委会副主任和兼任指挥部总指挥的职务便利，给下属的土地确权报批科人员及其分管副总指挥打招呼，才使得王月芳等人虚报的拆迁安置得以实现。

关于被告人杨延虎等人及其辩护人提出被告人王月芳应当获得土地安置补偿，涉案土地属于集体土地，不能构成贪污罪的辩护意见。经查，王月芳购房时系居民户口，按照法律规定和义乌市拆迁安置有关规定，不属于拆迁安置对象，不具备获得土地确权的资格，其在共和村所购房屋既不能获得土地确权，又不能得到拆迁安置补偿。杨延虎等人明知王月芳不符合拆迁安置条件，却利用杨延虎的职务便利，通过将王月芳所购房屋谎报为其祖传旧房、虚构王月芳与王某祥分家事实，骗得旧房拆迁安置资格，骗取国有土地确权。同时，由于杨延虎利用职务便利，杨延虎、王月芳等人弄虚作假，既使王月芳所购旧房的房主赵某某按无房户得到了土地安置补偿，又使本来不应获得土地安置补偿的王月芳获得了土地安置补偿。《中华人民共和国土地管理法》第2条、第9条规定，我国土地实行社会主义公有制，即全民所有制和劳动群众集体所有制，并可以依法确定给单位或者个人使用。对土地进行占有、使用、开发、经营、交易和流转，能够带来相应经济收益。因此，土地使用权自然具有财产性利益，无论国有土地，还是集体土地，都属于《刑法》第382条第1款规定中的"公共财物"，可以成为贪污的对象。王月芳名下安置的地块已在2002年8月被征为国有并转为建设用地，义乌市政府文件抄告单也明确该处的拆迁安置土地使用权登记核发国有土地使用权证。因此，杨延虎等人及其辩护人所提该项辩护意见，不能成立。

综上，被告人杨延虎作为国家工作人员，利用担任中共义乌市委常委、义乌市人大常委会副主任和兼任国际商贸城指挥部总指挥的职务便利，伙同被告人郑新潮、王月芳以虚构事实的手段，骗取国有土地使用权，非法占有公共财物，三被告人的行为均已构成贪污罪。杨延虎还利用职务便利，索取或收受他人贿赂，为他人谋取利益，其行为又构成受贿罪，应依法数罪并罚。在共同贪污犯罪中，杨延虎起主要作用，系主犯，应当按照其所参与或者组织、指挥的全部犯罪处罚；郑新潮、王月芳起次要作用，系从犯，应减轻处罚。故一、二审法院依法作出如上裁判。

二、挪用公款罪

（一）刑法条文

第一百八十五条第二款　国有商业银行、证券交易所、期货交易所、证券公司、期货经纪公司、保险公司或者其他国有金融机构的工作人员和国有商业银行、证券交易所、期货交易所、证券公司、期货经纪公司、保险公司或者其他国有金融机构委派到前款规定中的非国有机构从事公务的人员有前款行为的，依照本法第三百八十四条的规定定罪处罚。

第三百八十四条　国家工作人员利用职务上的便利，挪用公款归个人使用，进行非法活动的，或者挪用公款数额较大、进行营利活动的，或者挪用公款数额较大、超过三个月未还的，是挪用公款罪，处五年以下有期徒刑或者拘役；情节严重的，处五年以上有期徒刑。挪用公款数额巨大不退还的，处十年以上有期徒刑或者无期徒刑。

挪用用于救灾、抢险、防汛、优抚、扶贫、移民、救济款物归个人使用的，从重处罚。

（二）犯罪构成

1. 法益

本罪侵害的法益既包括国家工作人员的职务廉洁性，又包括公款的所有权。所有权包括占有、使用、收益、处分四项权能，而挪用公款罪侵犯的是公款的使用、收益、处分这三项权能。挪用公款罪没有非法占有的目的，因而区别于贪污罪所侵犯的所有权包含的权能。

本罪的犯罪对象主要是公款。这既包括国家、集体所有的货币资金，也包括由国家管理、使用、运输、汇兑与储存过程中的私人所有的货币。挪用公物不能构成本罪，但用于救灾、抢险、防汛、优抚、扶贫、移民、救济款物能够成为本罪犯罪对象，且为从重处罚的情节。

2. 客观行为

本罪在客观方面主要表现为行为人利用职务上的便利，挪用公款归个人使用，进行非法活动，或者挪用数额较大的公款进行营利活动，或者挪用数额较大的公款超过3个月未还的行为。

以下几个条件必须具备：

（1）利用职务上的便利。这是指利用自己职务上形成的经手、管理、主管之便利条件。

（2）挪用公款给个人使用。挪用，是指未经有效批准或许可的使用。给个人使用包括给自己使用及给其他自然人使用。有下列情形之一的，属于挪用公款"归个人使用"：① 将公款供本人、亲友或者其他自然人使用的；② 以个人名义将公款供其他单位使用的；③ 个人决定以单位名义将公款供其他单位使用，谋取个人利益的。①

（3）有以下三种用途之行为：① 挪用公款进行非法活动。非法活动既包括犯罪行为，也包含违法行为。② 挪用数额较大的公款进行营利活动。营利活动，应当指合法的经营活动，包括投资股票证券、国债、经商办企业等行为，存入银行获取利息的行为也构成营利行为。③ 挪用公款数额较大，超过3个月未还。该情形法律虽未规定具体用途，但应当为非法活动和营利活动以外的用途。

本罪的构成以行为人利用职务之便与挪用公款间存在因果关系为前提。

3. 行为主体

本罪的行为主体是国家工作人员，具体参见贪污罪。挪用公款是个人行为，单位不能成为本罪主体。若经单位集体决策将公款给个人使用，不以挪用公款罪定罪，若构成其他犯罪，以其他犯罪定罪处罚。

4. 主观罪过

本罪在主观方面出于直接故意，即行为人明知是公款而故意挪作他用，其犯罪目的是非法取得公款的使用权或收益权。但其主观特征，只是暂时非法取得公款的使用权，打算以后予以归还。至于行为人挪用公款的动机则可能是多种多样的，有的是为了营利，有的出于一时的家庭困难，有的为了赞

---

① 参见《全国人民代表大会常务委员会关于〈中华人民共和国刑法〉第三百八十四条第一款的解释》。

助他人，有的为了从事违法犯罪活动，然而动机如何不影响本罪成立。

（三）司法认定

1. 共同犯罪

挪用公款给其他个人使用的案件，使用人与挪用人共谋，指使或者参与策划取得挪用款的，对使用人以挪用公款罪的共犯追究刑事责任。①

2. 停止形态

挪用公款后尚未投入实际使用的行为性质的认定：挪用公款后尚未投入实际使用的，只要同时具备"数额较大"和"超过3个月未还"的构成要件，应当认定为挪用公款罪，但可以酌情从轻处罚。②

3. 罪数

在数额及罪数认定上，多次挪用公款不还的，挪用公款数额累计计算，多次挪用公款并以后次挪用的公款归还前次挪用的公款，挪用公款数额以案发时未还的实际数额认定。③

挪用公款进行非法活动构成其他犯罪的，依照数罪并罚的规定处罚。④例如，行为人通过伪造国家机关公文、证件担任国家工作人员职务以后，又利用职务上的便利实施侵占本单位财物、收受贿赂、挪用本单位资金等行为，构成犯罪的，应当分别以伪造国家机关公文、证件罪和相应的贪污罪、受贿罪、挪用公款罪等追究刑事责任，实行数罪并罚。⑤

（四）量刑标准

《最高人民法院、最高人民检察院关于办理贪污贿赂刑事案件适用法律若

---

① 参见《关于人民检察院直接受理立案侦查案件立案标准的规定（试行）》第1条第2项、《最高人民法院关于审理挪用公款案件具体应用法律若干问题的解释》第8条。
② 参见《全国法院审理经济犯罪案件工作座谈会纪要》第4条。
③ 参见《关于人民检察院直接受理立案侦查案件立案标准的规定（试行）》第1条第2项、《最高人民法院关于审理挪用公款案件具体应用法律若干问题的解释》第4条。
④ 参见《最高人民法院关于审理挪用公款案件具体应用法律若干问题的解释》第7条．
⑤ 参见《最高人民法院研究室关于对行为人通过伪造国家机关公文、证件担任国家工作人员职务并利用职务上的便利侵占本单位财物、收受贿赂、挪用本单位资金等行为如何适用法律问题的答复》。

干问题的解释》规定了具体量刑数额标准。第 5 条规定，挪用公款归个人使用，进行非法活动，数额在 3 万元以上的，应当依照《刑法》第 384 条的规定以挪用公款罪追究刑事责任；数额在 300 万元以上的，应当认定为《刑法》第 384 条第 1 款规定的"数额巨大"。具有下列情形之一的，应当认定为《刑法》第 384 条第 1 款规定的"情节严重"：（1）挪用公款数额在 100 万元以上的；（2）挪用救灾、抢险、防汛、优抚、扶贫、移民、救济特定款物，数额在 50 万元以上不满 100 万元的；（3）挪用公款不退还，数额在 50 万元以上不满 100 万元的；（4）其他严重的情节。

第 6 条规定，挪用公款归个人使用，进行营利活动或者超过 3 个月未还，数额在 5 万元以上的，应当认定为《刑法》第 384 条第 1 款规定的"数额较大"；数额在 500 万元以上的，应当认定为《刑法》第 384 条第 1 款规定的"数额巨大"。具有下列情形之一的，应当认定为《刑法》第 384 条第 1 款规定的"情节严重"：（1）挪用公款数额在 200 万元以上的；（2）挪用救灾、抢险、防汛、优抚、扶贫、移民、救济特定款物，数额在 100 万元以上不满 200 万元的；（3）挪用公款不退还，数额在 100 万元以上不满 200 万元的；（4）其他严重的情节。

《最高人民法院关于审理挪用公款案件具体应用法律若干问题的解释》第 4 条规定，多次挪用公款不还，挪用公款数额累计计算；多次挪用公款，并以后次挪用的公款归还前次挪用的公款，挪用公款数额以案发时未还的实际数额认定。

（五）解释索引

（1）《最高人民法院、最高人民检察院关于办理贪污贿赂刑事案件适用法律若干问题的解释》（2016 年 4 月 18 日）；

（2）《最高人民法院、最高人民检察院关于办理国家出资企业中职务犯罪案件具体应用法律若干问题的意见》（2010 年 11 月 26 日）；

（3）《最高人民法院研究室关于挪用退休职工社会养老金行为如何适用法律问题的复函》（2004 年 7 月 9 日）；

（4）《最高人民法院研究室关于对行为人通过伪造国家机关公文、证件担任国家工作人员职务并利用职务上的便利侵占本单位财物、收受贿赂、挪用本单位资金等行为如何适用法律问题的答复》(2004 年 3 月 20 日);

(5)《全国法院审理经济犯罪案件工作座谈会纪要》(2003 年 11 月 13 日);

(6)《最高人民法院关于挪用公款犯罪如何计算追诉期限问题的批复》(2003 年 9 月 22 日);

(7)《最高人民检察院关于挪用失业保险基金和下岗职工基本生活保障资金的行为适用法律问题的批复》(2003 年 1 月 28 日);

(8)《最高人民检察院关于国家工作人员挪用非特定公物能否定罪的请示的批复》(2000 年 3 月 15 日);

(9)《关于人民检察院直接受理立案侦查案件立案标准的规定(试行)》(1999 年 9 月 9 日);

(10)《最高人民法院关于审理挪用公款案件具体应用法律若干问题的解释》(1998 年 4 月 29 日);

(11)《最高人民检察院关于挪用国库券如何定性问题的批复》(1997 年 10 月 13 日)。

(六) 案例举要

◆ 歹进学挪用公款二审改判无罪案[①]

河南省新郑市人民检察院以被告人歹进学犯挪用公款罪,向河南省新郑市人民法院提起公诉。

河南省新郑市人民法院经审理查明:农机公司系国有企业。1999 年 5 月 16 日,被告人歹进学与新郑市农机局签订了一份承包农机公司的"承包经营责任书"。同年 5 月 26 日,新郑市农机局正式任命歹进学为河南省新郑市农业机械供应公司(以下简称"农机公司")的承包人和经理,具有法定代表人资格。1999 年 6 月 7 日,歹进学开办了金华机械厂。同年 6 月 16 日,农机公司与金华机械厂签订了一份"关于组建河南省新郑市金华机械厂的协议",约

[①] 载《最高人民法院公报》2005 年第 5 期。

定农机公司为了安排下岗职工,减少失业人员,愿将修整完好的场地 600 平方米、厂房 300 平方米供给金华机械厂使用,使用期为 5 年,金华机械厂必须安排农机公司 3 人以上职工上班,使用期满后,必须保证厂房完好无损,农机公司不承担金华机械厂的任何债权债务。1999 年年底,农机公司开始对旧房改造,成立了建房指挥部,歹进学任指挥长,马新喜任副指挥长,刘阳任会计(其同时兼任金华机械厂现金出纳),共收建房集资款 60 余万元。

2000 年 1 月 26 日至 2000 年 7 月 11 日,被告人歹进学让刘阳先后 15 次从建房指挥部借用现金 38.71 万元入金华机械厂账内,用于购车和购材料,其中购桑塔纳轿车和农用汽车共花去 22.5 万多元,入金华机械厂固定资产账。案发前,此款已全部退还。

另查,金华机械厂营业执照记载:负责人为歹进学,经济性质为个体(个人经营),资金数额为 10 万元,经营范围是农业机械、配件,经营方式为自产自销。建立金华机械厂之初,农机公司向金华机械厂提供集资款 2 万元,歹进学集资 5.5 万元,其他农机公司职工集资 3.7 万元,计 11.2 万元。

河南省新郑市人民法院认为:被告人歹进学利用担任农机公司经理职务之便,挪用公款数额巨大,进行营利活动,其行为已构成挪用公款罪。公诉机关指控歹进学犯挪用公款罪的罪名成立,应予支持。没有证据证实金华机械厂系农机公司的下属企业,歹进学及其辩护人辩称不构成犯罪的理由,不予支持。歹进学能够全部退还所挪用的公款,可酌情予以从轻处罚。根据《刑法》第 384 条第 1 款、第 61 条之规定,于 2001 年 4 月 5 日判决:被告人歹进学犯挪用公款罪,判处有期徒刑 5 年。

一审宣判后,歹进学不服,提出上诉。歹进学上诉称:原判认定金华机械厂属个人所有的私营企业确有错误,该厂实际系农机公司的下属企业,将农机公司公款挪至金华机械厂使用的行为,不构成犯罪。

河南省郑州市中级人民法院经审理查明:1999 年 5 月,上诉人歹进学通过竞争方式担任了农机公司(国有性质)经理职务。该公司当时负债高达 637.8 万元,职工两年未领到工资,公司濒临倒闭。为扭转该公司单纯从事农机产品的销售和严重亏损的局面,歹进学经与农机公司其他领导研究,并在本公司职工大会上提出决定成立金华机械厂。为达到逃避公司外债的目的,歹进学同农机公司党委书记马新喜（同时兼任公司副经理及办公室主任）商量并向公司的上级主管单位新郑市农机局领导刘辉、乔根顺等人汇报，将金华机械厂的工商营业执照办成由其本人负责的个体性质的企业，并由歹进学、马新喜二人办理金华机械厂的工商营业执照。该执照记载，金华机械厂负责人为歹进学，马新喜、王国选（农机公司工会主席）、董乐平（农机公司副经理）为雇工。金华机械厂资金由公司职工集资，农机公司本身亦集资2万元，厂房设在农机公司院内。该厂两任厂长分别由马新喜、董乐平担任，会计、出纳分别由农机公司职工曹甲申、刘阳担任，该厂职工由农机公司3名下岗职工组成，且金华机械厂的有关事宜在农机公司内部会议一并作出安排，并将该厂的生产经营状况反映到农机公司的财务报表中向税务部门呈报。一审认定歹进学集资5.5万元中，包括了歹进学个人所有价值6.18万元的皮卡车1辆。此车入该厂固定资产账，后用于替农机公司抵债。歹进学本人投入的集资款实际为5000元，1999年年底，歹进学同其他职工一样，按集资的10%从机械厂领取红息500元。

2000年1至7月间，歹进学将农机公司公款38.71万元挪至金华机械厂使用，用于购车及生产资料，其中购桑塔纳轿车及农用汽车共花去22.5213万元，入该厂固定资产账，该二辆车车主分别为刘阳、马新喜。

河南省郑州市中级人民法院认为：被告人歹进学身为国有公司的经理，在任职期间将本公司387100元挪至金华机械厂使用的事实清楚，证据充分。歹进学虽然是以个人名义注册登记金华机械厂的，但本案的大量证据证实，成立金华机械厂是经农机公司集体研究后作出的决定，并曾经多次向上级行政主管部门的领导汇报，是在取得了上级行政主管部门同意后办理的相关手续，并非歹进学个人的决定。从金华机械厂的资金来源、职工组成、生产场地、利润分配、管理经营方式及挪用款项用途等各方面证据看，均不能证明金华机械厂为歹进学个人所有。故一审判决仅根据该厂在工商营业执照中的记载认定金华机械厂属个体性质，证据不足。

挪用公款罪的主要特征是挪用公款归个人使用。歹进学在担任国有公司经理职务期间，因所在单位经营的需要，经集体研究决定，将公款划拨到名为个体实为集体的其他企业使用，虽情况属实，但其本人并没有从中谋取私人的利益，其行为不符合刑法规定的挪用公款罪的构成要件，不构成挪用公款罪。歹进学及其辩护人辩解理由成立，予以采纳。郑州市人民检察院认为应以工商营业执照为依据，认定金华机械厂属私营企业的意见，经调查核实不符合该厂的实际情况，故不予采纳。

综上，郑州市中级人民法院依照《中华人民共和国刑事诉讼法》（以下简称《刑事诉讼法》）第 189 条第 3 项、第 162 条第 3 项之规定，于 2001 年 10 月 30 日判决：（1）撤销新郑市人民法院的刑事判决；（2）上诉人歹进学无罪。本判决已发生法律效力。

三、受 贿 罪

（一）刑法条文

第一百六十三条第三款 国有公司、企业或者其他国有单位中从事公务的人员和国有公司、企业或者其他国有单位委派到非国有公司、企业以及其他单位从事公务的人员有前两款行为的，依照本法第三百八十五条、第三百八十六条的规定定罪处罚。

第一百八十四条第二款 国有金融机构工作人员和国有金融机构委派到非国有金融机构从事公务的人员有前款行为的，依照本法第三百八十五条、第三百八十六条的规定定罪处罚。

第三百八十五条 国家工作人员利用职务上的便利，索取他人财物的，或者非法收受他人财物，为他人谋取利益的，是受贿罪。

国家工作人员在经济往来中，违反国家规定，收受各种名义的回扣、手续费，归个人所有的，以受贿论处。

第三百八十八条 国家工作人员利用本人职权或者地位形成的便利条件，通过其他国家工作人员职务上的行为，为请托人谋取不正当利益，索取请托人财物或者收受请托人财物的，以受贿论处。

（二）犯罪构成

1. 法益

本罪侵害的法益是国家机关、国有公司、企事业单位、人民团体的正常管理活动和公职人员的廉洁性、职务行为的不可收买性。受贿的本质在于权钱交易，受贿人员通过权力寻租行为，将可支配权力通过受贿转化为金钱或其他财物。

受贿罪的对象是财物，包括金钱与其他有价值的物品。财产性利益也能作为受贿对象，根据司法解释，贿赂犯罪中的"财物"，包括货币、物品和财产性利益。财产性利益包括可以折算为货币的物质利益如房屋装修、债务免除等，以及需要支付货币的其他利益如会员服务、旅游等。后者的犯罪数额，以实际支付或者应当支付的数额计算。① 非财产性利益不能成为本罪对象，例如性服务、升学、就业、出国等，因为这些利益不能用金钱来衡量，与现有刑法对受贿罪以数额多少作为处罚依据的规定不符。②

2. 客观行为

本罪在客观方面主要表现为行为人具有利用职务上的便利，向他人索取财物，或者收受他人财物并为他人谋取利益的行为。

本罪中行为人收受或索取贿赂须利用职务上的便利或利用与职务有关的便利条件。

其行为主要有两种表现形式：（1）行为人利用职务上的便利，向他人索取财物。索贿是受贿人以公开或暗示的方法，主动向行贿人索取贿赂，有的甚至是公然以要挟的方式，迫使当事人行贿。鉴于索贿情况突出，主观恶性更严重，情节更恶劣，社会危害性相对于收受贿赂更为严重，因此刑法明确规定，索贿的从重处罚。索取他人财物的不论是否为他人谋取利益，均可构成受贿罪。因被勒索给予国家工作人员以财物，没有获得不正当利益的，不是行贿。（2）行为人利用职务上的便利，收受他人贿赂而为他人谋取利益。

---

① 参见《最高人民法院、最高人民检察院关于办理贪污贿赂刑事案件适用法律若干问题的解释》第12条。

② 参见刘宪权主编：《刑法学》（第四版），上海人民出版社2016年版，第828页。

收受贿赂，一般是行贿人以各种方式主动进行收买腐蚀，受贿人一般是被动接受他人财物或者是接受他人允诺给予财物，而为行贿人谋取利益。

除以上两种受贿基本形式之外，我国刑法还对经济往来中的受贿行为以及斡旋受贿行为作出了专门规定。①

3. 行为主体

本罪的行为主体是国家工作人员。具体参见贪污罪主体。

4. 主观罪过

本罪在主观方面由故意构成，只有行为人出于故意所实施的受贿犯罪行为才构成受贿罪，过失行为不构成本罪。

受贿故意产生的时间并不影响受贿罪的成立，故意的产生时间既可以是为他人谋取利益之前，也可以是为他人谋取利益之后。

（三）司法认定

1. 共同犯罪

关于由特定关系人收受贿赂问题：国家工作人员利用职务上的便利为请托人谋取利益，授意请托人以本意见所列形式，将有关财物给予特定关系人的，以受贿论处。特定关系人与国家工作人员通谋，共同实施前款行为的，对特定关系人以受贿罪的共犯论处。特定关系人以外的其他人与国家工作人员通谋，由国家工作人员利用职务上的便利为请托人谋取利益，收受请托人财物后双方共同占有的，以受贿罪的共犯论处。②

关于共同受贿犯罪的认定：根据刑法关于共同犯罪的规定，非国家工作人员与国家工作人员勾结，伙同受贿的，应当以受贿罪的共犯追究刑事责任。非国家工作人员是否构成受贿罪共犯，取决于双方有无共同受贿的故意和行为，国家工作人员的近亲属向国家工作人员代为转达请托事项，收受请托人财物并告知该国家工作人员，或者国家工作人员明知其近亲属收受了他人财

---

① 参见高铭暄、马克昌主编：《刑法学》（第八版），北京大学出版社、高等教育出版社2017年版，第634页。

② 参见《最高人民法院、最高人民检察院关于办理受贿刑事案件适用法律若干问题的意见》第7条。

物,仍按照近亲属的要求利用职权为他人谋取利益的,对该国家工作人员应认定为受贿罪,其近亲属以受贿罪共犯论处。近亲属以外的其他人与国家工作人员通谋,由国家工作人员利用职务上的便利为请托人谋取利益,收受请托人财物后双方共同占有的,构成受贿罪共犯。国家工作人员利用职务上的便利为他人谋取利益,并指定他人将财物送给其他人,构成犯罪的,应以受贿罪定罪处罚。①

2. 停止形态

受贿罪分为收受型受贿和索贿两种,两者均存在未遂状态。我国主流观点认为,是否收受贿赂是区分受贿罪既遂和未遂的标准。由于受贿人意志以外的原因,没有得到承诺的财物应为犯罪成立(未遂)。在取得财物之前主动停止收取行为,是受贿罪犯罪中止。受贿罪不存在犯罪预备。

关于收受财物后退还或者上交问题:国家工作人员收受请托人财物后及时退还或者上交的,不是受贿。国家工作人员受贿后,因自身或者与其受贿有关联的人、事被查处,为掩饰犯罪而退还或者上交的,不影响认定受贿罪。②

3. 罪数

在罪数认定上,国家机关工作人员实施渎职犯罪并收受贿赂,同时构成受贿罪的,除刑法另有规定外,以渎职犯罪和受贿罪数罪并罚。③ 国家工作人员利用职务上的便利,收受他人财物,为他人谋取利益,同时构成受贿罪和《刑法》分则第三章第三节、第九章规定的渎职犯罪的,除刑法另有规定外,以受贿罪和渎职犯罪数罪并罚。④

在具体罪名上,故意提供虚假的药物非临床研究报告、药物临床试验报告及相关材料,索取或者非法收受他人财物的,应当依照《刑法》第229条

---

① 参见《全国法院审理经济犯罪案件工作座谈会纪要》第3条。
② 参见《最高人民法院、最高人民检察院关于办理受贿刑事案件适用法律若干问题的意见》第9条。
③ 参见《最高人民法院、最高人民检察院关于办理渎职刑事案件适用法律若干问题的解释(一)》第3条。
④ 参见《最高人民法院、最高人民检察院关于办理贪污贿赂刑事案件适用法律若干问题的解释》第17条。

第 2 款规定，以提供虚假证明文件罪处 5 年以上 10 年以下有期徒刑，并处罚金；同时构成提供虚假证明文件罪和受贿罪、非国家工作人员受贿罪的，依照处罚较重的规定定罪处罚。①

关于放纵走私罪的认定问题：依照《刑法》第 411 条的规定，负有特定监管义务的海关工作人员徇私舞弊，利用职权，放任、纵容走私犯罪行为，情节严重的，构成放纵走私罪。放纵走私行为，一般是消极的不作为。如果海关工作人员与走私分子通谋，在放纵走私过程中以积极的行为配合走私分子逃避海关监管或者在放纵走私之后分得赃款的，应以共同走私犯罪追究刑事责任。海关工作人员收受贿赂又放纵走私的，应以受贿罪和放纵走私罪数罪并罚。②

（四）量刑标准

在具体数额认定上，《最高人民法院、最高人民检察院关于办理贪污贿赂刑事案件适用法律若干问题的解释》第 1—4 条规定：

受贿数额在 3 万元以上不满 20 万元的，应当认定为《刑法》第 383 条第 1 款规定的"数额较大"，依法判处 3 年以下有期徒刑或者拘役，并处罚金。受贿数额在 1 万元以上不满 3 万元，具有下列情形之一的，应当认定为《刑法》第 383 条第 1 款规定的"其他较重情节"，依法判处 3 年以下有期徒刑或者拘役，并处罚金：（1）曾因贪污、受贿、挪用公款受过党纪、行政处分的；（2）曾因故意犯罪受过刑事追究的；（3）赃款赃物用于非法活动的；（4）拒不交待赃款赃物去向或者拒不配合追缴工作，致使无法追缴的；（5）造成恶劣影响或者其他严重后果的；（6）多次索贿的；（7）为他人谋取不正当利益，致使公共财产、国家和人民利益遭受损失的；（8）为他人谋取职务提拔、调整的。

受贿数额在 20 万元以上不满 300 万元的，应当认定为《刑法》第 383 条第 1 款规定的"数额巨大"，依法判处 3 年以上 10 年以下有期徒刑，并处罚金或者

---

① 参见《最高人民法院、最高人民检察院关于办理药品、医疗器械注册申请材料造假刑事案件适用法律若干问题的解释》第 2 条。
② 参见《最高人民法院、最高人民检察院、海关总署关于办理走私刑事案件适用法律若干问题的意见》第 16 条。

没收财产。受贿数额在 10 万元以上不满 20 万元,具有下列情形之一的,应当认定为《刑法》第 383 条第 1 款规定的"其他严重情节",依法判处 3 年以上 10 年以下有期徒刑,并处罚金或者没收财产:(1)多次索贿的;(2)为他人谋取不正当利益,致使公共财产、国家和人民利益遭受损失的;(3)为他人谋取职务提拔、调整的。

受贿数额在 300 万元以上的,应当认定为《刑法》第 383 条第 1 款规定的"数额特别巨大",依法判处 10 年以上有期徒刑、无期徒刑或者死刑,并处罚金或者没收财产。受贿数额在 150 万元以上不满 300 万元,具有下列情形之一的,应当认定为《刑法》第 383 条第 1 款规定的"其他特别严重情节",依法判处 10 年以上有期徒刑、无期徒刑或者死刑,并处罚金或者没收财产:(1)多次索贿的;(2)为他人谋取不正当利益,致使公共财产、国家和人民利益遭受损失的;(3)为他人谋取职务提拔、调整的。

受贿数额特别巨大,犯罪情节特别严重、社会影响特别恶劣、给国家和人民利益造成特别重大损失的,可以判处死刑。符合前款规定的情形,但具有自首,立功,如实供述自己罪行、真诚悔罪、积极退赃,或者避免、减少损害结果的发生等情节,不是必须立即执行的,可以判处死刑缓期 2 年执行。符合第 1 款规定情形的,根据犯罪情节等情况可以判处死刑缓期 2 年执行,同时裁判决定在其死刑缓期执行 2 年期满依法减为无期徒刑后,终身监禁,不得减刑、假释。

(五)解释索引

(1)《最高人民法院、最高人民检察院关于办理药品、医疗器械注册申请材料造假刑事案件适用法律若干问题的解释》(2017 年 8 月 14 日);

(2)《最高人民法院、最高人民检察院关于办理贪污贿赂刑事案件适用法律若干问题的解释》(2016 年 4 月 18 日);

(3)《最高人民法院、最高人民检察院关于办理渎职刑事案件适用法律若干问题的解释(一)》(2012 年 12 月 7 日);

(4)《宽严相济在经济犯罪和职务犯罪案件审判中的具体贯彻》(2010 年 4 月 7 日);

(5)《最高人民法院、最高人民检察院关于办理受贿刑事案件适用法律若干问题的意见》(2007年7月8日);

(6)《全国法院审理经济犯罪案件工作座谈会纪要》(2003年11月13日);

(7)《最高人民检察院法律政策研究室关于集体性质的乡镇卫生院院长利用职务之便收受他人财物的行为如何适用法律问题的答复》(2003年4月2日);

(8)《最高人民法院、最高人民检察院、海关总署关于办理走私刑事案件适用法律若干问题的意见》(2002年7月8日);

(9)《最高人民法院关于国家工作人员利用职务上的便利为他人谋取利益离退休后收受财物行为如何处理问题的批复》(2000年7月13日);

(10)《关于人民检察院直接受理立案侦查案件立案标准的规定(试行)》(1999年9月9日)。

(六)案例举要

 潘玉梅、陈宁受贿案①

【裁判要旨】

(1)国家工作人员利用职务上的便利为请托人谋取利益,并与请托人以"合办"公司的名义获取"利润",没有实际出资和参与经营管理的,以受贿论处。

(2)国家工作人员明知他人有请托事项而收受其财物,视为承诺"为他人谋取利益",是否已实际为他人谋取利益或谋取到利益,不影响受贿的认定。

(3)国家工作人员利用职务上的便利为请托人谋取利益,以明显低于市场的价格向请托人购买房屋等物品的,以受贿论处,受贿数额按照交易时当地市场价格与实际支付价格的差额计算。

(4)国家工作人员收受财物后,因与其受贿有关联的人、事被查处,为掩饰犯罪而退还的,不影响认定受贿罪。

---

① (2009)苏刑二终字第0028号。最高人民法院指导性案例3号。

【基本案情】

2003年8、9月间，被告人潘玉梅、陈宁分别利用担任江苏省南京市栖霞区迈皋桥街道工委书记、迈皋桥办事处主任的职务便利，为南京某房地产开发有限公司总经理陈某在迈皋桥创业园区低价获取100亩土地等提供帮助，并于9月3日分别以其亲属名义与陈某共同注册成立南京多贺工贸有限责任公司（以下简称"多贺公司"），以"开发"上述土地。潘玉梅、陈宁既未实际出资，也未参与该公司经营管理。2004年6月，陈某以多贺公司的名义将该公司及其土地转让给南京某体育用品有限公司，潘玉梅、陈宁以参与利润分配名义，分别收受陈某给予的480万元。2007年3月，陈宁因潘玉梅被调查，在美国出差期间安排其驾驶员退给陈某80万元。案发后，潘玉梅、陈宁所得赃款及赃款收益均被依法追缴。

2004年2月至10月，被告人潘玉梅、陈宁分别利用担任迈皋桥街道工委书记、迈皋桥办事处主任的职务之便，为南京某置业发展有限公司在迈皋桥创业园购买土地提供帮助，并先后4次各收受该公司总经理吴某某给予的50万元。

2004年上半年，被告人潘玉梅利用担任迈皋桥街道工委书记的职务便利，为南京某发展有限公司受让金桥大厦项目减免100万元费用提供帮助，并在购买对方开发的一处房产时，接受该公司总经理许某某为其支付的房屋差价款和相关税费61万余元（房价含税费121.0817万元，潘支付60万元）。2006年4月，潘玉梅因检察机关从许某某的公司账上已掌握其购房仅支付部分款项的情况而补还给许某某55万元。

此外，2000年春节前至2006年12月，被告人潘玉梅利用职务便利，先后收受迈皋桥办事处一党支部书记兼南京某商贸有限责任公司总经理高某某人民币201万元和美元49万元、浙江某房地产集团南京置业有限公司范某某美元1万元。2002年至2005年间，被告人陈宁利用职务便利，先后收受迈皋桥办事处一党支部书记高某某21万元、迈皋桥办事处副主任刘某8万元。

综上，被告人潘玉梅收受贿赂人民币792万余元、美元50万元（折合人民币398.1234万元），共计收受贿赂1190.2万余元；被告人陈宁收受贿赂559万元。

【裁判结果】

江苏省南京市中级人民法院于 2009 年 2 月 25 日以（2008）宁刑初字第 49 号刑事判决，认定被告人潘玉梅犯受贿罪，判处死刑，缓期 2 年执行，剥夺政治权利终身，并处没收个人全部财产；被告人陈宁犯受贿罪，判处无期徒刑，剥夺政治权利终身，并处没收个人全部财产。宣判后，潘玉梅、陈宁提出上诉。江苏省高级人民法院于 2009 年 11 月 30 日以同样的事实和理由作出（2009）苏刑二终字第 0028 号刑事裁定，驳回上诉，维持原判，并核准一审以受贿罪判处被告人潘玉梅死刑，缓期 2 年执行，剥夺政治权利终身，并处没收个人全部财产的刑事判决。

【裁判理由】

法院生效裁判认为：关于被告人潘玉梅、陈宁及其辩护人提出二被告人与陈某共同开办多贺公司开发土地获取"利润"480 万元不应认定为受贿的辩护意见。经查，潘玉梅时任迈皋桥街道工委书记，陈宁时任迈皋桥街道办事处主任，对迈皋桥创业园区的招商工作、土地转让负有领导或协调职责，二人分别利用各自职务便利，为陈某低价取得创业园区的土地等提供了帮助，属于利用职务上的便利为他人谋取利益；在此期间，潘玉梅、陈宁与陈某商议合作成立多贺公司用于开发上述土地，公司注册资金全部来源于陈某，潘玉梅、陈宁既未实际出资，也未参与公司的经营管理。因此，潘玉梅、陈宁利用职务便利为陈某谋取利益，以与陈某合办公司开发该土地的名义而分别获取的 480 万元，并非所谓的公司利润，而是利用职务便利使陈某低价获取土地并转卖后获利的一部分，体现了受贿罪权钱交易的本质，属于以合办公司为名的变相受贿，应以受贿论处。

关于被告人潘玉梅及其辩护人提出潘玉梅没有为许某某实际谋取利益的辩护意见。经查，请托人许某某向潘玉梅行贿时，要求在受让金桥大厦项目中减免 100 万元的费用，潘玉梅明知许某某有请托事项而收受贿赂；虽然该请托事项没有实现，但"为他人谋取利益"包括承诺、实施和实现不同阶段的行为，只要具有其中一项，就属于为他人谋取利益。承诺"为他人谋取利益"，可以从为他人谋取利益的明示或默示的意思表示予以认定。潘玉梅明知他人有请托事项而收受其财物，应视为承诺为他人谋取利益，至于是否已实际为他人谋取利益或谋取到利益,只是受贿的情节问题,不影响受贿的认定。

关于被告人潘玉梅及其辩护人提出潘玉梅购买许某某的房产不应认定为受贿的辩护意见。经查,潘玉梅购买的房产,市场价格含税费共计应为121万余元,潘玉梅仅支付60万元,明显低于该房产交易时当地市场价格。潘玉梅利用职务之便为请托人谋取利益,以明显低于市场的价格向请托人购买房产的行为,是以形式上支付一定数额的价款来掩盖其受贿权钱交易本质的一种手段,应以受贿论处,受贿数额按照涉案房产交易时当地市场价格与实际支付价格的差额计算。

关于被告人潘玉梅及其辩护人提出潘玉梅购买许某某开发的房产,在案发前已将房产差价款给付了许某某,不应认定为受贿的辩护意见。经查,2006年4月,潘玉梅在案发前将购买许某某开发房产的差价款中的55万元补给许某某,相距2004年上半年其低价购房有近两年时间,没有及时补还巨额差价;潘玉梅的补还行为,是由于许某某因其他案件被检察机关找去谈话,检察机关从许某某的公司账上已掌握潘玉梅购房仅支付部分款项的情况后,出于掩盖罪行目的而采取的退赃行为。因此,潘玉梅为掩饰犯罪而补还房屋差价款,不影响对其受贿罪的认定。

综上所述,被告人潘玉梅、陈宁及其辩护人提出的上述辩护意见不能成立,不予采纳。潘玉梅、陈宁作为国家工作人员,分别利用各自的职务便利,为他人谋取利益,收受他人财物的行为均已构成受贿罪,且受贿数额特别巨大,但同时鉴于二被告人均具有归案后如实供述犯罪、认罪态度好,主动交代司法机关尚未掌握的同种余罪,案发前退出部分赃款,案发后配合追缴涉案全部赃款等从轻处罚情节,故一、二审法院依法作出如上裁判。

四、单位受贿罪

(一)刑法条文

第三百八十七条第一款 国家机关、国有公司、企业、事业单位、人民团体,索取、非法收受他人财物,为他人谋取利益,情节严重的,对单位判处罚金,并对其直接负责的主管人员和其他直接责任人员,处五年以下有期徒刑或者拘役。

（二）犯罪构成

1. 法益

本罪侵害的法益是国有单位的廉政制度与单位职务的不可收买性。

2. 客观行为

本罪在客观方面表现为索取、非法收受他人财物，为他人谋取利益的行为。

本罪的行为对象是财物。但不应狭隘地理解为现金、具体物品，而应看其是否含有财物或其他利益成分。这种利益既可以当即实现，也可以在将来实现。因此，作为受贿罪行为对象的财物，必须是具有物质性利益的，并以客观形态存在的一切财物，包括货币、有价证券、商品等。另外，对受贿人而言，其所追逐的利益的着眼点，既可以是该财物的价值，也可以是该财物的使用价值。

3. 行为主体

本罪的行为主体是国家机关、国有公司、企业、事业单位、人民团体。

4. 主观罪过

本罪是单位犯罪，在主观方面表现为故意。即国有公司、企业、事业单位、机关、团体具有索取或者收受贿赂，为他人谋取利益的动机、目的。单位受贿罪的这种故意，是经单位决策机构的授权或同意，由其直接负责的主管人员和其他责任人员故意收受或索取贿赂的行为表现出来的，是法人整体意志的体现。

（三）司法认定

1. 共同犯罪

首先，单位受贿罪主犯必须具备国家机关、国有公司、企业、事业单位、人民团体的地位。

其次，共同犯罪故意的认定，按照法学理论"经过单位集体研究决定的或者由单位负责人员决定的犯罪行为是单位整体的意志"，如果两单位的直接负责的主管人员不是同一个人,则必须有两单位直接负责的主管人员的共谋行为。

受贿的行为的认定,可以是单独完成,也可以是分工配合完成。

2. 停止形态

参考受贿罪停止形态认定:受贿罪分为收受型受贿和索贿两种,两者均存在未遂状态。我国主流观点认为,是否收受贿赂是区分受贿罪既遂和未遂的标准。由于受贿人意志以外的原因,没有得到承诺的财物应为犯罪成立(未遂)。在取得财物之前主动停止收取行为,是受贿罪犯罪中止。受贿罪不存在犯罪预备。

关于收受财物后退还或者上交问题:国家工作人员收受请托人财物后及时退还或者上交的,不是受贿。国家工作人员受贿后,因自身或者与其受贿有关联的人、事被查处,为掩饰犯罪而退还或者上交的,不影响认定受贿罪。①

3. 罪数

单位受贿后实施的行为触犯其他单位犯罪的,对单位及其主管人员都进行数罪并罚。

(四)量刑标准

《关于人民检察院直接受理立案侦查案件立案标准的规定(试行)》第1条第4项以及《国家监察委员会管辖规定(试行)》规定了单位受贿立案标准:索取他人财物或者非法收受他人财物,必须同时具备为他人谋取利益的条件,且是情节严重的行为,才能构成单位受贿罪。

涉嫌下列情形之一的,应予立案:(1)单位受贿数额在10万元以上的;(2)单位受贿数额不满10万元,但具有下列情形之一的:① 故意刁难、要挟有关单位、个人,造成恶劣影响的;② 强行索取财物的;③ 致使国家或者社会利益遭受重大损失的。

---

① 参见《最高人民法院、最高人民检察院关于办理受贿刑事案件适用法律若干问题的意见》第9条。

（五）解释索引

（1）《国家监察委员会管辖规定（试行）》（2018年4月16日）；

（2）《最高人民法院、最高人民检察院关于办理受贿刑事案件适用法律若干问题的意见》（2007年7月8日）；

（3）《最高人民检察院法律政策研究室关于国有单位的内设机构能否构成单位受贿罪主体问题的答复》（2006年9月12日）；

（4）《关于人民检察院直接受理立案侦查案件立案标准的规定（试行）》（1999年9月9日）。

（六）案例举要

 周新等受贿、单位受贿案[①]

【基本案情】

1. 受贿事实（略）

2. 单位受贿事实

2010年至2012年9月，被告人周新任被告单位孟州市财政局局长期间，以财政局经费困难或解决项目申报经费为由，多次向辖区内的河南鑫源食品有限公司、孟州市华某有限责任公司、孟州市金玉米有限责任公司、焦作市河阳酒精实业有限公司、河南省中原活塞有限公司、孟州市森雨果蔬业有限公司、原河南英博纸业有限公司、原孟州市众和纸业有限责任公司、孟州市复兴纸业有限责任公司等9家企业索取现金共计159万元，归财政局所有或支配，并为上述企业在资金拨付、项目申报等方面提供便利。

具体事实如下：

（1）2011年9月至2012年，孟州市财政局利用为河南鑫源食品有限公司拨付国家贷款贴息资金之机，以财政局经费困难为由，由周新安排本单位人员分三次向河南鑫源食品有限公司索要现金35万元，并为该公司在资金拨付

---

① （2014）豫法刑四终字第33号。

等方面提供便利。

（2）2012年7、8月份，孟州市财政局以解决项目申报经费为由，由周新安排本单位人员向孟州市华某有限责任公司索要现金10万元，并为该公司在资金拨付等方面提供便利。

（3）2010年至2011年秋，孟州市财政局利用为孟州市金玉米有限责任公司拨付贷款贴息等资金之机，以财政局经费困难为由，由周新安排本单位人员分三次向孟州市金玉米有限责任公司索要现金45万元，并为该公司在资金拨付等方面提供便利。

（4）2011年12月、2012年4月，孟州市财政局以曾经为焦作市河阳酒精实业有限公司申请、拨付项目补贴资金，财政局经费困难为由，由周新安排本单位人员分两次向该公司索要现金45万元。

（5）2010年和2011年下半年，孟州市财政局以解决项目申报经费为由，由周新安排本单位人员分两次向河南省中原活塞有限公司索要现金7万元，并为该公司拨付项目资金提供便利。

（6）2012年下半年，孟州市财政局以解决项目申报经费为由，由周新安排本单位人员向孟州市森雨果蔬业有限公司索要现金5万元，并为该公司在拨付项目资金等方面提供便利。

（7）2011年上半年，孟州市财政局以解决项目申报经费为由，由周新安排本单位人员向河南英博纸业有限公司、原孟州市众和纸业有限责任公司、孟州市复兴纸业有限责任公司各索要现金5万元，后将其中的12万元交由杨某军保管，孟州市财政局为三家公司在申报淘汰落后产能项目资金等方面提供便利。

【审判结果】

根据上述事实和证据，河南省焦作市中级人民法院作出如下判决：（1）被告人周新犯受贿罪，判处有期徒刑10年；犯单位受贿罪，判处有期徒刑1年，决定执行有期徒刑10年6个月。（2）被告单位孟州市财政局犯单位受贿罪，判处罚金300万元。扣押在案的赃款47.5万元予以没收，上缴国库，其余赃款继续予以追缴。

二审查明的事实与一审相同，原判认定的证据和检察员二审补充的张某证言，经过庭审举证、质证，查证属实，二审法院予以确认。本案事实清楚，证据确实、充分，足以认定。

河南省高级人民法院认为，上诉人周新身为国家工作人员，利用职务上的便利，非法收受他人财物，为他人谋取利益，其行为已构成受贿罪；上诉单位孟州市财政局索取他人财物，为他人谋取利益，情节严重，周新作为直接负责的主管人员，其行为均已构成单位受贿罪，均应依法惩处。原判定罪准确，量刑适当，审判程序合法。对上诉人周新、上诉单位孟州市财政局及辩护人关于不构成犯罪的上诉理由和辩护意见不予采纳。对河南省人民检察院检察员的出庭意见予以支持。依照《刑事诉讼法》第225条第1款第1项之规定，裁定如下：驳回上诉，维持原判。

五、行　贿　罪

（一）刑法条文

第三百八十九条　为谋取不正当利益，给予国家工作人员以财物的，是行贿罪。

在经济往来中，违反国家规定，给予国家工作人员以财物，数额较大的，或者违反国家规定，给予国家工作人员以各种名义的回扣、手续费的，以行贿论处。

因被勒索给予国家工作人员以财物，没有获得不正当利益的，不是行贿。

第三百九十条　对犯行贿罪的，处五年以下有期徒刑或者拘役，并处罚金；因行贿谋取不正当利益，情节严重的，或者使国家利益遭受重大损失的，处五年以上十年以下有期徒刑，并处罚金；情节特别严重的，或者使国家利益遭受特别重大损失的，处十年以上有期徒刑或者无期徒刑，并处罚金或者没收财产。

行贿人在被追诉前主动交待行贿行为的，可以从轻或者减轻处罚。其中，犯罪较轻的，对侦破重大案件起关键作用的，或者有重大立功表现的，可以减轻或者免除处罚。

(二) 犯罪构成

1. 法益

关于本罪侵害的法益,理论上有不同观点。有观点认为本罪的法益是国家工作人员的职务行为廉洁性;① 亦有观点认为本罪的法益是国家机关、国有公司、企业、事业单位的正常管理活动和国家工作人员的廉洁性;② 还有观点认为本罪的法益是国家工作人员职务的不可收买性。③ 我国理论通说认为,行贿罪侵害的法益是国家工作人员职务行为的廉洁性。

2. 客观行为

行贿是指为谋取不正当利益,给予国家工作人员以财物的行为。本罪的客观行为表现为以下四点:(1) 为自己谋取不正当利益。所谓"谋取不正当利益",根据《最高人民法院、最高人民检察院关于办理行贿刑事案件具体应用法律若干问题的解释》第12条,是指行贿人谋取的利益违反法律、法规、规章、政策规定,或者要求国家工作人员违反法律、法规、规章、政策、行业规范的规定,为自己提供帮助或者方便条件。此外,违背公平、公正原则,在经济、组织人事管理等活动中,谋取竞争优势的,应当认定为"谋取不正当利益"。行为人为谋取正当利益而给予国家工作人员以财物的,不构成行贿罪。(2) 用财物收买国家工作人员的职务行为。"给予国家工作人员以财物",意味着给予国家工作人员以不正当的报酬,或者说,将财物作为国家工作人员已经、正在、将要或者许诺实施的职务行为的对价,使国家工作人员接受。④ 所谓"财物",根据《最高人民法院、最高人民检察院关于办理贪污贿赂刑事案件适用法律若干问题的解释》第12条,包括货币、物品和财产性利益。财产性利益包括可以折算为货币的物质利益如房屋装修、债务免除等,以及需要支付货币的其他利益如会员服务、旅游等。后者的犯罪数额,以实际支付或者应当支付的数额计算。(3) 在经济往来中,违反国家规定,给予

---

① 参见高铭暄、马克昌主编:《刑法学》(第八版),北京大学出版社、高等教育出版社2017年版,第641页。
② 参见刘宪权主编:《刑法学》(第三版),上海人民出版社2012年版,第820页。
③ 参见张明楷:《刑法学》(第五版),法律出版社2016年版,第1203页。
④ 同上书,第1228页。

国家工作人员以财物，或者违反国家规定，给予国家工作人员以各种名义的回扣、手续费。(4)数额较大。根据《最高人民法院、最高人民检察院关于办理贪污贿赂刑事案件适用法律若干问题的解释》第7条，为谋取不正当利益，向国家工作人员行贿，数额3万元以上的，应当以行贿罪追究刑事责任。数额在1万元以上不满3万元，具备特定情形的以行贿罪追究刑事责任。

本罪的行为对象是国家工作人员。所谓"国家工作人员"，根据《刑法》第93条，是指国家机关中从事公务的人员。此外，国有公司、企业、事业单位、人民团体中从事公务的人员和国家机关、国有公司、企业、事业单位委派到非国有公司、企业、事业单位、社会团体从事公务的人员，以及其他依照法律从事公务的人员，以国家工作人员论。

3. 行为主体

本罪主体为一般主体，即年满16周岁、具有完全刑事责任能力的自然人。

4. 主观罪过

本罪在主观方面表现为直接故意，并具有谋取不正当利益的目的。行贿人给予国家工作人员以财物，就是为了利用国家工作人员职务上的便利，意图为自己谋取不正当利益。

(三)司法认定

1. 共同犯罪

共同犯罪是指二人以上共同故意犯罪。因此，行为人为谋取不正当利益，伙同他人给予国家工作人员以财物的，构成行贿罪共犯。具体行为如出谋划策，筹集资金，积极实现行贿人给予国家工作人员财物的目的。

在由第三者向国家工作人员交付财物时，第三者不知情的，当然不能成立行贿罪的共犯；第三者知情的，则成立行贿罪的共同犯罪。在认定行贿罪的共同犯罪时，不能简单地根据财物的来源判断主从犯。当甲为了谋取不正当利益，而将财物交付给乙，再由乙将财物交付给国家工作人员时，甲、乙可以成立行贿罪的共同正犯,而不能一概认为乙是行贿罪的帮助犯或者从犯。①

2. 停止形态

行为人为谋取不正当利益给予国家工作人员以数额较大的财物,国家工作人员客观上接受或实际占有了该财物的,如财物已经转移至国家工作人员家里或者办公室,财物处于国家工作人员或者其亲属的控制之下,行为人即构成行贿罪既遂。即使国家工作人员事后将财物退回或及时上交,也不影响行贿罪既遂的认定。由于行贿罪既遂与未遂的区分在于行为人是否交付了财物,若交付未完成,如行贿对象未接受财物则构成行贿罪未遂。

3. 罪数

多次行贿未经处理的,按照累计行贿数额处罚。行贿人谋取不正当利益的行为构成犯罪的,应当与行贿犯罪实行数罪并罚。②

行为人在行贿行为完成后,又借助受贿人提供的便利,进一步实施了独立的如生产、销售伪劣商品、走私等犯罪行为的时候,由于这些行为已经无法为行贿罪的构成要件所评价,因此,应当对其进行单独认定,并与先前实施的行贿罪数罪并罚。

行贿人行贿要求为其谋取不正当利益,而当该不正当利益本身构成犯罪,如行贿人给予司法工作人员以财物,要求其枉法裁判或者私放在押人员,但未得逞的,行为人的行为具有双重性质:一是行贿罪,二是所意欲谋取不正当利益所构成的犯罪的教唆犯,二者之间属于想象竞合的关系,此时,可以按照从一重罪处罚的原则处理。③

行为人为谋取不正当利益向国家工作人员行贿,又教唆、帮助国家工作人员接受第三人的行贿财物的,成立行贿罪与受贿罪的共犯,应当实行数罪并罚。

---

① 参见张明楷:《刑法学》(第五版),法律出版社2016年版,第1231页。
② 参见《最高人民法院、最高人民检察院关于办理行贿刑事案件具体应用法律若干问题的解释》第5条、第6条。
③ 参见黎宏:《刑法学》,法律出版社2012年版,第966—967页。

(四) 量刑标准

根据《刑法》第 390 条第 1 款以及《最高人民法院、最高人民检察院关于办理贪污贿赂刑事案件适用法律若干问题的解释》第 7—9 条的规定，犯行贿罪，行贿数额 3 万元以上的，处 5 年以下有期徒刑或者拘役，并处罚金；因行贿谋取不正当利益，情节严重的，或者使国家利益遭受重大损失的，处 5 年以上 10 年以下有期徒刑，并处罚金；情节特别严重的，或者使国家利益遭受特别重大损失的，处 10 年以上有期徒刑或者无期徒刑，并处罚金或者没收财产。

根据《刑法》第 390 条第 2 款的规定，行贿人在被追诉前主动交代行贿行为的，可以从轻或者减轻处罚。其中，犯罪较轻的，对侦破重大案件起关键作用的，或者有重大立功表现的，可以减轻或免除处罚。根据《最高人民法院、最高人民检察院关于办理贪污贿赂刑事案件适用法律若干问题的解释》第 19 条的规定，对本罪并处罚金的，应当在 10 万元以上犯罪数额 2 倍以下判处罚金。

(五) 解释索引

(1)《最高人民法院关于被告人林少钦受贿请示一案的答复》(2017 年 2 月 13 日)；

(2)《最高人民法院、最高人民检察院关于办理贪污贿赂刑事案件适用法律若干问题的解释》(2016 年 4 月 18 日)；

(3)《最高人民法院、最高人民检察院关于办理行贿刑事案件具体应用法律若干问题的解释》(2012 年 12 月 26 日)；

(4)《最高人民法院、最高人民检察院关于办理商业贿赂刑事案件适用法律若干问题的意见》(2008 年 11 月 20 日)；

(5)《关于人民检察院直接受理立案侦查案件立案标准的规定（试行）》(1999 年 9 月 9 日)；

(6)《最高人民法院、最高人民检察院关于在办理受贿犯罪大要案的同时要严肃查处严重行贿犯罪分子的通知》(1999 年 3 月 4 日)。

（六）案例举要

赖昌星犯罪集团走私普通货物、行贿案[①]

【基本案情】

被告人赖昌星，原香港远华国际有限公司、厦门远华电子有限公司、远华集团有限公司董事长。1999年9月20日被批准逮捕。案发后外逃，2011年7月23日从加拿大被遣返回国。

福建省厦门市人民检察院指控被告人赖昌星犯走私普通货物罪、行贿罪，向厦门市中级人民法院提起公诉。

福建省厦门市中级人民法院经公开审理查明：1991年，被告人赖昌星在香港设立香港美好企业有限公司走私电器等货物。1993年6月，赖昌星在香港设立香港远华国际有限公司，安排不同人员负责组织汽车、香烟等货源，联系船务公司发运货物，从厦门走私入境并通关、销售。为大规模实施走私活动，1994年4月，赖昌星在厦门成立厦门远华电子有限公司，以该公司在厦门湖里区塘边的住所地作为走私活动的固定据点。1995年12月，赖昌星在厦门成立厦门海鑫集装箱储运有限公司，并在该公司所属的海鑫堆场申请设立了海关监管点，通过拉拢、贿赂海关监管人员，使该堆场成为走私货物的主要集散地。赖昌星通过设立上述公司和建立走私据点，不断扩大走私规模，在香港等地组织以香烟、汽车、成品油为主的大量货物从厦门走私入境。期间，赖昌星以其家族成员为基础，不断纠集、网罗人员参与走私活动，并进行明确分工和分层管理，逐步形成了以其为核心、主要成员相对固定、参与人员众多、组织结构严密的走私集团。

在走私过程中，被告人赖昌星直接参与或指使走私集团成员与拥有进出口经营权、保税手册和转口贸易资质的公司负责人共谋，通过出资、合作、支付代理费或承包经营等方式，勾结、利用福建九州集团股份有限公司、厦门经济特区东方发展公司等，实施走私活动。

针对不同时期海关监管方式和监管政策的变化，被告人赖昌星经与厦门海关原关员谢东风、周振庭（均另案处理）等人商议、策划，不断变换走私

[①] （2012）厦刑初字第26号。

手法，先后采取伪报品名、假复出口、闯关等手段进行走私。同时，赖昌星安排专人负责走私各个环节，形成模式化的走私流程。利用已形成的走私渠道，赖昌星走私集团除了自行走私之外，还以负责通关为条件招揽他人合作走私。对于合作走私香烟、汽车和其他货物，由赖昌星确定向走私货主收取代为通关的费用即"水费"；对于厦门地区的成品油走私，赖昌星控制、决定他人走私进口的数量即"指标"，并按照走私货主分三成、赖昌星分七成的比例对走私利润进行分成。

被告人赖昌星控制、支配走私资金和非法获利，安排赖昌标、曾明育、庄建群等家族成员负责回笼走私货款和收取"水费"，并将部分走私资金和获利通过"地下钱庄"转移至境外继续用于组织走私货源，部分用于行贿、赌博及投资房地产等项目。

为了打通走私各环节，实现大规模走私等非法目的，被告人赖昌星有组织、有预谋地拉拢腐蚀党政领导干部及海关、边防、海监、港务、公安、税务等部门和单位的国家工作人员，以各种名目贿送款物，使之利用监管、缉私等职务便利，为赖昌星走私集团谋取不正当利益。自1991年至1999年间，赖昌星直接经手或指使走私集团成员王双敏、侯小虎、王泰成（均另案处理）等人，先后向64名国家工作人员贿送钱款共计人民币1821.98万元、港币958.5万元、美元59.4万元、澳元30万元，以及房产、汽车等财物（经鉴定，价值人民币433.7105万元），折合人民币共计3912.891694万元。

【裁判理由】

厦门市中级人民法院认为，被告人赖昌星违反海关规定，逃避海关监管，先后采取伪报品名、假复出口、闯关等手段走私香烟、汽车、成品油及其他普通货物，偷逃应缴税额共计人民币1399965.425403万元，其行为构成走私普通货物罪，且偷逃应缴税额特别巨大，情节特别严重，依法应予严惩。赖昌星为谋取不正当利益，直接或指使他人给予国家工作人员以财物，还在经济往来中，违反国家规定，给予国家工作人员以财物，向64名国家工作人员行贿，共计折合人民币3912.891694万元，其行为构成行贿罪，且情节特别严重，亦应依法惩处，并与所犯走私普通货物罪两罪并罚。赖昌星伙同他人为共同实施犯罪而组成固定的犯罪组织，系犯罪集团，其在犯罪集团中起组织、策划、指挥作用,系首要分子,依法应当按照集团所犯的全部罪行处罚。

【裁判结果】

厦门市中级人民法院以(2012)厦刑初字第26号刑事判决,认定被告人赖昌星犯走私普通货物罪,判处无期徒刑,剥夺政治权利终身,并处没收个人全部财产;犯行贿罪,判处有期徒刑15年,并处没收个人财产人民币2000万元,决定执行无期徒刑,剥夺政治权利终身,并处没收个人全部财产等。

一审宣判后,被告人赖昌星未提出上诉。一审判决发生法律效力。

六、利用影响力受贿罪

(一)刑法条文

第三百八十八条之一 国家工作人员的近亲属或者其他与该国家工作人员关系密切的人,通过该国家工作人员职务上的行为,或者利用该国家工作人员职权或者地位形成的便利条件,通过其他国家工作人员职务上的行为,为请托人谋取不正当利益,索取请托人财物或者收受请托人财物,数额较大或者有其他较重情节的,处三年以下有期徒刑或者拘役,并处罚金;数额巨大或者有其他严重情节的,处三年以上七年以下有期徒刑,并处罚金;数额特别巨大或者有其他特别严重情节的,处七年以上有期徒刑,并处罚金或者没收财产。

离职的国家工作人员或者其近亲属以及其他与其关系密切的人,利用该离职的国家工作人员原职权或者地位形成的便利条件实施前款行为的,依照前款的规定定罪处罚。

(二)犯罪构成

1. 法益

本罪侵害的法益是职务行为的正当性与不可收买性。

2. 客观行为

本罪在客观方面表现为行为人利用国家工作人员的"影响力",直接对国家工作人员产生影响,使其为或不为某种行为,为请托人谋取不正当利益的行为。

本罪的行为对象为财产(财产说),也有学者认为本罪的对象为所有与职务行为作对价交换的利益(利益说)。

3. 行为主体

本罪的行为主体是国家工作人员的近亲属或者其他与该国家工作人员关系密切的人、离职的国家工作人员或者其近亲属以及其他与其关系密切的人。

4. 主观罪过

本罪在主观方面出于直接故意,表现为该行为人认识到自己是某国家工作人员的关系密切人,与该国家工作人员有着特殊的关系,足以让第三人相信其能够利用该国家工作人员的职务行为或该国家工作人员职权或地位形成的便利条件,通过其他国家工作人员职务上的行为谋取不正当利益,即认识到其是在以某种方式利用该国家工作人员的职务便利,为请托人谋取不正当利益,并且希望请托人能够给付财物或自己会主动向请托人索贿。

(三)司法认定

1. 共同犯罪

共同受贿犯罪的认定:根据刑法关于共同犯罪的规定,非国家工作人员与国家工作人员勾结,伙同受贿的,应当以受贿罪的共犯追究刑事责任。非国家工作人员是否构成受贿罪共犯,取决于双方有无共同受贿的故意和行为,国家工作人员的近亲属向国家工作人员代为转达请托事项,收受请托人财物并告知该国家工作人员,或者国家工作人员明知其近亲属收受了他人财物,仍按照近亲属的要求利用职权为他人谋取利益的,对该国家工作人员应认定为受贿罪,其近亲属以受贿罪共犯论处。近亲属以外的其他人与国家工作人员通谋,由国家工作人员利用职务上的便利为请托人谋取利益,收受请托人财物后双方共同占有的,构成受贿罪共犯。国家工作人员利用职务上的便利为他人谋取利益,并指定他人将财物送给其他人,构成犯罪的,应以受贿罪定罪处罚。①

2. 停止形态

参照受贿罪：受贿罪分为收受型受贿和索贿两种，两者均存在未遂状态。我国主流观点认为，是否收受贿赂是区分受贿罪既遂和未遂的标准。由于受贿人意志以外的原因，没有得到承诺的财物应为犯罪成立（未遂）。在取得财物之前主动停止收取行为，是受贿罪犯罪中止。受贿罪不存在犯罪预备。

关于收受财物后退还或者上交问题：国家工作人员收受请托人财物后及时退还或者上交的，不是受贿。国家工作人员受贿后，因自身或与其受贿有关联的人、事被查处，为掩饰犯罪而退还或者上交的，不影响认定受贿罪。②

3. 罪数

参照受贿罪：在罪数认定上，国家机关工作人员实施渎职犯罪并收受贿赂，同时构成受贿罪的，除刑法另有规定外，以渎职犯罪和受贿罪数罪并罚。③国家工作人员利用职务上的便利，收受他人财物，为他人谋取利益，同时构成受贿罪和《刑法》分则第三章第三节、第九章规定的渎职犯罪的，除刑法另有规定外，以受贿罪和渎职犯罪数罪并罚。④

在具体罪名上，《最高人民法院、最高人民检察院关于办理药品、医疗器械注册申请材料造假刑事案件适用法律若干问题的解释》第2条规定，故意提供虚假的药物非临床研究报告、药物临床试验报告及相关材料，索取或者非法收受他人财物的，应当依照《刑法》第229条第2款规定，以提供虚假证明文件罪处5年以上10年以下有期徒刑，并处罚金；同时构成提供虚假证明文件罪和受贿罪、非国家工作人员受贿罪的，依照处罚较重的规定定罪处罚。

关于放纵走私罪的认定问题：依照《刑法》第411条的规定，负有特定

---

① 参见《全国法院审理经济犯罪案件工作座谈会纪要》第3条。
② 参见《最高人民法院、最高人民检察院关于办理受贿刑事案件适用法律若干问题的意见》第9条。
③ 参见《最高人民法院、最高人民检察院关于办理渎职刑事案件适用法律若干问题的解释（一）》第3条。
④ 参见《最高人民法院、最高人民检察院关于办理贪污贿赂刑事案件适用法律若干问题的解释》第17条。

监管义务的海关工作人员徇私舞弊，利用职权，放任、纵容走私犯罪行为，情节严重的，构成放纵走私罪。放纵走私行为，一般是消极的不作为。如果海关工作人员与走私分子通谋，在放纵走私过程中以积极的行为配合走私分子逃避海关监管或者在放纵走私之后分得赃款的，应以共同走私犯罪追究刑事责任。海关工作人员收受贿赂又放纵走私的，应以受贿罪和放纵走私罪数罪并罚。①

（四）量刑标准

《最高人民法院、最高人民检察院关于办理贪污贿赂刑事案件适用法律若干问题的解释》第1—4条规定的具体量刑标准如下：

受贿数额在3万元以上不满20万元的，应当认定为《刑法》第383条第1款规定的"数额较大"，依法判处3年以下有期徒刑或者拘役，并处罚金。受贿数额在1万元以上不满3万元，具有下列情形之一的，应当认定为《刑法》第383条第1款规定的"其他较重情节"，依法判处3年以下有期徒刑或者拘役，并处罚金：(1) 曾因贪污、受贿、挪用公款受过党纪、行政处分的；(2) 曾因故意犯罪受过刑事追究的；(3) 赃款赃物用于非法活动的；(4) 拒不交待赃款赃物去向或者拒不配合追缴工作，致使无法追缴的；(5) 造成恶劣影响或者其他严重后果的；(6) 多次索贿的；(7) 为他人谋取不正当利益，致使公共财产、国家和人民利益遭受损失的；(8) 为他人谋取职务提拔、调整的。

受贿数额在20万元以上不满300万元的，应当认定为《刑法》第383条第1款规定的"数额巨大"，依法判处3年以上10年以下有期徒刑，并处罚金或者没收财产。受贿数额在10万元以上不满20万元，具有下列情形之一的，应当认定为《刑法》第383条第1款规定的"其他严重情节"，依法判处3年以上10年以下有期徒刑，并处罚金或者没收财产：(1) 多次索贿的；(2) 为他人谋取不正当利益，致使公共财产、国家和人民利益遭受损失的；(3) 为他人谋取职务提拔、调整的。

---

① 参见《最高人民法院、最高人民检察院、海关总署关于办理走私刑事案件适用法律若干问题的意见》第16条。

受贿数额在 300 万元以上的,应当认定为《刑法》第 383 条第 1 款规定的"数额特别巨大",依法判处 10 年以上有期徒刑、无期徒刑或者死刑,并处罚金或者没收财产。受贿数额在 150 万元以上不满 300 万元,具有下列情形之一的,应当认定为《刑法》第 383 条第 1 款规定的"其他特别严重情节",依法判处 10 年以上有期徒刑、无期徒刑或者死刑,并处罚金或者没收财产:(1) 多次索贿的;(2) 为他人谋取不正当利益,致使公共财产、国家和人民利益遭受损失的;(3) 为他人谋取职务提拔、调整的。

受贿数额特别巨大,犯罪情节特别严重、社会影响特别恶劣、给国家和人民利益造成特别重大损失的,可以判处死刑。符合前款规定的情形,但具有自首,立功,如实供述自己罪行、真诚悔罪、积极退赃,或者避免、减少损害结果的发生等情节,不是必须立即执行的,可以判处死刑缓期 2 年执行。符合第 1 款规定情形的,根据犯罪情节等情况可以判处死刑缓期 2 年执行,同时裁判决定在其死刑缓期执行 2 年期满依法减为无期徒刑后,终身监禁,不得减刑、假释。

(五) 解释索引

(1)《最高人民法院、最高人民检察院关于办理药品、医疗器械注册申请材料造假刑事案件适用法律若干问题的解释》(2017 年 8 月 14 日);

(2)《最高人民法院、最高人民检察院关于办理贪污贿赂刑事案件适用法律若干问题的解释》(2016 年 4 月 18 日);

(3)《最高人民法院、最高人民检察院关于办理渎职刑事案件适用法律若干问题的解释(一)》(2012 年 12 月 7 日);

(4)《宽严相济在经济犯罪和职务犯罪案件审判中的具体贯彻》(2010 年 4 月 7 日);

(5)《最高人民法院、最高人民检察院关于办理受贿刑事案件适用法律若干问题的意见》(2007 年 7 月 8 日);

(6)《全国法院审理经济犯罪案件工作座谈会纪要》(2003 年 11 月 13 日);

(7)《最高人民检察院法律政策研究室关于集体性质的乡镇卫生院院长利

用职务之便收受他人财物的行为如何适用法律问题的答复》（2003 年 4 月 2 日）；

（8）《最高人民法院、最高人民检察院、海关总署关于办理走私刑事案件适用法律若干问题的意见》（2002 年 7 月 8 日）；

（9）《最高人民法院关于国家工作人员利用职务上的便利为他人谋取利益离退休后收受财物行为如何处理问题的批复》（2000 年 7 月 13 日）；

（10）《关于人民检察院直接受理立案侦查案件立案标准的规定（试行）》（1999 年 9 月 9 日）。

（六）案例举要

 祝卫忠受贿案①

2007 年 4 月至 2011 年 11 月，被告人祝卫忠与南汇交通协管服务社签订劳动协定，先后担任原上海市公安局南汇分局、上海市公安局浦东分局的交通协管员，协助上海市公安局浦东分局交警二支队高速大队的民警在上海浦东临港地区进行事故勘查、排堵疏导以及工作记录等辅助性工作。其间，被告人祝卫忠接受上海喜华集装箱储运有限公司、上海港航集装箱有限公司、上海逸祝恒物流有限公司等单位人员的请托和给予的大量钱款，通过转账汇款及现金给予的方式收受贿赂款共计 100 余万元。

被告人祝卫忠收受上述钱款后，为使上述公司的违法超载运输车辆在查处中能予以减轻处罚或者不作处罚，多次向上海市公安局浦东分局交警二支队高速大队的民警康波、唐纯、朱海荣、季波等人行贿 25.3 万元，另有部分用于请民警吃饭、娱乐等，被告人祝卫忠个人实际占有 21 万余元。

上海市浦东新区人民检察院指控，被告人祝卫忠身为交通协管员，利用其地位形成的便利条件，通过其他国家工作人员职务上的行为，为请托人谋取不正当利益，收受请托人财物达 21 万余元，应当以受贿罪（斡旋受贿）追究其刑事责任。被告人祝卫忠身为交通协管员，为谋取不正当利益，向多名司法工作人员行贿 25 万余元，情节特别严重，应当以行贿罪追究其刑事责

---

① 载邹碧华主编：《2014 年上海法院案例精选》，上海人民出版社 2014 年版。

任。被告人祝卫忠一人犯两罪,应当数罪并罚。

上海市浦东新区人民法院经审理认为,被告人祝卫忠身为与国家工作人员即交通执法民警关系密切的交通协管员,通过民警在交通执法过程中职务上的行为,为请托人谋取不正当利益,收受请托人财物,数额较大,依照《刑法》第388条之一第1款的规定,已构成利用影响力受贿罪,应处3年以下有期徒刑或者拘役,并处罚金。被告人祝卫忠为谋取不正当利益,向多名国家工作人员行贿,情节严重,依照《刑法》第389条、第390条的规定,其行为又构成行贿罪,应处5年以上10年以下有期徒刑,对被告人祝卫忠应予两罪并罚。公诉机关指控的受贿罪罪名不当,法院予以更正;公诉机关指控的行贿罪罪名成立,予以支持。

综上,被告人祝卫忠对于利用影响力受贿犯罪具有自首情节,对于行贿犯罪具有坦白情节,对其所犯两罪依法分别从轻处罚。据此判决:(1)被告人祝卫忠犯利用影响力受贿罪,判处有期徒刑2年,罚金2000元;犯行贿罪,判处有期徒刑5年6个月;决定执行有期徒刑6年6个月,罚金2000元。(2)违法所得责令退赔或追缴。

一审宣判后,被告人未提出上诉,检察院亦未提出抗诉,现该案判决已经生效。

七、对有影响力的人行贿罪

(一)刑法条文

第三百九十条之一 为谋取不正当利益,向国家工作人员的近亲属或者其他与该国家工作人员关系密切的人,或者向离职的国家工作人员或者其近亲属以及其他与其关系密切的人行贿的,处三年以下有期徒刑或者拘役,并处罚金;情节严重的,或者使国家利益遭受重大损失的,处三年以上七年以下有期徒刑,并处罚金;情节特别严重的,或者使国家利益遭受特别重大损失的,处七年以上十年以下有期徒刑,并处罚金。

单位犯前款罪的,对单位判处罚金,并对其直接负责的主管人员和其他直接责任人员,处三年以下有期徒刑或者拘役,并处罚金。

(二) 犯罪构成

1. 法益

本罪侵害的法益本质上是国家工作人员职务的廉洁性。

2. 客观行为

本罪在客观方面表现为行贿人为谋取不正当利益,向国家工作人员的近亲属或其他与该国家工作人员关系密切的人,或者向离职的国家工作人员或其近亲属以及其他与其关系密切的人行贿的行为。主要包括以下情形:(1) 为利用国家工作人员的职务行为,行为人主动给予国家工作人员的近亲属或者其他与该国家工作人员关系密切的人、离职的国家工作人员或者其近亲属以及其他与其关系密切的人以财物;(2) 在经济往来中,违反国家有关规定,给予上述人员数额较大的财物和各种名义的回扣和手续费;(3) 为利用国家工作人员的职务行为,行为人被上述人员索贿后给予财物并谋取到不正当利益。

本罪的行为对象包括以下五类:(1) 国家工作人员的近亲属;(2) 其他与该国家工作人员关系密切的人;(3) 离职的国家工作人员;(4) 离职的国家工作人员的近亲属;(5) 其他与离职的国家工作人员关系密切的人。其中,所谓"国家工作人员",是指国家机关中从事公务的人员。国有公司、企业、事业单位、人民团体中从事公务的人员和国家机关、国有公司、企业、事业单位委派到非国有公司、企业、事业单位、社会团体从事公务的人员,以及其他依照法律从事公务的人员,以国家工作人员论。所谓"近亲属",是指与国家工作人员(或离职的国家工作人员)有夫、妻、父、母、子、女、同胞兄弟姐妹关系的人。所谓"其他与国家工作人员关系密切的人",应当严格限制在情人关系、恋人关系、前妻前夫关系、密切的上下级关系(如领导的司机、秘书)、姻亲关系、密切的老乡关系、老战友关系、老同学关系等范围内,且他们之间存在"共同利益关系的人"。①

本罪中行贿行为可以发生在谋取利益之前,也可以是发生在谋取利益的

---

① 参见谢望原:《对有影响力的人行贿罪构成要件辨析》,载《人民检察》2016年第5期。

过程中,还可以是在谋取到利益之后,是否实际谋取到不正当利益不影响本罪的认定。

3. 行为主体

本罪主体为一般主体,年满16周岁、具有完全刑事责任能力的人,均可构成本罪。单位也能成为本罪主体。

4. 主观罪过

本罪在主观方面表现为故意,而且是直接故意,表现为行贿人明知行贿对象是与国家工作人员职务有密切关系的人,并相信能够通过行贿谋取不正当利益。

(三) 司法认定

1. 共同犯罪

本罪的共犯主要包括教唆犯与帮助犯,即故意唆使他人或者为行为人对有影响力的人行贿提供帮助和便利条件的人。

行为人将财物交付给特定关系人,特定关系人仅成立利用影响力受贿罪,国家工作人员不成立受贿罪时,行为人仅成立对有影响力的人行贿罪。行为人将财物交付给特定关系人,特定关系人虽然与国家工作人员构成受贿罪的共犯,但行为人没有认识到该受贿共犯事实时,行为人仍然成立对有影响力的人行贿罪。反之,行为人将财物交付给特定关系人,但特定关系人与国家工作人员构成受贿罪的共犯,行为人也明知该受贿共犯事实时,不管财物最终是否由国家工作人员占有,行为人均成立行贿罪。[①]

2. 停止形态

根据我国《刑法》第23条关于犯罪未遂的规定,在本罪中,行为人以谋取不正当利益的主观目的给予有影响力的人员财物即为已经着手实施,但是,因为行为人意志以外的因素导致行贿未得逞,则应认定为本罪的未遂。

由于本罪与行贿罪具有相同的罪质,因此在认定本罪的犯罪形态时,可以参照行贿罪的既遂和未遂区分标准。一般来说,行贿罪的既遂,应当以行

---

① 参见张明楷:《刑法学》(第五版),法律出版社2016年版,第1234页。

贿财物实际转移给受贿人，或者虽然没有实际转移给受贿人，但事实上已经为受贿人所控制或支配为标准。在具体认定上，应当注意以下几点：（1）以诸如货币、古玩字画等实物进行行贿活动的，应当以贿赂实际转移交付的时点为既遂的判断基准。对于行贿人虽然没有转移交付，但受贿人却实际上已经控制或支配该财物的，可以视为既遂。"受贿人"不仅包括受贿的国家工作人员本人，代理其收受贿赂的人也属于"受贿人"，只要行贿人将贿赂交付转移，即构成行贿罪既遂。（2）以房屋、车辆等需要过户登记的特殊财物行贿的，不以受贿人是否过户登记为既遂标准。只要受贿人实际上控制、支配了该房屋、车辆，即构成行贿罪既遂。（3）以债权等财产性利益行贿的，以受贿人实际享有或控制该权利为既遂标准。

3. 罪数

因行贿而进行违法活动构成其他罪的，依照数罪并罚的规定处罚。

（四）量刑标准

根据《刑法》第390条之一的规定，犯本罪的，处3年以下有期徒刑或者拘役，并处罚金；情节严重的，或者使国家利益遭受重大损失的，处3年以上7年以下有期徒刑，并处罚金；情节特别严重的，或者使国家利益遭受特别重大损失的，处7年以上10年以下有期徒刑，并处罚金。单位犯本罪的，对单位判处罚金，并对其直接负责的主管人员和其他直接责任人员，处3年以下有期徒刑或者拘役，并处罚金。

根据《最高人民法院、最高人民检察院关于办理贪污贿赂刑事案件适用法律若干问题的解释》第10条、第19条的规定，个人犯本罪的定罪量刑适用标准，参照本解释关于行贿罪的规定执行，单位犯本罪的定罪标准为行贿数额20万元以上；对本解释适用并处罚金的，应当在10万元以上犯罪数额2倍以下判处罚金。

（五）解释索引

（1）《最高人民法院、最高人民检察院关于办理贪污贿赂刑事案件适用法律若干问题的解释》（2016年4月18日）；

(2)《最高人民法院、最高人民检察院关于办理行贿刑事案件具体应用法律若干问题的解释》(2012年12月26日);

(3)《最高人民法院、最高人民检察院关于办理商业贿赂刑事案件适用法律若干问题的意见》(2008年11月20日)。

(六) 案例举要

 应城市恒天药业包装有限公司、石雄安行贿案[①]

【公诉机关指控】

孝感市孝南区人民检察院指控被告单位应城市恒天药业包装有限公司(以下简称"恒天药业公司")、被告人石雄安犯对有影响力的人行贿罪,向孝感市孝南区人民法院提起公诉。公诉机关认为,被告单位恒天药业公司在办理公司土地性质变性过程中,为了谋取不正当利益,向与国家工作人员关系密切的原应城市政府办公室副主任、驻京办主任杨某行贿410万元,其行为触犯了《刑法》第390条之一第2款、第30条、第31条之规定,犯罪事实清楚、证据确实、充分,应当以对有影响力的人行贿罪追究刑事责任;被告人石雄安身为单位负责人和直接责任人,为谋取不正当利益而给予他人财物,其行为触犯了《刑法》第390条之一第2款之规定,犯罪事实清楚,证据确实、充分,应当以对有影响力的人行贿罪追究刑事责任。

【辩护人意见】

被告单位辩护人的辩护意见为:

(1)具有法定减轻或者免除处罚情节。① 被告人投案自首;② 本罪量刑为3年以下有期徒刑或者拘役,属于"犯罪较轻";③ 石雄安在纪委的交代,对杨某受贿罪案件的证据收集有重要作用,而杨某因受贿罪判处12年有期徒刑,属于重大案件。

(2)具有酌定从轻处罚情节。① 当庭自愿认罪;② 被告单位除本案外,没有其他任何违法违纪行为;③ 主观恶性较小;④ 被告单位对应城的经济社

[①] (2018) 鄂0902刑初94号。

会发展做出较大贡献；⑤ 对被告单位免除处罚，可以避免被告单位经营恶化甚至倒闭。综上所述，恳请对被告单位免除处罚；如不能免除处罚，也恳请合议庭考虑前述量刑情节及近期因反倾销案造成卤化丁基橡胶大幅度价格上涨（每吨同期环比上涨约 5000 元，被告单位每年需进口近 5000 吨卤化丁基橡胶）和实体经济人力及其他成本上涨等因素（被告单位有近 800 名员工），对被告单位处以的罚金刑给予相应的减轻并分期缴纳。

被告人石雄安对起诉书指控的犯罪事实及罪名亦无异议，认为法律意识淡薄才违法犯罪，希望法庭对自己及恒天药业公司分别从轻处罚、免予刑事处罚。辩护人对起诉书指控被告人的犯罪事实及罪名亦无异议，其辩护意见是：

(1) 石雄安有以下法定从轻、减轻情节：① 石雄安在杨某严重违纪案组织调查时，能积极配合调查，坦白交代自己送钱的事实，为杨某受贿案全面侦破起了一定作用。② 石雄安属于投案自首，应减轻或者免除处罚。本案立案前，石雄安主动到案，向检察机关如实交代恒天药业公司及其本人涉嫌单位行贿的犯罪事实，认罪态度较好。根据《刑法》第 67 条、第 390 条第 2 款和《最高人民法院、最高人民检察院关于办理行贿刑事案件具体应用法律若干问题的解释》第 7 条第 2 款的规定，犯罪嫌疑人石雄安构成自首，并且在被追诉前主动交代了送钱事实，对犯罪嫌疑单位恒天药业公司和犯罪嫌疑人石雄安可以减轻或者免除处罚。

(2) 石雄安有以下酌定从宽情节：① 个人主观恶性不大。本案是单位犯罪，石雄安系单位法定代表人承担法律责任，个人主观恶性小；石雄安是初犯，是被他人邀约走上犯罪道路的，个人主观恶性不大。② 恒天药业公司是孝感市一家知名的骨干民营企业，公司和公司法人石雄安为应城乃至孝感市的经济社会发展做出了一定贡献。③ 本案所涉土地性质由工业用地变更为商住用地（以下简称"土地变性"），政府收取了全部的土地出让金，没有因为行贿给国家造成损失。综上，建议对被告人石雄安免予刑事处罚。

【基本案情】

经审理查明：2011 年年初，被告人石雄安受应城市怡禾实业有限公司法人丁某（另案处理）和湖北瑞丰粮油食品有限责任公司股东夏某某（另案处理）之邀,请托原应城市政府办公室副主任、驻京办主任杨某（已判刑）并利用杨某的影响力为三家公司老厂区"土地变性"进行运作,三家公司各出资300万元。被告人石雄安将此事与恒天药业公司董事会成员王某、李某等人分别通了气,得到了他们的支持。2011年4月,杨某接受了丁某等人的请托,被告人石雄安及丁某、夏某某分别代表公司先期出资10万元交给杨某,作为其帮忙运作"土地变性"工作的前期费用,后又陆续出资300万元交给丁某保管,事成后支付给杨某。2011年8月,通过杨某运作,应城市政府出台《关于支持城区企业"退二进三"加快发展的意见》。2011年10月底,因应城市委、市政府换届,"土地变性"工作停止,被告人石雄安及丁某、夏某某商量后决定,三家公司又各增加100万元给丁某保管并在事成后支付给杨某。

至此,恒天药业公司共出资410万元作为杨某运作"土地变性"的费用。通过杨某的运作,成功排除了其他企业,仅使上述三家公司入围。恒天药业公司老厂土地进入收储和招拍挂程序后,于2013年8月6日得到应城市政府的补偿款7471.77万元。

2013年1月,丁某从其保管的1230万元资金中（石雄安、夏某某、丁某单位各410万元）,分6次送给杨某共计330万元,余款900万元由丁某保管。2014年4月10日,杨某与丁某在武汉亚洲大酒店结算双方借款账目时,针对丁某保管的900万元连同之前杨某借给丁某1100万元的本息230万元共计1130万元,由丁某向杨某出具一张1130万元的借条,并约定按年息2分支付利息,事后丁某分两次向杨某支付利息共计430万元。

另查明,侦查机关在侦查终结报告中载明:在办案过程中发现恒天药业公司有无依据申报搬迁费用与损失补偿的问题,建议移交应城市相关部门再次审计核查后追缴国库。

再查明,被告人石雄安将行贿事实与恒天药业公司董事会成员通气后,于2017年3月21日主动到公诉机关投案,并如实交代了自己代表公司向杨某行贿的犯罪事实。

还查明,2018年4月27日,应城市司法局向法院出具调查评估意见书:被调查人石雄安适用非监禁刑。

对被告单位恒天药业公司、被告人石雄安及辩护人提出的"关于对被告单位恒天药业公司、被告人石雄安适用免予刑事处罚的问题",综合评判如下:

本案中,被告单位恒天药业公司、被告人石雄安在被追诉前,主动到案,向检察机关如实交代恒天药业公司及其本人的犯罪事实构成自首;被告人石雄安在杨某严重违纪案组织调查时,能积极配合调查,交代自己送钱的事实,为侦破杨某受贿案起了收集定案证据的作用,属如实供述犯罪事实,不构成立功。因其犯罪数额较大,仅具有自首、在被追诉前主动到案的情节,根据《刑法》第390条之一第2款的规定,依法不适用免除处罚。故对被告单位恒天药业公司、被告人石雄安及辩护人关于免除处罚的辩解、辩护意见、理由,依法不予采纳。

【法院观点】

法院认为,被告单位恒天药业公司,在办理其"土地变性"过程中,为了谋取不正当利益,向与国家工作人员关系密切的人行贿410万元,其行为触犯了刑律,构成对有影响力的人行贿罪;被告人石雄安身为恒天药业公司负责人和直接责任人,为谋取不正当利益而给予他人财物,其行为触犯了《刑法》第390条之一第2款的规定,构成对有影响力的人行贿罪。公诉机关指控的罪名成立,其要求对被告单位恒天药业公司、被告人石雄安适用法律的意见,本院依法予以支持。

被告人石雄安将行贿行为与恒天药业公司董事会成员通气后,主动到公诉机关投案,并如实供述犯罪事实,且当庭自愿认罪,被告单位恒天药业公司、被告人石雄安的行为均构成自首,依法从轻处罚。故辩护人关于被告单位恒天药业公司、被告人石雄安具有投案自首、当庭自愿认罪的辩护意见,依法予以采纳。辩护人的辩护意见,本罪量刑为3年以下有期徒刑或者拘役,属于"犯罪较轻";被告单位除本案外,没有其他任何违法违纪行为;石雄安是初犯,是被他人邀约走上犯罪道路的;恒天药业公司是孝感市一家知名的骨干民营企业,公司和公司法人石雄安为应城乃至孝感市的经济社会发展做出了一定贡献,与审理查明的事实相符,依法予以采纳。辩护人的其他辩护意见无事实法律依据,依法不予采纳。对被告单位的违法所得应依法予以追缴，其具体数额以相关部门再次审计核查后的数额为准。经审前社会调查，被告人石雄安居住地社区矫正部门应城市司法局向本院出具调查评估意见书：被调查人石雄安适用非监禁刑，公诉机关亦建议可适用非监禁刑。据此，根据本案的犯罪事实、性质、情节以及对社会的危害程度，经本院审判委员会讨论决定，依照《刑法》第390条之一、第30条、第31条、第67条第1款、第3款、第72条、第73条、第64条，《最高人民法院、最高人民检察院关于适用刑事司法解释时间效力问题的规定》第2条、第3条之规定，判决如下：（1）被告单位恒天药业公司犯对有影响力的人行贿罪，判处罚金300000元；（2）被告人石雄安犯对有影响力的人行贿罪，判处有期徒刑1年，缓刑1年，并处罚金50000元；（3）追缴被告单位恒天药业公司的违法所得，上缴国库。

八、对单位行贿罪

（一）刑法条文

第三百九十一条　为谋取不正当利益，给予国家机关、国有公司、企业、事业单位、人民团体以财物的，或者在经济往来中，违反国家规定，给予各种名义的回扣、手续费的，处三年以下有期徒刑或者拘役，并处罚金。

单位犯前款罪的，对单位判处罚金，并对其直接负责的主管人员和其他直接责任人员，依照前款的规定处罚。

（二）犯罪构成

1. 法益

本罪侵害的法益是国家工作人员职务的廉洁性以及国家机关、国有公司、企业、事业单位、人民团体等国有单位的正常管理活动。

2. 客观行为

本罪在客观方面有两种具体表现形式：一是为谋取不正当利益，给予国家机关、国有公司、企业、事业单位、人民团体以财物的行为；二是为谋取不正当利益，在经济往来中，违反国家规定，给予国家机关、国有公司、企业、事业单位、人民团体以各种名义的回扣、手续费的行为。本罪的成立不以对方承诺或者实际实现其不正当利益要求为构成要件，即使行为人意图谋取的不正当利益没有实现，也不影响本罪的成立。

本罪的行贿对象必须是国家机关、国有公司、企业、事业单位、人民团体，向非国家机关、国有公司、企业、事业单位、人民团体给予财物的，不能构成对单位行贿罪。

3. 行为主体

本罪主体是一般主体，即年满16周岁、具有完全刑事责任能力的自然人，单位也是本罪主体。

4. 主观罪过

本罪在主观方面表现为直接故意，且以谋取不正当利益为目的。

（三）司法认定

1. 共同犯罪

共同犯罪是指二人以上共同故意犯罪。在本罪中即指行为人具有对单位行贿的共同故意，共同实施行贿行为或教唆、帮助他人实施行贿行为。

2. 停止形态

对于本罪而言，行贿人已经实施了给付财物的实行行为，并且以谋取不正当利益为目的即为既遂；如果行为人已经着手实行行贿行为，但由于意志以外的原因而没有得逞，则是未遂。因而，对单位行贿罪的既遂与未遂的标志就是交付是否完成，交付完成即为犯罪既遂，交付未完成，则是未遂。行贿罪在主观方面必须具备"为谋取不正当利益"的目的，且以行贿人实际给付财物作为行贿罪既遂的标准。需注意的是，这里的实际给付并不是单纯的交付行为，还要使相关国家机关、国有公司、企业、事业单位、人民团体得到并接受。

3. 罪数

在追究对单位行贿罪的刑事责任时，因行贿而进行违法活动构成其他罪的，依照数罪并罚的规定处罚。

(四) 量刑标准

根据《刑法》第391条的规定，个人犯本罪的，处3年以下有期徒刑或者拘役，并处罚金。单位犯本罪的，对单位判处罚金，并对其直接负责的主管人员和其他直接责任人员，依照上述规定处罚。

涉嫌对单位行贿，有下列情形之一的，应予立案：（1）个人行贿数额在10万元以上、单位行贿数额在20万元以上的；（2）个人行贿数额不满10万元、单位行贿数额在10万元以上不满20万元，但具有下列情形之一的：① 为谋取非法利益而行贿的；② 向3个以上单位行贿的；③ 向党政机关、司法机关、行政执法机关行贿的；④ 致使国家或者社会利益遭受重大损失的。[①]

(五) 解释索引

(1)《最高人民法院、最高人民检察院关于办理商业贿赂刑事案件适用法律若干问题的意见》（2008年11月20日）；

(2)《最高人民检察院关于行贿罪立案标准的规定》（2000年12月22日）；

(3)《关于人民检察院直接受理立案侦查案件立案标准的规定（试行）》（1999年9月9日）。

(六) 案例举要

◆ 杨斌等虚假出资、非法占用农用地、合同诈骗、单位行贿、对单位行贿、伪造金融票证案[②]

被告单位沈阳欧亚实业有限公司（以下简称"欧亚实业公司"）涉嫌非法占用农用地、合同诈骗、单位行贿和对单位行贿罪，被告单位沈阳欧亚农业发展有限公司（以下简称"欧亚农业公司"）涉嫌伪造金融票证罪及被告人杨斌涉嫌虚假出资、非法占用农用地、合同诈骗、单位行贿、对单位行贿和伪

---

① 参见《关于人民检察院直接受理立案侦查案件立案标准的规定（试行）》第1条第6项。
② (2013) 沈刑二初字第70号。载《最高人民检察院公报》2004年第4期。

造金融票证罪一案,由辽宁省沈阳市公安局侦查终结,于 2003 年 3 月 26 日,移送沈阳市人民检察院审查起诉。2003 年 5 月 13 日,沈阳市人民检察院依法向沈阳市中级人民法院提起公诉。起诉书认定被告单位欧亚实业公司、被告单位欧亚农业公司、被告人杨斌的犯罪事实如下:

1. 虚假出资事实(略)
2. 非法占用农用地事实(略)
3. 合同诈骗、对单位行贿、单位行贿事实

公诉机关指控:2000 年 5 月,被告人杨斌请托张家旭(辽宁省国土资源厅工作人员,另案处理)为欧亚实业公司找一块已造好的耕地,用于抵顶该公司的建设用地。嗣后,张家旭利用其职务上的便利,找到法库县规划土地管理局局长胡玉广(另案处理)和时任该局地籍科长的孙长春(另案处理),许诺事成后给付该局 100 万元。胡玉广及孙长春为使本单位获得利益,同意将法库县卧牛石乡苇子沟村一块国家尚未纳入地籍管理的耕地(共 1600 余亩)作为欧亚实业公司"新开发的耕地"。张家旭在向杨斌汇报后,按照杨斌的旨意起草、填写了《关于沈阳欧亚实业有限公司开发卧牛石乡苇子沟村荒滩的批复》《辽宁省土地开发整理项目呈报表》用于验收,并在欧亚实业公司以法库县规划土地管理局名义起草、填写的《关于沈阳欧亚实业有限公司开发卧牛石乡苇子沟村荒滩的批复》《辽宁省土地开发整理项目呈报表》《改造法库县卧牛石乡苇子沟村荒滩地开发利用协议》等文件上签字,并将时间提前 1 年。嗣后,张家旭再次找到胡玉广和孙长春,由胡玉广和孙长春安排,在上述"批复""呈批表"上加盖了法库县规划土地管理局公章。并通过卧牛石乡土管所所长李亚东找到苇子沟村党支部书记王凤莲,在上述"协议"上加盖了法库县卧牛石乡苇子沟村的公章,从而使欧亚实业公司取得了证明该公司新开发耕地的虚假证明文件。

同年 6 月下旬,辽宁省土地整理中心在欧亚实业公司申请下,对该公司所谓"新开发的耕地"进行了验收,在收到该公司提供的上述虚假证明文件后,轻信了欧亚实业公司确有"新开发的耕地",出具了《土地开发整理项目验收单》,认为该公司"所造耕地数量质量符合要求,可以抵顶建设占用耕地指标",并按规定提出收购欧亚实业公司"新开发的耕地"。同年 10 月下旬,

被告人杨斌代表欧亚实业公司同辽宁省土地整理中心签订《收购耕地协议》，将所谓的"新开发的耕地"作为"储备耕地"以 316.6 万元的价格出售。同年 11 月初，欧亚实业公司向辽宁省土地整理中心交纳管理费和验收手续费 15 万元后，收到该中心支付的 316.6 万元。嗣后，为感谢张家旭及法库县规划土地管理局提供的帮助，经被告人杨斌决定，欧亚实业公司于 2000 年 12 月给予张家旭 25 万元，并根据事先的承诺，于 2001 年 4 月、9 月分两次给予法库县规划土地管理局共 98 万元。

4. 单位行贿事实（略）

5. 伪造金融票证事实（略）

辽宁省沈阳市中级人民法院依法组成合议庭，公开审理了本案。经审理认为：被告人杨斌作为欧亚实业公司、沈阳海牙大酒店有限公司等 5 个公司的董事长、法定代表人，在申请外商投资企业登记过程中，违反有关公司登记管理法规，使用虚假证明文件和采取其他欺诈手段，虚报注册资本，取得公司登记，且数额巨大，是上述 5 个公司虚报注册资本直接负责的主管人员，其行为已构成虚报注册资本罪。被告单位欧亚实业公司违反土地管理法规，在农业用地上非法进行非农业建设，数量较大，造成耕地大量毁坏；以非法占有为目的，利用签订合同骗取财物，数额特别巨大；为谋取不正当利益给予国家机关及国家机关工作人员财物，情节严重，其行为已分别构成非法占用农地罪、合同诈骗罪、对单位行贿罪、单位行贿罪。被告人杨斌系该单位实施上述犯罪直接负责的主管人员，亦构成上述各罪。被告单位欧亚农业公司为虚增该公司业绩，伪造金融票证，情节特别严重，其行为已构成伪造金融票证罪，被告人杨斌系该单位实施上述犯罪直接负责的主管人员，亦构成伪造金融票证罪。

2003 年 7 月 11 日，辽宁省沈阳市中级人民法院依照《刑法》第 158 条、第 342 条、第 346 条、第 224 条第 5 项、第 231 条、第 391 条、第 393 条、第 177 条第 1 款第 2 项和第 2 款、第 30 条、第 31 条、第 69 条之规定，作出判决如下：（1）被告单位欧亚实业公司犯非法占用农地罪，判处罚金 120 万元；犯合同诈骗罪，判处罚金 300 万元；犯对单位行贿罪，判处罚金 100 万元；犯单位行贿罪，判处罚金 40 万元；数罪并罚，决定执行罚金 560 万元。（2）被告单位欧亚农业公司犯伪造金融票证罪,判处罚金 40 万元。(3) 被告人杨斌犯虚报注册资本罪,判处有期徒刑 2 年;犯非法占用农地罪,判处罚金 60 万元;犯合同诈骗罪,判处有期徒刑 10 年,并处罚金 150 万元;犯对单位行贿罪,判处有期徒刑 1 年;犯单位行贿罪,判处有期徒刑 1 年;犯伪造金融票证罪,判处有期徒刑 10 年,并处罚金 20 万元;数罪并罚,决定执行有期徒刑 18 年,罚金 230 万元。

一审判决后,被告单位欧亚实业公司、欧亚农业公司、被告人杨斌不服,上诉至辽宁省高级人民法院。

辽宁省高级人民法院二审开庭审理后认为:原判认定上诉单位欧亚实业公司、欧亚农业公司及上诉人杨斌所犯各罪的事实清楚,证据确实、充分。原判定罪准确,量刑适当,审判程序合法。遂于 2003 年 9 月 7 日,裁定驳回上诉,维持原判。

九、介绍贿赂罪

(一) 刑法条文

第三百九十二条 向国家工作人员介绍贿赂,情节严重的,处三年以下有期徒刑或者拘役,并处罚金。

介绍贿赂人在被追诉前主动交待介绍贿赂行为的,可以减轻处罚或者免除处罚。

(二) 犯罪构成

1. 法益

关于本罪侵害的法益,理论上有不同观点。有观点认为本罪的法益是国家机关、国有公司、企业、事业单位、人民团体的正常管理活动;[①] 还有观点

[①] 参见高铭暄、马克昌主编:《刑法学》(第八版),北京大学出版社、高等教育出版社 2017 年版,第 644 页。

认为本罪的法益是国家工作人员职务行为的廉洁性。① 本书观点认为，介绍贿赂罪侵害的法益是国家工作人员职务行为的廉洁性或职务行为的不可收买性，介绍贿赂行为扰乱了国家机关的正常工作管理秩序。

2. 客观行为

本罪在客观方面表现为向国家工作人员介绍贿赂，情节严重的行为。介绍贿赂是指在行贿人与受贿人之间牵线搭桥，沟通撮合，使得贿赂行为得以实现的起媒介作用的行为。具体有以下两种情形：一是接受行贿人的委托，向国家工作人员介绍贿赂；二是接受国家工作人员的委托，引荐行贿人向其行贿。需注意的是，介绍贿赂罪所介绍的受贿一方必须是国家工作人员，如果介绍贿赂的受贿方不是国家工作人员，而是其他非国家工作人员或单位，则介绍贿赂的行为不构成本罪。介绍贿赂的行贿一方则无主体限定，任何单位或个人均可成为行贿一方。

3. 行为主体

本罪主体为一般主体。达到刑事责任年龄，具备刑事责任能力的自然人均可构成本罪主体。

4. 主观罪过

本罪在主观方面表现为故意，其故意的内容是促成行贿、受贿双方建立贿赂关系，并希望这种结果发生。

（三）司法认定

1. 本罪与受贿罪、行贿罪的共犯的关系

介绍贿赂罪与受贿罪、行贿罪的帮助行为的客观方面极为相似，因此实践中区分行贿、受贿的帮助行为与介绍贿赂罪成为难点。司法实践中的一种做法是，以行为人是否获得利益为标准：帮助受贿并参与分赃（实际分得受贿款物）的，成立受贿罪的共犯，帮助行贿并为了谋取自己的不正当利益的，成立行贿罪的共犯；帮助受贿但没有分赃、帮助行贿却不是为了谋取自己的不正当利益的，成立介绍贿赂罪。但是有学者认为以行为人是否分得贿赂款

---

① 参见刘宪权主编：《刑法学》（第三版），上海人民出版社2012年版，第823页。

物为标准来区分介绍贿赂罪与受贿罪、行贿罪的共犯，没有考虑到犯罪的本质是侵害法益，是忽视犯罪本质的表现。①

对于帮助行贿或帮助受贿的行为，不应当认定为介绍贿赂罪，应分别认定为行贿罪与受贿罪。具体而言，可从主客观方面加以区分。从客观方面来看，介绍贿赂人仅起到沟通关系、撮合条件的媒介作用，并未参与到贿赂行为的具体实施过程中。对于转交贿赂款项的行为，有观点认为是媒介行为之一，也有观点认为是贿赂行为的实行行为，应当认定为行贿、受贿的帮助行为。本书认为，若行为人与行贿人事先商量贿赂时间、金额并由行为人直接转交给受贿人，而受贿人事先未与行为人就贿赂款物进行商谈，则行为人构成行贿罪的共犯。若行贿人与受贿人之间已经商谈好贿赂事项，而行为人仅仅充当传递财物的角色，则仅仅属于撮合行为的一种，则应认定为介绍贿赂罪而非行贿罪、受贿罪的共犯。首先，从主观方面来看，介绍贿赂人不同于行贿受贿的帮助犯，他必须与贿赂行为的两个主体均有联系，且其行为非自己的主动积极实行行为，而是根据行贿人或受贿人的请示或委托。介绍贿赂人主观上明知自己处于第三者的地位介绍贿赂，仅为实现贿赂创造条件。而行贿罪或受贿罪的共犯明确知道到自己是在帮助行贿一方或者受贿一方。其次，若贿赂双方或一方原本没有贿赂意思，而在行为人的介绍过程中被怂恿、诱发了其贿赂意图，从而实施了贿赂行为，则应认定为行贿罪或受贿罪的共犯。

2. 停止形态

介绍贿赂罪具有犯罪预备和犯罪中止形态。若行为人在介绍行贿人与受贿人认识之前被有权机关抓获，构成犯罪预备。若行为人在介绍贿赂过程中，出于自己的真实意愿，自动放弃介绍贿赂行为，放弃撮合行贿受贿双方，中断了行贿人和受贿人的联系，则构成犯罪中止。由于本罪客观方面要求情节严重，因此介绍贿赂罪中的预备和中止由于情节轻微，一般不予以处罚。

本罪的未遂是指行为人已经在贿赂双方之间实施了引荐、沟通、撮合等积极促使行贿与受贿实现的行为，但由于行为人意志以外的原因，使得贿赂

---

① 参见张明楷：《刑法学》（第五版），法律出版社2016年版，第1236页。

未得以实现。其中意志以外的原因主要包括行贿人或受贿人拒绝介绍、在行贿、受贿行为着手后实现前就被有权机关抓获等。

3. 罪数

教唆贿赂并介绍贿赂的如何处理：行为人在教唆贿赂之后又实施了介绍贿赂行为，则构成吸收犯，前一行为吸收了后一行为，应对行为人以行贿罪的教唆犯或受贿罪的教唆犯论处。① 行为人介绍贿赂并构成其他犯罪的，依照数罪并罚的规定予以处罚。

（四）量刑标准

根据《刑法》第 392 条的规定，犯本罪的，处 3 年以下有期徒刑或者拘役，并处罚金。介绍贿赂人在被追诉前主动交代介绍贿赂行为的，可以减轻或者免除处罚。介绍贿赂，情节严重的才构成本罪。根据《关于人民检察院直接受理立案侦查案件立案标准的规定（试行）》第 1 条第 7 项，涉嫌下列情形之一的，即符合"情节严重"的标准，应予立案：（1）介绍个人向国家工作人员行贿，数额在 2 万元以上的；介绍单位向国家工作人员行贿，数额在 20 万元以上的；（2）介绍贿赂数额不满上述标准，但具有下列情形之一的：① 为使行贿人获取非法利益而介绍贿赂的；② 3 次以上或者为 3 人以上介绍贿赂的；③ 向党政领导、司法工作人员、行政执法人员介绍贿赂的；④ 致使国家或者社会利益遭受重大损失的。根据《最高人民法院、最高人民检察院关于办理贪污贿赂刑事案件适用法律若干问题的解释》第 19 条的规定，对本罪适用并处罚金的，应当在 10 万元以上犯罪数额 2 倍以下判处罚金。

（五）解释索引

（1）《最高人民法院、最高人民检察院关于办理商业贿赂刑事案件适用法律若干问题的意见》（2008 年 11 月 20 日）；

（2）《关于人民检察院直接受理立案侦查案件立案标准的规定（试行）》（1999 年 9 月 9 日）；

---

① 参见胡祥福、何学忠：《论介绍贿赂罪》，载《南昌大学学报（人文社会科学版）》2002 年第 4 期。

（3）《最高人民法院、最高人民检察院关于在办理受贿犯罪大要案的同时要严肃查处严重行贿犯罪分子的通知》（1999年3月4日）。

（六）案例举要

 孙爱勤商业受贿、受贿二审改判无罪案[①]

江苏省镇江市京口区人民检察院以被告人孙爱勤犯受贿罪、公司人员受贿罪，向镇江市京口区人民法院提起公诉。

起诉书指控：1993年4月，镇江市供销社房地产开发公司（现名"神龙房地产开发公司"，集体所有制企业，以下简称"供销公司"）与挂靠在镇江市振华房屋开发公司（以下简称"振华公司"）的刘某江联合开发健康路8号地块。业务过程中，被告人孙爱勤伙同供销公司副经理朱某顺等人，利用朱某顺的职务便利，共同收受刘某江贿赂的20万元，孙爱勤将其中的5万元占为己有。1994年6月，镇江市丹徒县房地产管理局（以下简称"丹徒房管局"）与刘某江联合开发健康路17号地块。业务过程中，孙爱勤又伙同丹徒房管局局长周某，利用周某的职务便利，先共同收受刘某江贿赂的10万元，二人各分得5万元；后孙爱勤单独收受了刘某江贿赂的8万元。孙爱勤伙同朱某顺等人收受贿赂的行为，触犯了《刑法》第163条的规定，构成公司人员受贿罪；孙爱勤伙同周某以及单独收受刘某江贿赂的行为，触犯了《刑法》第385条的规定，构成受贿罪。孙爱勤一人犯两罪，应当数罪并罚，请依法判处。

公诉机关向法庭提交了如下证据：

（1）证人刘某江的证言，主要内容是：1993年年底我挂靠振华公司期间，通过战友从部队拿到健康路8号地皮的批文。这块地上当时有一座小二层楼需要拆迁，是通过当时任拆迁办主任的孙爱勤帮忙拆迁的，因此认识了孙爱勤。我因无资质和能力开发这块地皮，就请孙爱勤给找一家有实力的开发商，把这个项目转让出去，条件是除地皮费用以外，要转让费50万元，孙爱勤同意。他先联系了京京开发公司的陆某裕，因陆某裕做不了主，他又联系了振

[①] 载《最高人民法院公报》2002年第6期。

华公司的朱某顺。开始是我委托孙爱勤、陆某裕与朱某顺谈，地价一共算 250 万元，这个价码是我提出来的。我告诉孙爱勤，要 250 万元我就赚钱，事成以后有你们的好处。他们谈得差不多时，孙爱勤叫我出场，与朱某顺和他们公司的经营科长一起签了协议。我又对他们讲，我不会亏待你们。土地转让费划过来后，我从中提取 20 万元现金送给了孙爱勤，叫他给他们几个人分分。

（2）证人朱某顺的证言，主要内容是：1993 年 3—4 月份，我刚调到振华公司任副主任，很想做成一些业务，就找到孙爱勤，请他帮忙介绍。因为孙爱勤是市拆迁办的副主任，认识的开发商多，信息广。孙爱勤向我介绍了健康路 8 号这块地皮，说是刘某江的，问我愿意不愿意要。与刘某江接触后，刘某江说这块地皮要 250 万元。我认为我们可以赚钱，就接下来并签了协议。后来听孙爱勤说，刘某江答应给我们一笔费用。我认为这是"回扣"，但我和孙爱勤、刘某江事前没有商量过拿"回扣"的事。有一天晚上，孙爱勤打电话叫我，我就和我公司的王某勋一起到孙爱勤家。在他家楼下，孙爱勤给了我和王某勋每人 5 万元现金，说是刘某江给我们的，并且说刘某江一共给了 20 万元。开发这块地皮，我公司赚了 100 多万元，孙爱勤从中起了介绍和引见的作用。

（3）证人王某勋的证言，主要内容是：我任振华公司经营部经理期间，朱某顺叫我协助他办开发健康路 8 号地皮的事。有一天晚上，朱某顺叫我和他一起去孙爱勤家，孙爱勤把一包东西给了朱某顺。下楼后，朱某顺从这包东西中拿出一沓钱给我，让我先拿着，我就收下了，回来一数是 5 万元。以后我问朱某顺，这 5 万元是怎么回事？朱某顺说这钱是刘某江给的。刘某江从部队上弄的地皮便宜，他赚了钱，拿出些钱来撒撒。朱某顺还说，刘某江给我公司转让地皮这件事，是孙爱勤从中周旋，孙爱勤也得到了钱。

（4）证人陆某裕的证言，主要内容是：我早就认识刘某江，当时他是转业军人，说他准备搞房地产，请我帮忙，我同意。孙爱勤我也是早就认识，因为都在一个系统。有一天孙爱勤对我说，他有一个朋友要搞房地产，但什么都不懂，又没有人，想让我和这个人见见面。一见面才知道是刘某江。刘某江说部队要搞开发，他已经和部队谈好一块地皮，叫我去看看。我看过后告诉他们，这块地皮位置好，盖了房子不愁卖。刘某江从部队拿到批文后，孙爱勤对我讲，让我帮刘某江找一家有实力的合作伙伴，并建议我去找一下以前和我在一起的朱某顺。我就向朱某顺介绍了刘某江这个项目，朱某顺听后说一起谈一谈。后来谈成了，孙爱勤对我讲："老刘这个人爽气，他说不会亏待我们。"有一天晚上，孙爱勤打电话叫我去他家，我去后，刘某江也来了。孙爱勤就让我们二人到外面，刘某江把一个袋子给了孙爱勤，说："你们几个人的都在里面。"我说："这是什么意思？"刘某江说："这个不是事先说好的吗。我说话算数，你就不要客气了。"说完他就走了，孙爱勤给了我5万元。

（5）被告人孙爱勤的供述，主要内容是：1993年下半年，刘某江从部队搞到一块地皮，要开发商品房。但他没有资质，也没有能力开发。我是搞拆迁工作的，与镇江市的房地产开发商比较熟，刘某江就托我找人。我先帮他找了陆某裕，由于陆某裕不合适，我又帮他找了朱某顺，朱某顺认为这块地可以搞。在朱某顺、王某勋、陆某裕、刘某江的商谈过程中，我参加了几次。正式商谈地价时，朱某顺还价，刘某江说："地价250万元，就这么定了。你们几个我是不会亏待的。"我也附和着说："就这样吧。"有一天晚上，刘某江给我打电话，意思是给我送钱。他把我叫到楼下，给我一只塑料袋，里面装着20万元。后来我把这些钱分给朱某顺、王某勋、陆某裕每人5万元，我留下5万元。

（6）证人刘某江的证言，主要内容是：孙爱勤以前和我哥哥刘某镇是邻居，我去我哥哥家打牌时认识孙爱勤，但那时没有交往。在开发健康路8号地皮的过程中，孙爱勤帮助我找到朱某顺。健康路17号地皮是我跟军区文化站签订协议共同开发，由于在开发过程中情况发生变化，我前期投入的资金不产生效益，就又让孙爱勤帮助联系了丹徒房管局的局长周某。我当时提出来这块地皮要有500万元资金才能合作，但周某认为有300万元就可以运作了，我就同意周某把300万元资金付到我账上，他们进场开发、建筑、销售，与部队的经济往来由我负责。我和房管局的合作很成功。为此，我叫孙爱勤、周某和我一起去上海，在上海我给了他们10万元；第二次是我开车到孙爱勤家楼下，叫他出来到我车里，我给了他8万元。这8万元孙爱勤是否分给周某，我不知道。我给他钱，一是因他帮助我找到了合作开发伙伴，我要向他表示感谢;二是我很想交孙爱勤这个朋友。

(7) 证人周某的证言,主要内容是:1994 年年初,我通过孙爱勤认识刘某江。孙爱勤介绍我们认识后,我就和刘某江谈合作开发健康路 17 号地皮的事,孙爱勤没有参加。有一次,刘某江让我和孙爱勤与他一起去上海。在酒店吃完饭我正准备洗澡,刘某江拿着一包报纸包的东西进入我和孙爱勤住的房间,说:"这点钱你们拿去买东西。"我看纸包比较大,知道钱不少,就说:"买东西有个一两万就行了。"然后就去洗澡。我洗澡出来,孙爱勤从他的被子底下拿出 5 沓钱(每沓 1 万元)给我。我当时对孙爱勤说:"你反正是介绍人,没什么事。我在开发的这个房子上还要与刘某江打交道,万一他不按协议办,我们单位不好交代。我拿上 2 万元就行了。"孙爱勤说没事,他把 5 万元给了我。除这 5 万元以外,我和刘某江再没有其他经济来往。

(8) 被告人孙爱勤的供述,主要内容是:1994 年刘某江从部队上搞到第二块地皮,又托我联系开发单位,说不会亏待我,我就帮助他联系了周某。谈判过程中我参加过,刘某江要五五分成,周某要四六分成。刘某江就托我给周某说说,我给周某说过后,协议是按五五分成签订的。此后有一天,刘某江叫我和周某去上海。在宾馆,他当着周某的面,把一只装有 10 万元的塑料袋交给我,并说你们两人分分。周某当时还对他讲,不要这么客气。当晚,我就将其中 5 万元交给周某。这件事过后 3—4 个月,刘某江又给我打电话,约我在我家楼下见面。在他的汽车上,他把一只装有 8 万元现金的塑料袋交给我。我连家都没有回,就直接到周某家。当时他妻子在家。给周某 4 万元时,没有当着周某妻子的面。在和刘某江来往过程中,我没有违反原则帮刘某江的忙。只是在他开发过程中,我多次到过他的工地,帮助他解决一些拆迁钉子户的矛盾。

被告人孙爱勤辩称:我只是给刘某江联系过开发商,是私人帮忙性质。我没有利用过我职务上的便利,为刘某江在拆迁上出过力或者谋取过什么利益,况且我那时的职务只是开发办下属的拆迁办副主任,想帮忙也帮不上。再有,4 万元我确实交给了周某。对指控的其他事实,没有异议。

孙爱勤的辩护人提出:(1) 孙爱勤与朱某顺之间没有共同的犯罪故意,也不存在共同的犯罪行为,孙爱勤从中只起了介绍作用,其行为不能构成公司人员受贿罪;(2)孙爱勤与周某之间没有共同的犯罪故意,客观上孙爱勤也没有参加周某与刘某江之间的交易过程,其行为不构成受贿罪;(3)收刘某江后来送的 8 万元,将其中 4 万元转交给周某,是孙爱勤主动讲出来的,不存在避重就轻的问题。不能因为周某不承认,就认定这 8 万元都是孙爱勤所得。

京口区人民法院经公开审理,除认定在刘某江贿赂的 8 万元中,被告人孙爱勤占为己有的是 4 万元以外,确认了公诉机关指控的其他事实属实。

京口区人民法院认为:关于被告人孙爱勤收受刘某江贿赂款 8 万元的去向,孙爱勤说将其中 4 万元送给了周某,而周某否认。除孙爱勤的供述与周某的证言外,此事无其他证据证实。因周某与孙爱勤之间存在着明显的利害关系,周某的证言不能采信。因此,公诉机关指控孙爱勤将收受的 8 万元全部占为己有,证据不充分。对孙爱勤在此事上的辩解,应予采纳。

1997 年 10 月 1 日修订后的《刑法》第 163 条第 1、2 款分别规定:"公司、企业的工作人员利用职务上的便利,索取他人财物或者非法收受他人财物,为他人谋取利益,数额较大的,处五年以下有期徒刑或者拘役;数额巨大的,处五年以上有期徒刑,可以并处没收财产。""公司、企业的工作人员在经济往来中,违反国家规定,收受各种名义的回扣、手续费,归个人所有的,依照前款的规定处罚。"此条罪名为公司人员受贿罪。在《刑法》修订之前,《全国人民代表大会常务委员会关于惩治违反公司法的犯罪的决定》第 9 条规定:"公司董事、监事或者职工利用职务上的便利,索取或者收受贿赂,数额较大的,处五年以下有期徒刑或者拘役;数额巨大的,处五年以上有期徒刑,可以并处没收财产。"这条规定的罪名是商业受贿罪。第 14 条规定:"有限责任公司、股份有限公司以外的企业职工有本决定第九条、第十条、第十一条规定的犯罪行为的,适用本决定。"

被告人孙爱勤伙同朱某顺、周某,并分别利用其二人的职务便利,非法收受刘某江的钱财,为刘某江谋取利益,其行为触犯刑法,构成共同犯罪。但是,孙爱勤的行为发生于《刑法》修订施行前,应当依照 1979 年《刑法》和《全国人民代表大会常务委员会关于惩治违反公司法的犯罪的决定》定罪量刑。对孙爱勤伙同朱某顺,利用朱某顺的职务便利非法收受刘某江钱财的行为，应当认定构成商业受贿罪；对孙爱勤伙同周某，利用周某的职务便利非法收受刘某江钱财，为刘某江谋取利益的行为，应当认定构成受贿罪。孙爱勤一人犯两罪，应当数罪并罚。孙爱勤的犯罪所得，应当依法追缴。

综上，京口区人民法院于2001年11月15日判决：被告人孙爱勤犯商业受贿罪，判处有期徒刑2年；犯受贿罪，判处有期徒刑8年6个月，并处没收财产1万元。决定执行有期徒刑10年，并处没收财产1万元。

一审宣判后，被告人孙爱勤不服，以其不是共同犯罪，其行为不构成商业受贿罪及受贿罪为由提出上诉。孙爱勤的辩护人也认为，孙爱勤的行为只应认定为介绍贿赂罪，且本案已过追诉时效，应宣告无罪。

镇江市中级人民法院经审理认为：关于因开发健康路17号地块，刘某江第二次送给上诉人孙爱勤现金8万元，此事有刘某江的证言和孙爱勤的供述证实，足以认定。孙爱勤供述，这8万元中的4万元转送给了周某。此事只有孙爱勤的供述，不能认定。据此认定的本案事实是：1994年5月经孙爱勤介绍，丹徒房管局局长周某与挂靠在振华开发公司的刘某江洽谈后，联合开发镇江市健康路17号地块。事后，刘某江送给孙爱勤10万元，孙爱勤当即转送给周某5万元，自得5万元。同年10月，刘某江又送给孙爱勤8万元。此外，孙爱勤还于1993年4月，介绍并促成供销公司的副经理朱某顺与刘某江联合开发镇江市健康路8号地块，其间，孙爱勤收受了刘某江的现金5万元。

修订后的《刑法》第12条第1款规定："中华人民共和国成立以后本法施行以前的行为，如果当时的法律不认为是犯罪的，适用当时的法律；如果当时的法律认为是犯罪的，依照本法总则第四章第八节的规定应当追诉的，按照当时的法律追究刑事责任，但是如果本法不认为是犯罪或者处刑较轻的，适用本法。"本案发生于修订后的《刑法》施行以前，应当适用1979年《刑法》的规定。

1979年《刑法》中没有规定公司工作人员受贿为犯罪。1988年1月21日通过的《全国人民代表大会常务委员会关于惩治贪污罪贿赂罪的补充规定》（以下简称《关于惩治贪污罪贿赂罪的补充规定》）第4条规定："国家工作人员、集体经济组织工作人员或者其他从事公务的人员，利用职务上的便利，索取他人财物的，或者非法收受他人财物为他人谋取利益的，是受贿罪。与国家工作人员、集体经济组织工作人员或者其他从事公务的人员勾结，伙同受贿的，以共犯论处。国家工作人员、集体经济组织工作人员或者其他从事公务的人员，在经济往来中，违反国家规定收受各种名义的回扣、手续费，归个人所有的，以受贿论处。"

上诉人孙爱勤在刘某江托其帮忙介绍开发单位时，介绍并引见刘某江与朱某顺、周某二人相识。促成他们之间的联合开发后，孙爱勤收受了刘某江所送的现金，并分别转送给朱、周等人。孙爱勤事先没有与朱某顺、周某共谋收取刘某江的好处，也没有与刘某江共谋给朱、周二人送礼。因此其主观上，既不具有与他人共同受贿的故意，也不具有与他人共同行贿的故意。客观上，孙爱勤只是在行贿人与受贿人之间实施了引见、沟通、撮合的行为，既不是共同行贿，也不是共同受贿，而是介绍贿赂。

朱某顺是集体所有制的公司工作人员，在经济往来中收受回扣，按照《关于惩治贪污罪贿赂罪的补充规定》第4条的规定，这种行为应以受贿论处。但是修订后的《刑法》规定的受贿罪，其主体必须由国家工作人员构成。朱某顺不是国家工作人员，按照修订后《刑法》的规定，其行为已经不能构成受贿罪。《关于惩治违反公司法的犯罪的决定》虽然规定"公司董事、监事或者职工利用职务上的便利，索取或者收受贿赂，数额较大的"构成商业受贿罪，但该决定是从1995年2月28日公布施行的，对发生于1993年的这种行为不能适用。朱某顺收受刘某江贿赂的行为尚且不能构成犯罪，上诉人孙爱勤向其介绍贿赂，当然也不构成犯罪。一审认定孙爱勤是商业受贿罪的共犯，是定性错误。

周某具有国家工作人员身份，上诉人孙爱勤向周某介绍贿赂，其行为触犯了1979年《刑法》第185条第3款的规定，构成介绍贿赂罪，应当处3年以下有期徒刑或者拘役。其在介绍贿赂过程中分得的5万元，是违法所得。

无论根据1979年《刑法》第76条的规定，还是根据修订后《刑法》第四章第八节的规定，法定最高刑为不满5年有期徒刑的犯罪，经过5年都不再追诉。1979年《刑法》第77条还规定：在人民法院、人民检察院、公安机关采取强制措施以后，逃避侦查或者审判的，不受追诉期限的限制。第78条规定：追诉期限从犯罪之日起计算；犯罪行为有连续或者继续状态的，从犯罪行为终了之日起计算。在追诉期限以内又犯罪的，前罪追诉的期限从犯后罪之日起计算。上诉人孙爱勤于1994年6月犯介绍贿赂罪，至2001年6月21日被拘留。其间，孙爱勤没有被采取过任何强制措施，也没有重新犯罪。根据1979年《刑法》，介绍贿赂罪的5年追诉期限已过，依法不能再追究其刑事责任。但是其违法所得，应当依法追缴。

综上所述，上诉人孙爱勤的上诉理由及其辩护人的辩护意见，于法有据，应当采纳。一审判决认定孙爱勤犯商业受贿罪、受贿罪，是适用法律不当，应当纠正。

据此，江苏省镇江市中级人民法院依照《刑事诉讼法》第15条第2项、第162条第2项的规定，于2002年9月25日判决：（1）撤销一审刑事判决；（2）上诉人孙爱勤无罪；（3）上诉人孙爱勤的违法所得5万元，予以没收。

十、单位行贿罪

（一）刑法条文

第三百九十三条　单位为谋取不正当利益而行贿，或者违反国家规定，给予国家工作人员以回扣、手续费，情节严重的，对单位判处罚金，并对其直接负责的主管人员和其他直接责任人员，处五年以下有期徒刑或者拘役，并处罚金。因行贿取得的违法所得归个人所有的，依照本法第三百八十九条、第三百九十条的规定定罪处罚。

（二）犯罪构成

1. 法益

本罪侵害的法益是国家工作人员职务行为的廉洁性或职务行为的不可买性。

2. 客观行为

本罪在客观方面表现为公司、企业、事业单位、机关、团体直接负责的主管人员或直接责任人员根据本单位的意志以单位名义实施行贿的行为。具体包括以下两种：一是为谋取不正当利益而给予国家工作人员以财物，数额较大的行为；二是违反国家规定，给予国家工作人员以回扣、手续费，情节严重的行为。司法实践中常见的单位行贿行为主要有：经单位研究决定或经由单位主管人员批准的由有关人员实施的行贿行为；单位主管人员以法定代表人的身份实施的行贿行为。

需要指出的是，根据刑法的有关规定，行贿行为的违法所得必须归单位所有，如果归个人所有，应以自然人的行贿罪论处。《最高人民法院关于审理单位犯罪案件具体应用法律有关问题的解释》第2、3条分别规定："个人为进行违法犯罪活动而设立的公司、企业、事业单位实施犯罪的，或者公司、企业、事业单位设立后，以实施犯罪为主要活动的，不以单位犯罪论处。""盗用单位名义实施犯罪，违法所得由实施犯罪的个人私分的，依照刑法有关自然人犯罪的规定定罪处罚。"

本罪的行为对象只能是国家工作人员。

3. 行为主体

本罪的行为主体是单位，所谓"单位"，包括公司、企业、事业单位、机关、团体。"公司、企业、事业单位"，既包括国有、集体所有的公司、企业、事业单位，也包括依法设立的合资经营、合作经营企业和具有法人资格的独资、私营等公司、企业单位。"夫妻公司"以及一人公司在满足公司成立条件、具备合法形式的条件下也能成为本罪主体。单位分支机构或者内设机构、部门，为单位谋取不正当利益，以该单位名义行贿，也能成为本罪主体。若涉嫌犯罪的单位被撤销、注销、吊销营业执照或者宣告破产的，应当根据刑法相关规定，对实施犯罪行为的该单位直接负责的主管人员和其他直接责任人员追究刑事责任，对该单位不再追诉。

4. 主观罪过

本罪在主观方面表现为直接故意，并且具有为本单位谋取不正当利益的目的。如果是为了给个人谋取不正当利益，则应以个人行贿罪论处，不构成本罪。

(三) 司法认定

1. 共同犯罪

在单位行贿活动中，若其他与行为单位有行贿的共同故意的单位或个人，参与到本罪实施中的，应认定为本罪的共同犯罪，以单位行贿罪定罪处罚。

具体而言，若单位与单位共同实行本罪的，应根据单位在共同行贿罪中所处的地位和作用，分别按主犯、从犯、胁从犯和教唆犯处罚。若单位与个人共同实施行贿犯罪，应根据单位和个人在共同犯罪中所起的作用确定，当单位起主要作用或单位与个人作用相当时，构成单位行贿罪的共同犯罪；而个人起主要作用的，则应确定为行贿罪的共同犯罪。

2. 停止形态

对单位行贿罪而言，行贿人已经着手实行了给付财物的实行行为，并且以谋取不正当利益为目的则构成行贿罪的既遂。如果行为人已经着手实施行贿行为，但由于意志以外的原因而没有得逞，则是行贿罪的未遂。也就是说，对单位行贿罪的既遂与未遂的标志就是交付是否完成，交付完成即为犯罪既遂，交付由于行为人意志以外原因未完成，则是未遂。单位行贿罪的未遂标准可以比照行贿罪未遂标准认定，即因行贿对象拒绝接受贿赂或被司法机关抓获等行为人意志以外原因使得行贿未得逞的，构成本罪的未遂。

3. 罪数

在追究单位行贿罪的刑事责任时，对因行贿而进行违法犯罪活动进而构成其他犯罪的，依照数罪并罚的规定处理。

(四) 量刑标准

根据《刑法》第393条的规定，犯本罪的，对单位判处罚金，并对其直接负责的主管人员和其他直接责任人员，处5年以下有期徒刑或者拘役，并处罚金。因行贿取得的违法所得归个人所有，依照行贿罪的规定定罪处罚。根据《最高人民法院、最高人民检察院关于办理贪污贿赂刑事案件适用法律若干问题的解释》第19条的规定，对本罪适用并处罚金的，应当在10万元以上犯罪数额2倍以下判处罚金。

根据《关于人民检察院直接受理立案侦查案件立案标准的规定（试行）》第 1 条第 8 项的规定，涉嫌单位犯罪，有下列情形之一的，应予以立案：（1）单位行贿数额在 20 万元以上的；（2）单位为谋取不正当利益而行贿，数额在 10 万元以上不满 20 万元，但具有下列情形之一的：① 为谋取非法利益而行贿的；② 向 3 人以上行贿的；③ 向党政领导、司法工作人员、行政执法人员行贿的；④ 致使国家或者社会利益遭受重大损失的。

（五）解释索引

(1)《最高人民检察院关于涉嫌犯罪单位被撤销、注销、吊销营业执照或者宣告破产的应如何进行追诉问题的批复》（2002 年 7 月 9 日）；

(2)《全国法院审理金融犯罪案件工作座谈会纪要》（2001 年 1 月 21 日）；

(3)《最高人民检察院关于行贿罪立案标准的规定》（2000 年 12 月 22 日）；

(4)《关于人民检察院直接受理立案侦查案件立案标准的规定（试行）》（1999 年 9 月 9 日）；

(5)《最高人民法院关于审理单位犯罪案件具体应用法律有关问题的解释》（1999 年 6 月 25 日）；

(6)《最高人民法院、最高人民检察院关于在办理受贿犯罪大要案的同时要严肃查处严重行贿犯罪分子的通知》（1999 年 3 月 4 日）。

（六）案例举要

◆ **江都市春风皮鞋厂、朱炳全行贿案**[①]

江苏省江都市人民检察院以被告单位江苏省江都市春风皮鞋厂（以下简称"皮鞋厂"）犯行贿罪、被告人朱炳全犯行贿、玩忽职守罪，向江苏省江都市人民法院提起公诉。

江都市人民检察院指控：被告人朱炳全在担任皮鞋厂厂长期间，为了获取资金，于 1994 年下半年至 1996 年 6 月，先后向江都市砖桥镇党委书记孙

---

① 载《最高人民法院公报》1998 年第 2 期。

志明等人行贿 30 万元。另外，朱炳全还在担任厂长期间不正确履行职责，致使该厂 1000 余万元应收款不能收回；在企业逐年亏损的情况下，仍然开支无度，最终导致皮鞋厂亏损 1882.35 万元，负债 3422.23 万元，资不抵债 1755.91 万元。朱炳全的行为触犯了《关于惩治贪污罪贿赂罪的补充规定》第 9 条和 1979 年《刑法》第 187 条的规定，构成行贿罪、玩忽职守罪，请求依法判处。

被告人朱炳全及其辩护人辩称：第一，行贿的 30 万元中应扣除非行贿的 8 万元；第二，造成皮鞋厂严重亏损的原因，除了朱炳全主观上计划管理不善外，尚受宏观调控、原材料价格上涨等因素的影响，认定朱炳全犯玩忽职守罪不能成立。

江都市人民法院经审理查明：被告人朱炳全在担任皮鞋厂厂长期间，为获取银行贷款和有关单位的资金，于 1994 年下半年至 1996 年 6 月，以送礼、帮助解决差旅费等手段，先后向砖桥镇党委书记孙志明、财政所所长颜成瀛、工业联合公司经理杭登波、中国银行江都市支行行长蔡宝琪、江都市物资局副局长兼江都市机电公司经理钱玉虎、江都市沪江皮革手套厂厂长宗良喜、江都市外经委主任王斌、副主任石林等人（均另案处理）行贿计 30 万元。

上述事实，有证人孙志明、杭登波、王斌等人的证词证实，被告人朱炳全亦供认不讳。江都市人民法院认为：被告人朱炳全身为皮鞋厂厂长，为本厂获得非法利益，以集体资金向多人行贿，情节严重，其行为已触犯《关于惩治贪污罪贿赂罪的补充规定》第 9 条，构成单位行贿罪。江都市人民检察院指控朱炳全犯行贿罪成立；指控朱炳全犯玩忽职守罪的事实和法律依据不足，不予采纳。朱炳全及其辩护人提出的第一点辩护理由，经查无事实根据，不予采纳；第二点辩护理由，经查能够成立，予以采纳。据此，江都市人民法院于 1996 年 12 月 18 日判决：被告人朱炳全犯行贿罪，判处有期徒刑 5 年，剥夺政治权利 1 年；并处被告单位江都市春风皮鞋厂罚金 2 万元。

第一审宣判后，被告人朱炳全不服，以"一审认定构成行贿罪不当"为由，向江苏省扬州市中级人民法院提出上诉。

扬州市中级人民法院经审理认为：一审认定的事实清楚，证据确实充分。上诉人朱炳全提出"一审认定的行贿数额有误"的上诉理由，没有事实根据，不予采纳。

依照《关于惩治贪污罪贿赂罪的补充规定》第 9 条关于"企业事业单位、机关、团体为谋取不正当利益而行贿……情节严重的，判处罚金，并对其直接负责的主管人员和其他直接责任人员，处五年以下有期徒刑或者拘役"的规定，单位行贿罪必须以"谋取不正当利益"为前提。如果单位不是为谋取不正当利益或者所谋取的是合法利益，则不构成此罪。被告单位皮鞋厂从 1990 年至 1996 年 6 月的累计产值仅有 1527.5 万元，但是从银行、企业借贷的资金就达 1.8 亿元。所借贷的资金中，用于生产经营的只有 2862.63 万元，占借贷资金总数的 15.5%；用于还贷有 1.5 亿余元，占资金总数的 84.5%。皮鞋厂从其他企业获取借款的行为，违反了中国人民银行发布的《贷款通则（试行）》第 57 条关于"企业之间不得办理借贷或者变相借贷的融资业务"的规定。皮鞋厂在企业严重亏损的情况下通过行贿手段获取银行贷款，违反了中国农业银行《关于改进信贷服务加强信贷监督支持农村工业稳定协调发展的若干规定》第 7 条第 3 项关于"借款企业基本没有自有资金，生产又不正常的；亏损企业其亏损无补偿来源的……又申请新贷款恢复生产的，一般都不能给予再贷款"的规定，既造成企业资金恶性循环，也增加了金融风险。皮鞋厂和被告人朱炳全通过行贿手段借贷资金，虽然所借贷的资金全部进入该厂账目，没有个人中饱私囊或挥霍等情节，但是不能改变其行为本身的违法性和手段的违法性，所谋取的利益属于"不正当利益"。皮鞋厂行贿数额巨大，情节严重，已构成单位行贿罪。原审法院以行贿罪追究皮鞋厂及其直接负责的主管人员朱炳全的刑事责任，是正确的。朱炳全称其行为不构成行贿罪的上诉理由，不能成立。

单位犯罪中，单位是第一位的。不将犯罪单位列为被告人，或者把犯罪单位列在直接责任人后面作为第二被告人，只对直接责任人判处刑罚，对犯罪单位不加处罚或者附带"并处"等做法不妥。本案一审将皮鞋厂列为第一被告人是正确的，但在判决主文中先给朱炳全定罪量刑，然后才"并处"皮鞋厂罚金 2 万元；以及对朱炳全的行贿罪附加判处剥夺政治权利 1 年，均属适用法律不当，应当纠正。

综上，扬州市中级人民法院依照《刑事诉讼法》第 189 条第 2 项的规定，于 1997 年 5 月 20 日判决：(1) 撤销第一审刑事判决；(2) 被告单位江都市春风皮鞋厂犯行贿罪，判处罚金 2 万元；(3) 上诉人朱炳全犯行贿罪，判处有期徒刑 5 年。

十一、巨额财产来源不明罪

(一) 刑法条文

第三百九十五条第一款　国家工作人员的财产、支出明显超过合法收入，差额巨大的，可以责令该国家工作人员说明来源，不能说明来源的，差额部分以非法所得论，处五年以下有期徒刑或者拘役；差额特别巨大的，处五年以上十年以下有期徒刑。财产的差额部分予以追缴。

(二) 犯罪构成

1. 法益

本罪侵害的法益是国家工作人员的职务廉洁性。也有观点认为本罪的法益是双重法益，包括国家工作人员职务行为的廉洁性和公私财物的所有权。刑法设立本罪的目的是严密法网，使司法机关易于证明犯罪而使腐败官员难以逃避裁判。也即按通常的司法程序，在官员贪污受贿难以证实的情况下，把举证责任部分转移而设立本罪。①

2. 客观行为

本罪在客观方面表现为国家工作人员的财产或支出明显超过合法收入，且差额巨大，本人不能说明其合法来源的行为。本罪的行为状态，表现为国家工作人员对数额巨大的不合法财产的占有和支配。

首先，行为人拥有的财产或者支出明显超过合法收入，而且差额巨大。行为人所有的财产包括房产、家具、生活用品、学习用品及股票、债券、存款等动产和不动产；行为人的支出包括合法支出和不合法的支出，包括日常

---

① 参见陈兴良主编：《罪名指南》(第二版)，中国人民大学出版社 2008 年版，第 719 页。

生活、工作、学习费用、罚款及向他人行贿的财物等；行为人的合法收入包括工资、奖金、稿酬、继承等法律和政策允许的各种收入。① 所谓"明显超过"，是指国家工作人员财产或支出与其公开的合法收入显然不符，其程度已达到数额巨大。根据《关于人民检察院直接受理立案侦查案件立案标准的规定（试行）》第1条第9项的规定，涉嫌巨额财产来源不明，数额在30万元以上的为数额巨大，应予立案。

其次，行为人不能说明其拥有的财产或支出与合法收入之间巨大差额的来源及其合法性。根据《全国法院审理经济犯罪案件工作座谈会纪要》第5条的规定，"不能说明"包括行为人拒不说明财产来源、行为人无法说明财产的具体来源、行为人所说的财产来源经司法机关查证并不属实，以及行为人所说的财产来源因线索不具体等原因，司法机关无法查实，但能排除存在来源合法的可能性和合理性的。差额部分的财产被推定为"非法所得"。

对于"非法所得"的数额计算，根据《全国法院审理经济犯罪案件工作座谈会纪要》第5条的规定，《刑法》第395条规定的"非法所得"，一般是指行为人的全部财产与能够认定的所有支出的总和减去能够证实的有真实来源的所得。

3. 行为主体

本罪主体为特殊主体，即只能是国家工作人员。

4. 主观罪过

本罪在主观上出于故意，即行为人明知财产不合法而故意占有，案发后又故意拒不说明财产的真正来源，或者有意编造财产来源的合法途径。

（三）司法认定

1. 共同犯罪

本罪主体为特殊主体，即只能是国家工作人员，但在国家工作人员与亲属共同犯罪的情形下，主体身份的不同不会影响共同犯罪的成立。在国家工作人员与亲属是否构成巨额财产来源不明罪共同犯罪的问题上，实践中有不

---

① 参见《全国法院审理经济犯罪案件工作座谈会纪要》第5条。

同观点。有观点认为亲属保管、处分财产的,属于赃物犯罪范围;亦有观点认为,对于该种情形应当追究亲属的共犯责任。本书认为,如果国家工作人员的亲属明知国家工作人员超过合法收入的巨额财产来源于非法途径,并与国家工作人员共同支配、管理、使用这些不合法的巨额财产,或者与国家工作人员事前通谋,帮助其掩饰、转移、销毁该财产,那么,该亲属完全可以构成巨额财产来源不明罪的共同犯罪。需注意的是,若国家工作人员的亲属仅仅了解家中有巨额财产,但不知其具体来源,未对该财产进行掩饰、转移、销毁的,则不能认定为巨额财产来源不明罪的共犯。

2. 停止形态

巨额财产来源不明罪是持有型犯罪,其特殊性决定本罪只存在犯罪既遂状态,而不存在未遂、预备和中止这三种停止形态。本罪的实行行为是拒不说明巨额财产真实来源,如果行为人说明了财产的真实来源,那么行为人要么构成他罪,要么不构成犯罪,不存在犯罪中止;如果司法机关查明了财产的真实来源,那么行为人要么构成他罪,要么不构成犯罪,也不存在犯罪未遂。

3. 罪数

在认定本罪中,对行为人超出合法收入的巨额财产,如果司法机关确实不能查证为其他犯罪所得,行为人也拒绝说明其合法来源,推定其财产来源的非法性,以本罪一罪认定。如果在查证过程中其巨额财产中的部分,经查证系其他犯罪,如贪污、受贿所得,部分仍然不能查证为其他犯罪所得,且行为人也不能说明其合法来源的,若未能查证的部分数额符合差额巨大的定罪标准,则应当以本罪和贪污罪或者受贿罪等数罪并罚。

(四) 量刑标准

根据《刑法》第395条第1款的规定,犯本罪的,处5年以下有期徒刑或者拘役;差额特别巨大的,处5年以上10年以下有期徒刑。财产的差额部分予以追缴。

根据《关于人民检察院直接受理立案侦查案件立案标准的规定(试行)》第1条第9项的规定,涉嫌巨额财产来源不明,数额在30万元以上的,应予立案。

（五）解释索引

(1)《最高人民法院关于开展〈人民法院统一证据规定（司法解释建议稿）〉试点工作的通知》（2008年4月11日）；

(2)《全国法院审理经济犯罪案件工作座谈会纪要》（2003年11月13日）；

(3)《关于人民检察院直接受理立案侦查案件立案标准的规定（试行）》（1999年9月9日）。

（六）案例举要

◆ 王华元受贿、巨额财产来源不明案[①]

被告人王华元受贿、巨额财产来源不明案，由最高人民检察院于2009年8月20日立案侦查，2010年1月8日侦查终结。同日，最高人民检察院将案件经山东省人民检察院移交山东省枣庄市人民检察院审查起诉。2010年6月8日，枣庄市人民检察院依法向枣庄市中级人民法院提起公诉。被告人王华元的犯罪事实如下：

1. 受贿事实

1998年春节至2009年3月，被告人王华元先后利用担任中共广东省纪委副书记，中共广东省委常委、省纪委书记，中共广东省委副书记兼省纪委书记，中共浙江省委常委、省纪委书记等职务上的便利，为他人在企业经营，职务调整、晋升，案件查处等事项上谋取利益，单独或伙同其妻李敏霞（另案处理）收受香港海王国际集团原法人代表连卓钊等五人给予的人民币48.6万元、港币445.8万元、美元1.5万元、澳元5000元，住房装修费用人民币32.5万元，翡翠戒指、戒面各一枚，手表四块，房产一套，折合人民币共计771.7万元。

(1) 2006年8月，被告人王华元利用担任中共广东省委副书记兼省纪委书记职务上的便利，接受香港海王国际集团原法人代表连卓钊的请托，为连

[①] (2010)枣刑二初字第5号。载《最高人民检察院公报》2011年第3期。

卓钊的朋友解决在汕头投资项目与业主发生纠纷一案提供帮助；2008年12月，王华元利用担任中共浙江省委常委、省纪委书记职务上的便利，在得知公安机关正在布控抓捕连卓钊后，为其通风报信，致连卓钊逃脱。王华元于2004年8月至2007年11月，先后11次收受连卓钊给予的港币182万元、美元1.5万元、价值人民币17万元的玉面戒指一枚、价值人民币17万元的翡翠戒面一枚、价值人民币69580元卡地亚牌手表一对。

（2）2002年年底至2006年下半年，被告人王华元利用担任中共广东省委副书记、省纪委书记职务上的便利，接受上海红子鸡餐饮有限公司董事长陈中良的请托，为陈中良同村老乡、时任广东省和平县政协副主席朱日进的职务调整和其分管工作资金拨付提供帮助；承诺为陈中良之友、时任中共广东省河源市纪委副书记周某万职务晋升并避免被交流到外地提供帮助。2004年春节至2007年9月，王华元三次收受陈中良给予的港币32万元、价值人民币180.04万元的房屋一套。

（3）2005年年底，被告人王华元利用担任中共广东省委副书记兼省纪委书记职务上的便利，接受深圳中洲集团公司董事长黄光苗的请托，为该公司在广东省惠州市投资承建工程建设项目提供帮助；2007年7月，王华元利用担任中共浙江省委常委、省纪委书记职务上的便利，接受黄光苗的请托，为其妻兄徐松向浙江省台州市临海市沿江镇党委班子成员行贿，致有关人员被纪委查处一事，作出从轻处理的批示，致有关人员被从轻处分。王华元于2004年春节至2009年1月，先后六次收受黄光苗给予的港币116.81万元、人民币43.5万元。

（4）2005年年初至2009年3月，被告人王华元利用担任中共广东省委副书记兼省纪委书记职务上的便利，接受广东省中山市迪高贸易有限公司法人代表张伟明的请托，为张伟明在香港落户的汽车办理出入内地行驶牌证提供了帮助；2009年3月，王华元利用担任中共浙江省委常委、省纪委书记职务上的便利，接受张伟明请托，为中山市中汇投资集团有限公司董事长谭庆中收购浙江省部分水务资产事项提供了帮助。1998年至2009年，王华元单独或伙同其妻李敏霞先后21次收受张伟明给予的港币110万元、人民币5.1万元、澳元5000元、价值人民币5304元的帝舵牌手表一块。

(5) 2008年7月,被告人王华元利用担任中共浙江省委常委、省纪委书记职务上的便利,接受兆讯传媒有限公司董事长苏壮强的请托,为该公司承揽的广告播出业务提供帮助。2006年2月至2008年8月,王华元先后三次收受苏壮强给予的港币5万元、房屋装修费人民币325090元、价值人民币123042.6元的真力时牌手表一块。

2. 巨额财产来源不明事实

案发后,查明被告人王华元家庭财产共计3123万余元,各项家庭支出共计477万余元,两项共计3601万余元,扣除家庭合法收入947万余元、受贿犯罪所得771万余元、违纪所得及赌博、出售礼品等所得共计987万余元外,王华元对差额894万余元的财产不能说明来源。

2010年7月14日,山东省枣庄市中级人民法院依法组成合议庭,公开审理了此案。法庭审理认为:被告人王华元身为国家工作人员,利用职务便利,为他人谋取利益,非法收受他人财物,其行为已构成受贿罪;王华元对其家庭财产、支出明显超过合法收入的部分不能说明来源,差额特别巨大,其行为已构成巨额财产来源不明罪。公诉机关指控王华元犯受贿罪、巨额财产来源不明罪的事实清楚,证据确实、充分,指控罪名成立。

2010年9月9日,枣庄市中级人民法院依照《刑法》第385条第1款、第386条、第383条第1款第1项及第2款、第395条第1款、第48条第1款、第57条第1款、第57条第1款、第59条、第69条、第64条之规定,作出如下判决:(1)被告人王华元犯受贿罪,判处死刑,缓期2年执行,剥夺政治权利终身,并处没收个人全部财产;犯巨额财产来源不明罪,判处有期徒刑8年,决定执行死刑,缓期2年执行,剥夺政治权利终身,并处没收个人全部财产。(2)在案扣押、冻结款物依法上缴国库。

一审宣判后,被告人王华元在法定期限内未提出上诉,检察机关也没有提出抗诉。

枣庄市中级人民法院将该案件报送山东省高级人民法院核准。山东省高级人民法院依法组成合议庭对案件进行了复核。法庭认为:被告人王华元身为国家工作人员,利用职务便利,为他人谋取利益,非法收受他人财物,其行为已构成受贿罪;王华元对其家庭财产、支出明显超过合法收入的部分不能说明来源,差额特别巨大,其行为已构成巨额财产来源不明罪。王华元受贿数额特别巨大,情节特别严重,论罪应判处死刑,鉴于其归案后能够主动交代有关部门尚不掌握的部分受贿犯罪事实,认罪态度较好,赃款赃物已全部追缴,对其判处死刑,可不立即执行。王华元犯巨额财产来源不明罪,差额特别巨大,应依法惩处。王华元犯受贿罪、巨额财产来源不明罪,依法应予数罪并罚。原审判决认定王华元犯受贿罪、巨额财产来源不明罪的事实清楚,证据确实、充分,定罪准确,量刑适当,审判程序合法。

2010年10月12日,山东省高级人民法院依照《刑事诉讼法》第201条之规定,裁定如下:核准枣庄市中级人民法院(2010)枣刑二初字第5号以受贿罪判处被告人王华元死刑,缓期2年执行,剥夺政治权利终身,并处没收个人全部财产,以巨额财产来源不明罪判处有期徒刑8年,决定执行死刑,缓期2年执行,剥夺政治权利终身,并处没收个人全部财产的刑事判决。

十二、隐瞒境外存款罪

(一) 刑法条文

第三百九十五条第二款 国家工作人员在境外的存款,应当依照国家规定申报。数额较大、隐瞒不报的,处二年以下有期徒刑或者拘役;情节较轻的,由其所在单位或者上级主管机关酌情给予行政处分。

(二) 犯罪构成

1. 法益

本罪侵害的法益是国家工作人员的境外存款申报制度。

本罪的行为对象是境外存款。所谓"境外存款",是指在我国国(边)境外的国家和地区的存款,包括在港澳台的存款,这些存款通常是指外币、外币有价证券和支付凭证。至于存款的来源,在所不问,既可以是合法的境外存款,也可以是违法犯罪所得。

2. 客观行为

本罪为纯正的不作为犯,即只能以不作为的行为方式构成本罪。其在客观方面表现为，行为人应当依照国家规定申报境外存款而隐瞒不报，数额较大的行为。

成立本罪的前提在于，行为人具有境外存款申报义务。成立本罪的关键在于，行为人不履行境外存款申报义务，具体包括隐瞒不报和虚假申报两种情况。

3. 行为主体

本罪主体为特殊主体，即只能由国家工作人员构成。

4. 主观罪过

本罪的主观罪过表现为故意。非出于故意，而是过失或者客观上的原因不能申报，则不构成本罪。

（三）司法认定

1. 停止形态

在不作为犯罪中，自作为义务产生之时起，行为人不履行作为义务，即为犯罪着手。在本罪中，自国家工作人员境外存款的申报义务产生之时起，行为人隐瞒不报或者虚假申报，即为犯罪着手。具体而言，行为人应在公安司法机关立案前履行申报义务，否则，系本罪的着手。若在公安司法机关立案后履行申报义务，属于犯罪既遂后的事后行为，不影响犯罪既遂的成立，只能作为量刑情节予以考虑。

2. 罪数

行为人如实申报了境外存款，但明显超过合法收入，差额巨大，本人不能说明其合法来源的，差额部分属于非法所得，依照巨额财产来源不明罪定罪处罚。

行为人未履行境外存款申报义务，隐瞒不报或者虚假申报境外存款，但有关机关查明的境外存款明显超过合法收入，差额巨大，本人不能说明其合法来源的，则同时构成隐瞒境外存款罪和巨额财产来源不明罪，数罪并罚。[①]

---

① 参见龚培华、王立华：《隐瞒境外存款罪的司法认定》，载《法学》2007第5期。

行为人实施了拒不如实申报巨额境外存款的不作为行为和无法说明其合法来源的行为,基于明知应当如实申报而拒不如实申报的故意以及意图占有并支配其非法所得的巨额境外存款的故意。行为人基于两个故意,实施了两个行为,只是这种情况下,两者的犯罪对象都是境外存款,犯罪动机可能都是为了掩盖来源不法的境外存款,并不存在牵连或者吸收关系,完全符合两个犯罪构成,成立两个独立的犯罪。因此,应当以巨额财产来源不明罪和隐瞒境外存款罪论处,数罪并罚。

行为人未履行境外存款申报义务,隐瞒不报或者虚假申报境外存款,但有关机关查明的境外存款来源于本人贪污或者受贿所得。对此有观点认为,应当实行数罪并罚。① 本书认为,应当按照吸收犯的处理原则,以吸收之罪即贪污罪或者受贿罪一罪论处。② 因为隐瞒境外存款的行为实际是贪污或者受贿行为发展的当然结果,应当为贪污或者受贿行为所吸收,只成立吸收行为一个罪。③

(四) 量刑标准

根据《关于人民检察院直接受理立案侦查案件立案标准的规定(试行)》第1条第10项的规定,涉嫌隐瞒境外存款,折合人民币数额在30万元以上的,应予立案。

根据《刑法》第395条第2款的规定,犯本罪的,处2年以下有期徒刑或者拘役;情节较轻的,由其所在单位或者上级主管机关酌情给予行政处分。

(五) 解释索引

《关于人民检察院直接受理立案侦查案件立案标准的规定(试行)》(1999年9月9日)。

---

① 参见张明楷:《刑法学》(第五版),法律出版社2016年版,第1199页。
② 参见龚培华、王立华:《隐瞒境外存款罪的司法认定》,载《法学》2007第5期。
③ 参见马克昌主编:《犯罪通论》(第3版),武汉大学出版社1999年版,第664页;高铭暄主编:《中国刑法学》,中国人民大学出版社1989年版,第224页。

(六) 案例举要

 张伟民贪污、受贿、隐瞒境外存款、巨额财产来源不明案[①]

【裁判要旨】

隐瞒境外存款罪是纯正的不作为犯，境外存款如来自于被告人的贪污、受贿所得，对其隐瞒境外存款的行为应与贪污、受贿罪实行数罪并罚。在隐瞒境外存款行为与巨额财产来源不明行为交叉的情况下，即被告人境外存款数额巨大，明显超过其合法收入，且不能说明该存款来源合法的，不属于想象竞合犯，而应认定构成隐瞒境外存款罪一罪。

【基本案情】

被告人张伟民，男，原系上海市嘉定区供销合作总社主任、上海烟草（集团）嘉定烟草糖酒有限公司副董事长。

张伟民1995年被国家与集体联营企业上海烟草（集团）嘉定烟草糖酒有限公司（以下简称"烟糖公司"）董事会聘任为烟糖公司经理，同年4月被上海市烟草专卖局任命为上海市烟草专卖局嘉定分局（系与烟糖公司"一套人马两块牌子"，以下简称"烟草分局"）局长。1998年9月，受嘉定区委组织部委派，他担任集体性质的上海市嘉定区供销合作总社（以下简称"供销社"）副主任。2000年1月，受区委组织部委派担任供销社主任，同年4月不再担任烟糖公司经理及烟草分局局长职务。2000年6月，经烟糖公司董事会决定兼任烟糖公司副董事长。

张伟民于2004年至2005年担任供销社主任期间，利用职务便利伙同他人侵吞公款共计199万元，张伟民从中分得99万余元。1995年至2005年，张伟民担任烟草分局局长兼烟糖公司经理、供销社副主任、主任期间，利用职务便利，先后多次收受贿赂合计价值352.1686万元。

张伟民另于2005年担任供销社主任期间，以其妻潘某名义在香港汇丰银行设立账户并存有巨额外币存款，未按照国家规定向主管部门如实申报，隐

[①] （2006）沪二中刑初字第118号。载《人民司法》2008年第4期。

瞒了境外存款事实。2005年11月底，张伟民委托他人赴港将上述账户内港币253.49万元（折合人民币264.0352万元）转汇至美国。案发后，侦查机关从该账户内另查获美元存款9.9776万元（折合人民币80.6841万元）。

案发后，侦查机关依法查获被告人张伟民银行存款、房产、股票等财产，折合人民币共计2880.9681万元，查实张伟民及其家庭成员的支出折合人民币807.1659万元，张伟民及其妻潘某的合法收入及其他能说明来源的合法财产合计人民币1908.3311万元。

张伟民在案发前，主动交代了其伙同他人侵吞公款和受贿的犯罪事实。张伟民到案后提供了两件涉嫌行贿罪、受贿罪的犯罪线索，均被侦查机关查实。

公诉机关指控张伟民的行为构成贪污罪、受贿罪、隐瞒境外存款罪、巨额财产来源不明罪，依法应予以数罪并罚。

【审判结果】

上海市第二中级人民法院认为，被告人张伟民符合国家工作人员的身份要件，其利用职务便利，结伙侵吞公款199万余元，实得99万余元；收受贿赂共计352万余元；财产明显超过合法收入的差额部分1328万余元，其中包括隐瞒的境外存款344万余元，本人不能说明来源合法，已分别构成贪污罪、受贿罪、巨额财产来源不明罪和隐瞒境外存款罪。鉴于张伟民所犯贪污罪、受贿罪有自首情节，并有立功表现，其犯罪所得业已追缴等，对起诉指控的被告人张伟民所犯数罪依法分别从轻处罚，依照《刑法》第382条第1款、第383条第1款第1项、第385条第1款、第386条、第395条第1款和第2款、第93条、第67条、第68条第1款、第59条、第69条、第64条之规定，对被告人张伟民以贪污罪判处有期徒刑10年，并处没收财产10万元，以受贿罪判处有期徒刑12年，并处没收财产15万元，以隐瞒境外存款罪判处有期徒刑1年，以巨额财产来源不明罪判处有期徒刑3年，非法所得予以追缴，决定执行有期徒刑20年，并处没收财产25万元，非法所得予以追缴。

一审宣判后，被告人没有提出上诉，检察院也没有提出抗诉，判决生效。

【法理分析】

本案是上海法院受理的首例隐瞒境外存款罪案件，由于案件事实中同时存在贪污、受贿、隐瞒境外存款和巨额财产来源不明等多个情节，隐瞒境外存款行为是否应当被贪污、受贿行为所吸收，隐瞒境外存款与巨额财产来源不明罪之间是否存在想象竞合关系等成为本案的争议焦点。

（1）境外存款如来自于被告人的贪污、受贿所得，其隐瞒境外存款的行为能构成隐瞒境外存款罪，应与贪污、受贿罪实行数罪并罚

隐瞒境外存款罪是指国家工作人员违反国家外汇管理法规和行政管理制度，将外汇存入外国银行，隐瞒不报，数额较大的行为。1979年《刑法》没有关于隐瞒境外存款罪的规定，1988年《关于惩治贪污罪贿赂罪的补充规定》第11条第2款增设了隐瞒境外存款罪这一新罪名，修订后的《刑法》第395条第2款确认了这一罪名，并列入分则"贪污贿赂罪"一章中，规定国家工作人员在境外的存款，应当依照国家规定申报。数额较大、隐瞒不报的，处2年以下有期徒刑或者拘役；情节较轻的，由其所在单位或者上级主管机关酌情给予行政处分。司法实践中，隐瞒境外存款罪的规定运用较少。本案公诉机关在指控被告人犯隐瞒境外存款罪的同时指控被告人还犯有贪污罪、受贿罪。当被告人隐瞒不报的境外存款有可能来自其实施的贪污、受贿等其他犯罪行为时，应如何评价该行为的性质，实践中存在两种观点：一种观点认为，张伟民将非法所得转移、隐藏并存入境外金融机构的行为是贪污、贿赂等行为发展的当然结果，从期待可能性角度出发，应只认定为构成贪污、受贿等犯罪，对隐瞒存款不报的行为不宜追究责任；另一种观点则认为，应当以隐瞒境外存款罪和贪污、受贿罪等数罪并罚。我们同意第二种观点，主要理由如下：

第一，隐瞒境外存款罪是纯正的不作为犯。根据我国《刑法》第395条的规定，隐瞒境外存款罪具有以下特征：① 本罪的主体是特殊主体，即只能由国家工作人员构成。② 本罪在主观方面表现为故意犯罪，即明知国家工作人员在境外存款依照国家规定应当申报而故意隐瞒不报。如果不是出于故意隐瞒，而是对国家的申报不明知，或准备申报而暂未申报等，都不能构成此罪。隐瞒不报境外存款的动机多种多样，但无论是何种动机，都不影响本罪的成立。③ 本罪的客体是复杂客体，即国家机关的正常活动和国家对外汇的管制。④ 本罪在客观方面表现为在境外有数额较大的存款，依照国家有关规

定应当申报而隐瞒不报的行为。所谓"依照国家有关规定"是指《中华人民共和国外汇管理条例》《对个人的外汇管理施行细则》等有关规定。所谓"隐瞒不报"是指，国家工作人员的合法收入或是非法收入不按国家有关规定申报而隐瞒存入境外地区的银行或其他国家银行。隐瞒境外存款罪的构成以刑法的明文规定为特征，行为人的作为义务主要来源于刑法认可的其他法律规定，即有关国家工作人员在境外存款申报方面的国家规定。也就是说，负有境外存款申报义务的国家工作人员对数额较大的境外存款没有依法履行申报义务的，根据《刑法》第395条第2款的规定就构成本罪。本案被告人张伟民对数额较大的境外存款不依法履行申报义务的行为，符合刑法关于隐瞒境外存款罪构成要件特征的规定。

第二，张伟民隐瞒境外存款的行为和贪污、受贿行为是相互独立的两个行为。从本案具体情况来看，张伟民于2004年至2005年在担任供销社主任期间，利用职务便利，伙同他人侵吞公款共计199万余元，实得99万元；于1995年至2005年在先后担任专卖分局局长兼烟糖公司经理、供销社副主任、主任期间，利用职务便利，多次收受贿赂共计价值352万余元。如果张某的境外存款来自于贪污、受贿所得，其隐瞒境外存款和贪污、受贿的犯罪对象是同一的，但该隐瞒境外存款的行为是贪污、受贿犯罪的后续行为。隐瞒境外存款是行为人在贪污、受贿后产生的另一个主观故意，其目的是掩盖其通过非法行为所获得的大量钱财，是事后故意。因此，贪污、受贿的前犯罪行为和隐瞒境外存款行为是被告人实施的两个不同行为，应实行数罪并罚。

第三，隐瞒境外存款罪是预防性罪名。我国刑法设立隐瞒境外存款罪的目的是通过将隐瞒境外存款行为犯罪化的方式加强对国家工作人员财产状况的监管，以防止犯罪分子将违法犯罪所得存入境外银行逃避监管从而逃避法律追究。《刑法》第395条第2款是预防性条款而不是惩罚性条款，其作用主要是提示性的，即提醒违背职责的国家工作人员，即使因证据等原因无法以贪污、受贿罪进行处罚，也可以本罪或巨额财产来源不明罪进行处罚。本罪意图惩罚的不是国家工作人员将款项存入境外的行为，而是没有按照法定义务进行申报的不作为行为。行为人在存款来源上的罪错，应由相应的"原罪"，如贪污罪、受贿罪来规制。此外，从隐瞒境外存款罪的法定最高刑为2

年有期徒刑来看，这种轻刑配置也表明本罪所要惩罚的仅仅是国家工作人员对数额较大的境外存款进行隐瞒不报的不作为行为，而其在存款来源上的过错或者罪错行为将受到其他规定的惩罚。

结合本案具体情况来看，被告人张伟民于 2005 年担任供销社主任期间，以其妻潘某名义在香港汇丰银行设立账户并存有巨额外币存款，但未按照国家规定向主管部门如实申报，隐瞒了境外存款事实。2005 年 11 月底，张伟民委托他人赴港将上述账户内港币 253.49 万元（折合人民币 264.0352 万元）转汇至美国。案发后，侦查机关从该账户内另查获美元存款 9.9776 万元（折合人民币 80.6841 万元）。张伟民的上述行为符合《刑法》第 395 条第 2 款关于隐瞒境外存款罪的规定，应当与贪污、受贿实行数罪并罚。

（2）被告人境外存款数额巨大，明显超过其合法收入，且其不能说明该存款来源合法的，应认定隐瞒境外存款罪

本案中起诉书在指控被告人张伟民巨额财产来源不明罪一节事实时，认定张伟民及其妻潘某犯罪所得折合人民币 823 万余元，其中包括了张伟民隐瞒不报的境外存款港币 253.49 万元和美金 9.9776 万元等，对于上述指控事实中出现的张伟民隐瞒境外存款行为与巨额财产来源不明行为交叉的情况，重合部分应当如何定罪？讨论中，有三种不同观点：第一种观点认为，应认定构成隐瞒境外存款罪；第二种观点认为，此种情形属于想象竞合犯，应择重罪认定构成巨额财产来源不明罪；第三种观点认为，应以隐瞒境外存款罪与巨额财产来源不明罪数罪并罚。本案采纳了第一种观点，认为应按照隐瞒境外存款罪定罪量刑，隐瞒境外存款罪的数额应从巨额财产来源不明罪的犯罪数额中予以扣除。主要理由如下：

第一，隐瞒境外存款罪和巨额财产来源不明罪之间主客观方面存在较大区别。隐瞒境外存款罪与巨额财产来源不明罪规定在同一法条中，分别为《刑法》第 395 条第 1、2 款，因此在探讨一罪与数罪时必须首先厘清两个罪名的关系。根据《刑法》第 395 条第 1、2 款的规定，两个罪名除犯罪客体有部分重合、犯罪主体有部分交叉、犯罪对象在某种情况下会重叠外，区别是主要的。国家工作人员在境外的存款，如果明显超过合法收入，差额巨大，本人不能说明其来源合法的，差额部分以非法所得论，依照巨额财产来源不

明罪定罪处罚。而隐瞒境外存款罪，是指国家工作人员违反国家外汇管理法规和应当申报的规定，将自己的款项存入国（境）外银行，隐瞒不报，数额较大的行为。这两个罪名的区别从主观方面看，隐瞒境外存款罪的行为人故意隐瞒自己在境外的财产，知道应当按照规定申报而故意不申报，而巨额财产来源不明罪的行为人则是故意占有和支配其不合法的财产。从客观方面来看，本罪的成立只要求行为人隐瞒不报数额较大的境外存款，其能否说明存款的来源对本罪的构成不产生影响，而巨额财产来源不明罪的行为人却不能说明其财产的合法来源。

第二，隐瞒境外存款罪的犯罪对象不仅指违法犯罪所得的非法财产，还包括合法财产。当隐瞒境外存款拒不申报并不能说明其来源或不能说明其来源是合法的时候，应当如何认定？如上文中出现的三种观点上的分歧，实际上都是基于对隐瞒境外存款罪的犯罪对象理解上的不同所造成的。第一种观点由于对隐瞒境外存款罪犯罪对象的理解并不限于合法财产，因此认为此种情况下应认定为隐瞒境外存款罪；第二种观点由于认为只有合法财产才能成为隐瞒境外存款罪的犯罪对象，因此主张认定为巨额财产来源不明罪；第三种观点认为应以隐瞒境外存款罪与巨额财产来源不明罪数罪并罚。我们认为，设立隐瞒境外存款罪的立法意图是针对国家工作人员境外存款的监督，而不在于追究行为人在财产来源上的过错。也就是说，即使是合法收入，但作为国家工作人员隐瞒不报的话，同样会发生侵犯国家对国家工作人员境外存款的监管制度的危害后果。而国家工作人员在境外的存款依照国家规定申报，是对国家工作人员财产状况进行监督的必要措施，也是防止某些犯罪分子利用境外查证难的特点，将在违法犯罪活动中所得的非法财产转移境外，逃避监管检查的一种手段。因此，隐瞒境外存款罪中境外存款来源不仅包括非法收入，也应包括合法收入，如合法的劳动报酬、依法继承的财产等。隐瞒境外存款罪的成立不受境外存款来源是否合法的限制，不论是合法收入还是违法所得，都不影响本罪的成立。本案案发后，侦查机关依法查获被告人张伟民银行存款、房产、股票等财产，共计价值2880.9681万元。经查，张伟民及其家庭成员支出807.1659万元，张及其妻潘某犯罪所得451.1686万元，张及其妻潘某的合法收入1374.3311万元，加上张伟民能够说明合法来源的财产 534 万元，两项合计 1908.3311 万元。对差额部分 1328.6343 万元，张伟民不能说明合法来源。由于认定被告人张伟民隐瞒不报的境外存款系张贪污或受贿犯罪所得缺乏依据，应从其该犯罪所得中剔除，因此本案认定张伟民犯罪所得合计 451.1686 万元。

第三，隐瞒境外存款与巨额财产来源不明罪不属于想象竞合犯。被告人张伟民隐瞒境外存款与巨额财产来源不明犯罪行为之间不属于想象竞合犯，不能认定构成巨额财产来源不明罪。所谓想象竞合犯是指，行为人实施一个犯罪行为而同时触犯数个罪名的犯罪情形。想象竞合犯的前提基础是行为人只实施了一个犯罪行为。而在本案中，张某实施了两个犯罪行为，即一个是违反了有关国家工作人员境外存款申报规定的行为；另一个是当有关国家机关责令行为人说明其合法收入以外的差额部分时，行为人不能说明其合法来源的行为。由于被告人实施的上述两个犯罪行为之间不存在牵连或者吸收关系，因此，隐瞒境外存款拒不申报，且不能说明其来源是合法的情形不符合想象竞合犯的构成特点，对被告人也就不能以想象竞合犯择一重罪认定构成巨额财产来源不明罪。

第四，如果以隐瞒境外存款罪与巨额财产来源不明罪对被告人实行数罪并罚，将会违背禁止重复评价原则。禁止重复评价原则是指，在定罪量刑时禁止对同一犯罪构成事实予以两次或者两次以上的评价。重复评价的对象是犯罪构成要件的要素事实。张伟民虽然实施了隐瞒不报和拒不说明财产来源合法两个行为，但隐瞒境外存款并拒不说明其来源合法的行为对象是同一的，行为所指向的标的物本身不是能够单独构成犯罪构成要件的两个事实，因此如果以隐瞒境外存款罪和巨额财产来源不明罪对其分别评价将会存在重复的问题，对此类行为给予数罪并罚也违背了禁止重复评价原则。

综上所述，一审法院对于公诉机关指控被告人张伟民巨额财产来源不明罪一节事实，将张隐瞒不报的境外存款数额从其巨额财产来源不明罪的犯罪所得中予以扣除，并对其违反国家规定隐瞒不报境外存款 344 万余元单独认定构成隐瞒境外存款罪是正确的。

(3) 本案中适用隐瞒境外存款罪的其他两个问题

第一，对境外的理解。被告人存入中资银行在境外开设的分支机构或存入外资银行在我国境内开设的分支机构的存款是否属于境外存款,对此实践中有两种观点:一种观点认为,境外仅是地域概念,凡是在我国境外的存款均属于境外存款;另一种观点认为,境外存款不仅是地域概念,也是资本概念,国家工作人员在境外的中资金融机构的存款不是境外存款。我们认为,随着金融机构之间持股、兼并日益增多,应该确认境外是地域概念,凡是存入在我国国(边)境以外的国家和地区(包括我国香港、澳门、台湾地区)开设的金融机构的外币、外币有价证券、支付凭证、贵重金属及其制品等,都属于境外存款。

第二,对本罪主观故意的理解。隐瞒境外存款罪要求行为人在有境外存款的情况下,明知根据国家的申报规定,自己负有申报的义务而隐瞒不报。本案被告人张伟民属于负有报告重大事项的义务人,但其在境外开设的账户及存款,都是以其配偶的名义开设的。我们认为,由于张伟民明知与其共同生活的配偶、子女在境外开设了账户并存款或者辗转委托他人办理其在境外的存款,属于隐瞒境外存款的范畴,张伟民不能因此免责。

十三、私分国有资产罪

(一)刑法条文

第三百九十六条第一款 国家机关、国有公司、企业、事业单位、人民团体,违反国家规定,以单位名义将国有资产集体私分给个人,数额较大的,对其直接负责的主管人员和其他直接责任人员,处三年以下有期徒刑或者拘役,并处或者单处罚金;数额巨大的,处三年以上七年以下有期徒刑,并处罚金。

(二)犯罪构成

1. 法益

本罪侵害的法益为复合法益,即国家工作人员的职务廉洁性和国有资产的所有权。

本罪的行为对象是国有资产。根据《关于人民检察院直接受理立案侦查案件立案标准的规定（试行）》第 4 条第 6 项的规定，本罪中的"国有资产"，是指国家依法取得和认定的，或者国家以各种形式对企业投资和投资收益、国家向行政事业单位拨款等形成的资产。

值得注意的是，需要厘清国有资产与国有财产、公共财产的区别。所谓"公共财产"，根据《刑法》第 91 条的规定，是指国有财产、劳动群众集体所有的财产、用于扶贫和其他公益事业的社会捐助或者专项基金的财产，此外，在国家机关、国有公司、企业、集体企业和人民团体管理、使用或者运输中的私人财产，以公共财产论。因此，公共财产的范围大于国有财产。另外，凡是归国家所有的财产，均是国有财产，其范围明显大于国有资产。综上所述，上述三者之间的关系是：公共财产包含国有财产，国有财产包含国有资产。

2. 客观行为

本罪在客观方面表现为违反国家规定，以单位名义将国有资产集体私分给个人，数额较大的行为。所谓"违反国家规定"，根据《刑法》第 96 条的规定，是指违反全国人民代表大会及其常务委员会制定的法律和决定，国务院制定的行政法规、规定的行政措施、发布的决定和命令，如《中华人民共和国企业国有资产法》《企业国有资产监督管理暂行条例》等。所谓"以单位名义"，是指经单位领导集体研究决定，从中体现出单位的整体意志。所谓"将国有资产集体私分给个人"，是指将国有资产擅自分给单位的全体成员或者绝大多数成员。若仅擅自分给单位少数领导或者其他成员，则不成立本罪，而应属于贪污罪。至于分配比例，本书认为，不要求必须做到绝对平均分配，只需按照相对合理的比例进行相对公平的分配即可。所谓"数额较大"，并非指单人具体分得的数额，而是指所有参与分配的人员所私分国有资产的总额。

3. 行为主体

本罪为单位犯罪，即只能由国有单位构成，具体包括国家机关、国有公司、企业、事业单位、人民团体。

4. 主观罪过

本罪的主观罪过表现为故意。

(三) 司法认定

1. 共同犯罪

本罪为单位犯罪,而非单位与其直接负责的主管人员和其他直接责任人员构成的共同犯罪。

2. 停止形态

私分国有资产后再退回的,属于犯罪既遂后的事后行为,不影响犯罪既遂的成立,只能作为量刑情节予以考虑。

3. 本罪与贪污罪的认定问题

关于国有公司、企业在改制过程中隐匿公司、企业财产归职工集体持股的改制后公司、企业所有的行为的处理:国有公司、企业违反国家规定,在改制过程中隐匿公司、企业财产,转为职工集体持股的改制后公司、企业所有的,对其直接负责的主管人员和其他直接责任人员,以本罪定罪处罚。改制后的公司、企业中只有改制前公司、企业的管理人员或者少数职工持股,改制前公司、企业的多数职工未持股的,以贪污罪定罪处罚。①

本罪与共同贪污极具相似性,以下从行为主体、客观行为、犯罪对象、犯罪动机和法益等方面厘清二者的关系。

若国有单位的行为人违反国家规定,以单位名义将国有资产集体私分给个人,以权为多数人谋取非法利益,侵犯国家工作人员的职务廉洁性和国有资产的所有权,则成立本罪。通常而言,这是在本单位进行公开操作,具有一定的隐蔽性。

若国家工作人员利用职务上的便利,侵吞、窃取、骗取或者以其他手段非法占有公共财物,以权为自己谋取非法利益,侵犯国家工作人员的职务廉洁性和公共财产的所有权,则成立贪污罪。通常而言,这是秘密进行,具有一定的公开性。

然而,有学者指出,公开与隐蔽是相对的,公开并非要求单位人人皆知

---

① 参见《最高人民法院、最高人民检察院关于办理国家出资企业中职务犯罪案件具体应用法律若干问题的意见》第2条。

或者张榜大肆宣传,而是在一定范围、一定场合、一定程度上的公开,不存在刻意隐瞒的情形。① 本书赞同这种观点,在此类问题的认定上不能"一刀切"。

(四)量刑标准

根据《关于人民检察院直接受理立案侦查案件立案标准的规定(试行)》第1条第11项的规定,涉嫌私分国有资产,累计数额在10万元以上的,应予立案。

根据《刑法》第396条第1款的规定,犯本罪的,对其直接负责的主管人员和其他直接责任人员,处3年以下有期徒刑或者拘役,并处或者单处罚金;数额巨大的,处3年以上7年以下有期徒刑,并处罚金。

根据《最高人民法院、最高人民检察院关于办理贪污贿赂刑事案件适用法律若干问题的解释》第19条第2款的规定,对本罪适用并处罚金的,应当在10万元以上犯罪数额2倍以下判处罚金。

(五)解释索引

(1)《最高人民法院、最高人民检察院关于办理贪污贿赂刑事案件适用法律若干问题的解释》(2016年4月18日);

(2)《最高人民法院、最高人民检察院关于办理国家出资企业中职务犯罪案件具体应用法律若干问题的意见》(2010年11月26日);

(3)《关于人民检察院直接受理立案侦查案件立案标准的规定(试行)》(1999年9月9日)。

(六)案例举要

 徐国桢等私分国有资产案②

【基本案情】

上海市徐汇区人民检察院以被告人徐国桢、陈晓晖犯私分国有资产罪等

---

① 参见林荫茂:《国资流失犯罪研究——兼谈私分国有资产罪的刑法适用问题》,载《政治与法律》2008年第4期。

② 《刑事审判参考》第937号案例。

罪，向上海市徐汇区人民法院提起公诉。

上海市徐汇区人民法院经公开审理查明：

2002年7月至2011年5月，被告人徐国桢担任上海市信息化办公室无线电管理处处长、上海市无线电管理委员会办公室（以下简称"无委办"）副主任兼上海市无线电监测站（以下简称"监测站"）站长，后兼任中共上海市无线电管理局（以下简称"无管局"）党组成员，主要工作职责为负责监测站党政工作，分管精神文明建设，协管无管局日常行政、财务、干部调配等相关工作。

2002年年底至2003年年初，被告人徐国桢为解决监测站职工集体福利问题，决定启用无资质、无场地、无设备、正处于歇业状态的上海唯远信息开发有限公司（以下简称"唯远公司"）承接定检工作。后其与该公司负责人、被告人陈晓晖商定，唯远公司所得收入除列支必要成本外，剩余钱款均应当以现金形式账外返还监测站用于职工福利发放。2003年4、5月间，徐国桢隐瞒唯远公司的真实情况，利用职权以无委办的名义批准授予唯远公司无线电设备检测资质，同时授意倪伟杰并通过相关人员讨论决定，委托唯远公司承接定检工作，后又将监测站办公场地、政府采购的技术设备、有关技术服务及启动资金提供给唯远公司使用。

2003年5月起，唯远公司受委托以监测站名义开展定检工作，直接向非国家拨款的单位或者个人收取检测费；监测站也以国家财政拨款和转移支付项目专款向唯远公司支付检测费用。监测站向陈晓晖提出明确要求，2010年唯远公司的全年业务开支为12万元。2004年起，上海市定检工作每年财政预算达数百万元。徐国桢代表监测站与陈晓晖变更约定，唯远公司须将监测站拨款及公司自行收取的检测费，按50%的比例以现金形式返还监测站。2007年10月，陈晓晖另设上海咸元通信技术有限公司（以下简称"咸元公司"）取代唯远公司承接定检工作，有关约定保持不变。

2003年至2009年，唯远公司、咸元公司自行直接收取检测费以及以检测劳务费等名义通过监测站获取财政拨款合计30余万元。陈晓晖按照事先约定，通过其专门成立的上海银闪通信技术有限公司、常帮唯博电脑软件编制服务社以及其他单位将上述款项予以套现或者转账，监测站则违反国家规定，由徐国桢决定，监测站副站长丁一咏等人具体执行，将上述返还款隐匿于监测站账外，分别多次将其中13228073元以职工津贴、工资补差、奖金、过节费等名义陆续发放给无管局及监测站全体员工，徐国桢个人分得507729.2元。

徐国桢归案后供述了私分国有资产的涉案事实。陈晓晖归案后供述了其帮助监测站私分国有资产的犯罪事实。

上海市徐汇区人民法院认为，国有事业单位监测站与被告人陈晓晖相勾结，违反国家规定，套取、截留国有资产，并以单位名义将其中1300余万元集体私分给本单位职工，数额巨大，被告人徐国桢作为该单位实施上述犯罪直接负责的主管人员，其行为构成私分国有资产罪，且系共同犯罪，应予处罚。陈晓晖为监测站私分国有资产提供帮助，其行为构成私分国有资产罪，且系共同犯罪；在共同犯罪中陈晓晖起辅助作用，系从犯，依法予以减轻处罚。徐国桢、陈晓晖到案后，均能如实供述主要罪行，依法可以从轻处罚。据此，依照《刑法》第396条第1款、第25条第1款、第27条之规定，上海市徐汇区人民法院判决如下：（1）被告人徐国桢犯私分国有资产罪，判处有期徒刑3年6个月，并处罚金3万元；（2）被告人陈晓晖犯私分国有资产罪，判处有期徒刑6个月，并处罚金1万元；（3）被告人的违法所得予以追缴。

一审宣判后，被告人徐国桢以量刑过重为由，向上海市第一中级人民法院提起上诉。

上海市第一中级人民法院经公开审理认为，上诉人徐国桢作为国有事业单位监测站直接负责的主管人员，违反国家规定，套取、截留国有资产，并以单位名义将其中1300余万元集体私分给本单位职工，其行为构成私分国有资产罪，且数额巨大；原审被告人陈晓晖为监测站私分国有资产提供帮助，其行为亦构成私分国有资产罪，依法均应予以处罚。一审判决认定徐国桢犯私分国有资产罪、陈晓晖犯私分国有资产罪的事实清楚，证据确实、充分，定性准确，量刑适当，且诉讼程序合法。上海市第一中级人民法院裁定驳回上诉，维持原判。

【主要问题】

（1）在仅能由单位构成犯罪的情形下，能否依据共犯原理认定非适格主体与单位构成共犯？

(2) 如果上述情形构成共犯，对非适格主体如何量刑？

【法理分析】

本案在审理过程中，对以犯私分国有资产罪追究被告人徐国桢的刑事责任没有疑问，但对以犯私分国有资产罪追究被告人陈晓晖的刑事责任，存在分歧：一种意见认为，不应以犯私分国有资产罪追究被告人陈晓晖的刑事责任。理由是：刑法规定了单位犯罪等特别规定，非单位主体由于主体不适格，不可与其构成共犯。非特定的主体要素不可构成刑法所规定的必须具备特定的主体要素的犯罪。本案中，仅监测站构成私分国有资产罪，徐国桢作为国有事业单位监测站直接负责的主管人员，应当承担相关刑事责任，但陈晓晖不是监测站的人员，系非适格主体，因此不构成共犯。另一种意见认为，可以私分国有资产罪追究被告人陈晓晖的刑事责任。理由是：特定的主体要素作为违法要素并不是成立共犯不可欠缺的构成要件要素。非特定的主体不能单独成为特定主体的正犯，但若是和特定的主体一起，就可共同引起符合构成要件的事实。因而，非特定的主体可以成立特定主体所犯之罪的共犯。但当特定主体要素作为责任要素时，则不可缺失。因特定的主体要素所致刑罚有轻重时，对不具有这种要素的共犯科处通常刑罚。

本书同意后一种意见。具体理由如下：

首先，从定罪角度分析，非适格主体可以成为由适格主体实施犯罪的共犯。刑法所规定的特定犯罪必须是各特定的主体要素，其仅是针对单独犯而言的。对于教唆犯、帮助犯则不需要具备特定的主体要素。根据共同犯罪成立理论中的行为共同说（事实共同说），共同犯罪应当是指数人共同实施了构成要件的行为，而不是共同实施特定的犯罪。质言之，不要求行为人共同实施特定的犯罪，只要行为具有共同性就可以成立共同犯罪。至于共犯人的责任问题，则需要个别认定。因而，对于非适格主体参与实施私分国有资产行为，只要非适格主体与适格单位共同实施了私分国有资产的行为，就可以成立共同犯罪。

其次，从量刑角度分析，对于共犯中非适格主体的量刑，一般按照普通主体适用刑罚或者以从犯身份适用刑罚。具体而言，在仅由适格主体实施的犯罪案件中，如果刑法规定对适格主体适用从重的刑罚，对不适格主体的共犯人只能适用通常之刑罚。例如，《刑法》第238条第4款规定："国家机关工作人员利用职权犯前三款罪的，依照前三款的规定从重处罚。"当非国家机关工作人员与国家机关工作人员共同非法拘禁他人的，则不可以对非国家机关工作人员适用从重处罚的规定。如果刑法未规定对适格主体适用从轻或者从重的刑罚，对不适格主体一般按照从犯地位适用刑罚。本案就属于这种情形。

本案中，由于私分国有资产罪仅能由国家机关、国有公司、企业、事业单位、人民团体等单位主体构成，监测站系适格单位主体，应当认定监测站为实行犯，且系主犯，并据此判处被告人徐国桢的刑罚；陈晓晖系非适格自然人主体，其为监测站顺利私分国有资产提供了重要帮助，起到了次要作用，故与监测站构成私分国有资产罪的共同犯罪，但系从犯，应当从轻或者减轻处罚。据此，对陈晓晖应当以单位直接负责的主管人员徐国桢的处罚标准为基点，同种情况下，原则上其所承担的刑事责任不能重于徐国桢的刑事责任。

十四、私分罚没财物罪

（一）刑法条文

第三百九十六条第二款　司法机关、行政执法机关违反国家规定，将应当上缴国家的罚没财物，以单位名义集体私分给个人的，依照前款的规定处罚。

（二）犯罪构成

1. 法益

本罪侵害的法益为复合法益，即国家工作人员的职务廉洁性和罚没财物的所有权。

本罪的行为对象是罚没财物，是指司法机关、行政执法机关和依法获得授权的有权机构对违法犯罪主体实施处罚所得的罚款和追缴、没收的财物。

根据国家有关规定，除依法发还原主的之外，罚没财物一律上缴国库，禁止集体私分。

2. 客观行为

本罪在客观方面表现为违反国家规定，将应当上缴国家的罚没财物以单位名义集体私分给个人的行为。所谓"违反国家规定"，根据《刑法》第96条的规定，是指违反全国人民代表大会及其常务委员会制定的法律和决定，国务院制定的行政法规、规定的行政措施、发布的决定和命令。所谓"以单位名义"，是指经单位领导集体研究决定，从中体现出单位的整体意志。所谓"集体私分给个人"，是指将应当上缴国家的罚没财物擅自分给单位的全体成员或者绝大多数成员。此外，构成本罪还需要达到数额较大的标准，即私分罚没财物的总额较大。

3. 行为主体

本罪为单位犯罪，即只能由司法机关、行政执法机关等单位构成。

4. 主观罪过

本罪的主观罪过表现为故意。

（三）司法认定

1. 共同犯罪

本罪为单位犯罪，而非单位与其直接负责的主管人员和其他直接责任人员构成的共同犯罪。

2. 停止形态

私分罚没财物后再退回的，属于犯罪既遂后的事后行为，不影响犯罪既遂的成立，只能作为量刑情节予以考虑。

3. 罪与非罪

通说认为，违反罚没财物"收支两条线"之规定的行为属于本罪的犯罪行为。但另有学者认为，经地方财政同意按比例予以返还的罚没财物，即使违反"收支两条线"等国家规定，也不构成本罪，仅属于违反财经纪律的行为。[①] 本书认为，上述予以非罪化的观点值得商榷。根据《中华人民共和国行政处罚法》第53条第2款的规定，罚款、没收违法所得或者没收非法财物拍卖的款项，必须全部上缴国库，任何行政机关或者个人不得以任何形式截留、私分或者变相私分；财政部门不得以任何形式向作出行政处罚决定的行政机关返还罚款、没收的违法所得或者返还没收非法财物的拍卖款项。因此，地方财政同意按比例返还罚没财物的行为，这不仅违反了"收支两条线"的国家规定，更是违反了位阶更高的法律之规定，地方财政没有任何理由突破法律的规定，无法予以出罪化。综上所述，本书持通说观点，即违反罚没财物"收支两条线"之规定的行为属于本罪的犯罪行为。

（四）量刑标准

根据《关于人民检察院直接受理立案侦查案件立案标准的规定（试行）》第1条第12项的规定，涉嫌私分罚没财物，累计数额在10万元以上的，应予立案。

根据《刑法》第396条的规定，犯本罪的，对其直接负责的主管人员和其他直接责任人员，处3年以下有期徒刑或者拘役，并处或者单处罚金；数额巨大的，处3年以上7年以下有期徒刑，并处罚金。

根据《最高人民法院、最高人民检察院关于办理贪污贿赂刑事案件适用法律若干问题的解释》第19条第2款的规定，对本罪适用并处罚金的，应当在10万元以上犯罪数额2倍以下判处罚金。

（五）解释索引

（1）《最高人民法院、最高人民检察院关于办理贪污贿赂刑事案件适用法律若干问题的解释》（2016年4月18日）；

（2）《关于人民检察院直接受理立案侦查案件立案标准的规定（试行）》（1999年9月9日）。

[①] 参见陈兴良：《规范刑法学》（第四版），中国人民大学出版社2017年版，第1223页。

（六）案例举要

董晓波、李雅楠等私分罚没财物案[①]

河北省武安市人民法院审理武安市人民检察院指控原审被告人董晓波、潘庆林、郭常庆、李雅楠犯私分罚没财物罪一案，于 2018 年 6 月 27 日作出（2017）冀 0481 刑初 14 号刑事判决。武安市人民检察院在法定期间内提起抗诉。河北省邯郸市中级人民法院依法组成合议庭，公开开庭审理了本案。现已审理终结。

原判决认定，2011 年至 2013 年期间，被告人董晓波、李雅楠违反国家有关规定，利用自制票据，收取大同镇下属各村计划生育罚款和社会抚养费，未按照规定上缴国库，以四术运动补助、突击活动奖、信访保稳定补助、服装费等名义将收取的各类计划生育罚款和社会抚养费 375769 元截留坐支。其中，依据《中共大同镇委员会、大同镇人民政府关于开展 2011 年春季计划生育管理服务活动的实施意见》（大镇办〔2011〕6 号文件）、《中共大同镇委员会、大同镇人民政府关于 2013 年春季计划生育集中服务活动的实施方案》（大镇办〔2013〕6 号文件）规定发放的各类奖金、补助共计 152162 元，参照上述文件规定发放的各类奖金、补助共计 113070 元，没有文件规定发放的服装费、信访保稳定补助等共计 110537 元。在法院审理过程中，被告人董晓波将没有文件规定发放的服装费、信访保稳定补助 110537 元退回，上缴国库。被告人潘庆林、郭常庆未实际参与研究决定罚没款和社会抚养费的截留坐支和发放。

原审法院认为，被告人董晓波作为武安市大同镇计划生育工作直接负责的主管人员，违反国家有关规定，将应当上缴财政的计生罚款和社会抚养费截留坐支，并以大同镇计划生育工作站的名义以奖金、补助和福利的形式私分给个人，数额较大；被告人李雅楠作为大同镇计划生育工作站会计，未能严格遵守财经纪律，经手实施计生罚款和社会抚养费的截留、私分，为直接责任人，其行为均已构成私分罚没财物罪。公诉机关指控的犯罪数额中，中

[①] （2017）冀 0481 刑初 14 号、（2018）冀 0481 刑初 345 号、（2018）冀 04 刑终 458 号。

共大同镇委员会、大同镇人民政府有文件规定或参照这些文件规定发放补助、奖金等265232元,可不视为私分数额。被告人董晓波自愿认罪,将没有文件规定发放的服装费、信访保稳定补助等110537元全部退回,上缴国库,确有悔罪表现;被告人李雅楠犯罪情节轻微,不需要判处刑罚,故二人均可以免予刑事处罚。被告人潘庆林、郭常庆既不是大同镇计划生育工作直接负责的主管人员,也不是具体经手私分的直接责任人员,公诉机关指控其犯私分罚没财物罪事实不清、证据不足,其二人不应承担刑事责任,应宣告无罪。被告人李雅楠的行为符合私分罚没财物罪的构成要件,应以私分罚没财物罪追究其刑事责任,故被告人李雅楠辩解和其辩护人提出的不构成私分罚没财物罪意见,不予采纳。被告人郭常庆、潘庆林辩解及其辩护人提出的不构成私分罚没财物罪意见,予以采纳。依照《刑法》第396条第2款、第37条、《刑事诉讼法》第15条之规定,判决被告人董晓波犯私分罚没财物罪,免予刑事处罚;被告人李雅楠犯私分罚没财物罪,免予刑事处罚;宣告被告人潘庆林无罪;宣告被告人郭常庆无罪。

武安市人民检察院抗诉提出,对被告人董晓波判处免予刑事处罚属法律适用不当,量刑畸轻;对被告人潘庆林、郭常庆作无罪判决,属认定事实、适用法律错误,二人有具体的组织实施行为,应承担直接责任。

邯郸市人民检察院支持武安市人民检察院抗诉意见。

邯郸市中级人民法院经审理查明,原判决认定的事实所依据的证据,均经一、二审庭审质证,并经邯郸市中级人民法院开庭审理无变化,邯郸市中级人民法院予以确认。本案事实清楚,证据确实充分。

邯郸市中级人民法院认为,董晓波作为武安市大同镇计划生育工作直接负责的主管人员,违反国家有关规定,将应当上缴财政的计生罚款和社会抚养费截留坐支,并以大同镇计划生育工作站的名义以奖金、补助和福利的形式私分给个人,数额较大;李雅楠作为大同镇计划生育工作站会计,未能严格遵守财经纪律,经手实施计生罚款和社会抚养费的截留、私分,为直接责任人,其行为均已构成私分罚没财物罪。对于抗诉机关提出董晓波有犯罪前科,判处免予刑事处罚,量刑畸轻的意见,经查,董晓波认罪悔罪,将没有文件规定发放的服装费、信访保稳定补助等110537元全部自行退还,挽回损失,上缴国库。根据《最高人民法院、最高人民检察院关于办理职务犯罪案件严格适用缓刑、免予刑事处罚若干问题的意见》第5条之规定,虽然董晓波有贪污前科,但根据全案事实和量刑情节,原审法院经审判委员会讨论,一致同意对其适用免予刑事处罚,原判决的量刑符合法律规定,故对抗诉机关意见不予采纳。潘庆林、郭常庆在二审审理期间,提出其不是大同镇计划生育工作负责的主管人员,需核实。依照《刑事诉讼法》第225条第1款1、3项、第233条之规定,裁定如下:(1)维持武安市人民法院(2017)冀0481刑初14号刑事判决对被告人董晓波、李雅楠的定罪量刑,即被告人董晓波犯私分罚没财物罪,免予刑事处罚;被告人李雅楠犯私分罚没财物罪,免予刑事处罚。(2)撤销武安市人民法院(2017)冀0481刑初14号对潘庆林、郭常庆的判决部分,发回武安市人民法院重新审判。

武安市人民法院受理后,依法另行组成合议庭进行了审理。在审理过程中,武安市人民检察院以事实不清、证据不足为由,于2018年11月28日撤回对被告人潘庆林、郭常庆的起诉。

武安市人民法院认为,在本案审理期间,武安市人民检察院撤回对被告人潘庆林、郭常庆的起诉,符合法律规定,应予准许。依照《最高人民法院关于适用〈中华人民共和国刑事诉讼法〉的解释》第242条之规定,裁定如下:准许武安市人民检察院撤回对被告人潘庆林、郭常庆的起诉。

十五、非国家工作人员受贿罪

(一)刑法条文

第一百六十三条第一款 公司、企业或者其他单位的工作人员,利用职务上的便利,索取他人财物或者非法收受他人财物,为他人谋取利益,数额较大的,处三年以下有期徒刑或者拘役,并处罚金;数额巨大或者有其他严重情节的,处三年以上十年以下有期徒刑,并处罚金;数额特别巨大或者有其他特别严重情节的,处十年以上有期徒刑或者无期徒刑,并处罚金。

第一百六十三条第二款 公司、企业或者其他单位的工作人员在经济往来中,利用职务上的便利,违反国家规定,收受各种名义的回扣、手续费,归个人所有的，依照前款的规定处罚。

第一百六十三条第三款　国有公司、企业或者其他国有单位中从事公务的人员和国有公司、企业或者其他国有单位委派到非国有公司、企业以及其他单位从事公务的人员有前两款行为的，依照本法第三百八十五条、第三百八十六条的规定定罪处罚。

第一百八十四条第一款　银行或者其他金融机构的工作人员在金融业务活动中索取他人财物或者非法收受他人财物，为他人谋取利益的，或者违反国家规定，收受各种名义的回扣、手续费，归个人所有的，依照本法第一百六十三条的规定定罪处罚。

（二）犯罪构成

1. 法益

本罪侵害的法益是非国家工作人员的职务廉洁性和单位的正常管理秩序。另有学者认为本罪的客体是财物。[①] 本书认为，财物并非本罪的客体，而是本罪的行为对象，具体包括财产和财产性利益，非财产性利益不在其内。

2. 客观行为

本罪在客观方面表现为行为人利用职务上的便利，索取他人财物或者非法收受他人财物，为他人谋取利益，数额较大的行为，以及行为人在经济往来中利用职务上的便利，违反国家规定，收受各种名义的回扣、手续费，归个人所有的行为。因此，本罪的客观行为可具体分为两类：普通受贿和经济受贿。

所谓"利用职务上的便利"，是指行为人利用其主管、管理、经营单位生产经营管理的相关职权或者基于其职务所形成的便利条件。若仅仅只是利用熟悉环境等便利条件，则不构成本罪。

所谓"索取他人财物或者非法收受他人财物"，是两种不同的具体行为类型。行为人以明示或者暗示的方式，主动向他人索取财物，成立索取型受贿；而行为人违反有关规定，被动接受他人主动送予的财物，成立非法收受型

[①] 参见陈兴良：《规范刑法学》（第四版），中国人民大学出版社2017年版，第608页。

受贿。

所谓"为他人谋取利益",是指行为人实际或者允诺为他人谋取利益,即明知他人有请托事项而收受他人财物。此处的利益,合法与非法、物质性与非物质性均在所不问。对于索取型受贿与非法收受型受贿,是否均要求具备"为他人谋取利益"的条件,理论界存在争议。有学者持否定说,[1] 另有学者持肯定说。[2] 本书持肯定说,因为本罪与《刑法》第385条受贿罪在法条表述上存在具体细微的差别,本罪是索取与非法收受并列,而受贿罪是索取与非法收受并为他人谋取利益并列。

所谓"数额较大",具体是指索取或者非法收受他人财物的数额较大。

3. 行为主体

本罪主体为特殊主体,即公司、企业或者其他单位的工作人员。所谓"其他单位",根据《最高人民法院、最高人民检察院关于办理商业贿赂刑事案件适用法律若干问题的意见》第2条规定,既包括事业单位、社会团体、村(居)民委员会、村民小组等常设性的组织,也包括为组织体育赛事、文艺演出或者其他正当活动而成立的组委会、筹委会、工程承包队等非常设性的组织。在行为主体方面,构成本罪关键取决于行为人的身份性质,而单位的性质在所不问。换言之,本罪的行为主体所在的单位,既有可能是非国有公司、企业或者其他非国有单位,也有可能是国有公司、企业或者其他国有单位,但无论行为人在何种性质的单位,其自身的性质一定是非国家工作人员。

4. 主观罪过

本罪的主观罪过表现为故意。

(三)司法认定

1. 共同犯罪

根据《最高人民法院、最高人民检察院关于办理商业贿赂刑事案件适用

---

[1] 参见王作富主编:《刑法分则实务研究》(第五版),中国方正出版社2013年版,第311页;刘宪权主编:《刑法学》(第四版),上海人民出版社2016年版,第478页。

[2] 参见张明楷:《刑法学》(第五版),法律出版社2016年版,第759页。

法律若干问题的意见》第11条的规定，非国家工作人员与国家工作人员通谋，共同收受他人财物，构成共同犯罪的，根据双方利用职务便利的具体情形分别定罪追究刑事责任：（1）利用国家工作人员的职务便利为他人谋取利益的，以受贿罪追究刑事责任；（2）利用非国家工作人员的职务便利为他人谋取利益的，以非国家工作人员受贿罪追究刑事责任；（3）分别利用各自的职务便利为他人谋取利益的，按照主犯的犯罪性质追究刑事责任，不能分清主从犯的，可以受贿罪追究刑事责任。其中，针对第三种情况，有学者认为，这属于双方同时触犯了受贿罪与非国家工作人员受贿罪，应从一重论处。① 本书认为，非国家工作人员与国家工作人员通谋，基于共同受贿的故意，分别利用各自的职务便利，共同收受他人财物，为他人谋取利益的，双方共同触犯了非国家工作人员受贿罪和受贿罪，属于想象竞合犯，即国家工作人员成立受贿罪正犯和非国家工作人员受贿罪的共犯，非国家工作人员成立非国家工作人员受贿罪的正犯和受贿罪的共犯，应从一重论处。对于实务中以主犯的犯罪性质来追究刑事责任，尤其是简单地以职务高低来确定主犯的性质，可能有违罪责刑相适应原则。

2. 停止形态

索取或者非法收受财物后再退回的，属于犯罪既遂后的事后行为，不影响犯罪既遂的成立，只能作为量刑情节予以考虑。

3. 罪数

根据《最高人民法院、最高人民检察院关于办理药品、医疗器械注册申请材料造假刑事案件适用法律若干问题的解释》第1条的规定，药物非临床研究机构、药物临床试验机构、合同研究组织的工作人员，故意提供虚假的药物非临床研究报告、药物临床试验报告及相关材料，索取或者非法收受他人财物的，应当依照《刑法》第229条第2款规定，以提供虚假证明文件罪处5年以上10年以下有期徒刑，并处罚金；同时构成提供虚假证明文件罪和受贿罪、非国家工作人员受贿罪的，依照处罚较重的规定定罪处罚。

4. 区分贿赂与馈赠的界限

根据《最高人民法院、最高人民检察院关于办理商业贿赂刑事案件适用

---

① 参见张明楷：《刑法学》（第五版），法律出版社2016年版，第1205页。

法律若干问题的意见》第 10 条的规定，主要应当结合以下因素全面分析、综合判断：(1) 发生财物往来的背景，如双方是否存在亲友关系及历史上交往的情形和程度；(2) 往来财物的价值；(3) 财物往来的缘由、时机和方式，提供财物方对于接受方有无职务上的请托；(4) 接受方是否利用职务上的便利为提供方谋取利益。

5. 区分违法收受回扣、手续费与正当业务行为的界限

根据《中华人民共和国反不正当竞争法》第 7 条的规定，经营者不得采用财物或者其他手段贿赂交易相对方的工作人员、受交易相对方委托办理相关事务的单位或者个人，以及利用职权或者影响力影响交易的单位或者个人，以谋取交易机会或者竞争优势。经营者在交易活动中，可以以明示方式向交易相对方支付折扣，或者向中间人支付佣金。经营者向交易相对方支付折扣、向中间人支付佣金的，应当如实入账。接受折扣、佣金的经营者也应当如实入账。

因此，在交易活动中，如果经营者以明示方式向交易相对方支付折扣或者向中间人支付佣金，交易相对方接受折扣、中间人接受佣金，并如实入账，则属于正常业务行为；如果违反上述《中华人民共和国反不正当竞争法》等国家规定，收受各种名义的回扣、手续费，归个人所有，则属于违法收受回扣、手续费，构成本罪。

6. 本罪与受贿罪

国有公司、企业或者其他国有单位中从事公务的人员以及国有公司、企业或者其他国有单位委派到非国有公司、企业或者其他非国有单位从事公务的人员利用职务上的便利受贿的，应当依照受贿罪追究刑事责任。

《最高人民法院、最高人民检察院关于办理商业贿赂刑事案件适用法律若干问题的意见》第 4 条规定，医疗机构中的国家工作人员，在药品、医疗器械、医用卫生材料等医药产品采购活动中，利用职务上的便利，索取销售方财物，或者非法收受销售方财物，为销售方谋取利益，构成犯罪的，依照《刑法》第 385 条的规定，以受贿罪定罪处罚。医疗机构中的非国家工作人员，有前款行为，数额较大的，依照《刑法》第 163 条的规定，以非国家工作人员受贿罪定罪处罚。医疗机构中的医务人员，利用开处方的职务便利，

以各种名义非法收受药品、医疗器械、医用卫生材料等医药产品销售方财物，为医药产品销售方谋取利益，数额较大的，依照《刑法》第163条的规定，以非国家工作人员受贿罪定罪处罚。

第5条规定，学校及其他教育机构中的国家工作人员，在教材、教具、校服或者其他物品的采购等活动中，利用职务上的便利，索取销售方财物，或者非法收受销售方财物，为销售方谋取利益，构成犯罪的，依照《刑法》第385条的规定，以受贿罪定罪处罚。学校及其他教育机构中的非国家工作人员，有前款行为，数额较大的，依照《刑法》第163条的规定，以非国家工作人员受贿罪定罪处罚。学校及其他教育机构中的教师，利用教学活动的职务便利，以各种名义非法收受教材、教具、校服或者其他物品销售方财物，为教材、教具、校服或者其他物品销售方谋取利益，数额较大的，依照《刑法》第163条的规定，以非国家工作人员受贿罪定罪处罚。

第6条规定，依法组建的评标委员会、竞争性谈判采购中谈判小组、询价采购中询价小组的组成人员，在招标、政府采购等事项的评标或者采购活动中，索取他人财物或者非法收受他人财物，为他人谋取利益，数额较大的，依照《刑法》第163条的规定，以非国家工作人员受贿罪定罪处罚。依法组建的评标委员会、竞争性谈判采购中谈判小组、询价采购中询价小组中国家机关或者其他国有单位的代表有前款行为的，依照《刑法》第385条的规定，以受贿罪定罪处罚。

（四）量刑标准

根据《刑法》第163条第1款的规定，犯本罪的，处3年以下有期徒刑或者拘役，并处罚金；数额巨大或者有其他严重情节的，处3年以上10年以下有期徒刑，并处罚金；数额特别巨大或者有其他特别严重情节的，处10年以上有期徒刑或者无期徒刑，并处罚金。

根据《最高人民法院、最高人民检察院关于办理贪污贿赂刑事案件适用法律若干问题的解释》第11条第1款的规定，本罪中的"数额较大""数额巨大"的数额起点，按照本解释关于受贿罪、贪污罪相对应的数额标准规定的2倍、5倍执行，即数额起点分别是6万元以上、100万元以上。

（五）解释索引

（1）《最高人民法院、最高人民检察院关于办理药品、医疗器械注册申请材料造假刑事案件适用法律若干问题的解释》（2017年8月14日）；

（2）《最高人民法院、最高人民检察院关于办理贪污贿赂刑事案件适用法律若干问题的解释》（2016年4月18日）；

（3）《最高人民法院、最高人民检察院关于办理商业贿赂刑事案件适用法律若干问题的意见》（2008年11月20日）。

（六）案例举要

◆ **周根强、朱江华非国家工作人员受贿案**[①]

上海市黄浦区人民检察院以被告人周根强、朱江华犯滥用职权罪、受贿罪，向上海市黄浦区人民法院提起公诉。

黄浦区人民法院经审理查明：上海南外滩集团房产前期开发有限公司（以下简称"前期公司"）系国有公司。2007年8月至2008年1月间，前期公司受上海市市政工程管理处委托，负责上海市西藏路道路改建工程2期一标段所涉周边房屋拆迁工作。周根强、朱江华分别受前期公司委托，担任该标段动迁项目总经理和经理。其间，周根强、朱江华二人在明知西藏南路265弄1号底层后客堂、西藏南路265弄1号底层中客堂、西藏南路277弄9号底层灶间及桃源路65号底层前客堂均处于空户状态，动迁安置补偿款应归上海南外滩房产（集团）有限公司所有的情况下，接受上海北门物业管理公司总经理陈明德、办公室负责人丁开虹（均已另案处理）的请托，共同利用审批审核动迁安置费用等职务便利，按照陈明德、丁开虹提供的涉案房屋虚假用户材料，违规审批内容虚假的拆迁安置签报、居民动迁安置用款申请表等相关材料，使陈明德、丁开虹等人冒领涉案房屋的拆迁补偿款得以成功，导致国家财产共计1384130元遭受损失。

周根强、朱江华利用上述职务便利，在违规审批之前分别收受陈明德、

[①] （2016）沪02刑终711号。《刑事审判参考》第1207号案例。

丁开虹给予的"好处费"各 10000 元。事成之后,陈明德、丁开虹又将 198000 元按周根强要求,转入朱江华个人账户,其中 28000 元被朱江华花用。

黄浦区人民法院认为,周根强、朱江华系受国家机关委托从事公务的人员,在履行国家机关职权的过程中,滥用职权致使公共财产遭受重大损失,其行为构成滥用职权罪;被告人周根强、朱江华在行使上述职权过程中,利用职务上的便利,非法收受他人财物,为他人谋取利益,数额巨大,其行为构成受贿罪;周根强、朱江华均在判决宣告前一人犯数罪,应当数罪并罚。鉴于周根强、朱江华能如实供述且退赔了全部赃款,可以依法分别从轻和酌情从宽处罚。据此,依照《刑法》第 397 条、第 385 条第 1 款、第 386 条、第 383 条第 1 款第 2 项、第 69 条、第 25 条第 1 款、第 67 条第 3 款、第 64 条及《最高人民法院、最高人民检察院关于办理贪污贿赂刑事案件适用法律若干问题的解释》第 2 条之规定,以滥用职权罪判处被告人周根强有期徒刑 1 年 6 个月,以受贿罪判处周根强有期徒刑 3 年,并处罚金 20 万元,决定执行有期徒刑 3 年 6 个月,并处罚金 20 万元;以滥用职权罪判处被告人朱江华有期徒刑 1 年 3 个月,以受贿罪判处朱江华有期徒刑 3 年,并处罚金 22 万元,决定执行有期徒刑 3 年 3 个月,并处罚金 22 万元;违法所得予以追缴。

一审判决后,被告人周根强、朱江华均不服,向上海市第二中级人民法院提出上诉。

周根强上诉提出,他不具有国家工作人员身份,收受他人钱款的行为构成非国家工作人员受贿罪,且不构成滥用职权罪。周根强的辩护人进一步提出,周根强未接受国家机关委托,也未从事公务,故其不具有滥用职权罪的主体资格,周根强所在的上海更强房产服务有限公司(以下简称"更强公司")与前期公司存在劳务委托关系,退一步说,周根强即使构成滥用职权罪也超过了追诉时效;周根强也不具有受贿罪的主体资格,未分得钱款,且具有自首情节,请求二审法院依法判决,并对其适用缓刑。

朱江华上诉提出,他按照正常程序办理,不符合滥用职权罪的主体身份,也未参与受贿。朱江华的辩护人进一步提出,朱江华为更强公司打工,原审认定的受贿 19.8 万元,系更强公司支付朱江华的劳务费,请求二审法院改判朱江华无罪。

上海市人民检察院第二分院认为，原审法院判决认定上诉人周根强、朱江华犯滥用职权罪、受贿罪正确。周根强不符合自首的条件。至于滥用职权罪是否已过追诉时效，应依法裁判。

上海市第二中级人民法院经审理确认了原判认定的事实，并进一步查明：2007年8月至2008年1月间，国有公司前期公司受上海市市政工程管理处委托，负责本市西藏路道路改建工程2期一标段所涉周边房屋拆迁工作。前期公司与周根强、朱江华所在的更强公司签订《委托实施拆迁劳务协议》《委托动拆迁劳务费结算协议》，委托更强公司以前期公司动迁二部的名义实施西藏路道路拆迁的具体工作，并支付劳务费用。后周根强、朱江华受前期公司负责人口头任命，分别以前期公司动迁二部总经理、经理的名义，具体负责动拆迁工作。黄浦区动迁指挥部将动迁款分成安置费和劳务费两部分下拨到前期公司，被动迁户的安置费根据周根强、朱江华提供的清册，二人在安置审批表上签字，由前期公司审核后直接支付到具体动迁户的专用存折里。其间，周根强、朱江华明知涉案房屋系空户状态，仍受他人请托，违规审批他人提供的虚假材料，使拆迁补偿款被冒领，致使公共财产遭受138万余元的损失。周根强、朱江华以此共同收受他人给予的"好处费"共计21.8万元。

上海市第二中级人民法院认为，周根强、朱江华作为公司、企业的工作人员，利用职务上的便利，非法收受他人财物，为他人谋取利益，数额较大，其行为均已构成非国家工作人员受贿罪。国有公司前期公司与非国有公司更强公司之间的委托关系仅存续于拆迁项目的运作中，周根强、朱江华属于受合同委托在特定时间段内从事特定事务，此后即无相关权限，周、朱二人仍系更强公司的工作人员，而非前期公司的工作人员，故二人不符合受贿罪的主体要件；周根强、朱江华工作职能的依据系前期公司与更强公司之间的委托协议及前期公司管理人员的口头委托，并非依法或受国家机关委托进行工作，故二人亦不符合滥用职权罪的主体要件。据此，依照《刑事诉讼法》第225条第1款第2项，《刑法》第163条第1款、第25条第1款、第67条第3款、第64条之规定，以非国家工作人员受贿罪，分别改判周根强、朱江华有期徒刑1年6个月。

十六、对非国家工作人员行贿罪

(一) 刑法条文

第一百六十四条第一款 为谋取不正当利益,给予公司、企业或者其他单位的工作人员以财物,数额较大的,处三年以下有期徒刑或者拘役,并处罚金;数额巨大的,处三年以上十年以下有期徒刑,并处罚金。

第一百六十四条第三款 单位犯前两款罪的,对单位判处罚金,并对其直接负责的主管人员和其他直接责任人员,依照第一款的规定处罚。

第一百六十四条第四款 行贿人在被追诉前主动交待行贿行为的,可以减轻处罚或者免除处罚。

(二) 犯罪构成

1. 法益

本罪侵害的法益是非国家工作人员的职务廉洁性和单位的正常管理秩序。另有学者认为本罪的客体是公司、企业或者其他单位的工作人员和财物。[①] 本书认为,这是将客体与行为对象相混淆,非国家工作人员应是本罪的行为对象。

2. 客观行为

本罪在客观方面表现为行为人给予公司、企业或者其他单位的工作人员以财物,数额较大的行为。所谓"给予",包括行为人主动送予财物和非国家工作人员明示或者暗示后送予财物的情形,并且均须达到数额较大的标准。

3. 行为主体

自然人和单位均可以构成本罪。《中华人民共和国刑法修正案(六)》(以下简称《刑法修正案(六)》)将本罪的行为主体从"公司、企业的工作人员"扩大到"公司、企业或者其他单位的工作人员"。

---

① 参见陈兴良:《规范刑法学》(第四版),中国人民大学出版社 2017 年版,第 610 页。

4. 主观罪过

本罪的主观罪过表现为故意，并且需要具有谋取不正当利益的目的，至于目的最终是否实现，在所不问，不影响本罪成立。

根据《最高人民法院、最高人民检察院关于办理商业贿赂刑事案件适用法律若干问题的意见》第 9 条的规定，在行贿犯罪中，"谋取不正当利益"，是指行贿人谋取违反法律、法规、规章或者政策规定的利益，或者要求对方违反法律、法规、规章、政策、行业规范的规定提供帮助或者方便条件。在招标投标、政府采购等商业活动中，违背公平原则，给予相关人员财物以谋取竞争优势的，属于"谋取不正当利益"。

（三）司法认定

1. 共同犯罪

刑法理论界通常认为行贿与受贿是对向性共同犯罪，属于必要共同犯罪。尽管两者在绝大多数情况下是存在对合关系的，但在客观行为和主观罪过方面均存在着本质差别，罪名相互独立，完全存在着受贿者构成犯罪而行贿者不构成犯罪的情形。

2. 停止形态

不能仅因未实际谋取到不正当利益而成立犯罪未遂。谋取不正当利益是犯罪目的，无论该犯罪目的最终是否实现，均不影响本罪的认定。

3. 罪数

参照《刑法》第 389 条第 3 款的规定，因被勒索给予公司、企业或者其他单位的工作人员以财物，没有获得不正当利益的，不是行贿，不构成对非国家工作人员行贿罪。

（四）量刑标准

根据《刑法》第 164 条的规定，犯本罪的，处 3 年以下有期徒刑或者拘役，并处罚金；数额巨大的，处 3 年以上 10 年以下有期徒刑，并处罚金。单位犯本罪的，对单位判处罚金，并对其直接负责的主管人员和其他直接责任人员，依照上述规定处罚。行贿人在被追诉前主动交待行贿行为的，可以减轻处罚或者免除处罚。刑法通说认为，这是对非国家工作人员行贿罪的自首特别规定，适用本条款自首的特别规定，将不再适用《刑法》总则有关自首的一般规定。由于行为人如实交代本人的行贿行为，必然牵涉揭发出受贿人，并且，在违法性质和程度上，刑事立法对非国家工作人员的要求低于国家工作人员，因此，本条款的自首规定与《刑法》总则、行贿罪的自首规定稍有不同。

根据《最高人民法院、最高人民检察院关于办理贪污贿赂刑事案件适用法律若干问题的解释》第11条第3款的规定，本罪的"数额较大""数额巨大"的数额起点，按照本解释第7条、第8条第1款关于行贿罪的数额标准规定的2倍执行。换言之，行贿6万元以上或者具有特定情节、行贿2万元以上，成立对非国家工作人员行贿"数额较大"；行贿200万元以上或者具有特定情节、行贿100万元以上，成立对非国家工作人员行贿"数额巨大"。但上述标准不适用于单位对非国家工作人员行贿的情形。

根据《最高人民检察院、公安部关于公安机关管辖的刑事案件立案追诉标准的规定（二）》第11条的规定，单位对非国家工作人员行贿的数额在20万元以上的，应予立案追诉。

（五）解释索引

（1）《最高人民法院、最高人民检察院关于办理贪污贿赂刑事案件适用法律若干问题的解释》（2016年4月18日）；

（2）《最高人民检察院、公安部关于公安机关管辖的刑事案件立案追诉标准的规定（二）》（2010年5月7日）；

（3）《最高人民法院、最高人民检察院关于办理商业贿赂刑事案件适用法律若干问题的意见》（2008年11月20日）。

（六）案例举要

 张建军、刘祥伟对非国家工作人员行贿案①

【基本案情】

安徽省濉溪县人民检察院以被告人张建军犯对非国家工作人员行贿罪、串通投标罪、诈骗罪、破坏监管秩序罪，以被告人刘祥伟犯对非国家工作人员行贿罪、串通投标罪、诈骗罪，向濉溪县人民法院提起公诉。

被告人张建军及其辩护人对公诉机关指控张建军串通投标的事实不持异议，但辩称不构成串通投标罪；张建军的辩护人另提出张建军的行为不符合对非国家工作人员行贿、诈骗罪和破坏监管秩序罪的构成要件，应对其宣告无罪。被告人刘祥伟对指控事实及罪名均无异议。

濉溪县人民法院经公开审理查明：2009 年 11 月 19 日至 30 日，经濉溪县人民政府批准，濉溪县国土资源局挂牌出让濉国土挂（2009）023 号地块国有建设用地使用权。安徽通和煤炭检测有限公司法定代表人杨坤（另案处理，已判刑）借用淮北圣火房地产开发有限责任公司名义申请参加该宗土地使用权挂牌出让竞买活动，山东日照利华房地产开发有限公司（以下简称"日照利华公司"）、淮北春盛公司（以下简称"春盛公司"）、淮北国利房地产开发有限公司（以下简称"国利公司"）、淮北金沙纺织服装有限公司（以下简称"金沙公司"）均报名获得竞买资格。同年 11 月 29 日，杨坤与无业人员被告人张建军商议，以承诺给付补偿金的方式，让其他竞买人放弃竞买。当日，张建军在淮北市"爵士岛"茶楼先后与其他竞买人商谈，春盛公司副经理马大中同意接受 200 万元退出；金沙公司法人代表邵春海、国利公司皇孝利（其妻系该公司法人代表）均同意接受 250 万元退出。日照利华公司提出接受 500 万元退出，杨坤向张建军表示最多给付 450 万元让日照利华公司退出。张建军即通过被告人刘祥伟与日照利华公司商谈，日照利华公司同意接受 300 万元退出竞买。此后，张建军仍告知杨坤日照利华公司同意 450 万元退出。

---

① （2013）濉刑初字第 00117 号、（2013）淮刑终字第 00152 号。《刑事审判参考》第 1136 号案例。

次日，在濉溪县国土局023号地块竞买现场，按照杨坤的安排，日照利华公司、春盛公司均未举牌竞价，金沙公司邵志潮以8100万元的价格举牌竞价一次，杨坤以8200万元举牌竞价一次，杨坤的朋友张峰持国利公司皇孝利的号牌以8300万元举牌竞价一次，杨坤与皇孝利又分别加价100万元各举牌一次，最终杨坤以8600万元（保留底价8500万元）竞买成功。后张建军、刘祥伟伙同杨坤共付给参与竞买的其他公司相关人员贿赂840万元。其间，张建军、刘祥伟采取多报支出等方式，侵吞违法所得共计355万元。案发后，刘祥伟向公安机关退缴违法所得130万元。

另查明：被告人张建军于2010年1月8日因本案被羁押于濉溪县看守所期间，多次实施或指使他人殴打同监室在押人员，组织同监室人员绝食，并于开庭前指使他人自杀、袭警，然后由其实施抢救、制止，以骗取立功，严重破坏监管秩序。

濉溪县人民法院认为，被告人张建军、刘祥伟伙同他人在国有建设用地使用权挂牌出让过程中，贿买参与竞买的其他公司的负责人放弃竞买，共计行贿840万元，数额巨大，其行为均已构成对非国家工作人员行贿罪。张建军、刘祥伟采取行贿方式串通竞买，使杨坤以低价获得国有建设用地使用权，该行为不符合串通投标罪的犯罪构成要件；指控张建军构成诈骗罪的证据不足；张建军虽有破坏监管秩序的行为，但其不属于依法被关押的罪犯，故不构成破坏监管秩序罪。在共同行贿犯罪中，张建军参与预谋并积极实施，起主要作用，系主犯，应按照其参与的全部犯罪处罚；刘祥伟帮助联络、磋商，起次要作用，系从犯，且已退缴赃款，有悔罪表现，可从轻处罚。根据刘祥伟的犯罪情节及悔罪表现，没有再犯罪的危险，宣告缓刑对所居住社区没有重大不良影响，予以宣告缓刑。依照《刑法》第164条第1款、第25条第1款、第26条第1款和第4款、第27条第1款和第2款、第64条、第72条第1款之规定，判决如下：（1）被告人张建军犯对非国家工作人员行贿罪，判处有期徒刑6年，并处罚金600万元；（2）被告人刘祥伟犯对非国家工作人员行贿罪，判处有期徒刑3年，缓刑4年，并处罚金50万元。

宣判后，被告人张建军以一审判决对其量刑过重为由，向淮北市中级人民法院提出上诉。其辩护人提出：本案属于单位犯罪，张建军在被追诉前主动交代了行贿行为，请求法院对其自由刑从轻处罚，对财产刑减轻处罚。

淮北市中级人民法院经依法审理，认为原判定罪准确，量刑适当，裁定驳回上诉，维持原判。

【主要问题】

在国有建设用地使用权挂牌出让过程中，通过贿赂指使参与竞买的其他人放弃竞买、串通报价，最终使请托人竞买成功的，应如何定性？

【法理分析】

第一，本案审理过程中，对被告人张建军、刘祥伟通过贿赂指使参与竞买的其他人放弃竞买、串通报价，使请托人杨坤竞买成功的行为如何定性，存在不同意见：

第一种意见认为，二被告人的共同犯罪部分，仅构成串通投标罪一罪。理由是，挂牌出让系国土资源部（现为自然资源部）《招标拍卖挂牌出让国有建设用地使用权规定》规定的国有建设用地出让的重要形式。虽然挂牌和招标在设置目的、运作形式等方面有很多不同点，在目前尚未出台相关法律对该制度予以规制的情况下，挂牌制度的操作也是参照招标进行的。本案中，被告人张建军、刘祥伟在国有建设用地使用权挂牌出让过程中，通过贿买参与竞买的其他公司的负责人的方法，指使其他公司负责人串通报价，放弃竞拍，使杨坤以低价获得国有建设用地使用权，其行为均构成串通投标罪。二被告人受杨坤指使向其他竞买人行贿，该行为属于前行为，是串通投标整体行为中的一部分，不应单独定罪。因此，二被告人的行为不构成对非国家工作人员行贿罪。

第二种意见认为，被告人张建军、刘祥伟受杨坤之托，在国有建设用地使用权挂牌出让过程中，向参与竞买的其他公司的负责人行贿，数额特别巨大，指使其串通报价，放弃竞拍，使杨坤以低价获得国有建设用地使用权，其行为同时构成对非国家工作人员行贿罪和串通投标罪。

第三种意见认为，对二被告人的共同犯罪部分应以对非国家工作人员行贿罪一罪定罪。从刑法规定来看，尚没有对挂牌竞买人相互串通，情节严重，追究刑事责任的规定，也无相关司法解释。挂牌制度脱胎于拍卖制度，但又不同于拍卖制度，该制度有一个挂牌报价、更新报价的前置程序，而且不必然进入公开竞买程序（该程序类似于拍卖程序）。目前，挂牌出让仅发生于建设用地流通领域，在适用范围、操作程序、出让人否决权等方面与招投标程序有显著的区别。因此，挂牌竞买与招投标无论是在字面上还是实质程序上均存在差别，不能等同。

第二，法律没有明文规定为犯罪的，不能类推定罪。《刑法》第223条规定："投标人相互串通投标报价，损害招标人或者其他投标人利益，情节严重的，处三年以下有期徒刑或者拘役，并处或者单处罚金。投标人与招标人串通投标，损害国家、集体、公民的合法利益的，依照前款的规定处罚。"从文义解释的角度，挂牌竞买显然不能等同于招投标。

有一种观点认为，可以忽略二者文义上的差别，从实质危害性相当的角度对串通投标罪中的招投标进行合目的的扩张解释。具体言之，该观点认为挂牌出让是在总结国有建设用地使用权拍卖和招投标实践基础上的创新，具备招投标的主要特点，同时融入了拍卖制度的某些有益成分；从危害性来看，串通竞买与串通投标均是采取串通方式消除或减少公平竞争，损害出让人或招标人利益，由串通者分享，故将挂牌出让过程中的串通竞买行为解释为串通投标，符合立法本意。

对此，本书持否定意见。《刑法》第223条的规定显然将串通投标罪限定在招投标领域。罪刑法定原则是刑法的基本原则，刑法的扩张解释的适用在部分条款中虽不可避免，但应该遵循基本的文义解释规则。换言之，对法律概念进行扩张解释不能远远超出概念的核心含义，解释结论要在一般公民的预测可能性范围之内。否则，抛开概念的基本语义，完全从处罚必要性的角度进行扩张解释，容易滑向类推适用的境地。挂牌出让固然与招投标有相似之处，但二者无论是在概念文义，还是适用范围、操作程序、出让人否决权等方面都存在显著差异，二者的差异性远大于相似性。尽管从实质上看，挂牌出让中的串通竞买行为也具有社会危害性，但在刑法明确将串通投标罪的行为主体界定为投标人、招标人的情况下，客观上已不存在将挂牌出让解释为招投标从而予以定罪的空间。

第三，数个关联行为存在牵连关系，但只有其中某一行为构成犯罪的，可以该行为触犯的罪名对被告人定罪处罚。本案中，二被告人实施了一系列的关联行为,其中包括:接受杨坤的请托向其他竞买人行贿;指使其他竞买人放弃竞买或串通报价;直接占有请托人给付的部分行贿款项等。二被告人实施的上述系列行为,存在手段行为与目的行为间的牵连关系。二被告人指使其他竞买人放弃竞买或串通报价是目的行为,向其他竞买人行贿是手段行为,但鉴于目的行为不构成犯罪,而实施的行贿行为显然触犯了刑法的规定,已构成对非国家工作人员行贿罪,依法予以认定是正确的。

关于本案中诈骗罪的指控。杨坤作为串通竞买的主谋和主要受益者,系本案对非国家工作人员行贿罪的共犯,根据审理查明的事实,被告人张建军受杨坤之托与竞买人交涉,协商支付款项等事宜,在这一过程中向杨坤虚报了部分支出,但总体尚在杨坤授权的事项范围内,且杨坤对张建军可能从中非法占有部分款项持听之任之的默认态度。张建军所实施的行为确有一定背信性质,但认定其故意捏造事实、隐瞒真相以达到非法占有目的的证据并非特别充足。故一、二审法院对公诉机关的指控未予支持。

关于被告人张建军在看守所羁押期间破坏监管秩序的行为,本书认为不构成破坏监管秩序罪,主要理由是:张建军不符合该罪的主体要件。《刑法》第 315 条明确规定破坏监管秩序罪的行为主体为罪犯;第 316 条脱逃罪的行为主体则规定为罪犯、被告人、犯罪嫌疑人。两相对比,显然可以得出罪犯即被生效法律文书确定为构成犯罪的人,而不包括犯罪嫌疑人、被告人。张建军在被羁押的看守所实施不服管教、绝食、指使他人自杀、袭警等行为时,尚未被确定为罪犯,属于未决犯,不属于依法被关押的罪犯。因此,张建军不符合破坏监管秩序罪的主体要件。

需要指出的是,本案的审理也反映出几个值得重视的法律完善问题:一是国有建设用地使用权挂牌出让、拍卖活动中串通竞买的行为与招投标过程中串通投标行为,均是采取串通方式消除或者减少公平竞争,从而损害出让人、拍卖人、招标人利益,破坏市场公平竞争秩序的行为,两者侵害的法益及社会危害性相当,但刑法仅对串通投标行为进行规制,对出让和拍卖活动中的串通竞买行为亟待完善相关法律规定。二是刑法所规定的对单位行贿罪中的"单位"仅限于国有单位,在当前经济往来中,作为市场主体的非国有单位既可能是商业行贿的主体,也完全可能成为商业受贿的主体,但类似本案,目前只能以对非国家工作人员行贿罪定罪处罚,回避了实践中存在的非国有单位受贿行为的法律评价。三是刑法将破坏监管秩序罪的主体限定为罪犯,但是,在看守所羁押的未决犯,完全可能实施类似本案被告人张建军破坏监管秩序的行为。且实践中,一些犯罪嫌疑人、被告人,特别是拟判处并复核死刑的被告人长期羁押,实施破坏看守所监管秩序的行为,具有相当严重的社会危害性,但刑事定罪依据不足,立法上确需引起重视并予以完善。

十七、对外国公职人员、国际公共组织官员行贿罪

(一)刑法条文

第一百六十四条第二款 为谋取不正当商业利益,给予外国公职人员或者国际公共组织官员以财物的,依照前款的规定处罚。

第一百六十四条第三款 单位犯前两款罪的,对单位判处罚金,并对其直接负责的主管人员和其他直接责任人员,依照第一款的规定处罚。

第一百六十四条第四款 行贿人在被追诉前主动交待行贿行为的,可以减轻处罚或者免除处罚。

(二)犯罪构成

1. 法益

有学者认为,本罪的法益是外国公职人员、国际公共组织官员和财物。[1] 本书认为,这是将客体与行为对象相混淆,外国公职人员、国际公共组织官员和财物应是本罪的行为对象。

根据《联合国反腐败公约》第2条第1款第2项的规定,所谓"外国公职人员",是指外国无论是经任命还是经选举而担任立法、行政、行政管理或者司法职务的任何人员,以及为外国,包括为公共机构或者公营企业行使公共职能的任何人员。有学者指出,外国不仅仅只局限于国家,既包括从国家到地方的各级政府及其职能部门,还包括自治领土或者独立关税地区等任何

---

[1] 参见陈兴良:《规范刑法学》(第四版),中国人民大学出版社2017年版,第612页。

有组织的外国地区或者实体。① 根据前述条款第 3 项的规定，所谓"国际公共组织官员"，是指国际公务员或者经此种组织授权代表该组织行事的任何人员。

综上所述，对于外国公职人员和国际公共组织官员，长期还是临时、计酬与否、资历如何、国籍等诸多要素，均在所不问，不影响对其身份的认定。

2. 客观行为

本罪在客观方面表现为行为人给予外国公职人员或者国际公共组织官员以财物的行为。

3. 行为主体

自然人和单位均可以构成本罪。

4. 主观罪过

本罪的主观罪过表现为故意，并且需要具有谋取不正当商业利益的目的，至于目的最终是否实现在所不问，不影响本罪成立。所谓"商业利益"，是指与国际商务有关的经济利益与商业机会。②

（三）司法认定

1. 共同犯罪

行贿与受贿属于对向性必要的共同犯罪，但由于本罪具有特殊性，受贿者可能不属于我国刑法管辖的范围，因此完全存在行贿者构成犯罪而受贿者不构成犯罪的情形。

2. 停止形态

不能仅因未实际谋取到不正当商业利益而成立犯罪未遂。谋取不正当商业利益是犯罪目的，无论该犯罪目的最终是否实现，均不影响本罪的认定。

（四）量刑标准

根据《最高人民检察院、公安部关于公安机关管辖的刑事案件立案追诉

---

① 参见赵秉志、王志祥、郭理蓉编：《〈联合国反腐败公约〉暨相关重要文献资料》，中国人民公安大学出版社 2004 年版，第 345 页。

② 参见张明楷：《刑法学》（第五版），法律出版社 2016 年版，第 762 页。

标准的规定（二）的补充规定》第 1 条的规定，为谋取不正当商业利益，给予外国公职人员或者国际公共组织官员以财物，个人行贿数额在 1 万元以上的，单位行贿数额在 20 万元以上的，应予立案追诉。

根据《刑法》第 164 条的规定，犯本罪的，处 3 年以下有期徒刑或者拘役，并处罚金；数额巨大的，处 3 年以上 10 年以下有期徒刑，并处罚金。单位犯本罪的，对单位判处罚金，并对其直接负责的主管人员和其他直接责任人员，依照上述规定处罚。行贿人在被追诉前主动交待行贿行为的，可以减轻处罚或者免除处罚。

（五）解释索引

《最高人民检察院、公安部关于公安机关管辖的刑事案件立案追诉标准的规定（二）的补充规定》（2011 年 11 月 14 日）。

第二章

滥用职权犯罪

一、滥用职权罪

（一）刑法条文

1.《中华人民共和国刑法》

第三百九十七条　国家机关工作人员滥用职权……致使公共财产、国家和人民利益遭受重大损失的，处三年以下有期徒刑或者拘役；情节特别严重的，处三年以上七年以下有期徒刑。本法另有规定的，依照规定。

国家机关工作人员徇私舞弊，犯前款罪的，处五年以下有期徒刑或者拘役；情节特别严重的，处五年以上十年以下有期徒刑。本法另有规定的，依照规定。

2.《全国人民代表大会常务委员会关于惩治骗购外汇、逃汇和非法买卖外汇犯罪的决定》

第六条　海关、外汇管理部门的工作人员严重不负责任，造成大量外汇被骗购或者逃汇，致使国家利益遭受重大损失的，依照刑法第三百九十七条的规定定罪处罚。

（二）犯罪构成

1. 法益

针对本罪侵害的法益，有观点认为，滥用职权罪在侵害国家机关的正常管理活动之外，还同时侵害公民的权利或市场经济秩序。① 另外，也有学者认为本罪的法益是国家机关公务的合法、公正、有效执行，以及国民对此的信赖。② 也有论者将本罪的法益表述为国家公务的正当性。③ 还有学者认为本罪的法益具有双重性：一方面是国家法益，即职务行为的正当性和社会对国家行政、司法权力行使公正性的信赖感；另一方面是个人法益，即公民个人的人身或财产权利。④ 而目前的通说认为，本罪侵害的法益应当是国家机关的正常管理活动。⑤ 本书认为，对国家机关工作人员滥用职权的处罚，不能以国民信赖受到伤害为限，国民的信赖感只能是该行为所造成的社会危害性之一，由于在滥用职权行为中很多情况下其实是不为公众所知晓的，国民信赖若被列入本罪的法益之一，容易导致处罚范围的不当限缩。因此，国家机关管理活动的正常进行才是本罪真正侵害的法益。

2. 客观行为

本罪在客观方面表现为滥用职权，即不法行使职务权限的行为。⑥ 且该种行为滥用的是行为人的一般职务权限，若其行为与其一般职务权限无关则不属于滥用职权。⑦

对于滥用职权行为的具体表现有多种解读。有学者认为本罪可以分为违反法律规定的权限行使职权和违反法律规定的程序行使职权两种；⑧ 也有部分学者认为本罪的表现形式有两种，一种是超越职权，违法决定、处理其无权决定、处理的事项，另一种是违反规定处理公务，即玩弄职权的行为；⑨ 还有学者认为除了超越职权和玩弄职权之外，表现形式还应包括故意不履行应当

---

① 参见高西江主编：《中华人民共和国刑法的修订与适用》，中国方正出版社1997年版，第875页。
② 参见张明楷：《刑法学》（第五版），法律出版社2016年版，第1247页。
③ 参见王作富主编：《刑法分则实务研究》（第四版），中国方正出版社2010年版，第1868页。
④ 参见周光权：《刑法各论》（第三版），中国人民大学出版社2016年版，第496页。
⑤ 参见高铭暄、马克昌主编：《刑法学》（第八版），北京大学出版社、高等教育出版社2017年版，第649页。
⑥ 参见〔日〕山口厚：《刑法各论》（第2版），有斐阁2010年版，第607页。
⑦ 参见张明楷：《刑法学》（第五版），法律出版社2016年版，第1245页。
⑧ 参见陈兴良：《规范刑法学》（第四版），中国人民大学出版社2017年版，第1227—1228页。
⑨ 参见高铭暄、马克昌主编：《刑法学》（第八版），北京大学出版社、高等教育出版社2017年版，第649页。

履行的职责或任意放弃职责和以权谋私、假公济私，不正确地履行职责两种。①

首先，根据刑法文本的文义理解，滥用职权的行为应当包括作为与不作为两种，故意不履行应当履行的职责也应当属于滥用职权的表现形式之一。其次，表现形式属于客观层面的判断且对其进行区分主要是为了司法实践的需要，因此以是否超越职权为限进行区分将会更为妥当。据此，可以将其分为三种表现形式：一是超越职权的行为，超越职权行为本身又可以分为三种情况，即横向越权、纵向越权和内部越权；②二是未超越职权但未正确行使职权的行为，这里的未正确行使可以是违反了某种实体上的规定也可以是未依据正确的程序履行职责；三是故意不履行应当履行的职责的行为。

3. 行为主体

本罪的实行主体只能是国家机关工作人员，属于特殊主体，但一般主体可以构成帮助犯等从犯。

"国家机关工作人员"，是指国家机关中从事公务的人员，不包括在国家机关中从事劳务的人员。③国有公司、企业、事业单位、人民团体中从事公务的人员和国家机关、国有公司、企业、事业单位委派到非国有公司、企业、事业单位、社会团体从事公务的人员，以及其他依照法律从事公务的人员，只能称国家工作人员，不属于国家机关工作人员，因此不能成为本罪的实行主体。另外，根据《全国人民代表大会常务委员会关于〈中华人民共和国刑法〉第九章渎职罪主体适用问题的解释》（以下简称《关于〈刑法〉第九章渎职罪主体适用问题的解释》）的规定，在依照法律、法规规定行使国家行政管理职权的组织中从事公务的人员，或者在受国家机关委托代表国家机关行使职权的组织中从事公务的人员，或者虽未列入国家机关人员编制但在国家机

---

① 参见张明楷：《刑法学》（第五版），法律出版社2016年版，第1245页。

② 参见储槐植、杨书文：《滥用职权罪的行为结构》，载《法学杂志》1999年第3期。横向越权，指的是行为人行使了属于其他国家机关的专有职权；纵向越权，指具有上下级隶属关系的同一性质但不同级别国家机关之间的越权；内部越权，即依照有关规定，某类问题应由该单位或机关通过内部民主讨论后形成决策，而行为人不倾听或不采纳别人的意见，独断专行。

③ 参见高铭暄、马克昌主编：《刑法学》（第八版），北京大学出版社、高等教育出版社2017年版，第650页。

关中从事公务的人员，在代表国家机关行使职权时，有渎职行为，构成犯罪的，依照刑法关于渎职罪的规定追究刑事责任。

4. 主观罪过

本罪的主观罪过形式为故意，即行为人明知是滥用职权的行为而实施。可以包括直接故意与间接故意两种。[1]

有学者认为本罪的主观罪过可以是过失，[2]但这种观点存在非常明显的几点问题：一是罪过认定为过失后与玩忽职守罪的界限容易丧失明确性；二是徇私舞弊时的量刑只有认定罪过属于故意才能够符合罪刑相适应原则；[3]三是从语义上将滥用理解为过失将会丧失"滥用"一词本身过度与没有节制使用的含义；四是滥用职权罪刑法条文的规定并未给予过失可罚的落脚点，滥用一词显然不包含过失的心理态度。根据以上几点分析，无论是将过失单独认定为本罪的主观罪过形式还是将过失纳入罪过形式之一都是存在问题的，因此，本罪的罪过形式只能是故意。

（三）司法认定

1. 共同犯罪

《最高人民法院、最高人民检察院关于办理渎职刑事案件适用法律若干问题的解释（一）》第4条第2款、第3款规定，国家机关工作人员与他人共谋，利用其职务行为帮助他人实施其他犯罪行为，同时构成渎职犯罪和共谋实施的其他犯罪共犯的，依照处罚较重的规定定罪处罚。国家机关工作人员与他人共谋，既利用其职务行为帮助他人实施其他犯罪，又以非职务行为与他人共同实施该其他犯罪行为，同时构成渎职犯罪和其他犯罪的共犯的，依照数罪并罚的规定定罪处罚。

---

[1] 参见高铭暄、马克昌主编：《刑法学》（第八版），北京大学出版社、高等教育出版社2017年版，第650页；张明楷：《刑法学》（第五版），法律出版社2016年版，第1246页。

[2] 参见张智辉：《论滥用职权罪的罪过形式》，载赵秉志编：《刑法评论》（第1卷），法律出版社2002年版，第142页。

[3] 参见劳东燕：《滥用职权罪客观要件的教义学解读——兼论故意·过失的混合犯罪类型》，载《法律科学》2019年第4期。

2. 加重情形中"徇私舞弊"的界定

本罪刑法条文第 2 款中的"徇私舞弊",应将"徇私"与"舞弊"理解为并列要件,而非选择性要件。由于行为人只要在内心存在将权力用作谋私的意思,便已然侵犯职务行为公正性的法益,而且从"徇私"概念的通常语义来看,它属于主观内容而非客观事实,因此"徇私"应当理解为主观要素。[①] 而"舞弊"按照通说一般认定为属于犯罪的客观要素。徇私舞弊的情形将会导致整体不法程度和社会危害性的上升,因此在本罪中作为加重情形加以规定。

有关"徇私舞弊"的其他基本理解详见徇私舞弊相关犯罪中之解释。

3. 罪数

国家机关工作人员滥用职权,同时构成其他犯罪的,与滥用职权罪构成想象竞合,从一重罪处罚。[②]

根据本罪刑法条文第 1 款第 2 句的规定("本法另有规定的,依照规定"),本条相对于其他特殊的滥用职权型犯罪,属于一般法条。基于特别法条优于一般法条的原则,在同时触犯本条与其他特别法条的情况下,适用特别法条进行定罪量刑。比如国家机关工作人员实施滥用职权行为的同时,触犯《刑法》分则第九章第 398 条至第 419 条规定的,应当依照该规定定罪处罚,而不再根据滥用职权罪的规定处罚。国家机关工作人员滥用职权,因不具备徇私舞弊等情形,不符合《刑法》分则第九章第 398 条至第 419 条的规定,但依法构成第 397 条规定的犯罪的,以滥用职权罪定罪处罚。[③]

另外,根据《最高人民法院、最高人民检察院关于办理渎职刑事案件适用法律若干问题的解释(一)》第 3 条的规定,国家机关工作人员实施渎职犯罪并收受贿赂,同时构成受贿罪的,除刑法另有规定外,以渎职犯罪和受贿罪数罪并罚。

[①] 参见劳东燕:《滥用职权罪客观要件的教义学解读——兼论故意·过失的混合犯罪类型》,载《法律科学》2019 年第 4 期。
[②] 参见张明楷:《刑法学》(第五版),法律出版社 2016 年版,第 1247 页。
[③] 参见《最高人民法院、最高人民检察院关于办理渎职刑事案件适用法律若干问题的解释(一)》第 2 条。

（四）量刑标准

本罪有"致使公共财产、国家和人民利益遭受重大损失"的结果性要求，根据《最高人民法院、最高人民检察院关于办理渎职刑事案件适用法律若干问题的解释（一）》第1条的规定，具有以下情形之一的，应当认定为"致使公共财产、国家和人民利益遭受重大损失"，并处3年以下有期徒刑或者拘役：（1）造成死亡1人以上，或者重伤3人以上，或者轻伤9人以上，或者重伤2人、轻伤3人以上，或者重伤1人、轻伤6人以上的；（2）造成经济损失30万元以上的；（3）造成恶劣社会影响的；（4）其他致使公共财产、国家和人民利益遭受重大损失的情形。

具有下列情形之一的，应当认定为"情节特别严重"，处3年以上7年以下有期徒刑：（1）造成伤亡达到前款第1项规定人数3倍以上的；（2）造成经济损失150万元以上的；（3）造成前款规定的损失后果，不报、迟报、谎报或者授意、指使、强令他人不报、迟报、谎报事故情况，致使损失后果持续、扩大或者抢救工作延误的；（4）造成特别恶劣社会影响的；（5）其他特别严重的情节。

根据《最高人民法院、最高人民检察院关于办理与盗窃、抢劫、诈骗、抢夺机动车相关刑事案件具体应用法律若干问题的解释》第3条的规定，国家机关工作人员滥用职权，有下列情形之一，致使盗窃、抢劫、诈骗、抢夺的机动车被办理登记手续，数量达到3辆以上或者价值总额达到30万元以上的，以滥用职权罪定罪，处3年以下有期徒刑或者拘役：（1）明知是登记手续不全或者不符合规定的机动车而办理登记手续的；（2）指使他人为明知是登记手续不全或者不符合规定的机动车办理登记手续的；（3）违规或者指使他人违规更改、调换车辆档案的；（4）其他滥用职权的行为。

国家机关工作人员实施上述行为，致使盗窃、抢劫、诈骗、抢夺的机动车被办理登记手续，达到上述规定数量、数额标准5倍以上的，或者明知是盗窃、抢劫、诈骗、抢夺的机动车而办理登记手续的，属于"情节特别严重"，处3年以上7年以下有期徒刑。国家机关工作人员徇私舞弊，实施上述行为，构成犯罪的，依照《刑法》第397条第2款的规定定罪处罚。

（五）解释索引

(1)《最高人民法院、最高人民检察院关于办理药品、医疗器械注册申请材料造假刑事案件适用法律若干问题的解释》（2017年8月14日）；

(2)《最高人民法院、最高人民检察院关于办理扰乱无线电通讯管理秩序等刑事案件适用法律若干问题的解释》（2017年6月27日）；

(3)《最高人民法院、最高人民检察院关于办理危害生产安全刑事案件适用法律若干问题的解释》（2015年12月14日）；

(4)《最高人民法院、最高人民检察院关于办理渎职刑事案件适用法律若干问题的解释（一）》（2012年12月7日）；

(5)《最高人民检察院关于对林业主管部门工作人员在发放林木采伐许可证之外滥用职权玩忽职守致使森林遭受严重破坏的行为适用法律问题的批复》（2007年5月16日）；

(6)《最高人民法院、最高人民检察院关于办理与盗窃、抢劫、诈骗、抢夺机动车相关刑事案件具体应用法律若干问题的解释》（2007年5月9日）；

(7)《最高人民法院、最高人民检察院关于办理盗窃油气、破坏油气设备等刑事案件具体应用法律若干问题的解释》（2007年1月15日）；

(8)《最高人民法院、最高人民检察院关于办理非法制造、买卖、运输、储存毒鼠强等禁用剧毒化学品刑事案件具体应用法律若干问题的解释》（2003年9月4日）；

(9)《最高人民法院、最高人民检察院关于办理妨害预防、控制突发传染病疫情等灾害的刑事案件具体应用法律若干问题的解释》（2003年5月14日）；

(10)《最高人民检察院法律政策研究室关于对海事局工作人员如何适用法律问题的答复》（2003年1月13日）；

(11)《最高人民检察院法律政策研究室关于买卖尚未加盖印章的空白〈边境证〉行为如何适用法律问题的答复》（2002年9月25日）；

(12)《最高人民检察院关于企业事业单位的公安机构在机构改革过程中其工作人员能否构成渎职侵权犯罪主体问题的批复》（2002年4月29日）；

(13)《最高人民检察院关于属工人编制的乡（镇）工商所所长能否依照刑法第三百九十七条的规定追究刑事责任问题的批复》（2000年10月31日）；

(14)《最高人民检察院关于镇财政所所长是否适用国家机关工作人员的批复》（2000年5月4日）；

(15)《最高人民法院、最高人民检察院、公安部、国家工商行政管理局关于依法查处盗窃、抢劫机动车案件的规定》（1998年5月8日）。

（六）案例举要

 陈根明等滥用职权案①

【裁判要旨】

随着我国城镇建设和社会主义新农村建设逐步深入推进，村民委员会、居民委员会等基层组织协助人民政府管理社会发挥越来越重要的作用。实践中，对村民委员会、居民委员会等基层组织人员协助人民政府从事行政管理工作时，滥用职权、玩忽职守构成犯罪的，应当依照刑法关于渎职罪的规定追究刑事责任。

【基本案情】

2004年1月至2006年6月期间，被告人陈根明利用担任上海市奉贤区四团镇推进小城镇社会保险（以下简称"镇保"）工作领导小组办公室负责人的职务便利，被告人林福娟、李德权利用受上海市奉贤区四团镇人民政府委托分别担任杨家宅村镇保工作负责人、经办人的职务便利，在从事被征用农民集体所有土地负责农业人员就业和社会保障工作过程中，违反相关规定，采用虚增被征用土地面积等方法徇私舞弊，共同或者单独将杨家宅村、良民村、横桥村114名不符合镇保条件的人员纳入镇保范围，致使奉贤区四团镇人民政府为上述人员缴纳镇保费用共计600余万元、上海市社会保险事业基金结算管理中心（以下简称"市社保中心"）为上述人员实际发放镇保资金共计178万余元，并造成了恶劣的社会影响。其中，被告人陈根明共同及单独将

---

① 最高人民检察院指导性案例第5号。

71名不符合镇保条件人员纳入镇保范围,致使镇政府缴纳镇保费用共计400余万元、市社保中心实际发放镇保资金共计114万余元;被告人林福娟共同及单独将79名不符合镇保条件人员纳入镇保范围,致使镇政府缴纳镇保费用共计400余万元、市社保中心实际发放镇保资金共计124万余元;被告人李德权共同及单独将60名不符合镇保条件人员纳入镇保范围,致使镇政府缴纳镇保费用共计300余万元,市社保中心实际发放镇保资金共计95万余元。

【诉讼过程】

2008年4月15日,陈根明、林福娟、李德权因涉嫌滥用职权罪由上海市奉贤区人民检察院立案侦查,陈根明于4月15日被刑事拘留,4月29日被逮捕,林福娟、李德权于4月15日被取保候审,6月27日侦查终结移送审查起诉。2008年7月28日,上海市奉贤区人民检察院以被告人陈根明、林福娟、李德权犯滥用职权罪向奉贤区人民法院提起公诉。2008年12月15日,上海市奉贤区人民法院作出一审判决,认为被告人陈根明身为国家机关工作人员,被告人林福娟、李德权作为在受国家机关委托代表国家机关行使职权的组织中从事公务的人员,在负责或经办被征地人员就业和保障工作过程中,故意违反有关规定,共同或单独擅自将不符合镇保条件的人员纳入镇保范围,致使公共财产遭受重大损失,并造成恶劣社会影响,其行为均已触犯刑法,构成滥用职权罪,且有徇个人私情、私利的徇私舞弊情节。其中被告人陈根明、林福娟情节特别严重。犯罪后,三被告人在尚未被司法机关采取强制措施时,如实供述自己的罪行,属自首,依法可从轻或减轻处罚。依照《刑法》第397条、第25条第1款、第67条第1款、第72条第1款、第73条第2款和第3款之规定,判决被告人陈根明犯滥用职权罪,判处有期徒刑2年;被告人林福娟犯滥用职权罪,判处有期徒刑1年6个月,宣告缓刑1年6个月;被告人李德权犯滥用职权罪,判处有期徒刑1年,宣告缓刑1年。一审判决后,被告人林福娟提出上诉。上海市第一中级人民法院二审终审裁定,驳回上诉,维持原判。

罗建华等滥用职权案[1]

【裁判要旨】

根据刑法规定,滥用职权罪是指国家机关工作人员滥用职权,致使"公共财产、国家和人民利益遭受重大损失"的行为。实践中,对滥用职权"造成恶劣社会影响的",应当依法认定为"致使公共财产、国家和人民利益遭受重大损失"。

【基本案情】

2008年8月至2009年12月期间,被告人罗建华、罗镜添、朱炳灿、罗锦游先后被广州市黄埔区人民政府大沙街道办事处招聘为广州市城市管理综合执法局黄埔分局大沙街执法队协管员。上述四名被告人的工作职责是街道城市管理协管工作,包括动态巡查,参与街道、社区日常性的城管工作;劝阻和制止并督促改正违反城市管理法规的行为;配合综合执法部门,开展集中统一整治行动等。工作任务包括坚持巡查与守点相结合,及时劝导中心城区的乱摆卖行为等。罗建华、罗镜添从2009年8月至2011年5月担任协管员队长和副队长,此后由罗镜添担任队长,罗建华担任副队长。协管员队长职责是负责协管员人员召集、上班路段分配和日常考勤工作;副队长职责是协助队长开展日常工作,队长不在时履行队长职责。上述四名被告人上班时,身着统一发放的迷彩服,臂上戴着写有"大沙街城市管理督导员"的红袖章,手持一根木棍。

2010年8月至2011年9月期间,罗建华、罗镜添、朱炳灿、罗锦游和罗慧洪(另案处理)利用职务便利,先后多次向多名无照商贩索要12元、10元、5元不等的少量现金、香烟或直接在该路段的"士多店"拿烟再让部分无照商贩结账,后放弃履行职责,允许给予好处的无照商贩在严禁乱摆卖的地段非法占道经营。上述被告人的行为导致该地段的无照商贩非法占道经营十分严重,几百档流动商贩恣意乱摆卖,严重影响了市容市貌和环境卫生,给周边商铺和住户的经营、生活、出行造成极大不便。由于执法不公,对给予

---

[1] 最高人民检察院指导性案例第6号。

钱财的商贩放任其占道经营，对其他没给好处费的无照商贩则进行驱赶或通知城管部门到场处罚，引起了群众强烈不满，城市管理执法部门执法人员在依法执行公务过程中遭遇多次暴力抗法，数名执法人员受伤住院。上述四名被告人的行为严重危害和影响了该地区的社会秩序、经济秩序、城市管理和治安管理，造成了恶劣的社会影响。

【诉讼过程】

2011年10月1日，罗建华、罗镜添、朱炳灿、罗锦游四人因涉嫌敲诈勒索罪被广州市公安局黄埔分局刑事拘留，11月7日被逮捕。11月10日，广州市公安局黄埔分局将本案移交广州市黄埔区人民检察院。2011年11月10日，罗建华、罗镜添、朱炳灿、罗锦游四人因涉嫌滥用职权罪由广州市黄埔区人民检察院立案侦查，12月9日侦查终结移送审查起诉。2011年12月28日，广州市黄埔区人民检察院以被告人罗建华、罗镜添、朱炳灿、罗锦游犯滥用职权罪向黄埔区人民法院提起公诉。

2012年4月18日，黄埔区人民法院一审判决，认为被告人罗建华、罗镜添、朱炳灿、罗锦游身为虽未列入国家机关人员编制但在国家机关中从事公务的人员，在代表国家行使职权时，长期不正确履行职权，大肆勒索辖区部分无照商贩的钱财，造成无照商贩非法占道经营十分严重，暴力抗法事件不断发生，社会影响相当恶劣，其行为触犯了《刑法》第397条第1款的规定，构成滥用职权罪。被告人罗建华与罗镜添身为城管协管员前、后任队长及副队长，不仅参与勒索无照商贩的钱财，放任无照商贩非法占道经营，而且也收受其下属勒索来的香烟，放任其下属胡作非为，在共同犯罪中所起作用相对较大，可对其酌情从重处罚。鉴于四被告人归案后能供述自己的罪行，可对其酌情从轻处罚。依照《刑法》第397条第1款、第61条及《关于〈刑法〉第九章渎职罪主体适用问题的解释》的规定，判决被告人罗建华犯滥用职权罪，判处有期徒刑1年6个月；被告人罗镜添犯滥用职权罪，判处有期徒刑1年5个月；被告人朱炳灿犯滥用职权罪，判处有期徒刑1年2个月；被告人罗锦游犯滥用职权罪，判处有期徒刑1年2个月。一审判决后，四名被告人在法定期限内均未上诉，检察机关也没有提出抗诉，一审判决发生法律效力。

二、国有公司、企业、事业单位人员滥用职权罪

(一) 刑法条文

第一百六十八条　国有公司、企业的工作人员,由于严重不负责任或者滥用职权,造成国有公司、企业破产或者严重损失,致使国家利益遭受重大损失的,处三年以下有期徒刑或者拘役;致使国家利益遭受特别重大损失的,处三年以上七年以下有期徒刑。

国有事业单位的工作人员有前款行为,致使国家利益遭受重大损失的,依照前款的规定处罚。

国有公司、企业、事业单位的工作人员,徇私舞弊,犯前两款罪的,依照第一款的规定从重处罚。

(二) 犯罪构成

1. 法益

本罪侵害的法益是国家对国有公司、企业、事业单位的管理秩序①与国有公司、企业、事业单位的正常管理活动。

2. 客观行为

本罪在客观方面表现为滥用职权并导致国有公司、企业破产或者造成国有公司、企业、事业单位严重损失,致使国家利益遭受重大损失的行为。

有学者在客观行为的描述中认为,本罪滥用职权的后果是导致国有公司、企业、事业单位破产或者造成严重损失。② 这一表述存在明显的缺陷,即事业单位不应当与国有公司、企业并列为破产的主体。按照目前我国的体制,事业单位可以分为全额拨款事业单位、差额拨款事业单位和自收自支事业单位,全额拨款事业单位的正常经费属于财政全额包干,差额拨款事业单位财政按

---

① 参见高铭暄、马克昌主编:《刑法学》(第八版),北京大学出版社、高等教育出版社 2017 年版,第 395 页。

② 参见张明楷:《刑法学》(第五版),法律出版社 2016 年版,第 765 页。

比例负责一部分，自收自支事业单位不由财政管理，但后两者都有物价部门批准的较为稳定的收费项目，且它们执行的是国家的某些行政职权和服务职能，一般不可能有破产的情况发生。

"破产"的含义，根据《中华人民共和国企业破产法》第2条的规定，是指企业法人不能清偿到期债务，并且资产不足以清偿全部债务或者明显缺乏清偿能力的情况。这里的"无力清偿"则应当从客观角度出发进行判断，包括无法清偿的债务数量以及持续的时间等，因资金周转问题导致的暂时无法清偿或者个别债务的无法清偿是不能认定为破产法中所称之"无力清偿"的。

"严重损失"，在这里应当与"破产"具有相当的危害性，是指国有公司、企业的亏损足以使其丧失清偿到期债务的能力的情况。

值得注意的是，本罪所导致的破产或者严重损失的后果必须是由国有公司、企业、事业单位工作人员滥用职权而导致的，两者之间须存在因果关系。

3. 行为主体

本罪主体为特殊主体，即国有公司、企业、事业单位的工作人员，一般主体可以与国有公司、企业、事业单位工作人员构成共同犯罪，但只能成立帮助犯等从犯。

4. 主观罪过

本罪的主观罪过只能是故意，包括直接故意和间接故意。

（三）司法认定

罪数认定上，《最高人民法院、最高人民检察院关于办理国家出资企业中职务犯罪案件具体应用法律若干问题的意见》第4条的规定是关于国家工作人员在企业改制过程中的渎职行为的处理：

国家出资企业中的国家工作人员在公司、企业改制或者国有资产处理过程中严重不负责任或者滥用职权，致使国家利益遭受重大损失的，依照《刑法》第168条的规定，以国有公司、企业人员失职罪或者国有公司、企业人员滥用职权罪定罪处罚。

国家出资企业中的国家工作人员在公司、企业改制或者国有资产处置过程中徇私舞弊，将国有资产低价折股或者低价出售给其本人未持有股份的公司、企业或者其他个人，致使国家利益遭受重大损失的，依照《刑法》第169条的规定，以徇私舞弊低价折股、出售国有资产罪定罪处罚。

国家出资企业中的国家工作人员在公司、企业改制或者国有资产处置过程中徇私舞弊，将国有资产低价折股或者低价出售给特定关系人持有股份或者本人实际控制的公司、企业，致使国家利益遭受重大损失的，依照《刑法》第382条、第383条的规定，以贪污罪定罪处罚。贪污数额以国有资产的损失数额计算。

国家出资企业中的国家工作人员因实施第1款、第2款行为收受贿赂，同时又构成《刑法》第385条规定之罪的，依照处罚较重的规定定罪处罚。

(四) 量刑标准

根据《最高人民检察院、公安部关于公安机关管辖的刑事案件立案追诉标准的规定（二）》第16条的规定，国有公司、企业、事业单位的工作人员，滥用职权，涉嫌下列情形之一的，应予立案追诉：(1) 造成国家直接经济损失数额在30万元以上的；(2) 造成有关单位破产，停业、停产6个月以上，或者被吊销许可证和营业执照、责令关闭、撤销、解散的；(3) 其他致使国家利益遭受重大损失的情形。

(五) 解释索引

(1)《最高人民法院、最高人民检察院关于办理国家出资企业中职务犯罪案件具体应用法律若干问题的意见》(2010年11月26日)；

(2)《最高人民检察院、公安部关于公安机关管辖的刑事案件立案追诉标准的规定（二）》(2010年5月7日)；

(3)《关于国有公司人员滥用职权犯罪追诉期限等问题的答复》(2005年1月13日)；

(4)《最高人民法院、最高人民检察院关于办理妨害预防、控制突发传染病疫情等灾害的刑事案件具体应用法律若干问题的解释》(2003年5月14日)；

(5)《最高人民检察院研究室关于中国农业发展银行及其分支机构的工作人员法律适用问题的答复》(2002年9月23日)；

(6)《最高人民法院关于审理扰乱电信市场管理秩序案件具体应用法律若干问题的解释》(2000年5月12日)。

(六)案例举要

 张其炎国有公司、企业、事业单位人员滥用职权、受贿案①

上海市闵行区人民检察院指控被告人张其炎犯国有公司、企业人员滥用职权罪及受贿罪,于2017年7月25日向上海市闵行区人民法院提起公诉。法院依法适用简易程序,实行独任审判,公开开庭审理了本案。经审理查明:

1. 国有公司、企业人员滥用职权事实

2010年1月至2013年11月,被告人张其炎在先后担任上海市莘庄工业区招商二部副部长、上海莘庄工业区天为经济发展有限公司(以下简称"天为公司")总经理期间,超越职权,擅自决定将本市闵行区光华路×××号园区内办公用房给上海新闵建筑工程有限公司、上海梦华金属材料有限公司等7家单位使用,对应当收取的租金不予收取,致使天为公司遭受经济损失333340元。

2. 受贿事实(略)

法院认为,被告人张其炎身为国有公司、企业的工作人员,滥用职权,致使上海莘庄工业区天为经济发展有限公司利益遭受重大损失,金额达33万余元,其行为已构成国有公司、企业人员滥用职权罪;被告人张其炎身为国家工作人员,利用职务上的便利,为他人谋取利益,非法收受他人财物,共计8万余元,数额较大,其行为又构成受贿罪。被告人张其炎在判决宣告前一人犯数罪,依法应当数罪并罚。被告人张其炎具有自首情节,依法可以从轻处罚。公诉机关指控成立,法院予以确认。据此,依照《刑法》第168条第1款,第385条第1款,第386条,第383条第1款第1项、第2款、第3款,第67条第1款,第72条第1款、第3款,第73条第1款、第3款,第52条,第53条,第69条第1款、第3款,第64条之规定,判决如下:
(1)被告人张其炎犯国有公司、企业人员滥用职权罪,判处拘役4个月;犯

---

① (2017)沪0112刑初1377号。

受贿罪，判处拘役 4 个月，并处罚金 10 万元，决定执行拘役 6 个月，缓刑 6 个月，并处罚金 10 万元。(2) 退缴的赃款予以没收。

三、滥用管理公司、证券职权罪

（一）刑法条文

第四百零三条　国家有关主管部门的国家机关工作人员，徇私舞弊，滥用职权，对不符合法律规定条件的公司设立、登记申请或者股票、债券发行、上市申请，予以批准或者登记，致使公共财产、国家和人民利益遭受重大损失的，处五年以下有期徒刑或者拘役。

上级部门强令登记机关及其工作人员实施前款行为的，对其直接负责的主管人员，依照前款的规定处罚。

（二）犯罪构成

1. 法益

本罪侵害的法益应当是公司设立申请的登记、批准秩序以及股票与债券发行和上市申请的批准等秩序，这些秩序都属于国家管理秩序的层面。

2. 客观行为

本罪在客观方面表现为行为人徇私舞弊、滥用职权，对不符合法律规定条件的公司设立、登记申请或者股票、债券发行、上市申请，予以批准或者登记，致使公共财产、国家和人民利益遭受重大损失的行为。

本罪对行为产生的后果也具有一定的要求，且公共财产、国家和人民利益遭受的重大损失必须与这种徇私舞弊、滥用职权进行批准或者登记的行为之间存在一定的因果关系。

另外，上级部门强令登记机关及其工作人员徇私舞弊、滥用职权，对不符合法律规定的公司设立登记申请以及股票、债券的发行、上市的申请进行批准与登记的行为，同样也属于本罪所包括的客观行为。

3. 行为主体

本罪的行为主体包括对公司设立、登记，股票、债券的发行和上市具有审批权限的国家相关主管部门中的国家机关工作人员,具体而言是指工商行政管理机关、人民银行、证券管理机关等国家有关主管部门中对公司设立、登记申请或者股票、债券发行、上市申请具有批准或者登记职权的国家机关工作人员。① 另外,根据《刑法》第 403 条第 2 款的规定,上级部门直接负责的主管人员也属于本罪行为主体之一。

4. 主观罪过

本罪的主观罪过只能是故意,可以是直接故意也可以是间接故意,但必须出于徇私的动机。② 这里的故意即行为人明知公司的设立、登记申请或者股票、债券发行、上市申请不符合法定条件而有意滥用职权进行批准和登记的主观心态,而对徇私舞弊、滥用职权后可能会造成公共财产、国家和人民利益遭受重大损失的结果持放任的态度。本罪与其他典型的滥用职权犯罪一样,主观罪过不能是过失,具体可见本书滥用职权罪中关于主观罪过的论述。

(三) 司法认定

1. 共同犯罪

国家有关主管部门的国家机关工作人员之外的其他人员可以与国家有关主管部门的国家机关工作人员构成共同犯罪,但只能在共同犯罪中起到帮助或者教唆的作用,无法成为实行犯。

2. 罪数

行为人收受贿赂后实施本罪行为的,属牵连犯罪,不必实行数罪并罚,而应当择一重罪处罚。

(四) 量刑标准

滥用管理公司、证券职权是指工商行政管理、证券管理等国家有关主管部门的工作人员徇私舞弊,滥用职权,对不符合法律规定要求的公司设立、

---

① 参见陈兴良:《规范刑法学》(第四版),中国人民大学出版社 2017 年版,第 1250—1251 页。
② 参见高铭暄、马克昌主编:《刑法学》(第八版),北京大学出版社、高等教育出版社 2017 年版,第 659 页;陈兴良:《规范刑法学》(第四版),中国人民大学出版社 2017 年版,第 1251 页中均表述了此观点。

登记申请或者股票、债券发行、上市申请予以准许或者登记，致使公共财产、国家和人民利益遭到重大损失的行为，以及上级部门、当地政府强令登记机关及其工作人员实施上述行为的行为。根据《最高人民检察院关于渎职侵权犯罪案件立案标准的规定》第一部分第13条第2款的规定，涉嫌下列情形之一的，应予立案：（1）造成直接经济损失50万元以上的；（2）工商行政管理部门的工作人员对不符合法律规定条件的公司设立、登记申请，违法予以批准、登记，严重扰乱市场秩序的；（3）金融证券管理机构工作人员对不符合法律规定条件的股票、债券发行、上市申请，违法予以批准，严重损害公众利益，或者严重扰乱金融秩序的；（4）工商行政管理部门、金融证券管理机构的工作人员对不符合法律规定条件的公司设立、登记申请或者股票、债券发行、上市申请违法予以准许或者登记，致使犯罪行为得逞的；（5）上级部门、当地政府直接负责的主管人员强令登记机关及其工作人员，对不符合法律规定条件的公司设立、登记申请或者股票、债券发行、上市申请予以批准或者登记，致使公共财产、国家或者人民利益遭到重大损失的；（6）其他致使公共财产、国家和人民利益遭到重大损失的情形。

（五）解释索引

《最高人民检察院关于渎职侵权犯罪案件立案标准的规定》（2006年7月26日）。

（六）案例举要

 马建超滥用管理公司、证券职权案①

针对洛阳市瀍河回族区人民检察院指控被告人马建超犯滥用管理公司职权罪、玩忽职守罪一案，洛阳市瀍河回族区人民法院于2014年8月25日作出（2014）瀍刑初字第46号刑事判决。被告人马建超不服，提出上诉。洛阳市中级人民法院于2014年12月8日作出（2014）洛刑一终字第159号刑事裁定。判决生效后，被告人马建超向河南省高级人民法院申请再审。河南省高

---

① （2016）豫03刑再1号。

级人民法院于 2016 年 8 月 3 日作出（2016）豫刑申 147 号刑事再审决定书，指令洛阳市中级人民法院对本案进行再审。法院依法另行组成合议庭公开开庭审理本案。本案现已审理终结。

洛阳市瀍河回族区人民法院原审查明：

1. 滥用管理公司职权事实

（1）2009 年 4 月，在河南省信昌源投资担保有限公司（以下简称"信昌源"）成立过程中，该公司股东因缺乏注册资金 5000 万元，遂找到时任洛阳市工商局瀍河分局注册股股长的马建超帮助办理注册事项。马建超介绍光普会计师事务所主任孙某及中介人员王某某帮助信昌源公司筹措资金代办注册，并商定代办费用 40 万元。后孙某等人筹措注册资金 5000 万元于 2009 年 4 月 29 日以沈某、吕某等人名义按投资比例存入信昌源公司账户上，并到洛阳市工商局瀍河分局办理注册手续。被告人马建超在明知信昌源公司注册资金存在问题、不符合注册条件的情况下，仍予以审核通过该公司的注册申请。致使该公司领取营业执照后，于 2009 年 4 月 30 日即将该 5000 万元注册资金抽逃，且因该抽逃行为，相关责任人沈某、吕某等人均以虚假出资、抽逃出资罪被洛阳市人民检察院提起公诉。

（2）2009 年 7 月，在洛阳东强实业发展有限公司（以下简称"东强公司"）成立过程中，该公司股东因缺乏注册资金 1000 万元，遂找到时任洛阳市工商局瀍河分局注册股股长的被告人马建超的妻子陈某，帮助办理注册事项。后被告人马建超介绍中介人员王某某帮助东强公司筹措资金代办注册，并商定代办费用 8.5 万元。后王某某筹措注册资金 1000 万元于 2009 年 7 月 23 日以靳某、马某某等人名义按投资比例存入洛阳东强公司账户上，并到洛阳市工商局瀍河分局办理注册手续。被告人马建超在明知东强公司注册资金存在问题、不符合注册条件的情况下，仍予以审核通过该公司的注册申请，致使该公司领取营业执照后，于 2009 年 7 月 27 日即将该 1000 万元注册资金抽逃。

（3）2010 年 1 月，在洛阳豫龙工贸有限公司（以下简称"豫龙公司"）成立过程中，该公司股东因缺乏注册资金 100 万元，遂找到时任洛阳市工商局瀍河分局注册股股长的被告人马建超帮助办理注册事项。被告人马建超介绍中介人员王某某帮助豫龙公司筹措资金代办注册，并商定代办费用 8000 元。后王某某筹措注册资金 100 万元于 2010 年 1 月 18 日以王某名义存入豫龙公司账户上，并到洛阳市工商局瀍河分局办理注册手续。被告人马建超在明知豫龙公司注册资金存在问题、不符合注册条件的情况下，仍予以审核通过该公司的注册申请，致使该公司领取营业执照后，于 2010 年 1 月 22 日即将该 100 万元注册资金抽逃，且因该抽逃行为，相关责任人王某某以虚假出资、抽逃出资罪已被洛阳市瀍河区人民法院判处刑罚。

2. 玩忽职守事实（略）

原审法院认为，被告人马建超作为工商行政管理部门工作人员，徇私舞弊、滥用职权，明知上述公司设立申请不符合法律规定条件，违法予以批准，致使犯罪行为得逞，并严重扰乱市场秩序，造成广大人民利益遭受重大损失，其行为已构成滥用管理公司职权罪；被告人马建超等人身为国家机关工作人员，在工作中严重不负责任，不认真履行职责，对不符合法定条件的公司变更予以核准，致使广大人民群众上当受骗，造成巨额经济损失，同时，造成大量受骗群众集体上访，严重损害国家机关声誉，社会影响恶劣，其行为已构成玩忽职守罪；洛阳市瀍河回族区人民法院作出（2014）瀍刑初字第 46 号刑事判决：被告人马建超犯滥用管理公司职权罪，判处有期徒刑 2 年，犯玩忽职守罪，免于刑事处罚；数罪并罚，决定执行有期徒刑 2 年。

马建超不服一审判决，向洛阳市中级人民法院提起上诉称，一审法院认定上诉人行为构成滥用管理公司职权罪、玩忽职守罪，证据不足，于法无据，上诉人无罪。

经法院二审审理查明的事实、证据与一审相同，且经一审当庭举证、质证，核实无误，法院二审予以确认。

二审法院认为，上诉人马建超作为工商行政管理部门工作人员，徇私舞弊、滥用职权，对不符合法律规定条件的公司设立违法予以批准，致使犯罪行为得逞，并严重扰乱市场秩序，造成广大人民利益遭受重大损失，其行为已构成滥用管理公司职权罪。上诉人马建超身为国家机关工作人员，在工作中严重不负责任，不认真履行职责，对不符合法定条件的公司变更予以核准，致使广大人民群众上当受骗，造成巨额经济损失，同时，造成大量受骗群众集体上访，严重损害国家机关声誉，社会影响恶劣，其行为已构成玩忽职守罪。上诉人马建超系初犯，依法酌情对上诉人马建超从轻处罚。原判认定事实清楚，证据确实充分，量刑适当，定罪准确，审判程序合法。上诉人马建超的上诉理由不能成立，不予采纳。二审法院作出（2014）洛刑一终字第159号刑事裁定：驳回上诉，维持原判。

马建超申请再审称：（1）认定他犯滥用管理公司职权罪的事实不清，证据不足：①审批公司登记程序合法；②他仅向登记公司介绍了中介，对其验资情形并不知情；③登记公司的虚假出资、抽逃出资与批准行政许可并无实质联系；④公司登记行为与"公共财产、国家和人民利益遭受重大损失"并不相关。（2）认定他犯玩忽职守罪的事实不清，证据不足：①增加注册资本与公司犯罪没有因果和逻辑上的必然联系；②增加注册资本的行政许可并非是他批准的。（3）本案程序违法。（4）原判刑期计算错误。请求撤销一、二审判决，依法改判他无罪。

检察机关的意见为，原审被告人马建超的行为依法构成滥用公司管理职权罪和玩忽职守罪，应当追究相应的刑事责任。

法院再审查明的事实和证据与一、二审认定的事实和证据相同。另查明，马建超于2016年12月10日刑满释放。马建超于2010年12月4日因涉嫌虚假注册资本罪被洛阳市公安局瀍河分局刑事拘留，同年12月17日被逮捕，2011年3月11日洛阳市公安局瀍河分局以发现马建超另有组织、领导、积极参加黑社会性质组织的重要罪行，决定自2011年3月12日起重新计算侦查羁押期限，2011年12月8日被取保候审。洛阳市公安局瀍河分局于2013年8月12日出具瀍河公（案）终侦字〔2013〕2003号终止侦查决定书，理由是：马建超涉嫌虚假注册资本案因事实不清，决定终止侦查。2015年11月19日出具瀍河公（案）终侦字〔2015〕0001号终止侦查决定书，理由是：马建超涉嫌组织、领导、积极参加黑社会性质组织案因不是马建超实施，不需要追究刑事责任，决定终止侦查。

洛阳市中级人民法院再审认为，再审申请人马建超作为工商行政管理部门工作人员，徇私舞弊、滥用职权，对不符合法律规定条件的公司设立违法予以批准，致使犯罪行为得逞，并严重扰乱市场秩序，造成广大人民利益遭受重大损失,其行为已构成滥用管理公司职权罪。上诉人马建超身为国家机关工作人员,在工作中严重不负责任,不认真履行职责,对不符合法定条件的公司变更予以核准,致使广大人民群众上当受骗,造成巨额经济损失,同时,造成大量受骗群众集体上访,严重损害国家机关声誉,社会影响恶劣,其行为已构成玩忽职守罪。原一、二审判决认定事实清楚,证据确实充分,量刑适当,定罪准确,审判程序合法。再审申请人马建超的再审理由不能成立,本院不予采纳。关于刑期计算问题,马建超虽然因涉嫌虚假注册资本罪被羁押,但后期又因涉嫌组织、领导、积极参加黑社会性质组织一案被继续侦查并连续羁押,直至2015年11月19日才被洛阳市公安局瀍河分局决定终止侦查,此时原二审裁定已经于2014年12月12日生效,故本案不予折抵马建超因涉嫌虚假注册资本罪、涉嫌组织、领导、积极参加黑社会性质组织罪被羁押的期间并无不当。经本院审判委员会讨论决定,依照《刑事诉讼法》第245条、《最高人民法院关于适用〈中华人民共和国刑事诉讼法〉的解释》第384条第1款和第2款、第389条第1款第1项之规定,裁定如下:维持本院(2014)洛刑一终字第159号刑事裁定和洛阳市瀍河回族区人民法院(2014)瀍刑初字第46号刑事判决。

四、食品、药品监管渎职罪

(一) 刑法条文

第四百零八条之一 负有食品药品安全监督管理职责的国家机关工作人员,滥用职权或者玩忽职守,有下列情形之一,造成严重后果或者有其他严重情节的,处五年以下有期徒刑或者拘役;造成特别严重后果或者有其他特别严重情节的,处五年以上十年以下有期徒刑:

(一) 瞒报、谎报食品安全事故、药品安全事件的;

(二) 对发现的严重食品药品安全违法行为未按规定查处的;

(三) 在药品和特殊食品审批审评过程中,对不符合条件的申请准予许可的;

(四)依法应当移交司法机关追究刑事责任不移交的;

(五)有其他滥用职权或者玩忽职守行为的。

徇私舞弊犯前款罪的,从重处罚。

(二)犯罪构成

1. 法益

我国刑法学界主流观点认为,本罪侵害的法益是国家正常的食品、药品安全监督管理活动,① 即食品、药品安全监管制度。有学者认为本罪的法益同样包括公共和个人的合法权益。② 对此观点,本书认为,正如在滥用职权罪中将公众的合理信赖纳入法益的范围一样,将公共和个人的合法权益纳入本罪的法益范围会导致打击对象的不当缩减,因此是不可取的。

2. 客观行为

本罪罪名为食品、药品监管渎职罪,而并未将其分为食品、药品监管滥用职权罪和食品、药品监管玩忽职守罪,因此在客观行为方面包括两种表现形式,即滥用职权和玩忽职守。食品、药品安全监管滥用职权是指在食品、药品安全监督管理活动中,行为人超越职权或者在职权范围内不当行使职权,同时也包括明知监管的食品、药品不符合相关法律规定而放任不作为的情况;食品、药品安全监管玩忽职守则是在食品、药品安全监督管理活动中严重不负责任,不履行或者不认真履行职责的情况。③

《中华人民共和国刑法修正案(十一)》(以下简称《刑法修正案(十一)》)增加了对本罪五项具体犯罪情形的规定,其中第1项中的"食品安全事故",是指食物中毒、食源性疾患、食品污染等源于食品、对人体健康有危害或者可能有危害的事故;④ "药品安全事件",是指因药品等不当使用或不当管理导致药品的使用危害用药群体的具有较大影响的安全事件。第2项中的

---

① 参见高铭暄、马克昌主编:《刑法学》(第八版),北京大学出版社、高等教育出版社2017年版,第661页。
② 参见贾宇:《食品监管渎职罪的认定及适用》,载《河南财经政法大学学报》2012年第2期。
③ 参见陈兴良:《规范刑法学》(第四版),中国人民大学出版社2017年版,第1260—1261页。
④ 参见高铭暄、马克昌主编:《刑法学》(第八版),北京大学出版社、高等教育出版社2017年版,第661页;陈兴良:《规范刑法学》(第四版),中国人民大学出版社2017年版,第1261页。

"严重食品药品安全违法行为"，则是指严重危害社会群体人身健康且违反食品药品相关行政法规规定的行为。第 3 项中的"特殊食品"，指保健食品、婴幼儿奶粉、特殊医学用途的配方食品等需要进行特殊监管的食品。

另外，本罪在客观方面也有一定的结果要求，即造成严重后果或者有其他严重情节。"严重后果"可以从受到事件影响的人数、相关伤亡情况、具体损失情况等方面进行考量，而"其他严重情节"属于概括性规定，需要注意的是其危害性应与"造成严重后果"的危害性相当。

3. 行为主体

本罪的行为主体是负有食品、药品安全监督管理职责的国家机关工作人员。具体而言可以从横向与纵向两个角度来列明，从横向来说可以包括卫生行政、农业行政、质量监管、工商行政管理、食品、药品监督管理等与食品、药品安全监管相关的部门，而从纵向来说又可以包括国务院、省级、市级以及县级的食品、药品监管相关部门。

4. 主观罪过

本罪的渎职行为可分为滥用职权行为和玩忽职守行为两种类型，因此本罪主观罪过既可以是故意也可以是过失。具体而言，对于玩忽职守型的食品、药品监管渎职罪的主观罪过应当为过失，而对于滥用职权型的食品、药品监管渎职罪的主观罪过则应当为故意。

（三）司法认定

1. 共同犯罪

负有食品安全监督管理职责的国家机关工作人员之外的其他人员可以与负有食品安全监督管理职责的国家机关工作人员构成共同犯罪，但只能在共同犯罪中起到帮助或者教唆的作用，无法成为实行犯。

2. 罪数

负有食品、药品安全监督管理职责的国家机关工作人员，滥用职权或者玩忽职守，造成严重后果或者有其他严重情节，同时构成食品、药品监管渎职罪和商检徇私舞弊罪、动植物检疫徇私舞弊罪、放纵制售伪劣商品犯罪行为罪等其他渎职犯罪的，依照处罚较重的规定定罪处罚。

根据本罪第1款第4项的规定，负有食品、药品安全监督管理职责的国家机关工作人员，滥用职权或者玩忽职守，对依法应当移交司法机关追究刑事责任的案件，不依法移交，造成严重后果或者有其他严重情节，同时构成食品、药品监管渎职罪和徇私舞弊不移交刑事案件罪的，根据特殊规定优于一般规定的原则，应当适用食品、药品监管渎职罪。

负有食品、药品安全监督管理职责的国家机关工作人员与他人共谋，利用其职务行为帮助他人实施危害食品、药品安全犯罪行为，同时构成渎职犯罪和危害食品安全犯罪共犯的，依照处罚较重的规定定罪处罚。[1]

（四）量刑标准

可参照滥用职权罪的立案标准[2]及《最高人民法院、最高人民检察院关于办理危害食品安全刑事案件适用法律若干问题的解释》的规定，在事故或者其他后果涉及人的生命健康时，有以下情形的可认定"发生重大食品安全事故或者造成其他严重后果"，处5年以下有期徒刑或者拘役：（1）造成死亡1人以上，或重伤3人以上，或轻伤10人以上，或导致20人以上严重中毒；（2）造成个人直接经济损失15万元以上，或个人直接经济损失不满15万元但间接经济损失75万元以上；（3）造成单位直接经济损失30万元以上，或直接经济损失不满30万元但间接经济损失150万元以上；（4）造成个人与单位合计经济损失30万元以上。[3]

（五）解释索引

（1）《最高人民法院、最高人民检察院关于办理危害食品安全刑事案件适用法律若干问题的解释》（2013年5月2日）；

（2）《关于进一步加大力度，依法严惩危害食品安全及相关职务犯罪的通

---

[1] 参见《最高人民法院、最高人民检察院关于办理危害食品安全刑事案件适用法律若干问题的解释》第16条。

[2] 参见《最高人民法院、最高人民检察院关于办理渎职刑事案件适用法律若干问题的解释（一）》第1条。

[3] 参见陈振炜、陈耀芳：《食品监管渎职罪主客观认定情形分析》，载《人民检察》2017年第12期。

知》（2011年5月27日）。

（六）案例举要

 赛跃、韩成武受贿、食品监管渎职案①

【裁判要旨】

负有食品安全监督管理职责的国家机关工作人员，滥用职权或玩忽职守，导致发生重大食品安全事故或者造成其他严重后果的，应当认定为食品监管渎职罪。在渎职过程中受贿的，应当以食品监管渎职罪和受贿罪实行数罪并罚。

【基本案情】

2011年9月17日，根据群众举报称云南丰瑞粮油工业产业有限公司（位于云南省嵩明县杨林工业园区，以下简称"杨林丰瑞公司"）违法生产地沟油，时任云南省嵩明县质量技术监督局（以下简称"嵩明县质监局"）局长、副局长的赛跃、韩成武等人到杨林丰瑞公司现场检查，查获该公司无生产许可证，其生产区域的配套的食用油加工设备以"调试设备"之名在生产，现场有生产用原料毛猪油2244.912吨，其中有的外包装无标签标识等，不符合食品安全标准。9月21日，被告人赛跃、韩成武没有计量核实毛猪油数量、来源，仅凭该公司人员陈述500吨，而对毛猪油591.4吨及生产用活性土30吨、无证生产的菜油100吨进行封存。同年10月22日，韩成武以"杨林丰瑞公司采购的原料共59.143吨不符合食品安全标准"建议立案查处，赛跃同意立案，并召开案审会经集体讨论，决定对杨林丰瑞公司给予行政处罚。10月24日，嵩明县质监局作出对杨林丰瑞公司给予销毁不符合安全标准的原材料和罚款1419432元的行政处罚告知，并将行政处罚告知书送达该公司。之后，该公司申请从轻、减轻处罚。同年12月9日，赛跃、韩成武以企业配合调查及经济困难为由，未经集体讨论，决定减轻对杨林丰瑞公司的行政处罚，嵩明县质监局于12月12日作出行政处罚决定书，对杨林丰瑞公司作出销毁不符合食品安全标准的原料和罚款20万元的处罚，并下达责令改正通知书，

---

① 最高人民检察院指导性案例第16号。

责令杨林丰瑞公司于 2011 年 12 月 27 日前改正"采购的原料毛猪油不符合食品安全标准"的违法行为。12 月 13 日,嵩明县质监局解除了对毛猪油、活性土、菜油的封存,实际并未销毁该批原料。致使杨林丰瑞公司在 2011 年 11 月至 2012 年 3 月期间,使用已查获的原料无证生产食用猪油并流入社会,对人民群众的生命健康造成较大隐患。

2011 年 10 月至 11 月间,被告人赛跃、韩成武在查处该案的过程中,先后两次在办公室收受该公司吴庆伟(另案处理)分别送给的现金 10 万元、3 万元。

2012 年 3 月 13 日,公安机关以该公司涉嫌生产、销售有毒、有害食品罪立案侦查。3 月 20 日,赛跃和韩成武得知该情况后,更改相关文书材料、销毁原始行政处罚文书、伪造质监局分析协调会、案审会记录及杨林丰瑞公司毛猪油原材料的销毁材料,将所收受的 13 万元受贿款作为对杨林丰瑞公司的罚款存入罚没账户。

【诉讼过程】

2012 年 5 月 4 日,赛跃、韩成武因涉嫌徇私舞弊不移交刑事案件罪、受贿罪被云南省嵩明县人民检察院立案侦查,韩成武于 5 月 7 日被刑事拘留,赛跃于 5 月 8 日被刑事拘留,5 月 21 日二人被逮捕。

该案由嵩明县人民检察院反渎职侵权局侦查终结后,移送该院公诉部门审查起诉。嵩明县人民检察院经审查认为,被告人赛跃、韩成武作为负有食品安全监督管理职责的国家机关工作人员,未认真履行职责,失职、渎职造成大量的问题猪油流向市场,后果特别严重;同时二被告人利用职务上的便利,非法收受他人贿赂,为他人谋取利益,二被告人之行为已触犯《刑法》第 408 条之一、第 385 条第 1 款之规定,应当以食品监管渎职罪、受贿罪追究刑事责任。2012 年 9 月 5 日,嵩明县人民检察院以被告人赛跃、韩成武犯食品监管渎职罪、受贿罪向嵩明县人民法院提起公诉。

2012 年 11 月 26 日,嵩明县人民法院一审认为,被告人赛跃、韩成武作为国家工作人员,利用职务上的便利,非法收受他人财物,为他人谋取利益,其行为已构成受贿罪;被告人赛跃、韩成武作为质监局工作人员,在查办杨林丰瑞公司无生产许可证生产有毒、有害食品案件中玩忽职守、滥用职权,致使查获的不符合食品安全标准的原料用于生产，有毒、有害油脂流入社会，造成严重后果，其行为还构成食品监管渎职罪。鉴于杨林丰瑞公司被公安机关查处后，赛跃、韩成武向领导如实汇报受贿事实，且将受贿款以"罚款"上交，属自首，可从轻、减轻处罚。依照刑法相关条款之规定，判决被告人赛跃犯受贿罪和食品监管渎职罪，数罪并罚，判处有期徒刑 6 年；韩成武犯受贿罪和食品监管渎职罪，数罪并罚，判处有期徒刑 2 年 6 个月。

一审宣判后，赛跃、韩成武提出上诉。

2013 年 4 月 20 日，云南省昆明市中级人民法院二审裁定驳回上诉，维持原判。

五、故意泄露国家秘密罪

（一）刑法条文

第三百九十八条　国家机关工作人员违反保守国家秘密法的规定，故意……泄露国家秘密，情节严重的，处三年以下有期徒刑或者拘役；情节特别严重的，处三年以上七年以下有期徒刑。

非国家机关工作人员犯前款罪的，依照前款的规定酌情处罚。

（二）犯罪构成

1. 法益

本罪侵害的法益毫无争议是国家的保密制度。国家秘密是指关系到国家安全和利益，依照法律规定的程序，在一定时间内只限于一定范围的人员知晓的秘密事项，从外延上则包括国家事务的重大决策、国防建设和武装力量活动、外交及外事活动、国民经济和社会发展、科学技术、国家安全及司法、政党活动等各个方面。[①] 本罪所说之"国家秘密"，从泄露后国家的安全和利

---

① 参见高铭暄、马克昌主编：《刑法学》（第八版），北京大学出版社、高等教育出版社 2017 年版，第 653 页。

益遭受损害的严重程度进行区分,可以分为"绝密""机密""秘密"三个密级。① 根据《中华人民共和国保守国家秘密法》第 9 条的规定,国家秘密包括:(1) 国家事务重大决策中的秘密事项;(2) 国防建设和武装力量活动中的秘密事项;(3) 外交和外事活动中的秘密事项以及对外承担保密义务的秘密事项;(4) 国民经济和社会发展中的秘密事项;(5) 科学技术中的秘密事项;(6) 维护国家安全活动和追查刑事犯罪中的秘密事项;(7) 经国家保密行政管理部门确定的其他秘密事项。此外,政党的秘密事项中符合前述规定的,属于国家秘密。

2. 客观行为

本罪在客观方面表现为违反保守国家秘密法的规定,泄露国家秘密的行为。泄露国家秘密是指把自己掌管或知悉的国家秘密泄露给不该知悉此项秘密的单位或个人,② 具体来说又可以分为将国家秘密泄露给特定的不应知悉此项秘密的人和将国家秘密泄露给不特定的多人。而泄露国家秘密具体的方式与途径则不会影响本罪的成立。

另外,本罪具有情节上的要求,即不仅要有泄露国家秘密的行为,而且必须达到情节严重的程度。如果不属于情节严重,即使具有泄露行为亦不以本罪论处;情节严重与否,则应从泄露国家秘密的密级程度、次数、后果、目的、动机以及行为人泄露国家秘密前后的态度与表现等方面进行全面的分析,综合地加以判断。

3. 行为主体

本罪的行为主体主要是国家机关工作人员。根据《刑法》第 398 条第 2 款的规定,非国家机关工作人员泄露国家秘密,情节严重的,也应构成本罪。值得注意的是,从性质上讲,非国家机关工作人员泄露国家秘密并不属于渎职罪范围,只是为方便起见而在刑法条文中作了统一规定予以定罪处罚。

4. 主观罪过

本罪的主观罪过只能是故意。即明知自己的行为会导致国家秘密的泄露

---

① 参见张明楷:《刑法学》(第五版),法律出版社 2016 年版,第 1253 页。
② 参见高铭暄、马克昌主编:《刑法学》(第八版),北京大学出版社、高等教育出版社 2017 年版,第 653 页。

而继续实施，希望或者放任危害后果产生的心理态度。如果主观罪过形式是过失的情况，则应以过失泄露国家秘密罪论处。

本罪的构成并不讨论行为人故意泄露国家秘密的动机。但如果行为人出于危害国家安全的目的而泄露国家秘密的，应以为境外窃取、刺探、收买、非法提供国家秘密罪论处。[①]

（三）司法认定

罪数认定上，国家机关工作人员实施滥用职权或者玩忽职守犯罪行为，触犯《刑法》分则第九章第398条至第419条规定的，依照该规定定罪处罚。

国家机关工作人员滥用职权或者玩忽职守，因不具备徇私舞弊等情形，不符合《刑法》分则第九章第398条至第419条的规定，但依法构成第397条规定的犯罪的，以滥用职权罪或者玩忽职守罪定罪处罚。[②]

（四）量刑标准

根据《最高人民检察院关于渎职侵权犯罪案件立案标准的规定》第一部分第3条第2款的规定，有下列情形之一的，属于"情节严重"，处3年以下有期徒刑或者拘役：（1）泄露绝密级国家秘密1项（件）以上的；（2）泄露机密级国家秘密2项（件）以上的；（3）泄露秘密级国家秘密3项（件）以上的；（4）向非境外机构、组织、人员泄露国家秘密，造成或者可能造成危害社会稳定、经济发展、国防安全或者其他严重危害后果的；（5）通过口头、书面或者网络等方式向公众散布、传播国家秘密的；（6）利用职权指使或者强迫他人违反国家保守秘密法的规定泄露国家秘密的；（7）以牟取私利为目的泄露国家秘密的；（8）其他情节严重的情形。

（五）解释索引

（1）《最高人民检察院关于渎职侵权犯罪案件立案标准的规定》（2006年7

[①] 参见高铭暄、马克昌主编：《刑法学》（第八版），北京大学出版社、高等教育出版社2017年版，第653页。

[②] 参见《最高人民检察院、最高人民法院关于办理渎职刑事案件适用法律若干问题的解释》第2条。

月 26 日）；

（2）《最高人民法院关于审理为境外窃取、刺探、收买、非法提供国家秘密、情报案件具体应用法律若干问题的解释》（2001 年 1 月 17 日）。

（六）案例举要

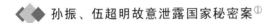 **孙振、伍超明故意泄露国家秘密案**①

北京市西城区人民检察院以被告人孙振、伍超明犯故意泄露国家秘密罪，分别于 2011 年 7 月 25 日、2011 年 6 月 24 日向北京市西城区人民法院提起公诉。

被告人孙振犯罪事实如下：被告人孙振在担任国家统计局办公室局长秘书室副主任及局领导秘书期间，于 2009 年 6 月至 2011 年 1 月，违反国家保密法的规定，通过 MSN 聊天工具，先后多次将国家统计局尚未公布的涉密统计数据共计 27 项透露给国金证券股份有限公司工作人员付雷及中信建投证券有限公司资产管理部工作人员张淼。上述统计数据中，有 14 项为机密级国家秘密，有 13 项为秘密级国家秘密。

被告人伍超明犯罪事实如下：2010 年 1 月至 6 月，被告人伍超明在中国人民银行金融研究所货币金融史研究室工作期间，违反国家保密法的规定，将其在价格监测分析行外专家咨询会上合法获悉的、尚未对外正式公布的属于秘密级国家秘密的 25 项国家宏观经济数据，多次以手机短信方式向魏某某等人故意泄露 224 次。

北京市西城区人民法院依法组成合议庭，不公开开庭审理了孙振故意泄露国家秘密案和伍超明故意泄露国家秘密案。法庭审理认为：被告人孙振身为国家机关工作人员，违反保守国家秘密的规定，故意泄露国家秘密，情节特别严重，其行为已构成故意泄露国家秘密罪，应依法惩处。北京市西城区人民检察院指控被告人孙振犯故意泄露国家秘密罪罪名成立。被告人孙振归案后如实供述自己罪行，认罪态度较好，依法可从轻处罚；被告人伍超明身为国家机关工作人员，违反保守国家秘密法的规定，故意泄露国家秘密情节特

---

① 载《最高人民检察院公报》2012 年第 3 期。

别严重的行为,侵犯了国家的保密制度,已构成故意泄露国家秘密罪,依法应予惩处。北京市西城区人民检察院指控被告人伍超明犯故意泄露国家秘密罪成立。鉴于被告人伍超明认罪态度较好,如实供述自己的罪行,可从轻处罚。

2011年9月8日,北京市西城区人民法院依照《刑法》第398条第1款、第67条第3款、第64条之规定,分别作出判决如下:被告人孙振犯故意泄露国家秘密罪,判处有期徒刑5年;在案扣押物品电脑两台、无线上网卡一个予以存档保存,三星牌移动硬盘一个发还被告人孙振。被告人伍超明犯故意泄露国家秘密罪,判处有期徒刑6年;随案移送之手机一部予以没收,笔记本电脑一部发还被告人伍超明。

一审宣判后,被告人孙振、伍超明在法定期限内未提出上诉,检察机关也没有提出抗诉,判决发生法律效力。

六、报复陷害罪

(一) 刑法条文

第二百五十四条 国家机关工作人员滥用职权、假公济私,对控告人、申诉人、批评人、举报人实行报复陷害的,处二年以下有期徒刑或者拘役;情节严重的,处二年以上七年以下有期徒刑。

(二) 犯罪构成

1. 法益

对于本罪侵害的法益,有学者认为,是公民的控告权、申诉权、批评权、举报权等民主权利和国家机关的正常活动。[1] 也有学者认为,是公民的控告权、申诉权、批评监督权与举报权。[2] 本书认为,根据刑法对本罪的设置,本罪的法益应当是公民自身所享有的与国家机关工作人员及国家机关正常的工

---

[1] 参见高铭暄、马克昌主编:《刑法学》(第八版),北京大学出版社、高等教育出版社2017年版,第485页。
[2] 参见张明楷:《刑法学》(第五版),法律出版社2016年版,第925页;刘宪权主编:《刑法学》(第四版),上海人民出版社2016年版,第602页。

作运行相关的民主权利,如公民的控告权、申诉权、批评权、监督权、举报权等。同时,国家机关的正常活动也影响着公民民主权利的行使和其他权益的实现,因此,本罪的法益还应包括国家机关的正常活动。

2. 客观行为

本罪在客观方面表现为滥用职权、假公济私,对控告人、申诉人或批评人、检举人实行报复陷害的行为。报复的行为必须是行为人借由自己的职权而实行的,例如阻碍被害人晋升、阻碍被害人子女入学等。如果是行为人怀着报复的目的殴打控告人、申诉人、批评人、举报人的情形,并不构成报复陷害罪。此外,上述控告人、申诉人、批评人、举报人,可以不是对实施本罪的国家机关工作人员进行控告、申诉、批评与举报的人。行为人出于帮助其他国家工作人员泄愤的目的,滥用自己的职权、假公济私,报复陷害他人的,也可以构成本罪。

3. 行为主体

本罪主体为特殊主体,即国家机关工作人员。

4. 主观罪过

本罪在主观上出于直接故意,即明知自己的行为是滥用职权、假公济私对被害人进行报复陷害的行为,会对被害人造成影响,仍执意实行的态度。

(三) 司法认定

1. "滥用职权""假公济私"是否必须同时具备

在行为内容中,对于"滥用职权""假公济私"是否是必须同时具备的要素,有学者认为,本罪中的"滥用职权"与《刑法》第397条所规定的"滥用职权"并不是等同含义。"假公济私"也只是"滥用职权"的一种表现形式,而不是独立于"滥用职权"之外的一种行为类型。[①]

2. 罪数形态

实施本罪的行为对控告人、申诉人或批评人、检举人进行报复陷害的同

---

① 参见张明楷:《刑法学》(第五版),法律出版社2016年版,第926页。

时，触犯其他犯罪的，属于想象竞合犯，从一重罪处罚。

3. 此罪与彼罪

行为人没有滥用自己的职权，而是采取其他方式对被害人进行报复陷害，构成犯罪的，按相应的犯罪处罚。如行为人散播对被害人不利的虚假信息，造成被害人名誉受损，或者行为人故意殴打被害人的情形。

(四) 量刑标准

根据《最高人民检察院关于渎职侵权犯罪案件立案标准的规定》第二部分第6条第2款的规定，涉嫌下列情形之一的，应予立案：（1）报复陷害，情节严重，导致控告人、申诉人、批评人、举报人或者其近亲属自杀、自残造成重伤、死亡，或者精神失常的；（2）致使控告人、申诉人、批评人、举报人或者其近亲属的其他合法权利受到严重损害的；（3）其他报复陷害应予追究刑事责任的情形。

根据《刑法》第254条，国家机关工作人员滥用职权、假公济私，对控告人、申诉人、批评人、举报人实行报复陷害的，处2年以下有期徒刑或者拘役；情节严重的，处2年以上7年以下有期徒刑。

(五) 解释索引

(1)《最高人民检察院关于渎职侵权犯罪案件立案标准的规定》（2006年7月26日）；

(2)《关于人民检察院直接受理立案侦查案件立案标准的规定（试行）》（1999年9月9日）。

(六) 案例举要

 张治安、汪成受贿、报复陷害案①

被告人张治安、汪成涉嫌报复陷害一案，经安徽省人民检察院指定，由安徽省芜湖市人民检察院于2008年7月14日立案侦查，2008年10月31日

---

① 载《最高人民检察院公报》2010年第5期。

侦查终结，2008年11月3日案件移送审查。2008年12月15日，安徽省人民检察院指定芜湖市弋江区人民检察院对案件审查起诉。其间，芜湖市人民检察院延长审查起诉期限一次；芜湖市弋江区人民检察院退回补充侦查二次，延长审查起诉期限二次。2009年3月2日，芜湖市人民检察院发现张治安还有涉嫌受贿犯罪的事实，遂对其受贿犯罪继续侦查。2009年5月26日，安徽省人民检察院再次指定芜湖市人民检察院对该案审查起诉。芜湖市人民检察院受理案件后，在法定期限内告知了张治安、汪成有权委托辩护人，告知了被害人有权委托诉讼代理人等诉讼权利，依法讯问了张治安、汪成，听取了被害人诉讼代理人和被告人委托的辩护人意见，审查了全部案件材料。2009年6月25日，芜湖市人民检察院依法向芜湖市中级人民法院提起公诉。被告人张治安、汪成犯罪事实如下：

1. 报复陷害举报人李某某的事实

被害人李某某，曾任阜阳市颍泉区老寨村支部书记，伍明镇镇长、书记，阜阳市泉北贸易区管委会经贸发展局局长，阜阳市安曙房地产开发公司董事长。

2005年8月及2007年4月，因有人反映李某某长期不上班等问题，为了"敲打"李某某，让其害怕，时任中共阜阳市颍泉区委书记的被告人张治安，安排时任颍泉区人民检察院检察长的被告人汪成，对李某某的经济问题进行调查，但因找不到有关案件当事人，没有查处结果。

2007年8月，被告人张治安收到阜阳市人民政府秘书肖某截留的一封关于检举其受贿、卖官、违法乱纪的举报信，张治安根据举报信内容，分析判定举报人就是李某某，遂产生报复李某某的念头。其后，张治安要求被告人汪成加大查处李某某案件的力度。8月20日，张治安得知李某某案件进展不大时，严厉斥责汪成并以撤免其检察长职务、卡其单位经费相威胁，要求汪成每天向其汇报李某某案查处情况。次日，汪成向张治安汇报李某某案查处情况时，张治安向汪成出示一封举报信并告诉汪成，李某某就是举报自己的人。

8月22日，被告人张治安搜集、摘抄了举报李某某的人民来信，编造成名为《特大举报！！！》的举报信，并安排区委工作人员将该举报信邮寄给阜阳市及颍泉区的司法、党政机关负责人。为了确保自己能对该举报信签批查处,还安排给自己邮寄一份。8月23日,张治安安排曾与李某某共事过的颍泉区农委主任王某某、区文化局局长宫某某编造李某某经济问题的材料。8月24日,张治安将《特大举报!!!》信中有关李某某所谓"雇凶杀人"的材料交由阜阳市公安局颍泉分局局长万某某查处;安排颍泉区纪委书记赵某某调查李某某在伍明镇机构改革中有无受贿问题;安排颍泉区人事局副局长徐某等人调查李某某子女违规就业问题。

8月23日晚至8月24日上午,被告人汪成数次召集颍泉区人民检察院副检察长徐某、反贪局局长郑某等人开会,讨论李某某的立案问题,与会人员均认为李某某的问题不符合立案条件。汪成为了达到对李某某立案的目的,在召开检察委员会前,授意案件承办人员提出立案意见。在检察委员会上,汪成又作了颍泉区委领导十分重视该案的引导性发言,致使检察委员会形成对李某某立案并采取强制措施的一致意见。8月26日,颍泉区人民检察院抓获李某某,汪成即安排公诉科长王某某审查逮捕李某某。王某某屈于汪成旨意,违心提出逮捕李某某的审查意见。

11月下旬,张治安将颍泉区人事局调查的李某某子女违规就业的有关材料交给汪成,指令汪成单独提讯李某某,向其施加压力,要李某某说出幕后举报人,并要求李某某不再举报张治安,否则将清退李某某子女的工作。据此,汪成违法单独提讯李某某,将张治安交给他的材料出示给李某某,转述了张治安的上述威胁,向李某某施加压力。

汪成还建议张治安责令公安机关查处李某某所谓伪造公文、印章问题,以实现张治安对李某某重判的要求。张治安遂安排颍泉区公安分局查处此案。颍泉区公安分局迫于张治安的压力,于2008年1月7日对李某某以伪造国家机关公文、印章罪立案侦查。1月18日,颍泉区公安分局侦查终结,移送颍泉区人民检察院审查起诉。1月25日,李某某案移送审查起诉后,汪成要求公诉科长王某某尽快结案起诉。在检察委员会上,汪成不顾承办人和其他检察委员会委员对定性、犯罪数额有异议的意见,最终以《起诉意见书》认定的罪名和数额,决定对李某某提起公诉。

3月4日,颍泉区人民检察院以李某某构成贪污罪,受贿罪,伪造国家机关公文、印章罪，伪造公司印章罪为由，向阜阳市颍泉区人民法院提起公诉。3月6日，李某某在收到颍泉区人民法院送达的起诉书后，于3月13日在阜阳监狱医院自缢死亡。经安徽省人民检察院刑事科学技术鉴定，李某某为机械性窒息死亡（缢死）。2008年4月8日，颍泉区人民法院依法裁定对李某某案件终止审理。李某某涉嫌贪污罪，受贿罪，伪造国家机关公文、印章罪，伪造公司印章罪一案，经阜阳市人民检察院和安徽省人民检察院调卷审查认为，颍泉区人民检察院指控李某某涉嫌贪污94.3万元、受贿11.15万元以及涉嫌伪造国家机关公文、印章罪，伪造公司印章罪，除了受贿5.9万元可以认定外，其他罪均不能认定。

2. 报复陷害举报人李某某近亲属的事实

2007年8月26日，颍泉区人民检察院在抓获李某某时，还控制了李某某的妻子袁某某、女婿张某某。被告人张治安、汪成商定不能放走袁、张二人，于是，张治安安排区纪委调查袁、张二人的问题，并要求区纪委对袁、张二人报批"双规"，市纪委未予批准。张治安得知此消息非常恼火，指责纪委书记赵学民办事不力。张治安又安排汪成给颍泉区公安分局发"检察建议"，建议对袁、张二人以所谓帮助毁灭证据和窝藏罪进行查处。后公安分局对袁某某、张某某立案侦查并采取监视居住措施。

2008年1月30日，颍泉区人民检察院以张某某涉嫌贪污罪、帮助毁灭证据罪、窝藏罪，以袁某某涉嫌帮助毁灭证据罪向颍泉区人民法院提起公诉。

李某某自杀死亡后，被告人张治安因担心报复陷害罪行败露，遂安排被告人汪成将张某某、袁某某帮助毁灭证据案从法院撤诉。后张治安又召集汪成等人协调对张某某贪污、窝藏案作缓刑处理的事宜。同年8月15日，颍泉区公安分局撤销袁某某、张某某帮助毁灭证据案。2009年4月1日，颍泉区人民检察院对张某某贪污案作出不起诉处理。

2009年11月19日，安徽省芜湖市中级人民法院依法组成合议庭，公开审理了此案。法庭审理认为：被告人张治安身为国家工作人员，利用职务之便为他人谋取利益，并利用职权和地位形成的便利条件为他人谋取不正当利益，索取和收受他人贿赂，其行为构成受贿罪。张治安身为阜阳市颍泉区委书记，滥用职权，假公济私，通过编造举报信诬告罪名，指使被告人汪成借用这些信件指令下属人员对举报人员李某某及其亲属立案查处,并强令其他各有关部门对举报人李某某及其亲属进行查处,以刑事追究方法对举报人打击报复;被告人汪成身为阜阳市颍泉区人民检察院检察长,明知张治安报复陷害举报人李某某,与张治安共谋,滥用检察权、假公济私,违背事实和法律违法办案,对李某某及其亲属进行刑事追究,张治安、汪成的行为致使举报人及其亲属合法权利受到严重损害,并导致举报人李某某自缢死亡,其行为均已构成报复陷害罪,且系共同犯罪,犯罪情节严重。被告人张治安一人犯数罪,应予并罚。公诉机关指控被告人张治安犯受贿罪、报复陷害罪,被告人汪成犯报复陷害罪的事实和罪名成立。张治安受贿数额巨大,犯罪情节特别严重,且拒不认罪,毫无悔罪表现,论罪应当判处死刑。综合张治安受贿数额、情节及其亲属代为退缴大部分赃款的情况,对其判处死刑,可不立即执行。张治安、汪成犯报复陷害罪情节严重、社会影响极其恶劣,依法应予严惩。

2010年2月8日,芜湖市中级人民法院依照《刑法》第385条第1款、第388条、第386条、第383条第1款第1项和第2款、第48条、第57条第1款、第59条、第64条、第254条、第25条第1款、第69条之规定,作出如下判决:(1)被告人张治安犯受贿罪,判处死刑,缓期2年执行,剥夺政治权利终身,并处没收个人全部财产,犯报复陷害罪,判处有期徒刑7年,决定执行死刑,缓期2年执行,剥夺政治权利终身,并处没收个人全部财产。(2)被告人汪成犯报复陷害罪,判处有期徒刑6年。(3)对被告人张治安受贿犯罪所得予以追缴,上缴国库。

被告人张治安、汪成不服一审判决,向安徽省高级人民法院提出上诉。

安徽省高级人民法院依法组成合议庭审理了该案。法庭审理认为:上诉人张治安身为国家工作人员,利用职务之便为他人谋取利益,或利用职权和地位形成的便利条件,通过其他国家工作人员为他人谋取不正当利益,索取和收受贿赂,共计359.9772万元,其行为构成受贿罪且受贿数额巨大,犯罪情节特别严重。上诉人张治安、汪成身为国家机关工作人员,滥用职权、假公济私,以刑事追究方法对举报人及其亲属进行报复陷害,致使举报人李某某及其亲属合法权利遭受严重损害,并导致李某某自缢死亡,其行为均构成报复陷害罪,犯罪情节严重,依法应予严惩。张治安一人犯数罪,应予并罚,其在被审判期间始终拒不供认犯罪事实,毫无悔罪表现,论罪应当判处死刑。综合张治安的受贿数额、情节及其亲属代为退缴大部分赃款的情况对其判处死刑、可不立即执行。张治安、汪成在共同报复陷害犯罪中均起重要作用,不分主从,应当按照各自在共同犯罪中所起的作用予以处罚。张治安关于没有犯受贿罪、报复陷害罪的上诉理由不能成立,其辩护人关于此案事实、证据及犯罪情节方面的辩护意见不予采纳。汪成及其辩护人关于量刑方面的上诉理由及辩护意见均不能成立,不予采纳。一审法院所作的判决认定事实和适用法律准确,量刑适当,审判程序合法。

2010年3月31日,安徽省高级人民法院依照《刑事诉讼法》第189条第1项之规定,作出如下裁定:驳回张治安、汪成的上诉,维持原判。

七、阻碍解救被拐卖、绑架妇女、儿童罪

(一) 刑法条文

第四百一十六条第二款 负有解救职责的国家机关工作人员利用职务阻碍解救的,处二年以上七年以下有期徒刑;情节较轻的,处二年以下有期徒刑或者拘役。

(二) 犯罪构成

1. 法益

本罪侵害的法益是国家机关的正常活动,即国家机关解救被拐卖、绑架妇女、儿童的正常活动。

2. 客观行为

本罪在客观方面表现为负有解救职责的国家机关工作人员利用职务阻碍解救被拐卖、绑架的妇女、儿童的行为。具体形式有多种,不仅包括利用职权,禁止、阻止或者妨碍有关部门、人员进行解救,也包括利用职务上的便利,向拐卖者、绑架者或者收买者通风报信,妨碍解救工作正常进行等情形。

3. 行为主体

本罪主体为特殊主体，只能是负有解救职责的国家机关工作人员，如公安干警等。其他主体阻碍解救被拐卖、妇女、儿童的，可能会构成妨害公务罪、聚众阻碍解救被收买的妇女、儿童罪等。

4. 主观罪过

本罪的主观罪过为故意，即明知自己的行为会妨害解救活动的正常进行，仍执意实行，并且希望或放任解救活动被阻碍。

（三）司法认定

1. 本罪与其他犯罪

如果行为人不是负有解救职责的国家机关工作人员，且阻碍解救活动的正常进行，根据行为人情况，可能构成其他犯罪：如行为人以暴力、威胁的方法阻碍解救人员进行解救，可能构成妨害公务罪；如行为人聚众进行阻碍，可能构成聚众阻碍解救被收买妇女、儿童罪；如行为人是拐卖妇女、儿童的罪犯，这是其不可罚的事后行为。

2. 罪数形态

行为人实施本罪行为，同时触犯拐卖妇女、儿童罪的，属于想象竞合，从一重罪处罚。

（四）量刑标准

根据《最高人民检察院关于渎职侵权犯罪案件立案标准的规定》第一部分第32条的规定，阻碍解救被拐卖、绑架妇女、儿童罪是指对被拐卖、绑架的妇女、儿童负有解救职责的公安、司法等国家机关工作人员利用职务阻碍解救被拐卖、绑架的妇女、儿童的行为。涉嫌下列情形之一的，应予立案：（1）利用职权，禁止、阻止或者妨碍有关部门、人员解救被拐卖、绑架的妇女、儿童的；（2）利用职务上的便利，向拐卖、绑架者或者收买者通风报信，妨碍解救工作正常进行的；（3）其他利用职务阻碍解救被拐卖、绑架的妇女、儿童应予追究刑事责任的情形。

根据《刑法》第416条第2款，负有解救职责的国家机关工作人员利用职务阻碍解救的，处 2 年以上 7 年以下有期徒刑；情节较轻的，处 2 年以下有期徒刑或者拘役。

（五）解释索引

（1）《最高人民检察院关于渎职侵权犯罪案件立案标准的规定》（2006 年 7 月 26 日）；

（2）《关于人民检察院直接受理立案侦查案件立案标准的规定（试行）》（1999 年 9 月 9 日）。

八、帮助犯罪分子逃避处罚罪

（一）刑法条文

第四百一十七条　有查禁犯罪活动职责的国家机关工作人员，向犯罪分子通风报信、提供便利，帮助犯罪分子逃避处罚的，处三年以下有期徒刑或者拘役；情节严重的，处三年以上十年以下有期徒刑。

（二）犯罪构成

1. 法益

关于本罪侵害的法益，有学者认为是国家机关的正常活动，[1] 也有学者认为是司法机关的正常司法活动。[2] 此外，关于本罪为渎职犯罪，主要的行为体现在有查禁犯罪活动职责的国家机关工作人员，借用职权便利，帮助犯罪分子逃避处罚，因此，将本罪的法益表述为国家机关的正常活动或司法机关的正常司法活动均没有根本的冲突。此外，关于本罪的法益，还可以表述为国家机关正常的查禁犯罪活动。

2. 客观行为

本罪在客观方面表现为行为人向犯罪分子通风报信、提供便利的行为。

---

[1] 参见高铭暄、马克昌主编：《刑法学》（第八版），北京大学出版社、高等教育出版社 2017 年版，第 665 页。

[2] 参见刘宪权主编：《刑法学》（第四版），上海人民出版社 2016 年版，第 906 页。

通风报信，指的是行为人向犯罪分子通报其根据职权所了解到的有关国家机关将追查其犯罪活动的消息（如通缉），或者司法机关对其犯罪事实的查证情况等信息。

提供便利，是指行为人向犯罪分子提供除通风报信之外的，为犯罪分子逃避处罚给予方便或帮助犯罪分子摆脱进一步审查的条件。具体可以表现为：（1）向犯罪分子泄漏有关部门查禁犯罪活动的部署、人员、措施、时间、地点等情况的；（2）向犯罪分子提供钱物、交通工具、通信设备、隐藏处所等便利条件的；（3）向犯罪分子泄漏案情的；（4）帮助、示意犯罪分子隐匿、毁灭、伪造证据，或者串供、翻供的；（5）其他帮助犯罪分子逃避处罚应予追究刑事责任的情形。

3. 行为主体

本罪主体为特殊主体，即有查禁犯罪活动职责的国家机关工作人员。就具体犯罪具有查禁职责的国家机关工作人员，通过自身的职责关系，可以了解到与犯罪分子有关的信息，从而具有帮助犯罪分子逃避处罚的便利。具体而言，根据《最高人民检察院关于渎职侵权犯罪案件立案标准的规定》，是指有查禁犯罪活动职责的司法及公安、国家安全、海关、税务等国家机关工作人员。同时，全国人大常委会根据司法实践中遇到的情况，讨论了《刑法》第九章渎职罪主体的适用问题，认为在依照法律、法规规定行使国家行政管理职权的组织中从事公务的人员，或者在受国家机关委托代表国家机关行使职权的组织中从事公务的人员，或者虽未列入国家机关人员编制但在国家机关中从事公务的人员，在代表国家机关行使职权时，有渎职行为，构成犯罪的，依照《刑法》关于渎职罪的规定追究刑事责任。[①]

因此，有学者指出，对于在实践中向犯罪分子通风报信、提供便利，帮助犯罪分子逃避处罚的单位保卫人员、社区保安人员，是否属于本罪主体，取决于该人员是否接受了国家机关委托，代表或协助国家机关从事查禁犯罪活动，若是，则其具有相应的职权和身份，可以成为本罪主体。[②]

---

① 参见《关于〈刑法〉第九章渎职罪主体适用问题的解释》。
② 参见马长生、罗开卷：《帮助犯罪分子逃避处罚罪疑难问题探析》，载《法律适用》2009年第9期。

4. 主观罪过

本罪在主观上出于故意，即明知是帮助犯罪分子逃避处罚的行为仍然为之。

（三）司法认定

1. 共同犯罪

根据《最高人民法院、最高人民检察院关于办理扰乱无线电通讯管理秩序等刑事案件适用法律若干问题的解释》第7条第2款，有查禁扰乱无线电管理秩序犯罪活动职责的国家机关工作人员，向犯罪分子通风报信、提供便利，帮助犯罪分子逃避处罚的，应当依照《刑法》第417条的规定，以帮助犯罪分子逃避处罚罪追究刑事责任；事先通谋的，以共同犯罪论处。

2. 罪与非罪

根据《最高人民法院、最高人民检察院、公安部、国家工商行政管理局关于依法查处盗窃、抢劫机动车案件的规定》第10条，公安人员对盗窃、抢劫的机动车辆，非法提供机动车牌证或者为其取得机动车牌证提供便利，帮助犯罪分子逃避处罚的，依照《刑法》第417条规定处罚。

3. 通风报信、提供便利是否需要利用查禁的职务或工作之便

针对行为人向犯罪分子通风报信、提供便利的行为，有学者认为，该行为应该与行为主体的职责相关联（如将基于职务获悉的相关信息告诉犯罪分子、利用职务之便为犯罪分子提供便利等），如果只是简单的与职责无关的帮助行为，应认定为窝藏、包庇罪，而非本罪。[1] 有学者认为，如果行为人既没有利用职务之便也没有利用工作之便，而是利用亲友、同学关系知晓的信息，由于其不负有查禁该犯罪活动的职责，那就不存在因帮助而渎职的问题，但可能构成窝藏罪或包庇罪。[2] 本书认为，本罪属于渎职类型的犯罪，行为人的行为的确应当与职务相关联，而立案标准规定的追诉情形中给予犯罪分子钱物、交通工具等便利条件或者帮助犯罪分子串供等情形，看似与职权并不相

---

[1] 参见张明楷：《刑法学》（第五版），法律出版社2016年版，第1271页。
[2] 参见马长生、罗开卷：《帮助犯罪分子逃避处罚罪疑难问题探析》，载《法律适用》2009年第9期。

关，但在实务中，往往是行为人借助职权了解到犯罪分子的犯罪信息后才为犯罪分子提供便利的，因此，此种情形，也应当属于本罪的行为。若行为人属于前述第二种观点的情况，则可能构成窝藏罪或包庇罪。

4. 本罪与窝藏、包庇罪

当行为人并不属于具有查禁犯罪职责的国家机关工作人员，而实施了帮助犯罪分子逃避处罚的行为时，构成窝藏、包庇罪。若行为人属于本罪的行为人范畴，但是并未借助职责实施了帮助犯罪分子逃避处罚的行为，也构成窝藏、包庇罪。

5. 本罪与徇私枉法罪

二者在行为主体和犯罪的时间点上有所区别。当行为人是具有刑事追诉职权的司法工作人员时，在刑事追诉过程中，对明知是有罪的人而故意使其不受追诉，帮助犯罪分子逃避处罚的，应以徇私枉法罪论处；假如行为人是在刑事追诉过程之外，使有罪的人不受追诉的，则构成本罪。此外，没有刑事追诉职权的司法工作人员帮助犯罪分子逃避处罚的，仍成立本罪。

6. 罪数形态

当本罪的行为人为了帮助犯罪分子逃避处罚，进而采用帮助犯罪分子毁灭、伪造证据的手段，同时触犯了另一罪名的，侵犯了两个法益，属于想象竞合，从一重罪处罚。

7. 本罪与故意泄露国家秘密罪

对于负有查禁犯罪活动职责的国家机关工作人员向犯罪分子通风报信，帮助其逃避处罚，如果所提供的信息属于国家秘密的，同时符合了本罪与故意泄露国家秘密罪的犯罪构成，应如何认定：有学者认为，此种情况属于法条竞合，本罪为特别法，故意泄露国家秘密罪为普通法，因此按特别法优于一般法的原则，应当以本罪论处；还有学者认为，这种情况属于牵连犯，故意泄露国家秘密的行为为手段行为，帮助犯罪分子逃避处罚的行为为目的行为，根据牵连犯择一重罪处断的原则，应当以本罪论处。① 本书认为，这种情况属于两罪的想象竞合，应当从一重罪处罚，即以本罪论处。

---

① 参见张永红：《帮助犯罪分子逃避处罚罪若干问题研究》，载《现代法学》2004年第3期。

(四) 量刑标准

根据《最高人民检察院关于渎职侵权犯罪案件立案标准的规定》第一部分第 33 条的规定,帮助犯罪分子逃避处罚罪是指有查禁犯罪活动职责的司法及公安、国家安全、海关、税务等国家机关工作人员,向犯罪分子通风报信、提供便利,帮助犯罪分子逃避处罚的行为。涉嫌下列情形之一的,应予立案:(1) 向犯罪分子泄漏有关部门查禁犯罪活动的部署、人员、措施、时间、地点等情况的;(2) 向犯罪分子提供钱物、交通工具、通信设备、隐藏处所等便利条件的;(3) 向犯罪分子泄漏案情的;(4) 帮助、示意犯罪分子隐匿、毁灭、伪造证据,或者串供、翻供的;(5) 其他帮助犯罪分子逃避处罚应予追究刑事责任的情形。

根据《刑法》第 417 条的规定,有查禁犯罪活动职责的国家机关工作人员,向犯罪分子通风报信、提供便利,帮助犯罪分子逃避处罚的,处 3 年以下有期徒刑或者拘役;情节严重的,处 3 年以上 10 年以下有期徒刑。

(五) 解释索引

(1)《最高人民法院、最高人民检察院关于办理扰乱无线电通讯管理秩序等刑事案件适用法律若干问题的解释》(2017 年 6 月 27 日);

(2)《最高人民检察院关于渎职侵权犯罪案件立案标准的规定》(2006 年 7 月 26 日);

(3)《公安部关于打击拐卖妇女儿童犯罪适用法律和政策有关问题的意见》(2000 年 3 月 17 日);

(4)《人民检察院立案监督工作问题解答》(2000 年 1 月 13 日);

(5)《关于人民检察院直接受理立案侦查案件立案标准的规定(试行)》(1999 年 9 月 9 日);

(6)《最高人民法院、最高人民检察院、公安部、国家工商行政管理局关于依法查处盗窃、抢劫机动车案件的规定》(1998 年 5 月 8 日)。

（六）案例举要

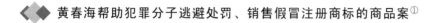 黄春海帮助犯罪分子逃避处罚、销售假冒注册商标的商品案①

上海市静安区人民检察院以被告人黄春海犯帮助犯罪分子逃避处罚罪、销售假冒注册商标的商品罪，向上海市静安区人民法院提起公诉。

起诉书指控：被告人黄春海在担任上海市烟草专卖局静安分局稽查支队（以下简称"稽查支队"）稽查员期间，于2006年9月至2007年10月间，在对假烟销售活动进行查禁的履职过程中，采用通风报信的手法，多次将稽查支队突击检查假烟销售行动的部署安排，事先泄漏给其辖区内的上海市胶州路4××号青青杂货店经营者蔡庆德（另案处理，已判决），致使蔡庆德销售假冒烟草制品的犯罪行为得以逃避处罚。此外，黄春海于2004年11月起，伙同蔡庆德将假冒中华卷烟先后销售给黄春海的亲友毛莹梅、张渊等人共计200余条，销售金额达8.6万余元。综上，黄春海的行为已分别触犯《刑法》第417条、第214条之规定，构成帮助犯罪分子逃避处罚罪、销售假冒注册商标的商品罪，提请依法追究其刑事责任。

被告人黄春海对起诉书指控的事实无异议，其辩护人认为，黄春海的行为不构成帮助犯罪分子逃避处罚罪，应以销售假冒注册商标的商品罪一罪论处。主要理由是：（1）黄春海作为稽查支队的稽查员，仅具有行政执法权，不具有查禁犯罪活动的职责；（2）黄春海与蔡庆德共同销售假冒注册商标的卷烟，是销售假冒注册商标的商品罪的共犯。黄春海向蔡庆德通风报信的目的，并非是为了帮助蔡庆德逃避处罚，而是为了使自己得以逃脱处罚。此外，黄春海具有自首情节，依法可从轻处罚。

上海市静安区人民法院一审查明：被告人黄春海在担任稽查支队稽查员期间，于2006年9月至2007年10月，在查禁销售假冒伪劣卷烟违法犯罪的活动中，多次将稽查支队突击检查的部署安排事先泄漏给辖区内位于上海市胶州路4××号的青青杂货店的经营者蔡庆德。2007年春节期间，黄春海因

---

① 载《最高人民法院公报》2009年第6期。

私离沪前,还指使其同事滕海俊(另案处理)将稽查支队春节期间突击检查的部署安排事先泄漏给蔡庆德。由于黄春海的事先通风报信,蔡庆德销售假冒注册商标卷烟的犯罪行为多次得以逃避检查和处罚。

另查明,被告人黄春海于2004年11月起,多次介绍他人至蔡庆德处购买假冒注册商标的中华卷烟,而后与蔡庆德共同分利。黄春海以上述方式伙同蔡庆德将假冒注册商标的中华卷烟销售给毛莹梅、张渊等人共计200余条,销售金额达8.6万余元。

2007年11月7日,被告人黄春海在单位对其进行调查时,主动交代了上述犯罪事实。

上海市静安区人民法院一审认为:被告人黄春海作为稽查支队的稽查员,在查禁销售假冒伪劣卷烟违法犯罪的职务活动中,多次亲自或指使他人向犯罪分子事先通报突击检查部署情况,帮助犯罪分子逃避处罚,还伙同他人销售假冒注册商标的卷烟制品,数额较大,其行为已构成帮助犯罪分子逃避处罚罪、销售假冒注册商标的商品罪,应按照数罪并罚的原则依法予以惩处。检察机关指控的犯罪事实清楚,证据确实、充分,定性正确。

本案的争议焦点是:被告人黄春海向蔡庆德通报稽查支队突击检查部署的行为,是否构成帮助犯罪分子逃避处罚罪,应否数罪并罚。

(1) 被告人黄春海符合帮助犯罪分子逃避处罚罪的主体身份

首先,上海市烟草专卖局静安分局系依法成立的管理辖区内烟草专卖市场的组织,虽系事业单位,但受有关国家行政机关的委托,依法行使对辖区内烟草专卖市场进行稽查并对违反烟草专卖的行为进行查处等行政执法权。根据《中华人民共和国行政处罚法》第18条第1款、第19条第1款第1项的规定,行政机关依照法律、法规或者规章的规定,可以在其法定权限内,委托依法成立的管理公共事务的组织实施行政处罚。根据上述规定并结合上海市烟草专卖局静安分局事业单位法人证书,可以确认,上海市烟草专卖局静安分局系接受有关国家行政机关的委托,代表有关国家机关依法行使烟草专卖市场稽查和查处违反烟草专卖行为等行政执法权的组织。根据《关于〈刑法〉第九章渎职罪主体适用问题的解释》的规定,在依照法律、法规规定行使国家行政管理职权的组织中从事公务的人员,或者在受国家机关委托代国家机关行使职权的组织中从事公务的人员，或者虽未列入国家机关人员编制但在国家机关中从事公务的人员，在代表国家机关行使职权时，有渎职行为，构成犯罪的，依照刑法关于渎职罪的规定追究刑事责任。本案中，被告人黄春海系稽查支队的稽查员，其所在的稽查支队隶属于上海市烟草专卖局静安分局，具体负责辖区内烟草专卖市场稽查和查处违反烟草专卖行为。故可以认定，黄春海属于在受国家机关委托代表国家机关行使职权的组织中从事公务的人员，其在代表国家机关行使职权时，应以"国家机关工作人员"论。

其次，根据《刑法》第417条的规定，帮助犯罪分子逃避处罚罪是指有查禁犯罪活动职责的国家机关工作人员，向犯罪分子通风报信、提供便利，帮助犯罪分子逃避处罚的行为。该条规定的"查禁犯罪活动职责"，不仅是指司法机关依法负有的刑事侦查、检察、审判、刑罚执行等职责，也包括法律赋予相关行政机关的查禁犯罪活动的职责。《刑法》第402条规定："行政执法人员徇私舞弊，对依法应当移交司法机关追究刑事责任的不移交，情节严重的，处三年以下有期徒刑或者拘役；造成严重后果的，处三年以上七年以下有期徒刑。"据此，行政机关在行政执法中发现涉嫌犯罪的，应当依法移交司法机关追究刑事责任，这是行政机关承担的查禁犯罪活动的法定职责。《最高人民检察院关于渎职侵权犯罪案件立案标准的规定》亦明确将帮助犯罪分子逃避处罚罪的主体规定为"有查禁犯罪活动职责的司法及公安、国家安全、海关、税务等国家机关的工作人员"。本案中，上海市烟草专卖局静安分局接受有关国家行政机关的委托，代表有关国家机关依法行使烟草专卖市场稽查和查处违反烟草专卖行为等行政执法权。被告人黄春海所在的稽查支队隶属于上海市烟草专卖局静安分局，具体负责辖区内烟草专卖市场稽查和查处违反烟草专卖行为。根据国家烟草专卖局《烟草专卖行政处罚程序规定》第12条的规定，烟草专卖行政主管部门发现违反烟草专卖规定的违法行为构成犯罪的，应当将案件移送司法机关处理。据此，烟草专卖局的工作人员，在发现犯罪活动时，必须收集、整理有关证据材料并将案件移交司法机关处理，此即烟草专卖局及其工作人员所负有的查禁犯罪活动的职责。黄春海作为稽查支队的稽查员，负有此项职责。

综上，被告人黄春海的辩护人关于黄春海不符合帮助犯罪分子逃避处罚罪主体身份的辩护理由不能成立，不予采纳。

（2）被告人黄春海实施了帮助犯罪分子逃避处罚的犯罪行为

根据本案事实，被告人黄春海在担任稽查支队稽查员期间，多次将稽查支队突击检查的部署安排事先泄漏给蔡庆德，致使蔡庆德销售假冒注册商标卷烟的犯罪行为多次得以逃避检查和处罚。黄春海的上述行为，属于帮助犯罪分子逃避处罚的犯罪行为。

（3）对被告人黄春海的行为，应当以帮助犯罪分子逃避处罚罪、销售假冒注册商标的商品罪数罪并罚

被告人黄春海多次介绍他人至蔡庆德处购买假冒注册商标的中华卷烟共计200余条，销售金额达8.6万余元，而后与蔡庆德共同分利。黄春海的上述行为，属于销售假冒注册商标的商品的共同犯罪行为。

被告人黄春海虽与蔡庆德共同销售假冒注册商标的中华卷烟，但这并不影响其向蔡庆德通风报信的行为构成帮助犯罪分子逃避处罚罪。黄春海向蔡庆德通风报信，固然有防止自己罪行败露的主观目的，但不能因此否定其具有帮助蔡庆德逃避刑事处罚的目的。黄春海的辩护人关于"黄春海向蔡庆德通风报信的目的是为了使自己得以逃脱处罚，应以销售假冒注册商标的商品罪一罪论处"的辩护理由不能成立，不予采纳。

综上，被告人黄春海身为稽查支队的稽查员，负有查禁销售假冒注册商标卷烟制品犯罪的职责，却与销售假冒注册商标的商品的犯罪分子相互勾结，共同实施销售假冒注册商标的商品的犯罪行为，并向犯罪分子通风报信，帮助犯罪分子逃避处罚，其行为分别构成销售假冒注册商标的商品罪、帮助犯罪分子逃避处罚罪，应依法实行数罪并罚。黄春海在本单位对其进行调查时，主动交代了全部犯罪事实，可以自首论处，依法可从轻处罚。辩护人关于黄春海具有自首情节，依法可从轻处罚的辩护意见，应予采纳。黄春海与蔡庆德在共同犯罪中作用基本相当，无主、从犯之分，均应依法惩处。据此，上海市静安区人民法院依照《刑法》第417条、第214条、第25条第1款、第26条第1款和第4款、第67条第1款、第69条、第64条，以及《全国人民

代表大会常务委员会关于〈中华人民共和国刑法〉第九章渎职罪主体适用问题的解释》之规定，于 2008 年 6 月 6 日判决如下：（1）被告人黄春海犯帮助犯罪分子逃避处罚罪，判处有期徒刑 1 年 6 个月；犯销售假冒注册商标的商品罪，判处有期徒刑 1 年，并处罚金 2000 元；决定执行有期徒刑 2 年，并处罚金 2000 元。（2）追缴被告人黄春海违法所得，上缴国库。

黄春海不服一审判决，向上海市第二中级人民法院提出上诉称：上诉人黄春海不具有查禁犯罪活动的职责。黄春海与蔡庆德共同销售假冒注册商标的卷烟，向蔡庆德通风报信的目的也是为了使自己得以逃脱处罚，故黄春海仅是销售假冒注册商标的商品罪的共犯，不构成帮助犯罪分子逃避处罚罪。一审判决定性错误，量刑过重，请求依法改判。

上海市第二中级人民法院经二审，确认了一审法院查明的事实。

二审争议的焦点仍然是：被告人黄春海向蔡庆德通报稽查支队突击检查部署的行为，是否构成帮助犯罪分子逃避处罚罪，应否数罪并罚。

上海市第二中级人民法院二审认为：上诉人黄春海作为稽查支队稽查员，依照《中华人民共和国烟草专卖法》《中华人民共和国行政处罚法》及其所在部门的具体职能规定，负有查处倒卖烟草专卖品，生产、销售假冒注册商标的烟草制品等违法行为的职责，并对相关违法行为构成犯罪的，负有将案件移送司法机关依法追究刑事责任的职责。因此，黄春海符合帮助犯罪分子逃避处罚罪的主体要求，其关于不具有查禁犯罪活动职责的上诉理由不能成立。黄春海向蔡庆德通风报信，帮助蔡庆德逃避刑事处罚，其行为构成帮助犯罪分子逃避处罚罪。

上诉人黄春海介绍他人至蔡庆德处购买假冒注册商标的卷烟并与蔡庆德共同分利，数额较大，其行为构成销售假冒注册商标的商品罪。

综上，上诉人黄春海具体实施了帮助犯罪分子逃避处罚罪、销售假冒注册商标的商品罪两个犯罪行为，依法应予以数罪并罚。一审法院认定事实清楚，证据确实、充分，定罪量刑适当，审判程序合法。据此，上海市第二中级人民法院根据《刑事诉讼法》第 189 条第 1 项之规定，于 2008 年 9 月 17 日裁定驳回上诉，维持原判。

九、违法发放林木采伐许可证罪

（一）刑法条文

第四百零七条　林业主管部门的工作人员违反森林法的规定，超过批准的年采伐限额发放林木采伐许可证或者违反规定滥发林木采伐许可证，情节严重，致使森林遭受严重破坏的，处三年以下有期徒刑或者拘役。

（二）犯罪构成

1. 法益

本罪侵害的法益，指的是国家关于森林管理、林木采伐的相关制度，具体是指国家关于林业管理的活动，如审核发放林木采伐许可证部门对许可证的正常管理活动。

2. 客观行为

本罪在客观方面表现为行为人违反森林法的规定，超过批准的年采伐限额发放林木采伐许可证或者违反规定滥发林木采伐许可证，情节严重的行为。如行为人发放的林木采伐许可证超过了年采伐限额，导致林木被采伐量超过标准，造成林业资源的浪费或者行为人违规滥发林木采伐许可证，导致珍贵林木资源被滥伐，破坏生物多样化的情形。

3. 行为主体

本罪主体为特殊主体，即林业主管部门的工作人员。

4. 主观罪过

本罪在主观上出于故意。

（三）司法认定

关于本罪与滥用职权罪的认定，根据《最高人民检察院关于对林业主管部门工作人员在发放林木采伐许可证之外滥用职权、玩忽职守致使森林遭受严重破坏的行为适用法律问题的批复》，林业主管部门工作人员违法发放林木采伐许可证，致使森林遭受严重破坏的，依照《刑法》第 407 条的规定，以违法发放林木采伐许可证罪追究刑事责任；以其他方式滥用职权或者玩忽职守，致使森林遭受严重破坏的，依照《刑法》第 397 条的规定，以滥用职权罪或者玩忽职守罪追究刑事责任，立案标准依照《最高人民检察院关于渎职侵权犯罪案件立案标准的规定》第一部分第 18 条第 3 款的规定执行。

(四) 量刑标准

根据《最高人民法院关于审理破坏森林资源刑事案件具体应用法律若干问题的解释》第 12 条，林业主管部门的工作人员违反森林法的规定，超过批准的年采伐限额发放林木采伐许可证或者违反规定滥发林木采伐许可证，具有下列情形之一的，属于《刑法》第 407 条规定的"情节严重，致使森林遭受严重破坏"，以违法发放林木采伐许可证罪定罪处罚：(1) 发放林木采伐许可证允许采伐数量累计超过批准的年采伐限额，导致林木被采伐数量在 10 立方米以上的；(2) 滥发林木采伐许可证，导致林木被滥伐 20 立方米以上的；(3) 滥发林木采伐许可证，导致珍贵树木被滥伐的；(4) 批准采伐国家禁止采伐的林木，情节恶劣的；(5) 其他情节严重的情形。

根据《刑法》第 407 条，林业主管部门的工作人员违反森林法的规定，超过批准的年采伐限额发放林木采伐许可证或者违反规定滥发林木采伐许可证，情节严重，致使森林遭受严重破坏的，处 3 年以下有期徒刑或者拘役。

(五) 解释索引

(1)《最高人民检察院关于对林业主管部门工作人员在发放林木采伐许可证之外滥用职权玩忽职守致使森林遭受严重破坏的行为适用法律问题的批复》(2007 年 5 月 16 日)；

(2)《最高人民检察院关于渎职侵权犯罪案件立案标准的规定》(2006 年 7 月 26 日)；

(3)《最高人民法院关于审理破坏森林资源刑事案件具体应用法律若干问题的解释》(2000 年 11 月 22 日)；

(4)《关于人民检察院直接受理立案侦查案件立案标准的规定（试行)》

(1999年9月9日)。

(六) 案例举要

◆ 杜文斌违法发放林木采伐许可证、受贿,黎某违法发放林木采伐许可证案①

贵州省沿河土家族自治县人民法院审理沿河土家族自治县人民检察院指控原审被告人杜文斌犯违法发放林木采伐许可证罪、受贿罪,黎某犯违法发放林木采伐许可证罪一案,于2014年9月16日作出(2014)沿刑初字第121号刑事判决。原审被告人杜文斌不服,提出上诉。贵州省铜仁市中级人民法院依法组成合议庭,于2014年12月12日公开开庭审理了本案。

原判认定,2011年,唐某海、唐某进以53000元的价格在余某某处购买了生长在沿河土家族自治县后坪乡斯茅坝村的4棵挂牌"古树名木",唐某进着手办理林木采伐许可证。2012年3月,唐某进以余某某的名义编造了"树干内部干枯腐烂,存在安全隐患"等内容的申请砍伐四棵古树申请书,在伪造了部分其他申请材料后,唐某海将申请砍伐古树的材料一并交给时任沿河土家族自治县林业局林政股负责人杜文斌办理林木采伐许可证。杜文斌收受唐某海委托崔某奇送予5万元的查验费,虚构被伐树木的查验报告,同时,把这四棵树写成安全隐患树,建议合理采伐,并帮助办理采伐证。唐某进采伐证过期后,杜文斌在没有请示县林业局任何领导的情况下换证。后杜文斌又收受了3万元的"感谢费"。另认定,被告人杜文斌在案发后,揭发了另一犯罪嫌疑人陈某祥的受贿情况。被告人黎某在违法发放林木采伐许可证罪一案中,系从犯。依照《刑法》第385条第1款、第386条、第383条、第407条、第59条、第64条、第61条、第62条、第37条、第67条第3款、第68条、第69条、第25条第1款、第27条,《最高人民法院、最高人民检察院关于办理渎职刑事案件适用法律若干问题的解释(一)》第3条及《刑事诉讼法》第195条第1项之规定,判决:被告人杜文斌犯受贿罪,判处有期徒刑5年,并处没收财产1万元;犯违法发放林木采伐许可证罪,判处有期徒刑2

---

① (2014)铜中刑终字第189号。

年，总和刑期7年，没收财产1万元，数罪并罚决定执行有期徒刑6年，没收财产1万元。被告人黎某犯违法发放林木采伐许可证罪，免予刑事处罚。被告人杜文斌所交赃款8万元予以没收，上缴国库。

杜文斌不服，提出上诉，其上诉理由是：（1）上诉人所犯两罪是牵连犯，应择一重罪处罚，原判数罪并罚错误。（2）上诉人犯受贿罪、犯违法发放林木采伐许可证罪都构成自首。（3）原判量刑过重。上诉人杜文斌的辩护人提出相同的辩护意见。

出庭检察员发表了如下出庭意见：辩护人当庭提供的证据与被告人杜文斌应当承担的刑事责任没有关联性，被告人杜文斌犯违法发放林木采伐许可证罪、受贿罪没有自首情节，一审定性和量刑准确。建议驳回上诉，维持原判。

经审理查明，原判认定"上诉人杜文斌违法为唐某进办理林木采伐许可证，导致沿河土家族自治县后坪乡斯茅坝村的4棵细叶桢楠古树被砍伐；上诉人杜文斌非法收受唐某海委托崔某奇转送的贿金5万元；上诉人杜文斌揭发国家工作人员陈某祥受贿犯罪有立功表现"的事实清楚，应予认定。

对于上诉人杜文斌及其辩护人提出上诉人犯违法发放林木采伐许可证罪有自首情节的上诉理由。经查，上诉人杜文斌在受到办案机关调查时并未如实交代自己的犯罪事实，在侦查机关立案后，上诉人杜文斌也未积极供述其渎职犯罪事实。上诉人杜文斌及其辩护人提出其犯违法发放林木采伐许可证罪系自首的上诉理由，不符合《最高人民法院、最高人民检察院关于办理职务犯罪案件认定自首、立功等量刑情节若干问题的意见》关于认定自首的规定，上诉人杜文斌及其辩护人提出的该上诉理由和辩护意见不成立。

对于上诉人杜文斌及其辩护人提出上诉人犯受贿罪有自首情节的上诉理由。经查，杜文斌非法收受他人贿赂的犯罪事实在其供述前已被侦查机关掌握，对于其提出的犯受贿罪有自首情节的上诉理由不符合《刑法》第67条第2款关于自首的规定，故上诉人杜文斌及其辩护人的该上诉理由和辩护意见不成立。

二审法院认为，上诉人杜文斌利用职务之便，非法收受他人8万元，为他人违法办理林木采伐许可证，导致4棵细叶桢楠古树被非法砍伐，其行为触犯了《刑法》第385条、第407条之规定，构成受贿罪、违法发放林木采伐许可证罪，应数罪并罚；原审被告人黎某身为县林业局工作人员，在查验4棵细叶桢楠古树的过程中，虚构事实，给办理采伐许可证提供了依据，导致4棵细叶桢楠古树被非法砍伐，其行为触犯了《刑法》第407条之规定，构成违法发放林木采伐许可证罪。上诉人杜文斌及其辩护人提出杜文斌所犯两罪系牵连犯，应择一重罪处罚的上诉理由不符合《最高人民法院、最高人民检察院关于办理渎职刑事案件适用法律若干问题的解释（一）》第3条"国家机关工作人员实施渎职犯罪并收受贿赂，同时构成受贿罪的，除刑法另有规定外，以渎职犯罪和受贿罪数罪并罚"之规定，不予采纳。原判对上诉人杜文斌所犯受贿罪、违法发放林木采伐许可证罪的量刑已充分考虑了案件的具体事实、性质以及相关量刑情节，原判量刑并无不当。综上，原判认定事实和适用法律正确、量刑适当，应予维持。依照《刑事诉讼法》第225条第1款第1项之规定，裁定驳回上诉，维持原判。

十、办理偷越国（边）境人员出入境证件罪

（一）刑法条文

第四百一十五条　负责办理护照、签证以及其他出入境证件的国家机关工作人员，对明知是企图偷越国（边）境的人员，予以办理出入境证件的，或者边防、海关等国家机关工作人员，对明知是偷越国（边）境的人员，予以放行的，处三年以下有期徒刑或者拘役；情节严重的，处三年以上七年以下有期徒刑。

（二）犯罪构成

1. 法益

关于本罪侵害的法益，有学者认为是国家正常的国（边）境管理活动，[①]

[①] 参见高铭暄、马克昌主编：《刑法学》（第八版），北京大学出版社、高等教育出版社2017年版，第664页。

也有学者认为是国家的出入境管理制度。① 本书认为，以上两种观点并无根本区别，都是指向国家在出入境活动中的管理秩序，只是表述上略有出入。国家正常的国（边）境管理活动是落实出入境管理制度的必然结果，要保护国家正常的国（边）境管理活动，必然要以严格遵守出入境管理制度为前提。因此，将本罪的法益表述为国家正常的国（边）境管理活动，显得更为全面。

2. 客观行为

本罪在客观方面表现为行为人明知是企图偷越国（边）境的人员，仍予以办理出入境证件的行为。对于"企图"，有学者认为，任何人都有权申领护照，国家机关不得以其企图偷越国（边）境为由而拒发护照；申请入境的外国人要求办理签证时，不能认为其有偷越我国（边）境的企图。②

3. 行为主体

本罪主体为特殊主体，只能是负有办理护照、签证以及其他出入境证件职责的国家机关工作人员。

4. 主观罪过

本罪在主观上出于故意，即明知是企图偷越国（边）境的人员，仍然予以办理出入境证件。

（三）司法认定

1. 罪数形态

因受贿而给明知是企图偷越国（边）境的人员办理出入境证件的，侵犯了两个法益，属于实质的数罪，应当以受贿罪和本罪数罪并罚。

2. 此罪与彼罪

过失不构成本罪，如后果严重的，可以玩忽职守罪论处。

（四）量刑标准

根据《最高人民检察院关于渎职侵权犯罪案件立案标准的规定》第一部

---

① 参见刘宪权主编：《刑法学》（第四版），上海人民出版社2016年版，第903页。
② 参见张明楷：《刑法学》（第五版），法律出版社2016年版，第1270页。

分第 29 条第 2 款的规定,负责办理护照、签证以及其他出入境证件的国家机关工作人员涉嫌在办理护照、签证以及其他出入境证件的过程中,对明知是企图偷越国(边)境的人员而予以办理出入境证件的,应予立案。

根据《刑法》第 415 条,犯本罪的,处 3 年以下有期徒刑或者拘役;情节严重的,处 3 年以上 7 年以下有期徒刑。

(五) 解释索引

(1)《最高人民检察院关于渎职侵权犯罪案件立案标准的规定》(2006 年 7 月 26 日);

(2)《关于人民检察院直接受理立案侦查案件立案标准的规定(试行)》(1999 年 9 月 9 日);

(3)《最高人民检察院关于适用刑法分则规定的犯罪的罪名的意见》(1997 年 12 月 25 日)。

(六) 案例举要

◆ 张忠办理偷越国(边)境人员出入境证件案[①]

上海市虹口区人民检察院以被告人张忠犯办理偷越国(边)境人员出入境证件罪,向上海市虹口区人民法院提起公诉。

被告人张忠提出在受理的 11 份材料中,并不知申请人是否偷渡,也不知其中有假材料,但称刘庆可能是"黄牛"。辩护人提出认定被告人张忠犯办理偷越国(边)境人员出入境证件罪的证据不足,罪名不能成立。

经审理查明:被告人张忠原系上海市公安局出入境管理处受理科民警,于 1998 年上半年至 1998 年年底,因女朋友邹珺(另案处理)的请托,先后受理及托他人受理由刘庆(另案处理)所送的代他人申办出国护照的材料,使多人凭虚假材料,骗得了出国护照,邹珺、刘庆亦从中牟取利益。1999 年年初,张忠发现刘庆送的材料有假,怀疑刘庆系从事护照生意的"黄牛"后,对从中得益的邹珺讲:"这样下去要出事的,领导强调'黄牛'送来的材料是

---

① (2000)虹刑初字第 171 号、(2000)沪二中刑终字第 288 号。

不好受理的。"由于邹珺继续要张忠从中帮忙,张忠于 1999 年 4 月至 5 月间,仍违反申请护照应由申请人送交材料并接受询问的规定,先后受理刘庆等人为童某等 11 位不符合申办出国护照条件人员所送的虚假材料,为上述 11 人骗得出国护照。案发后,经鉴定,上述材料分别由刘庆、费月祥参与伪造。

虹口区人民法院认为:被告人张忠明知他人是企图偷越国(边)境人员,而为多人办理出入境证件,情节严重,其行为已构成办理偷越国(边)境人员出入境证件罪。虹口区人民检察院指控被告人张忠犯办理偷越国(边)境人员出入境证件罪罪名成立。庭审中,被告人张忠提出自己并不知申请人是偷越国(边)境人员和所送材料有假的辩解及辩护人提出证据不足,罪名不能成立的意见,本院认为,根据查明的事实证明被告人张忠明知刘庆是办出入境护照的"黄牛",在为不具备出境条件的人办理护照的申请,其中材料有假,不仅张忠发现过,而且其他民警在代其受理过程中也发现过,然而,张忠在最后办理的 11 份材料经鉴定证明均含有虚假内容,作为多年从事出入境管理工作的张忠应当知道如何验证,应当知道刘庆送的材料可能含有虚假内容,应当知道这些申请人办理护照的目的是为了非法出境。本案被告人张忠行为有充分、确凿的证据相印证,已符合犯罪构成要件,被告人及辩护人的上述意见与事实不符,故不予采纳。案发后,张能向单位纪委交代犯罪事实。庭审中,对明知是企图偷越国(边)境人员这一问题,虽避重就轻,但最后还是作了有罪供述,应视为自首,可从轻处罚。为维护国家出入境管理制度不受侵犯,依照《刑法》第 415 条、第 67 条及《最高人民法院关于处理自首和立功具体应用法律若干问题的解释》第 1 条第 1 款第 1 项之规定,判决被告人张忠犯办理偷越国(边)境人员出入境证件罪,判处有期徒刑 3 年。

宣判后,被告人张忠不服,提出上诉,认为原判决认定事实有出入;其辩护人认为,原判定罪证据不足,适用法律不当。

上海市第二中级人民法院经过二审审理所查明的事实与证据与一审相同。该院针对张忠的上诉理由及辩护人的辩护意见作了如下评判:

张忠上诉辩称:他并不明知刘庆送交的 11 份材料的申请人企图偷越国(边)境;受理科并未组织学习识别"黄牛"的方法,他只是推测刘庆是"黄牛",也未发现刘庆送来的材料有假。其辩护人认为,没有一份证据证明张忠明知申请人是偷越国（边）境人员仍为他们办理证件。接受申请材料并不就是"办理"，受理科的职责只是对申请人送交的材料进行形式上的审查，且无明文规定申请人必须到场接受询问，张忠无法辨认刘庆送交的11份材料的真伪。经查，被告人张忠到案后曾供述："我发现刘庆送的材料中有假，认为刘庆是在骗取护照"；"材料中的邀请信和身份证明显然有假，让人一看就知道是假的"；"邹珺讲刘庆给她钱，送材料又多，申请人本人没有来，送的人员又是固定的，凭我的工作经验，我知道刘庆是'黄牛'，从事护照生意"；"就是没有境外关系的人，没有境外邀请信不符合申办护照条件的人，找到'黄牛'，由'黄牛'帮申请人找境外的邀请信或伪造境外的邀请信，达到骗取护照的目的，然后向申请人收取费用"；"这种邀请信对申请人来讲是不真实的，因为申请人与邀请人是不认识的"；"根据规定及科领导重申，都是不允许受理'黄牛'送来的申请材料"；"我想，既然邹珺收了刘庆的钱，邹珺又没有其他的收入，所以我也就继续受理刘庆派人送来的材料了。"证人邹珺、刘庆等的证词也印证了张忠的供述。另查，《受理科工作规范》明确规定："本市居民申请因私出国，须回答有关询问……"虽张忠辩称不知有这一明文规定，但其在供述中也承认："科长在全科会议上要求过。"证人倪某某、徐某证实，受理科在平时的工作、学习中，经常谈到"黄牛"现象，并通过具体案例学习防范"黄牛"现象。受理科的岗位职责要求受理出国申请表的民警，必须对申请材料原件的真伪予以鉴别，受理的申请材料复印件必须经核对与原件相符。由此可见，受理就是对送交的材料进行实质审查，而进行实质审查是办理护照过程中的重要一环，因此，"办理"包含了受理。综上，张忠对刘庆送交的材料进行审查后，不但发现有假材料，而且未按规定送交有关部门进行处理，并在申请人不到场接受询问的情况下继续受理刘庆送交的11份虚假材料，致使11人骗得了出国护照。因此，张忠对由刘庆代为送交材料的申请人企图偷越国（边）境应当是明知的，他应当依照有关规定通过询问申请人等多种方法对送审材料鉴别真伪。故张忠关于认定事实有出入的辩解及其辩护人关于对被告人认定办理偷越国（边）境人员出入境证件罪证据不足的辩护意见不能成立。

上海市第二中级人民法院认为：上诉人张忠明知他人是企图偷越国（边）

境人员，而为多人办理出入境证件，情节严重，其行为已构成办理偷越国（边）境人员出入境证件罪。一审庭审中，张忠对明知是企图偷越国（边）境人员这一问题，虽避重就轻，但最后还是作了有罪供述，应视为自首，依法可从轻处罚。原审法院根据被告人张忠犯罪的事实、性质、情节和对社会的危害程度，作出的判决并无不当，且审判程序合法。据此，该院依照《刑事诉讼法》第189条第1项的规定，于2000年8月23日作出刑事裁定如下：驳回上诉，维持原判。

◆ 赵某某办理偷越国（边）境人员出入境证件、受贿、盗窃国家机关证件案[①]

广州市荔湾区人民法院审理广州市荔湾区人民检察院指控原审被告人赵某某犯办理偷越国（边）境人员出入境证件罪、受贿罪和盗窃国家机关证件罪，于2004年12月17日作出（2004）荔法刑初字第579号刑事判决，赵某某不服，提出上诉。广州市中级人民法院依法组成合议庭，经过阅卷，听取辩护人意见，认为事实清楚，决定不开庭审理。现已审理终结。

原审判决认定：

（1）被告人赵某某在广东省人民政府外事办公室（以下简称"省府外事办"）护照签证处担任前台受理员期间，于1997年下半年，利用其负责受理、审核申办护照签证材料等职务便利，在明知企图出境人员没有往来香港签注指标的情况下，伙同当时在护照签证处后台工作的同事陈某某（另案处理），为揭阳市人民政府外事办公室签证科科长赖某某提供的一本往来香港特别行政区通行证非法办理了多次往来香港的签注。事后，被告人赵某某收受赖某某的现金7000元。

（2）1999年3月至8月间，被告人赵某某利用上述职务便利，与当时已被省府外事办开除的原护照签证处工作人员吴某某（另案处理）串谋，多次非法受理和审核了由吴某某提供的虚假的申办护照签证材料，然后再由省府外事办护照签证处的助理调研员李某某（另案处理）非法签批，先后为19批70名没有办证指标、不符合办证条件的人员办理了61本因公往来香港特别行

[①] （2004）荔法刑初字第579号、（2005）穗中法刑二终字第134号。

政区通行证和 9 本因公赴澳门普通护照。其间，被告人赵某某先后多次收受吴某某的现金共计 35 万元。

（3）1999 年 4 月，被告人赵某某利用上述职务便利，在明知企图出境人员没有往来香港签注指标的情况下，为江门市人民政府外事办公室办证科办证员冯某某提供的两本往来香港特别行政区通行证非法办理了 3 个月二次往来香港的签注，事后收受冯某某的现金 3 万元。

综上，被告人赵某某收受他人贿赂共计 38.7 万元。

（4）被告人赵某某在省府外事办护照签证处前台工作期间，于 1999 年 4 月，从省府外事办护照签证处偷取了一本共 100 份的空白多次往返澳门出境证明，并利用吴某某提供的在任职期间偷配的钥匙，从护照签证处后台办公室的保险柜中盗取省府外事办带国徽的公章，在 100 份空白的出境证明上加盖公章后，将该本出境证明交给吴某某，并收取吴某某报酬 10 万元。同年 12 月，吴某某因出售上述出境证明被抓获，并于 2000 年 7 月被珠海市香洲区人民法院判处刑罚。2000 年 10 月，被告人赵某某应吴某某的要求将 10 万元全部退还给吴某某。

被告人赵某某于 2004 年 6 月 26 日被立案侦查前，主动向广州市荔湾区人民检察院交代了全部犯罪事实，并在检察机关立案侦查前后，向中共广东省直属机关纪律检查工作委员会退出违法所得 38.7 万元。

原审法院认为，被告人赵某某身为国家机关中从事公务的人员，利用职务上的便利，在办理出入境证件的过程中，对明知是企图偷越国（边）境的人员而予以办理出入境证件，并为此多次非法收受他人财物，其行为已构成受贿罪；被告人赵某某还利用工作之便，秘密窃取省府外事办的多次往返澳门出境证明，其行为亦已构成盗窃国家机关证件罪。被告人赵某某犯受贿罪和盗窃国家机关证件罪，依法应数罪并罚，其违法所得亦应予以没收。被告人赵某某在被采取强制措施前，能主动如实向检察机关交代了全部犯罪事实，是自首，且退清全部违法所得，依法可对其所犯的受贿罪减轻处罚，对其所犯的盗窃国家机关证件罪从轻处罚。依照《刑法》第 385 条第 1 款、第 386 条、第 383 条第 1 款第 1 项、第 280 条第 1 款、第 67 条第 1 款、第 69 条、第 64 条和《最高人民法院关于处理自首和立功具体应用法律若干问题的解释》

第1条、第3条之规定，作出如下判决：（1）被告人赵某某犯受贿罪，判处有期徒刑5年6个月，并处没收财产10万元；犯盗窃国家机关证件罪，判处有期徒刑1年6个月。决定执行有期徒刑6年6个月，并处没收财产10万元。（2）被告人赵某某退出的违法所得38.7万元，予以没收，上缴国库。

上诉人赵某某上诉提出，原审法院认定其为吴某某办证的数量以及其受贿的数额与实际不符；其辩护人亦对上诉人赵某某受贿数额及办理证件的批次及人数提出异议，并提出上诉人赵某某不构成盗窃国家机关证件罪，应按受贿罪一并定罪处罚。

二审法院经审理查明，原审判决认定本案事实的书证、证人证言等证据均经原审法院庭审质证。证据来源合法，证据间相互印证，足以证实原审判决认定的事实清楚，证据确实充分，本院予以确认。

对于上诉人赵某某及其辩护人对受贿数额及办理证件的批次、人数所提意见，经查，上诉人赵某某在侦查阶段的多次笔录和亲笔供词中详细供述了为吴某某非法办证的方法、数量以及收受赖某某、吴某某、冯某某财物的数额，其供述与吴某某、赖某某、冯某某的证言以及广东省外事办公室出具的相关书证吻合一致，上诉人赵某某及证人吴某某、李某某、胡某亦分别签认有关出访材料、申办材料，足以证实上诉人赵某某的受贿事实，该上诉及辩护意见理据不足，亦没有证据支持，本院不予采纳。

对于辩护人就上诉人赵某某不构成盗窃国家机关证件罪的意见，经查，上诉人赵某某的多次供述与证人吴某某证言均证实，上诉人赵某某是应吴某某的要求，利用吴某某提供的钥匙盗取省府外事办保险柜中的公章，在其窃取的一本共100份空白多次往返澳门出入境证明上加盖公章，其行为已构成盗窃国家机关证件罪。其秘密窃取国家机关证件的行为与其事后收受吴某某酬劳的行为，不存在刑法意义上的牵连关系，该辩护意见无依据，本院不予采纳。

二审法院认为，上诉人赵某某身为国家工作人员，利用职务上的便利，非法为不符合出入境条件的人员办理出入境证件，并从中收受贿赂，其行为已构成受贿罪；上诉人赵某某还利用工作之便，秘密窃取省府外事办的多次往返澳门出境证明，其行为又已构成盗窃国家机关证件罪，对其依法应予数罪并罚。上诉人赵某某是自首，且退出全部违法所得，依法可以从轻、减轻处罚。原审判决认定的事实清楚，证据充分，定罪准确，量刑适当，审判程序合法，应予维持。上诉人赵某某上诉理由及其辩护人所提辩护意见与查明的事实不符，不予采纳。依照《刑法》第385条第1款、第386条、第383条第1款第1项、第280条第1款、第67条第1款、第69条、第64条，《最高人民法院关于处理自首和立功具体应用法律若干问题的解释》第1条、第3条及《刑事诉讼法》第189条第1项之规定，裁定如下：驳回上诉，维持原判。

十一、放行偷越国（边）境人员罪

（一）刑法条文

第四一十五条　负责办理护照、签证以及其他出入境证件的国家机关工作人员，对明知是企图偷越国（边）境的人员，予以办理出入境证件的，或者边防、海关等国家机关工作人员，对明知是偷越国（边）境的人员，予以放行的，处三年以下有期徒刑或者拘役；情节严重的，处三年以上七年以下有期徒刑。

（二）犯罪构成

1. 法益

关于本罪侵害的法益，有学者认为是国家正常的国（边）境管理活动，[①] 也有学者认为是国家的出入境管理制度。[②] 本书认为，以上两种观点并无根本区别，都是指向国家在出入境活动中的管理秩序，只是表述上略有出入。国家正常的国（边）境管理活动是落实出入境管理制度的必然结果，要保护国家正常的国（边）境管理活动，必然要以严格遵守出入境管理制度为前提。

[①] 参见高铭暄、马克昌主编：《刑法学》（第八版），高等教育出版社、北京大学出版社2017年版，第664页。

[②] 参见刘宪权主编：《刑法学》（第四版），上海人民出版社2016年版，第903页。

因此，将本罪的法益表述为国家正常的国（边）境管理活动，显得更为全面。

2. 客观行为

本罪在客观方面表现为行为人对明知是偷越国（边）境的人员，故意予以放行的行为。

3. 行为主体

本罪主体为特殊主体，即边防、海关等国家机关工作人员，他们肩负有维护国家正常的国（边）境管理活动的职责，负责管理出入境人员的通行。

4. 主观罪过

本罪在主观方面表现为故意，即明知道是偷越国（边）境的人员，仍然予以放行。如果行为人只是由于疏忽大意或其他非主观原因，错误地放行了偷越国（边）境的人员，则不构成本罪。

（三）司法认定

1. 罪数形态

国家机关工作人员因为受贿放行偷越国（边）境人员的，侵犯了两个法益，构成受贿罪和本罪，为实质的数罪，应数罪并罚。

2. 罪与非罪

放行持有有效护照、签证的人进出境（边境）的人，不可能成立放行偷越国（边）境人员罪。即使国家机关工作人员明知持旅行签证出境的中国公民试图在国外就业而放行的，也不成立本罪。①

（四）量刑标准

根据《最高人民检察院关于渎职侵权犯罪案件立案标准的规定》第一部分第30条第2款的规定，边防、海关等国家机关工作人员涉嫌在履行职务过程中，对明知是偷越国（边）境的人员而予以放行的，应予立案。

根据《刑法》第415条的规定，犯本罪的，处3年以下有期徒刑或者拘役；情节严重的，处3年以上7年以下有期徒刑。

---

① 参见张明楷：《刑法学》（第五版），法律出版社2016年版，第1270页。

(五) 解释索引

(1)《最高人民检察院关于渎职侵权犯罪案件立案标准的规定》(2006年7月26日);

(2)《关于人民检察院直接受理立案侦查案件立案标准的规定(试行)》(1999年9月9日);

(3)《最高人民检察院关于适用刑法分则规定的犯罪的罪名的意见》(1997年12月25日);

(4)《最高人民法院关于执行〈中华人民共和国刑法〉确定罪名的规定》(1997年12月11日)。

十二、挪用特定款物罪

(一) 刑法条文

第二百七十三条 挪用用于救灾、抢险、防汛、优抚、扶贫、移民、救济款物,情节严重,致使国家和人民群众利益遭受重大损害的,对直接责任人员,处三年以下有期徒刑或者拘役;情节特别严重的,处三年以上七年以下有期徒刑。

(二) 犯罪构成

1. 法益

第一,本罪侵害的法益是国家关于特定款物专门使用的财经管理制度,关于这一点没有争议。第二,有学者认为,本罪的法益还包括公共财物所有权;[1] 另有学者认为,本罪的法益还包括公私财物的使用权。[2] 本书认为,本罪的法益应是国家关于特定款物专门使用的财经管理制度以及公私财物的使

---

[1] 参见高铭暄、马克昌主编:《刑法学》(第八版),北京大学出版社、高等教育出版社2017年版,第518页。

[2] 参见刘宪权主编:《刑法学》(第四版),上海人民出版社2016年版,第652页。

用权,因挪用具有暂时性,而非永久性侵占。

2. 客观行为

本罪在客观方面表现为单位挪用国家用于救灾、抢险、防汛、优抚、扶贫、移民、救济款物,并且造成情节严重、致使国家和人民群众利益遭受重大损害的后果的行为。需要注意的是,本罪的"挪用",是指由相关单位改变专用款物用途,如将优抚资金用于建办公楼;将特定款物挪作个人使用的,视行为主体的情形认定为挪用公款罪或者挪用资金罪。①

3. 行为主体

本罪主体为特殊主体,是有关单位掌管上述款物的直接责任人员。

4. 主观罪过

本罪在主观方面表现为故意,即明知是国家救灾、抢险、防汛、优抚、扶贫、移民、救济款物而故意挪用。

(三)司法认定

1. 罪与非罪

本罪的成立,要求单位挪用国家用于救灾、抢险、防汛、优抚、扶贫、移民、救济款物,并且造成情节严重、致使国家和人民群众利益遭受重大损害的后果。需要注意的是,挪用失业保险基金与下岗职工基本生活保障资金的,属于挪用救济款物。② 本罪成立要求造成情节严重、致使国家和人民群众利益遭受重大损害的后果,包括以下情形:(1)挪用自然灾害救灾款、救灾食品、药品、医疗器械、生活必需品的;(2)挪用孤、老、残、伤社会救济费及其他有关人员的生活困难补助费、儿童福利院经费的;(3)挪用残废军人抚恤费、军烈属生活补助费的;(4)挪用特定款物数额巨大的;(5)多次挪用或者长期挪用特定款物的;(6)挪用特定款物用以挥霍浪费或者高消费性开支的;(7)挪用外援款物的;(8)挪用特定款物,影响救灾、抢险、防汛、优抚、扶贫、移民、救济等方面工作的及时、有效开展,对生产和群众生活造成重大

---

① 参见张明楷:《刑法学》(第五版),法律出版社 2016 年版,第 1025 页。
② 参见《最高人民检察院关于挪用失业保险基金和下岗职工基本生活保障资金的行为适用法律问题的批复》。

困难或影响的。①

2. 本罪与挪用资金罪

本罪与挪用资金罪在主观方面均要求故意、客观方面均要求挪用行为具有相似之处。当侵犯的客体为公私财产的使用权和专款专用的财经管理制度，侵犯的对象是救灾、抢险、防汛、优抚、扶贫、移民、救济 7 种特定款物，主体是掌管特定款物的相关人员并且挪作公用时构成本罪；当侵犯的客体是公司、企业和其他单位的财产使用权，侵犯的对象为本单位的资金，主体为公司、企业或者其他单位的相关人员并且挪作私用时构成挪用资金罪。

（四）量刑标准

《最高人民检察院、公安部关于公安机关管辖的刑事案件立案追诉标准的规定（二）》第 86 条规定了本罪的立案追诉标准：（1）挪用特定款物数额在 5000 元以上的；（2）造成国家和人民群众直接经济损失数额在 50000 元以上的；（3）虽未达到上述数额标准，但多次挪用特定款物的，或者造成人民群众的生产、生活严重困难的；（4）严重损害国家声誉，或者造成恶劣社会影响的；（5）其他致使国家和人民群众利益遭受重大损害的情形。

（五）解释索引

《最高人民检察院、公安部关于公安机关管辖的刑事案件立案追诉标准的规定（二）》（2010 年 5 月 7 日）。

（六）案例举要

 汪祖寿挪用特定款物案②

经审理查明，2015 年，被告人汪祖寿在担任阳新县浮屠镇湖彭村党支部书记、村委会主任期间，采取虚报、欺骗的手段，以发展东北松基地 300 亩项目为由向县扶贫办申报扶贫资金 20 万元。该项目 20 万元扶贫资金由县扶

---

① 参见陈兴良主编：《刑法学》（第三版），复旦大学出版社 2016 年版，第 304 页。
② （2018）鄂 0222 刑初 6 号。湖北法院服务保障三大攻坚战领域十大典型案例（2018 年）之七。

贫办拨付到浮屠镇财政所后,在汪祖寿的安排下将该笔扶贫资金中的9.3万元用于补偿东北松基地的实际承包人;剩余10.7万元用于支付偿还村委会新建办公楼的欠款、村委会以往不能报的招待费、偿还以往村委会租用村干部彭某车子的车费和村委会其他日常开支等。上述事实,被告人汪祖寿在庭审中均无异议,且有户籍证明、到案经过、阳新县关于申报2015年提前批财政扶贫项目资金的请示、黄石市扶贫开发办公室关于对阳新县2015年提前批财政扶贫项目资金的批复、浮屠镇湖彭村发展300亩东北松扶贫项目资料、扶贫项目资金拨付相关材料等书证,证人邢某等人的证言,被告人汪祖寿的供述和辩解等证据证实,足以认定。

法院认为,被告人汪祖寿违反国家关于特定款物专用的财经管理制度,挪用用于扶贫的款物10.7万元,情节严重,致使国家和人民群众利益遭受重大损失,其行为已构成挪用特定款物罪,公诉机关指控的罪名成立。被告人汪祖寿当庭自愿认罪,可酌情从轻处罚。根据《刑法》第273条之规定,判决被告人汪祖寿犯挪用特定款物罪,判处有期徒刑6个月。

十三、非法剥夺公民宗教信仰自由罪

(一)刑法条文

第二百五十一条 国家机关工作人员非法剥夺公民的宗教信仰自由和侵犯少数民族风俗习惯,情节严重的,处二年以下有期徒刑或者拘役。

(二)犯罪构成

1. 法益

本罪侵害的法益是公民的宗教信仰自由。我国《宪法》第36条第1款和第2款规定:"中华人民共和国公民有宗教信仰自由。任何国家机关、社会团体和个人不得强制公民信仰宗教或者不信仰宗教,不得歧视信仰宗教的公民和不信仰宗教的公民。"宗教信仰自由包括信仰宗教的自由与不信仰宗教的自由、信仰这种宗教的自由和信仰那种宗教的自由、进行正当的宗教活动的自由等等。

2. 客观行为

本罪在客观方面表现为非法剥夺公民的宗教信仰自由造成情节严重的结果的行为。例如，采取暴力、胁迫或其他手段，制止他人加入宗教团体，或强迫他人退出宗教团体；或者强迫他人信仰这种宗教，而不准信仰那种宗教；或者破坏他人的宗教信仰活动；或者对信仰宗教的人或不信仰宗教的人进行打击迫害等。情节严重如采取暴力等强制手段非法剥夺他人宗教信仰自由，非法封闭或捣毁宗教场所设施，造成严重后果等。[1] 需要注意的是，本罪的成立要求行为必须具有非法性。制止封建迷信活动、取缔邪教组织、打击相关犯罪的行为不能构成本罪。[2]

3. 行为主体

本罪的行为主体是国家机关工作人员。因为国家机关工作人员是国家方针政策的执行者，他们滥用职权非法剥夺公民宗教信仰自由，就会直接损害国家宗教政策的落实，其法益侵害性才能达到犯罪程度。非国家机关工作人员干涉他人的宗教信仰自由构成犯罪的可以其他有关犯罪论处。

4. 主观罪过

本罪的主观罪过是故意，即明知是非法剥夺公民宗教信仰自由的行为而有意实施的主观心理状态。

（三）司法认定

罪数认定上，若行为人以故意伤害、故意杀人目的强行剥夺公民宗教信仰自由，则同时触犯故意伤害罪、故意杀人罪等，应当数罪并罚。

（四）量刑标准

根据《刑法》第251条的规定，国家机关工作人员非法剥夺公民的宗教信仰自由，情节严重的，处2年以下有期徒刑或者拘役。

---

[1] 参见张明楷：《刑法学》（第五版），法律出版社2016年版，第923页。
[2] 参见刘宪权主编：《刑法学》（第四版），上海人民出版社2016年版，第597页。

十四、侵犯少数民族风俗习惯罪

（一）刑法条文

第二百五十一条　国家机关工作人员非法剥夺公民的宗教信仰自由和侵犯少数民族风俗习惯，情节严重的，处二年以下有期徒刑或者拘役。

（二）犯罪构成

1. 法益

本罪侵害的法益是少数民族对本民族风俗习惯予以保持和改革的权利。

2. 客观行为

本罪在客观方面表现为非法侵犯少数民族风俗习惯的行为。非法侵犯，主要是指以暴力、胁迫或者其他方法破坏少数民族风俗习惯或者强迫其改变以及阻止其改革本民族风俗习惯。本罪要求造成情节严重的后果。所谓"情节严重"，是指多次或组织多人侵犯，手段恶劣，引起民族纠纷、民族矛盾的，造成骚乱、示威游行或社会秩序严重混乱以及产生恶劣的政治影响等。①

3. 行为主体

本罪的行为主体是国家机关工作人员。

4. 主观罪过

本罪主观上必须出于故意。即行为人明知自己的行为会发生侵犯少数民族保持与改革本民族风俗习惯的危害结果，并且希望或者放任这种结果的发生。

（三）司法认定

本罪的认定，应着重区分罪与非罪的界限。本罪的客观行为必须具有强制性。以宣传教育的方法，劝说少数民族自愿放弃、改革落后风俗习惯的，

---

① 参见高铭暄、马克昌主编：《刑法学》（第八版），北京大学出版社、高等教育出版社2017年版，第483页。

不构成本罪。本罪成立要求行为必须具有非法性，且所侵犯的必须是少数民族（汉族以外的民族）的风俗习惯，这种风俗习惯是在长期的生产、生活过程中形成的、具有群众基础的风俗习惯。由于其他原因导致对具体问题处理不当，引起少数民族地区的公民不满的，一般不能以本罪论处。[①]

（四）量刑标准

根据《刑法》第 251 条的规定，国家机关工作人员非法侵犯少数民族风俗习惯，情节严重的，处 2 年以下有期徒刑或者拘役。

十五、打击报复会计、统计人员罪

（一）刑法条文

第二百五十五条　公司、企业、事业单位、机关、团体的领导人，对依法履行职责、抵制违反会计法、统计法行为的会计、统计人员实行打击报复，情节恶劣的，处三年以下有期徒刑或者拘役。

（二）犯罪构成

1. 法益

本罪侵害的法益是会计、统计人员的人身权利以及国家会计、统计管理制度。

2. 客观行为

本罪在客观方面表现为对依法履行职责，抵制违反会计法、统计法行为的会计、统计人员实行打击报复，并且情节恶劣的行为。会计人员是指持有会计证，具备必要的专业知识和专业技能，按照有关规定从事会计工作的人员，包括专职会计人员、会计主管人员、会计机构负责人、总会计师等。其中"会计主管人员"是指不设置会计机构，只在其他机构中设置专职会计人

[①] 参见张明楷：《刑法学》（第五版），法律出版社 2016 年版，第 923 页。

员的单位行使会计机构负责人职权的人员。打击报复会计人员罪的侵害对象不包括那些不具备会计资格的、临时受指派从事一些有关会计事务工作的人员。公司、企业、事业单位、机关团体的领导人对于不具有会计资格、临时从事财会管理工作的人员实行打击报复的，不能认定为打击报复会计人员罪；需要作为犯罪处罚的，可根据其打击报复行为具体危害性，定以相应的罪名。

3. 行为主体

本罪的行为主体是公司、企业、事业单位、机关、团体的领导人员。

4. 主观罪过

本罪的主观罪过是故意，并且具有打击报复的目的。具体是指明知会计、统计人员是依法履行职责而进行打击报复的主观心理状态。

（三）司法认定

罪数认定上，若行为人以故意伤害、故意杀人、非法拘禁等方式犯本罪，则同时触犯故意伤害罪、故意杀人罪、非法拘禁罪等罪名，按照数罪并罚原则处理。

（四）量刑标准

根据《刑法》第255条的规定，公司、企业、事业单位、机关、团体的领导人，对依法履行职责、抵制违反会计法、统计法行为的会计、统计人员实行打击报复，情节恶劣的，处3年以下有期徒刑或者拘役。

第三章

玩忽职守犯罪

一、玩忽职守罪

(一) 刑法条文

第三百九十七条第一款 国家机关工作人员滥用职权或者玩忽职守，致使公共财产、国家和人民利益遭受重大损失的，处三年以下有期徒刑或者拘役；情节特别严重的，处三年以上七年以下有期徒刑。本法另有规定的，依照规定。

(二) 犯罪构成

1. 法益

本罪侵害的法益是国家机关的正常活动。

2. 客观行为

本罪在客观方面表现为国家机关工作人员违反工作纪律、规章制度，擅离职守，不尽职责义务或者不认真履行职责义务的行为。

3. 行为主体

本罪的行为主体是国家机关工作人员。

4. 主观罪过

本罪在主观方面由过失构成。在许多场合，行为人主观上是一种监督过失，主要表现为应当监督直接责任者却没有实施监督行为，导致结果发生；或者应当确立完备的安全体制、管理体制，却没有确立这种体制，导致结果发生。①

（三）司法认定

1. 罪与非罪

本罪不同于工作失误以及一般的玩忽职守行为。工作失误情形下行为人主观上只有一般生活中的过失而没有犯罪的过失；本罪与一般的玩忽职守行为的区别主要在于行为是否造成了公共财产、国家和人民利益的重大损失。

2. 本罪与重大责任事故罪

本罪与重大责任事故罪在过失的主观心理状态和客观上造成严重的危害后果这两个方面存在相似之处。国家机关工作人员在其工作中侵犯国家机关的正常管理活动，符合本罪构成要件，构成本罪；一般主体及从事任何生产、作业的人员在生产作业过程中侵犯公共安全，符合后罪构成要件的构成后罪。

3. 本罪与滥用职权罪

两者在主体均为国家机关工作人员，以及客观上均要求造成公共财产、国家和人民利益的重大损失这两个方面存在相似之处。主观上出于过失，客观上表现为严重不负责任，不履行或不正确履行职责时构成前者；而主观上出于故意，客观上表现为超越职权，违法决定、处理其无权决定、处理的事项，或者违反规定处理公务时构成后罪。

4. 本罪与其他特殊玩忽职守犯罪

本罪仅是对国家机关工作人员玩忽职守犯罪的一个兜底条款。《刑法》分则有明确规定的适用该特别规定，不以本罪论处。

5. 罪数

《最高人民法院、最高人民检察院关于办理渎职刑事案件适用法律若干问题的解释（一）》第2条第2款规定，国家机关工作人员滥用职权或者玩忽职守，因不具备徇私舞弊等情形，不符合《刑法》分则第九章第398条至第419条的规定，但依法构成第397条规定的犯罪的，以滥用职权罪或者玩忽职守罪定罪处罚。第3条规定，国家机关工作人员实施渎职犯罪并收受贿赂，同

---

① 参见张明楷：《刑法学》（第五版），法律出版社2016年版，第1248页。

时构成受贿罪的，除刑法另有规定外，以渎职犯罪和受贿罪数罪并罚。第 4 条第 2、3 款规定，国家机关工作人员与他人共谋，利用其职务行为帮助他人实施其他犯罪行为，同时构成渎职犯罪和共谋实施的其他犯罪共犯的，依照处罚较重的规定定罪处罚。国家机关工作人员与他人共谋，既利用其职务行为帮助他人实施其他犯罪，又以非职务行为与他人共同实施该其他犯罪行为，同时构成渎职犯罪和其他犯罪的共犯的，依照数罪并罚的规定定罪处罚。

6. 其他司法认定的问题

（1）根据《最高人民检察院关于合同制民警能否成为玩忽职守罪主体问题的批复》，合同制民警在依法执行公务期间，属其他依照法律从事公务的人员，应以国家机关工作人员论。对合同制民警在依法执行公务活动中的玩忽职守行为，符合《刑法》第 397 条规定的玩忽职守罪构成要件的，依法以玩忽职守罪追究刑事责任。

（2）根据《全国人民代表大会常务委员会关于惩治骗购外汇、逃汇和非法买卖外汇犯罪的决定》第 6 条的规定，海关、外汇管理部门的工作人员严重不负责任，造成大量外汇被骗购或者逃汇，致使国家利益遭受重大损失的，依照《刑法》第 397 条的规定定罪处罚。

（3）根据《最高人民法院、最高人民检察院、公安部、国家工商行政管理局关于依法查处盗窃、抢劫机动车案件的规定》第 9 条的规定，公安、工商行政管理人员或者其他国家机关工作人员滥用职权或者玩忽职守、徇私舞弊，致使赃车入户、过户、验证，致使公共财产、国家和人民利益遭受重大损失的，依照《刑法》第 397 条的规定处罚。

（4）根据《最高人民检察院关于镇财政所所长是否适用国家机关工作人员的批复》，对于属行政执法事业单位的镇财政所中按国家机关在编干部管理的工作人员，在履行政府行政公务活动中，滥用职权或玩忽职守构成犯罪的，应以国家机关工作人员论。

（5）根据《最高人民检察院关于属工人编制的乡（镇）工商所所长能否依照刑法第 397 条的规定追究刑事责任问题的批复》，经人事部门任命，但为工人编制的乡（镇）工商所所长，依法履行工商行政管理职责时玩忽职守，致使公共财产、国家和人民利益遭受重大损失，可适用《刑法》第 397 条的规定，以玩忽职守罪追究刑事责任。

（6）根据《最高人民检察院关于企业事业单位的公安机构在机构改革过程中其工作人员能否构成渎职侵权犯罪主体问题的批复》，企业事业单位的公安机构在机构改革过程中虽尚未列入公安机关建制，其工作人员在行使侦查职责时，实施渎职侵权行为的，应当按渎职罪追究刑事责任。

（7）根据《最高人民检察院法律政策研究室关于对海事局工作人员如何适用法律问题的答复》，海事局负责行使国家水上安全监督和防止船舶污染及海上设施检验、航海保障的管理职权，是国家执法监督机构。海事局及其分支机构工作人员在从事上述公务活动中，滥用职权或者玩忽职守，致使公共财产、国家和人民利益遭受重大损失的，应当以滥用职权罪或者玩忽职守罪追究刑事责任。

（8）根据《最高人民法院、最高人民检察院关于办理妨害预防、控制突发传染病疫情等灾害的刑事案件具体应用法律若干问题的解释》第15条的规定，在预防、控制突发传染病疫情等灾害的工作中，负有组织、协调、指挥、灾害调查、控制、医疗救治、信息传递、交通运输、物资保障等职责的国家机关工作人员，滥用职权或者玩忽职守，致使公共财产、国家和人民利遭受重大损失的，以滥用职权罪或者玩忽职守罪定罪处罚。

（9）根据《最高人民法院、最高人民检察院关于办理非法制造、买卖、运输、储存毒鼠强等禁用剧毒化学品刑事案件具体应用法律若干问题的解释》第4条的规定，对非法制造、买卖、运输、储存毒鼠强等禁用剧毒化学品行为负有查处职责的国家机关工作人员，滥用职权或者玩忽职守，致使公共财产、国家和人民利益遭受重大损失的，以滥用职权罪或者玩忽职守罪追究刑事责任。

（10）根据《最高人民法院、最高人民检察院、公安部关于严格执行刑事诉讼法，切实纠防超期羁押的通知》，凡违反刑事诉讼法和本通知的规定，造成犯罪嫌疑人、被告人超期羁押，情节严重的，对于直接负责的主管人员和其他直接责任人员，以玩忽职守罪或者滥用职权罪追究刑事责任。

（11）根据《最高人民法院、最高人民检察院关于办理盗窃油气、破坏油气设备等刑事案件具体应用法律若干问题的解释》第7条的规定，国家机关工作人员滥用职权或者玩忽职守,超越职权范围,批准发放石油、天然气勘查、开采、加工、经营等许可证,或者违反国家规定,给不符合法定条件的单位、个人发放石油、天然气勘查、开采、加工、经营等许可证,或者违反《石油天然气管道保护条例》等国家规定,在油气设备安全保护范围内批准建设项目,或者对发现或者经举报查实的未经依法批准、许可擅自从事石油、天然气勘查、开采、加工、经营等违法活动不予查封、取缔,致使公共财产、国家和人民利益遭受重大损失的,以滥用职权罪或者玩忽职守罪定罪处罚。

(12) 根据《最高人民法院、最高人民检察院关于办理危害生产安全刑事案件具体适用法律若干问题的解释》第15条的规定,国家机关工作人员在履行安全监督管理职责时滥用职权、玩忽职守,致使公共财产、国家和人民利益遭受重大损失的,以滥用职权罪或者玩忽职守罪定罪处罚。

(13) 根据《最高人民法院、最高人民检察院关于办理与盗窃、抢劫、诈骗、抢夺机动车相关刑事案件具体应用法律若干问题的解释》第3条的规定,国家机关工作人员滥用职权,明知是登记手续不全或者不符合规定的机动车而办理登记手续,或者指使他人为明知是登记手续不全或者不符合规定的机动车办理登记手续,或者违规或者指使他人违规更改、调换车辆档案,或者有其他滥用职权行为,致使盗窃、抢劫、诈骗、抢夺的机动车被办理登记手续,数量达到3辆以上或者价值总额达到30万元以上的,以滥用职权罪定罪。国家机关工作人员疏于审查或者审查不严,致使盗窃、抢劫、诈骗、抢夺的机动车被办理登记手续,数量达到5辆以上或者价值总额达到50万元以上的,以玩忽职守罪定罪。

(14) 根据《最高人民检察院关于对林业主管部门工作人员在发放林木采伐许可证之外滥用职权、玩忽职守致使森林遭受严重破坏的行为适用法律问题的批复》,林业主管部门工作人员违法发放林木采伐许可证,致使森林遭受严重破坏的,以违法发放林木采伐许可证罪追究刑事责任;以其他方式滥用职权或者玩忽职守,致使森林遭受严重破坏的,以滥用职权罪或者玩忽职守罪追究刑事责任。

(四) 量刑标准

根据《最高人民法院、最高人民检察院关于办理渎职刑事案件适用法律若干问题的解释（一）》第1条的规定，国家机关工作人员滥用职权或者玩忽职守，具有下列情形之一的，应当认定为《刑法》第397条规定的"致使公共财产、国家和人民利益遭受重大损失"：(1) 造成死亡1人以上，或者重伤3人以上，或者轻伤9人以上，或者重伤2人、轻伤3人以上，或者重伤1人、轻伤6人以上的；(2) 造成经济损失30万元以上的；(3) 造成恶劣社会影响的；(4) 其他致使公共财产、国家和人民利益遭受重大损失的情形。具有下列情形之一的，应当认定为《刑法》第397条规定的"情节特别严重"：(1) 造成伤亡达到前款第1项规定人数3倍以上的；(2) 造成经济损失150万元以上的；(3) 造成前款规定的损失后果，不报、迟报、谎报或者授意、指使、强令他人不报、迟报、谎报事故情况，致使损失后果持续、扩大或者抢救工作延误的；(4) 造成特别恶劣社会影响的；(5) 其他特别严重的情节。第9条规定，负有监督管理职责的国家机关工作人员滥用职权或者玩忽职守，致使不符合安全标准的食品、有毒有害食品、假药、劣药等流入社会，对人民群众生命、健康造成严重危害后果的，依照渎职罪的规定从严惩处。

根据《国家监察委员会管辖规定（试行）》，涉嫌下列情形之一的，应予立案：(1) 国家机关工作人员滥用职权，涉嫌下列情形之一的，属于"致使公共财产、国家和人民利益遭受重大损失"，处3年以下有期徒刑或者拘役：① 造成死亡1人以上，或者重伤3人以上，或者轻伤9人以上，或者重伤2人、轻伤3人以上，或者重伤1人、轻伤6人以上的；② 造成经济损失30万元以上的；③ 造成恶劣社会影响的；④ 其他致使公共财产、国家和人民利益遭受重大损失的情形。(2) 涉嫌下列情形之一的，属于"情节特别严重"，处3年以上7年以下有期徒刑：① 造成伤亡达到前款第1项规定人数3倍以上的；② 造成经济损失150万元以上的；③ 造成前款规定的损失后果，不报、迟报、谎报或者授意、指使、强令他人不报、迟报、谎报事故情况，致使损失后果持续、扩大或者抢救工作延误的；④ 造成特别恶劣社会影响的；⑤ 其他特别严重的情节。(3) 国家机关工作人员疏于审查或者审查不严，致使盗窃、抢劫、诈骗、抢夺的机动车被办理登记手续，数量达到5辆以上或者价值总额达到50万元以上的，以玩忽职守罪定罪，处3年以下有期徒刑或者拘役。国家机关工作人员实施前款行为，致使盗窃、抢劫、诈骗、抢夺的机动车被办理登记手续，达到前款规定数量、数额标准5倍以上的，或者明知是盗窃、抢劫、诈骗、抢夺的机动车而办理登记手续的，属于"情节特别严重"，处3年以上7年以下有期徒刑。国家机关工作人员徇私舞弊，实施上述行为，构成犯罪的，依照《刑法》第397条第2款的规定定罪处罚。

(五) 解释索引

(1)《国家监察委员会管辖规定（试行）》(2018年4月16日)；

(2)《最高人民法院、最高人民检察院关于办理渎职刑事案件适用法律若干问题的解释（一）》(2012年12月7日)；

(3)《最高人民检察院关于对林业主管部门工作人员在发放林木采伐许可证之外滥用职权玩忽职守致使森林遭受严重破坏的行为适用法律问题的批复》(2007年5月16日)；

(4)《最高人民法院、最高人民检察院关于办理与盗窃、抢劫、诈骗、抢夺机动车相关刑事案件具体应用法律若干问题的解释》(2007年5月9日)；

(5)《最高人民法院、最高人民检察院关于办理盗窃油气、破坏油气设备等刑事案件具体应用法律若干问题的解释》(2007年1月15日)；

(6)《最高人民法院、最高人民检察院、公安部关于严格执行刑事诉讼法，切实纠防超期羁押的通知》(2003年11月12日)；

(7)《最高人民法院、最高人民检察院关于办理非法制造、买卖、运输、储存毒鼠强等禁用剧毒化学品刑事案件具体应用法律若干问题的解释》(2003年9月4日)；

(8)《最高人民法院、最高人民检察院关于办理妨害预防、控制突发传染病疫情等灾害的刑事案件具体应用法律若干问题的解释》(2003年5月14日)；

(9)《最高人民检察院法律政策研究室关于对海事局工作人员如何适用法律问题的答复》(2003年1月13日)；

(10)《最高人民检察院关于企业事业单位的公安机构在机构改革过程中其工作人员能否构成渎职侵权犯罪主体问题的批复》(2002年4月29日)；

(11)《最高人民检察院关于属工人编制的乡（镇）工商所所长能否依照刑

法第 397 条的规定追究刑事责任问题的批复》（2000 年 10 月 31 日）；

（12）《最高人民检察院关于合同制民警能否成为玩忽职守罪主体问题的批复》（2000 年 10 月 9 日）；

（13）《最高人民检察院关于镇财政所所长是否适用国家机关工作人员的批复》（2000 年 5 月 4 日）；

（14）《全国人民代表大会常务委员会关于惩治骗购外汇、逃汇和非法买卖外汇犯罪的决定》（1998 年 12 月 29 日）；

（15）《最高人民法院、最高人民检察院、公安部、国家工商行政管理局关于依法查处盗窃、抢劫机动车案件的规定》（1998 年 5 月 8 日）。

（六）案例举要

 杨周武玩忽职守、徇私枉法、受贿案①

【裁判要旨】

本案要旨有两点：一是渎职犯罪因果关系的认定。如果负有监管职责的国家机关工作人员没有认真履行其监管职责，从而未能有效防止危害结果发生，那么，对于这些对危害结果具有"原因力"的渎职行为，应认定与危害结果之间具有刑法意义上的因果关系。二是渎职犯罪同时受贿的处罚原则。对于国家机关工作人员实施渎职犯罪并收受贿赂，同时构成受贿罪的，除《刑法》第 399 条有特别规定的外，以渎职犯罪和受贿罪数罪并罚。

【基本案情】

被告人杨周武，原系深圳市公安局龙岗分局同乐派出所所长。

犯罪事实如下：

1. 玩忽职守事实

1999 年 7 月 9 日，王静（另案处理）经营的深圳市龙岗区舞王歌舞厅经深圳市工商行政管理部门批准成立，经营地址在龙岗区龙平路。2006 年该歌舞厅被依法吊销营业执照。2007 年 9 月 8 日，王静未经相关部门审批，在龙

---

① （2009）深龙法刑初字第 5 号。最高人民检察院指导性案例第 8 号。

岗街道龙东社区三和村经营舞王俱乐部，辖区派出所为同乐派出所。被告人杨周武自 2001 年 10 月开始担任同乐派出所所长。开业前几天，王静为取得同乐派出所对舞王俱乐部的关照，在杨周武之妻何晓初经营的川香酒家宴请了被告人杨周武等人。此后，同乐派出所三和责任区民警在对舞王俱乐部采集信息建档和日常检查中，发现王静无法提供消防许可证、娱乐经营许可证等必需证件，提供的营业执照复印件上的名称和地址与实际不符，且已过有效期。杨周武得知情况后没有督促责任区民警依法及时取缔舞王俱乐部。责任区民警还发现舞王俱乐部经营过程中存在超时超员、涉黄涉毒、未配备专业保安人员、发生多起治安案件等治安隐患，杨周武既没有依法责令舞王俱乐部停业整顿，也没有责令责任区民警跟踪监督舞王俱乐部进行整改。

2008 年 3 月，根据龙岗区"扫雷"行动的安排和部署，同乐派出所成立"扫雷"专项行动小组，杨周武担任组长。有关部门将舞王俱乐部存在治安隐患和消防隐患等于 2008 年 3 月 12 日通报同乐派出所，但杨周武没有督促责任区民警跟踪落实整改措施，导致舞王俱乐部的安全隐患没有得到及时排除。

2008 年 6 月至 8 月期间，广东省公安厅组织开展"百日信息会战"，杨周武没有督促责任区民警如实上报舞王俱乐部无证无照经营，没有对舞王俱乐部采取相应处理措施。舞王俱乐部未依照《中华人民共和国消防法》《建筑工程消防监督审核管理规定》等规定要求取得消防验收许可，未通过申报开业前消防安全检查，擅自开业、违法经营，营业期间不落实安全管理制度和措施，导致 2008 年 9 月 20 日晚发生特大火灾，造成 44 人死亡、64 人受伤的严重后果。在这起特大消防事故中，杨周武及其他有关单位的人员负有重要责任。

2. 徇私枉法事实（略）

3. 受贿事实（略）

【诉讼过程】

2008 年 9 月 28 日，杨周武因涉嫌徇私枉法罪由深圳市人民检察院立案侦查，10 月 25 日被刑事拘留，11 月 7 日被逮捕，11 月 13 日侦查终结移交深圳市龙岗区人民检察院审查起诉。2008 年 11 月 24 日，深圳市龙岗区人民检察院以被告人杨周武犯玩忽职守罪、徇私枉法罪和受贿罪向龙岗区人民法院提起公诉。一审期间,延期审理一次。

2009年5月9日,深圳市龙岗区人民法院作出一审判决,认为被告人杨周武作为同乐派出所的所长,对辖区内的娱乐场所负有监督管理职责,他明知舞王俱乐部未取得合法的营业执照擅自经营,且存在众多消防、治安隐患,但严重不负责任,不认真履行职责,使本应停业整顿或被取缔的舞王俱乐部持续违法经营达一年之久,并最终导致发生44人死亡、64人受伤的特大消防事故,造成了人民群众生命财产的重大损失,其行为已构成玩忽职守罪,情节特别严重;被告人杨周武明知舞王俱乐部发生的江军等人被打案应予刑事处罚,不符合调解结案的规定,仍指示将该案件予以调解结案,构成徇私枉法罪,但是鉴于杨周武在实施徇私枉法行为的同时有受贿行为,且该受贿事实已被起诉,依照《刑法》第399条的规定,应以受贿罪一罪定罪处罚;被告人杨周武作为国家工作人员,利用职务上的便利,非法收受舞王俱乐部负责人王静的巨额钱财,为其谋取利益,其行为已构成受贿罪;被告人杨周武在未被采取强制措施前即主动交代自己全部受贿事实,属于自首,并由其妻何晓初代为退清全部赃款,依法可以从轻处罚。依照《刑法》第397条第1款、第399条第1款和第4款、第385条第1款、第386条、第383条第1款第1项和第2款、第64条、第67条第1款、第69条第1款之规定,判决被告人杨周武犯玩忽职守罪,判处有期徒刑5年;犯受贿罪,判处有期徒刑10年;总和刑期15年,决定执行有期徒刑13年;追缴受贿所得的赃款30万元,依法予以没收并上缴国库。

一审判决后,被告人杨周武在法定期限内没有上诉,检察机关也没有提出抗诉,一审判决发生法律效力。

二、国有公司、企业、事业单位人员失职罪

(一) 刑法条文

第一百六十八条 国有公司、企业的工作人员,由于严重不负责任或者滥用职权,造成国有公司、企业破产或者严重损失,致使国家利益遭受重大损失的,处三年以下有期徒刑或者拘役;致使国家利益遭受特别重大损失的,

处三年以上七年以下有期徒刑。

国有事业单位的工作人员有前款行为，致使国家利益遭受重大损失的，依照前款的规定处罚。

国有公司、企业、事业单位的工作人员，徇私舞弊，犯前两款罪的，依照第一款的规定从重处罚。

（二）犯罪构成

1. 法益

本罪侵害的法益是国家对国有公司、企业、事业单位的管理秩序。①

2. 客观行为

本罪在客观方面表现为行为人严重不负责任，不正确履行或者不积极履行自己的职责，导致国有公司、企业破产或者国有公司、企业、事业单位严重损失，从而使国家利益遭受重大损失的行为。本罪行为既可以由作为方式构成，也可以由不作为方式构成。

本罪为结果犯，需造成严重后果，即"致使国家利益遭受重大损失"。"重大损失"包括造成国家直接经济损失数额在 50 万元以上或者造成单位破产、停业、停产 1 年以上，或者国有公司、企业、事业单位被吊销许可证和营业执照、责令关闭、撤销、解散以及其他造成国家利益遭受重大损失的情形。

3. 行为主体

本罪的行为主体是国有公司、企业、事业单位的工作人员，其他主体不构成本罪。

4. 主观罪过

本罪在主观方面出于过失。

---

① 参见高铭暄、马克昌主编：《刑法学》（第八版），北京大学出版社、高等教育出版社 2017 年版，第 395 页。

(三) 司法认定

1. 罪数

国家出资企业中的国家工作人员在公司、企业改制或者国有资产处理过程中严重不负责任,致使国家利益遭受重大损失,同时因实施该行为收受贿赂,构成国有公司、企业、事业单位人员失职罪和受贿罪的,依照处罚较重的规定定罪处罚。

2. 本罪与玩忽职守罪

(1) 主体不同:前罪的主体为国有公司、企业、事业单位的工作人员;后罪的主体为国家机关工作人员。

(2) 客体不同:前罪的客体为国家对国有公司、企业、事业单位的管理秩序;后罪的客体为国家机关的正常管理活动。

(3) 发生的场合不同:前罪发生于生产经营活动中;后罪发生于国家机关的各项管理活动中。

(四) 量刑标准

根据《刑法》第168条的规定,犯本罪的,处3年以下有期徒刑或拘役;致使国家利益遭受特别重大损失的,处3年以上7年以下有期徒刑。国有公司、企业、事业单位的工作人员,徇私舞弊,犯本罪的,从重处罚。

(五) 解释索引

(1)《最高人民法院、最高人民检察院关于办理国家出资企业中职务犯罪案件具体应用法律若干问题的意见》(2010年11月26日);

(2)《最高人民检察院、公安部关于公安机关管辖的刑事案件立案追诉标准的规定(二)》(2010年5月7日);

(3)《最高人民法院关于如何认定国有控股、参股股份有限公司中的国有公司、企业人员的解释》(2005年8月1日);

(4)《最高人民法院、最高人民检察院关于办理妨害预防、控制突发传染病疫情等灾害的刑事案件具体应用法律若干问题的解释》(2003年5月14

日）；

（5）《最高人民检察院研究室关于中国农业发展银行及其分支机构的工作人员法律适用问题的答复》（2002年9月23日）；

（6）《最高人民法院关于审理扰乱电信市场管理秩序案件具体应用法律若干问题的解释》（2000年5月12日）。

（六）案例举要

 徐维联等国有企业人员失职案[①]

北京市人民检察院第二分院以被告人徐维联、尚进、张笑非犯国有企业人员失职罪向北京市第二中级人民法院提起公诉。

被告人徐维联辩称：他在审批森豪公寓项目、华庆公寓项目时，是按照银行的审批程序审批的；他不记得张笑非、尚进反映这两个项目贷款有问题，只记得他们反映开发商内部职工买房，但他们还是同意发放贷款，所以自己才签字同意；张笑非向他反映森豪公寓的开发商从保证金账户垫付还款，他让张笑非进行调查，后得知由于开发商工期延误推迟入住才作为赔偿代替购房人付款，且开发商欠外债多，他出于不得已只能同意开发商垫付还款，希望法院对其公正判决。其辩护人提出，目前的损失是中国银行北京市分行造成的；且按揭贷款协议是20年，现才经过6年，以后的事情没有发生，不能确定本案的损失；起诉书指控徐维联的行为给国家造成特别严重损失证据不足，徐维联的行为不构成犯罪。

被告人尚进辩称：他是按照银行的操作规程进行审批贷款业务；律师作为法律工作者出具的法律意见书具有法律效力，他同意贷款主要是基于律师签发的法律意见书；案发后，他能够如实供述事实，对于给国家造成的损失负有责任，希望对其公正判决。其辩护人提出，尚进不对上报材料真实性负责；没有严重不负责任及违反银行信贷制度的行为，不应追究其失职罪；对于本案项目审批中出现的问题，尚进无权控制，也无权作出实质性处理；本案购房不真实具有极大的隐蔽性，公诉机关仅以张笑非、尚进没有实地考察

[①] （2006）二中刑初字第00771号。

项目就认定是造成损失的主因,与事实不符,希望法院充分考虑本案的具体情况认定责任。

被告人张笑非辩称:她参加工作不久即办理个人住房贷款业务,此前银行对新员工没有进行岗位培训;她是按照银行的操作程序去做,没有严重不负责任;但因缺少工作经验,在工作中有疏漏,愿意承担相应的责任,希望对其从轻处罚。其辩护人提出,张笑非不具备贷款审核工作的知识、资格和经验,银行分配张笑非独立承担如此重大的贷款业务,是在人员使用上的失误;与中国银行北京市分行签订委托协议的律师事务所律师审查贷款材料不严,没有尽到应尽的注意义务和职责,给下游工作人员造成误导;张笑非在审查过程中尽到了应尽的职责,其主观上没有过错;起诉书指控张笑非犯国有企业人员失职罪没有事实依据,证据不足,应依法宣告张笑非无罪。

北京市第二中级人民法院经审理查明:2000年12月至2002年6月间,被告人徐维联、尚进、张笑非时任中国银行北京市分行(现该银行更名为中国银行股份有限公司北京市分行)贷款业务部门的工作人员,在负责审批北京华运达房地产开发有限公司开发的森豪公寓商品房、华庆时代投资集团有限责任公司开发的华庆公寓商品房的个人住房贷款业务过程中,严重不负责任,没有认真执行银行关于个人住房贷款的有关规定,先后批准向257名虚假贷款申请人发放个人住房贷款共计7.5亿余元,案发时造成中国银行北京市分行贷款本金损失共计6.6亿余元。后徐维联、尚进、张笑非被查获归案。案发后,公安机关冻结华庆时代投资集团有限责任公司钱款322万余元。

北京市第二中级人民法院认为:被告人徐维联、尚进、张笑非身为国有企业的工作人员,在审批森豪公寓商品房、华庆公寓商品房个人住房贷款业务的过程中,没有正确履行职责,工作严重不负责任,致使国家利益遭受特别重大损失,其行为均已构成国有企业人员失职罪,依法应予惩处。被告人尚进、张笑非归案后能够如实供认自己的主要犯罪事实,依法酌予从轻处罚。据此,依照《刑法》第168条第1款、第15条、第72条第1款、第73条第2款和第3款、第64条、第61条的规定,判决如下:(1)被告人徐维联犯国有企业人员失职罪,判处有期徒刑5年;被告人尚进犯国有企业人员失职罪,判处有期徒刑3年6个月;被告人张笑非犯国有企业人员失职罪,判处有期徒刑3年,缓刑4年。(2)在案扣押的笔记本电脑2台、电源线2根、鼠标1个、电脑包2个、软盘驱动器1个发还中国银行股份有限公司北京市分行。

三、签订、履行合同失职被骗罪

(一)刑法条文

第一百六十七条 国有公司、企业、事业单位直接负责的主管人员,在签订、履行合同过程中,因严重不负责被诈骗,致使国家利益遭受重大损失的,处三年以下有期徒刑或者拘役;致使国家利益遭受特别重大损失的,处三年以上七年以下有期徒刑。

(二)犯罪构成

1. 法益

对于本罪的法益,有观点认为是国有公司、企业、事业单位的财产权益和社会主义市场经济秩序;[1] 也有观点认为是国家利益;[2] 还有观点认为是国有公司、企业、事业单位的管理制度和国家利益。[3] 本书认为,本罪侵害的法益是国家对国有公司、企业、事业单位的经济贸易活动的管理秩序。[4]

2. 客观行为

本罪在客观方面表现为行为人在签订、履行合同过程中因为严重不负责任被诈骗,致使国家利益遭受重大损失的行为。

(1)时间性要求:该失职行为发生在签订、履行合同的过程中。

(2)行为内容要求:只有因严重不负责导致被诈骗的,才成立本罪。"严

---

[1] 参见刘家琛主编:《新刑法新问题新罪名通释》,人民法院出版社1997年版,第579页。
[2] 参见陈兴良:《规范刑法学》(第四版),中国人民大学出版社2017年版,第616页。
[3] 参见赵长青:《经济刑法学》,法律出版社1999年版,第243页。
[4] 参见高铭暄、马克昌主编:《刑法学》(第八版),北京大学出版社、高等教育出版社2017年版,第395页。

重不负责"指行为人在对合同相对人是否具备签合同的资格以及其是否有真实的签订、履行合同的意愿和足够的履行能力等基本情况不了解的情况下与其签订、履行合同。

本罪要求"导致被诈骗",而不是"导致不能履行合同"。如果严重不负责的行为导致不能履行合同,而不是因被诈骗致使国家利益遭受重大损失的,不成立本罪,可能成立国有公司、企业、事业单位人员失职罪。

(3)"被诈骗"中的"诈骗行为"包括刑事上的诈骗行为也包括民事上的欺诈行为,并且不要求合同相对人已经被法院认定为相关诈骗犯罪或者构成民事欺诈,也不要求对方的行为已进入司法审查程序。

(4)本罪为结果犯,要求给国家利益造成"重大损失"。对于损失的认定应采取经济的观点(仅进行经济的、事实上的评价,而不是进行法的评价),因此,在遭受利益损失的同时享受所谓(无法实现的)"债权"的,不影响损失的认定。① 其具体认定标准包括造成国家直接经济损失数额在 50 万元以上,或者造成有关单位破产、停业、停产 6 个月以上,或者造成国有公司、企业、事业单位被吊销许可证和营业执照、责令关闭、撤销、解散,或者其他给国家造成重大损失的情形。

3. 行为主体

本罪主体为特殊主体,即主体为国有公司、企业、事业单位直接负责的主管人员。

4. 主观罪过

本罪在主观方面出于过失。

(三)司法认定

1. 罪与非罪

在签订、履行合同过程中,若行为人已经尽了注意义务,仍然发生被诈骗致使国家利益遭受重大损失的结果,此时由于行为人没有预见可能性,不存在主观上的过错,因而不构成犯罪。若行为人被诈骗后,及时采取措施避

---

① 参见张明楷:《刑法学》(第五版),法律出版社 2016 年版,第 764 页。

免了可能造成的损失，没有发生"重大损失"的结果，也不构成犯罪。另外，市场风险是允许的危险，即使行为人有轻率过失，也应该结合信赖原则和允许的危险原则判断行为人是否具有期待可能性，如果在符合信赖原则或者属于允许的危险的情况下仍造成法益侵害结果，因行为人缺乏期待可能性而不构成犯罪，只属于工作失误。①

2. 此罪与彼罪

本罪属于过失犯罪，如果行为人对合同相对人的诈骗行为是明知的，仍然给付财物，行为人可能成立贪污罪等，由于没有"被诈骗"，对方也仅可能成立诈骗罪未遂；若行为人与对方事前通谋，则两者可能成立贪污罪等的共犯。

（四）量刑标准

根据《刑法》第167条的规定，犯本罪的，处3年以下有期徒刑或拘役；致使国家利益遭受特别重大损失的，处3年以上7年以下有期徒刑。

（五）解释索引

(1)《最高人民检察院、公安部关于公安机关管辖的刑事案件立案追诉标准的规定（二）》(2010年5月7日)；

(2)《关于签订、履行合同失职被骗犯罪是否以对方当事人的行为构成诈骗犯罪为要件的意见》(2001年4月)；

(3)《全国人民代表大会常务委员会关于惩治骗购外汇、逃汇和非法买卖外汇犯罪的决定》(1998年12月29日)。

（六）案例举要

◆ **赵晨签订合同失职被骗案**②

被告人赵晨因签订合同失职被骗一案，由上海市闵行区人民检察院向上

---

① 参见陈兴良：《过失责任论》，载《法学评论》2000年第2期。
② (1998)闵刑初字第516号。载《最高人民法院公报》2001年第3期。

海市闵行区人民法院提起公诉。

起诉书指控：被告人赵晨身为国有企业直接负责的主管人员，轻信朋友的介绍就指派下属签订购销合同，特别是在下属提醒其应当了解签约对方的业务真伪情况时，仍拒不接受该意见。由于赵晨严重不负责任，致使本单位公款被骗，国家利益遭受重大损失，其行为已构成签订合同失职被骗罪，提请依法判处。

赵晨辩称：起诉书指控的这笔业务，是由他介绍给上海红康建筑材料公司（以下简称"红康建材"）的经理沈才兴去做的，因为红康建材没钱，他同意从上海红康房地产总公司（以下简称"红康房产"）借给其150多万元。红康建材是独立法人，此笔业务的成败应当由红康建材的法定代表人沈才兴承担责任，与他无关。

辩护人的辩护意见是：起诉书指控的这份合同，是红康建材与上海大通科技工程公司（以下简称"大通公司"）签订的。红康建材与大通公司之间因此合同形成了债权债务关系，大通公司欠红康建材的债，红康建材本可通过法律途径去追偿，但因红康建材放弃了追诉权，才致遭受巨大损失。赵晨不是签订该合同的直接负责主管人员，不存在严重不负责任的问题，遭受的巨大损失也与其无关。赵晨虽然介绍了此笔业务，但没有从中捞取任何私利。因此，赵晨的行为不构成犯罪。起诉书指控犯罪的证据不足，应当宣告被告人无罪。

上海市闵行区人民法院经审理查明：上海县城乡建设发展总公司（以下简称"城乡总公司"）是原上海县建设局所属的国有企业，红康房产是中国红十字总会所属的国有企业。上述两公司为"两块牌子、一套班子"，但无任何行政、财务隶属关系。1992年9月至1993年2月间，被告人赵晨任两公司的总经理、法定代表人。红康建材是城乡总公司工会于1992年12月成立的集体性质三产企业，具有独立的法人资格，财务独立核算。月笼纱商店则是城乡总公司下属独立经营的非法人单位，持有城乡总公司的业务专用章，财务由城乡总公司统一管理，但与城乡总公司分立账户。城乡总公司的工会主席沈才兴为红康建材的经理、法定代表人，并兼月笼纱商店负责人。1993年1月10日，原上海县劳动局干部姚关明、郝风鸣到城乡总公司，向被告人赵晨介绍一笔线材生意。赵晨认为朋友介绍的一定可靠，就在未了解供货单位情况下便同意做此笔业务，并让沈才兴具体操办。沈才兴提出要了解一下供方情况后再作决定，赵晨不予理睬。数日后，姚关明、郝凤鸣来与赵晨商谈线材的规格、价格、数量等事项，赵晨将沈才兴叫到其办公室，把商定的情况向沈才兴作了介绍。沈才兴提出要看一下提货单，赵晨不表态。1月16日，郝凤鸣又找赵晨催办签合同、付货款等事宜，赵晨让沈才兴与郝凤鸣拟订合同。沈才兴再次提出要先看提货单后再付款，赵晨仍不理会，还表示没问题，拍板叫沈才兴付款。沈才兴提出自己的部门无资金，赵晨让其先向红康房产借支。在此情况下，沈才兴便与郝凤鸣回到自己的办公室，让本部门职工丁建华起草了一份城乡总公司购买上海大通科技工程公司线材500吨、总价款为152.5万元的合同。沈才兴还让丁建华按照赵晨的意思，写了一份以红康建材名义向红康房产借款152.5万元的报告。赵晨让会计傅建良从红康房产划出152.5万元转入月笼纱商店的账户，再由月笼纱商店开出相同金额的转账支票付给大通公司。郝凤鸣将仅有城乡总公司一方签名盖章的合同书及转账支票送往大通公司业务部。大通公司业务部收款后，仅发了价值230580元的线材75.6吨，其余货款用于还债及挥霍。

又查明，大通公司是上海市杨浦区科委下属的三产企业。该公司业务部由无业人员葛海根承包经营。由于葛海根在承包期间不守法经营，负债累累，大通公司于1992年12月终止了与葛海根签订的承包协议，并撤销该业务部。大通公司业务部经营期间欠东民工贸公司贷款80余万元，由于东民工贸公司的陈宝林追债紧迫，业务部又被撤销，故葛海根决定采取"拆东墙补西墙"的手法还债，让陈宝林找一个买钢材的单位，言明资金到位后即还债。陈宝林将大通公司可供线材的信息向郝凤鸣讲过，郝凤鸣就向赵晨作了介绍。而事实上，在城乡总公司签订合同时，大通公司业务部已不存在，葛海根根本没有签约资格及履约能力，只是想借此合同骗钱还债。葛海根已于1996年3月因诈骗罪被上海市浦东新区人民法院判处有期徒刑14年，城乡总公司被骗的129万余元贷款至今无法追回。只是因城乡总公司一直坚持以债务纠纷追讨此笔根本无法追回的被骗款，故在葛海根的刑事判决书上对此节诈骗事实未予认定。

上海市闵行区人民法院认为：被告人赵晨在担任国有企业城乡总公司的法定代表人、总经理期间，轻信朋友的介绍，对签约对方的主体资格、履约能力及货源情况等不咨询、不调查，虽经下属一再提醒仍一意孤行，指令下属与他人签订购销合同，造成国家财产被骗近130万元的重大损失。按照当时的法律，这种行为已构成玩忽职守犯罪。根据《刑法》第12条的规定，对赵晨应当依照刑法的规定论处。《刑法》第167条规定："国有公司、企业、事业单位直接负责的主管人员，在签订、履行合同过程中，因严重不负责任被诈骗，致使国家利益遭受重大损失的，处三年以下有期徒刑或者拘役；致使国家利益遭受特别重大损失的，处三年以上七年以下有期徒刑。"此条罪的主体，是国有公司、企业、事业单位中能够对签订与履行合同起领导、决策、指挥作用的主管人员，并非指受命从事签署、履行工作的人员。被告人赵晨是国有企业的主管人员，在本案所涉合同的签订过程中，其所起的决策作用是显而易见的，符合此罪对主体的特殊要求。赵晨担负着管理、经营国有资产的重任，应当知道合同的签订、履行具有一定的风险，有被骗的可能，因此应当在签订合同前认真履行审查签约对方的主体资格、履约能力等职责。由于有朋友介绍，赵晨就轻信被骗的危害后果可以避免。在这种过失心理的驱使下，赵晨放弃履行自己的职责。赵晨的主观心态，符合此罪对主观方面的要求。因此，当客观方面发生了近130万元的国有财产被诈骗的危害结果后，赵晨的行为确已构成签订合同失职被骗罪。

红康建材是城乡总公司设立的法人，其法定代表人沈才兴是被告人赵晨的下属。沈才兴只是在赵晨的指挥下，从事了签订合同的具体工作。该合同从名义上说是城乡总公司签章，与红康建材无关；从本质上说也是城乡总公司的法定代表人赵晨决定成交此笔业务，与红康建材无关。赵晨以合同是由沈才兴出面为红康建材的业务签署的，红康建材是独立法人，沈才兴应对合同负责的辩解理由，不能成立。事实证明，在合同签订过程中，沈才兴多次提出要了解签约对方的真实情况，均未被赵晨接受；当沈才兴以本单位无款为由再次推托时，赵晨又主张先向红康房产借支，因此借贷决非红康建材的主动行为，而是赵晨决定由城乡总公司出资的一种周转方式。葛海根以大通公司的名义声称出售线材，只是想骗取货款。当诈骗得逞后，此笔货款已被用于还债及挥霍。在此笔货款上,形成了葛海根诈骗城乡总公司的关系,没有形成红康建材与大通公司之间的债权债务关系。辩护人关于红康建材本可通过法律途径去追偿大通公司的欠债,由于红康建材放弃了追诉权,才致遭受巨大损失的辩护意见,与事实不符,不能成立。赵晨严重不负责任使国家财产遭受重大损失,其失职行为已构成犯罪。赵晨在签订此笔合同过程中没有捞取任何私利,并不影响犯罪构成。辩护人关于赵晨的行为不构成犯罪的辩护意见,不予采纳。

综上所述,起诉书指控的事实清楚,举证充分确实,指控的罪名成立,应予确认。辩护人的辩护意见已由认定的事实和上述阐明的理由所否定,故不予采纳。被告人赵晨虽然对自己的行为一度存在模糊认识,但经庭审后已认识到自己行为的危害性,诚恳表示认罪,并请求宽大处理。根据赵晨的犯罪情节和悔罪态度,对赵晨可以适用《刑法》第72条第1款关于缓刑的规定。据此,上海市闵行区人民法院判决:被告人赵晨犯签订合同失职被骗罪,判处有期徒刑2年,缓刑2年。宣判后,被告人赵晨未提出上诉,检察机关也未抗诉,一审判决发生法律效力。

四、国家机关工作人员签订、履行合同失职被骗罪

(一)刑法条文

第四百零六条 国家机关工作人员在签订、履行合同过程中,因严重不负责被诈骗,致使国家利益遭受重大损失的,处三年以下有期徒刑或者拘役;致使国家利益遭受特别重大损失的,处三年以上七年以下有期徒刑。

(二)犯罪构成

1. 法益

本罪侵害的法益是国家机关的正常活动。[①]

[①] 参见高铭暄、马克昌主编:《刑法学》(第八版),北京大学出版社、高等教育出版社2017年版,第660页。

2. 客观行为

本罪在客观方面表现为国家机关工作人员在签订、履行合同过程中，因严重不负责任被诈骗，致使国家利益遭受重大损失的行为。

（1）时间性要求：本罪行为发生在签订、履行合同的过程中。

（2）"严重不负责任"指不履行职责或不认真、不正确地履行职责，包括作为和不作为。

（3）"严重不负责任"与"被诈骗"之间有因果关系。

（4）本罪为结果犯，要求失职人员的行为致使国家利益造成"重大损失"的结果，且该结果与"因严重不负责被诈骗"之间有因果关系。

所谓"重大损失"，包括直接经济损失和间接经济损失、物质性损失和非物质性损失。其具体认定标准为：造成直接经济损失30万元以上，或者直接经济损失不满30万元，但间接经济损失150万元以上，或者其他致使国家利益遭受重大损失的情形。

3. 行为主体

本罪主体为特殊主体，即为国家机关工作人员。"国家机关工作人员"是指在国家各级人大及其常委会、国家各级人民政府及各级人民法院、人民检察院中从事公务的人员。

4. 主观罪过

本罪在主观方面只能由过失构成，故意不构成本罪。

（三）司法认定

1. 此罪与彼罪

如果行为人明知对方当事人实施诈骗行为，而与合同对方当事人合谋或贪污或接受贿赂等，构成犯罪的，应当以合同诈骗罪或贪污罪、受贿罪等论处。

2. 罪数

本罪与玩忽职守罪属于法条竞合关系，按照特别法优于普通法的原则定罪处罚。

（四）量刑标准

根据《刑法》第 406 条的规定，犯本罪的，处 3 年以下有期徒刑或者拘役；致使国家利益遭受重大损失的，处 3 年以上 7 年以下有期徒刑。

（五）解释索引

(1)《最高人民检察院关于改进渎职侵权检察工作情况的报告》(2010 年 10 月 27 日)；

(2)《最高人民检察院关于渎职侵权犯罪案件立案标准的规定》(2006 年 7 月 26 日)；

(3)《人民检察院直接受理立案侦查的渎职侵权重特大案件标准（试行）》(2001 年 7 月 20 日)；

(4)《关于人民检察院直接受理立案侦查案件立案标准的规定（试行）》(1999 年 9 月 9 日)。

（六）案例举要

◆ 党某某国家机关工作人员签订、履行合同失职被骗案[①]

宁夏回族自治区银川市金凤区人民检察院以被告人党某某犯国家机关工作人员签订、履行合同失职被骗罪，向金凤区人民法院提起公诉。

被告人党某某对指控的罪名、犯罪事实及公诉机关提出的量刑建议均不表异议，并当庭自愿认罪。

金凤区人民法院经公开审理查明：被告人党某某系银川某区管理委员会某局主任，在银川某区管委会对某化学公司醇醚燃料建设项目前期投资损失补偿过程中，对某化学公司实施的下列行为未尽认真审查合同的义务：(1) 虚构某化学公司与某公司签订的技术咨询合同标的为 25 万元的事实（实为 5 万元），并伪造相关付款凭证；(2) 虚构某化学公司与江苏某设计公司签订的技术服务合同标的为 35 万元的事实（实为 8 万元），并伪造相关票据申

[①] （2014）金刑初字第 285 号。

请单;(3) 冒用某公司项目负责人李某的名义,伪造某新能源公司于2008年8月26日与中国某国际工程公司签订《建设工程设计合同》及付款收据,私刻某公司印章,虚构某新能源公司已向某公司付款120万元的事实;(4) 冒用李某的名义,伪造某新能源公司于2008年10月18日与李某签订《生产技术转让协议》及付款收据,私刻李某印章,虚构某新能源公司已向李某付款200万元的事实;(5) 虚构某工贸公司于2008年5月23日与山西某能源公司履行技术转让协议已付款50万元的上述合同材料、财物支付凭证以及某化学公司开列的"宁夏某新能源有限公司前期费用清单",示明某化学公司醇醚燃料建设项目前期投资损失共计476.42万元(除新厂区规划、建设工程设计、生产技术转让和服务、专家论证、环境和安全影响评估等费用,实际开支89.42万元外,虚增387万元)。被告人党某某对某化学公司上报某区某中心赔偿的资料未进行认真审查、核实,即提出476.42万元前期投资损失由双方各担50%,即某区管委会补偿某化学公司项目投资损失238.21万元,就代表银川市某区管委会与宁夏某公司签订了《征地补偿协议》,导致银川市某区管委会补偿某化学公司项目投资损失238.21万元中的148.79万元系宁夏某化学公司虚报骗取,给国家造成148.79万元重大经济损失。另查明,被告单位宁夏某化学有限公司、被告人王某因犯合同诈骗罪,宁夏某化学有限公司已被本院判处罚金50万元;王某犯合同诈骗罪,判处有期徒刑3年,缓刑3年,并处罚金5万元;责令宁夏某化学有限公司将违法所得148.79万元退赔银川某区管理委员会。

金凤区人民法院认为,被告人党某某在担任某中心主任期间,受银川市某区管委会委托对银川市某区的国有资产履行监管职责,在履行职责与他人签订经济合同中,严重不负责任,未尽认真审查合同的义务,致使国家资产遭受重大损失达148.79万元,其行为已构成国家机关工作人员签订、履行合同失职被骗罪,应予刑事处罚。公诉机关指控被告人党某某犯国家机关工作人员签订、履行合同失职被骗罪,事实清楚、证据确实充分。本案系过失犯罪。案发后,被告人党某某主动找相关领导,要求将已支付给某公司的拆迁补偿款238.21万元追回,属于立案后挽回了经济损失,并如实供述自己所犯罪行,可对其从轻处罚。被告人党某某的犯罪情节轻微,不需要判处刑罚。

依照《刑法》第 406 条、第 67 条第 1 款、第 37 条之规定，判决被告人党某某犯国家机关工作人员签订、履行合同失职被骗罪，免予刑事处罚。

五、环境监管失职罪

（一）刑法条文

第四百零八条 负有环境保护监督管理职责的国家机关工作人员严重不负责任，导致发生重大环境污染事故，致使公私财产遭受重大损失或者造成人身伤亡的严重后果的，处三年以下有期徒刑或者拘役。

（二）犯罪构成

1. 法益

有观点认为本罪侵害的法益是负有环境监管职责的国家机关工作人员的职务勤政性以及权力行使的正当性；[①] 另有观点认为本罪法益是财产和人身；[②] 还有观点认为本罪法益是环境监管机关对于环境的正常监督管理活动以及公民的环境权。[③] 本书认为，本罪侵害的法益是国家正常的环境监管活动。[④]

2. 客观行为

本罪在客观方面表现为严重不负责任，不履行或不认真履行环境保护监管职责导致发生重大环境污染事故，致使公私财产遭受重大损失或者造成人身伤亡的严重后果的行为。

本罪要求必须有严重不负责任的行为。"严重不负责任"指负有环境保护监督管理职责的国家机关工作人员违反或不认真按照相关法律规定履行职责。即行为人有《中华人民共和国环境保护法》《中华人民共和国水污染防治法》《中华人民共和国大气污染防治法》《中华人民共和国海洋环境保护法》《中华

[①] 参见中国检察理论研究所编写：《刑法新罪名通论》，中国法制出版社 1997 年版，第 387 页。
[②] 参见陈兴良：《规范刑法学》（第四版），中国人民大学出版社 2017 年版，第 1259 页。
[③] 参见蒋兰香：《环境刑法》，中国林业出版社 2004 年版，第 112—113 页。
[④] 参见高铭暄、马克昌主编：《刑法学》（第八版），北京大学出版社、高等教育出版社 2017 年版，第 661 页。

人民共和国固体废物污染环境防治法》等法律及其他有关法规所规定的关于环境保护部门监管工作人员不履行职责，工作极不负责的行为，既包括作为，也包括不作为。

本罪为结果犯，严重不负责任的行为必须导致重大环境污染事故的发生，且该事故致使公私财产遭受重大损失或者造成人身伤亡的严重后果。关于"致使公私财产遭受重大损失或者造成人身伤亡的严重后果"的认定，《最高人民法院、最高人民检察院关于办理环境污染刑事案件适用法律若干问题的解释》第2条有明确规定。

环境监管人员严重不负责任行为与造成的重大损失结果之间必须具有刑法上的因果关系。

3. 行为主体

本罪主体为特殊主体，即负有环境监督管理职责的国家机关工作人员。单位不能构成本罪。

4. 主观罪过

本罪在主观上出于过失。

（三）司法认定

1. 罪数

本罪与玩忽职守罪属于法条竞合关系，按照刑法理论特别法优于普通法、重法优于轻法的原则定罪处罚。

行为人在环境监管过程中既严重不负责任导致发生重大环境污染事故，又收受他人贿赂，构成环境监管失职罪和受贿罪的，应以两罪实行数罪并罚。

2. 本罪的预见对象

对于本罪的预见对象包括被监管人实施污染环境的违法行为，刑法学界基本达成了共识，但对于预见对象是否包括发生重大财产损失和人员伤亡的后果，学界存在争议。有学者认为不包括对危害结果的预见；[1] 也有学者认为

---

[1] 参见王安异：《浅谈监督过失的注意义务》，载《华中科技大学学报（社会科学版）》2005年第6期。

包括对危害结果的预见。① 本书认为，环境监管过失罪中行为人的预见对象仅包括被监管人所实施的污染环境的违法行为，而不包括该行为可能会导致的严重后果。因为在环境污染事故中往往存在多因一果的情形，通常情况下，仅通过一个单独的环境污染行为很难预见其可能会造成发生重大环境污染事故，致使公私财产遭受重大损失或者造成人身伤亡的严重后果，但对于该违法行为，负有环境监督管理职责的国家机关工作人员应当履行监督、检查的职责。若要求行为人预见法定危害结果，那么在司法实践中将难以认定行为人存在环境监督过失。

3. 本罪中预见能力的判断标准

关于本罪中预见能力的判断标准，主要存在三种观点：主观说、客观说以及折中说。主观说认为应当结合行为人的自身的专业水平、生理条件等各个方面对其预见能力进行判断，但本书认为该学说难以确定切实的、具有可操作性的标准，不具有普遍适用性。客观说认为应当以社会一般理性人注意能力为标准，但本书认为该说缺乏对行为人的关注，忽视了个体的差异性，易使判断标准过于形式化、僵硬化。折中说认为应当将从事某一类工作的个人的专业能力、注意能力加以抽象化，作为一种类型化标准。② 本书赞同折中说的观点，因为从事环境监管工作的环境监管人员是受过专业训练、具备专业知识的，其预见能力高于社会的一般普通人，且以一般的环境监管人员的注意能力为标准具有相对的客观性、可操作性。因此本罪预见能力的判断应当以一般负有环境监督管理职责的国家机关工作人员的能力为标准。③

（四）量刑标准

根据《刑法》第 408 条的规定，犯本罪的，处 3 年以下有期徒刑或者拘役。

---

① 参见王良顺：《管理、监督过失及其判断》，载《政法论坛》2010 年第 6 期。
② 参见韩玉胜、沈玉忠：《监督过失论略》，载《法学论坛》2007 年第 1 期。
③ 参见侯艳芳：《环境监管过失的注意义务与司法认定》，载《政治与法律》2016 年第 12 期。

（五）解释索引

（1）《最高人民法院、最高人民检察院关于办理环境污染刑事案件适用法律若干问题的解释》（2016 年 12 月 23 日）；

（2）《国家环境保护总局、公安部、最高人民检察院关于环境保护行政主管部门移送涉嫌环境犯罪案件的若干规定》（2007 年 5 月 17 日）；

（3）《最高人民检察院关于渎职侵权犯罪案件立案标准的规定》（2006 年 7 月 26 日）；

（4）《关于人民检察院直接受理立案侦查案件立案标准的规定（试行）》（1999 年 9 月 9 日）。

（六）案例举要

 崔建国环境监管失职案[①]

【裁判要旨】

实践中，一些国有公司、企业和事业单位经合法授权从事具体的管理市场经济和社会生活的工作，拥有一定管理公共事务和社会事务的职权，这些实际行使国家行政管理职权的公司、企业和事业单位工作人员，符合渎职罪主体要求；对其实施渎职行为构成犯罪的，应当依照刑法关于渎职罪的规定追究刑事责任。

【基本案情】

被告人崔建国，原系江苏省盐城市饮用水源保护区环境监察支队二大队大队长。

江苏省盐城市标新化工有限公司（以下简称"标新公司"）位于该市二级饮用水保护区内的饮用水取水河蟒蛇河上游。根据国家、市、区的相关法律法规文件规定，标新公司为重点污染源，系"零排污"企业。标新公司于 2002 年 5 月经过江苏省盐城市环保局审批建设年产 500 吨氯代醚酮项目，

---

① 最高人民检察院指导性案例第 4 号。

2004年8月通过验收。2005年11月,标新公司未经批准在原有氯代醚酮生产车间套产甘宝素。2006年9月建成甘宝素生产专用车间,含11台生产反应釜。氯代醚酮的生产过程中所产生的废水有钾盐水、母液、酸性废水、间接冷却水及生活污水。根据验收报告的要求,母液应外售,钾盐水、酸性废水、间接冷却水均应经过中和、吸附后回用(钾盐水也可收集后出售给有资质的单位)。但标新公司自生产以来,从未使用有关排污的技术处理设施。除在2006年至2007年部分钾盐废水(共50吨左右)外售至阜宁助剂厂外,标新公司生产产生的钾盐废水及其他废水直接排放至厂区北侧或者东侧的河流中,导致2009年2月发生盐城市区饮用水源严重污染事件。盐城市城西水厂、越河水厂水源遭受严重污染,所生产的自来水中酚类物质严重超标,近20万盐城市居民生活饮用水和部分单位供水被迫中断66小时40分钟,造成直接经济损失543万余元,并在社会上造成恶劣影响。

盐城市环保局饮用水源保护区环境监察支队负责盐城市区饮用水源保护区的环境保护、污染防治工作,标新公司位于市饮用水源二级保护区范围内,属该支队二大队管辖。被告人崔建国作为二大队大队长,对标新公司环境保护监察工作负有直接领导责任。崔建国不认真履行环境保护监管职责,并于2006年到2008年多次收受标新公司法定代表人胡某某小额财物。崔建国在日常检查中多次发现标新公司有冷却水和废水外排行为,但未按规定要求标新公司提供母液台账、合同、发票等材料,只是填写现场监察记录,也未向盐城市饮用水源保护区环境监察支队汇报标新公司违法排污情况。2008年12月6日,盐城市饮用水源保护区环境监察支队对保护区内重点化工企业进行专项整治活动,并对标新公司发出整改通知,但崔建国未组织二大队监察人员对标新公司进行跟踪检查,监督标新公司整改。直至2009年2月18日,崔建国对标新公司进行检查时,只在该公司办公室填写了一份现场监察记录,未对排污情况进行现场检查,没有能及时发现和阻止标新公司向厂区外河流排放大量废液,以致发生盐城市饮用水源严重污染。在水污染事件发生后,崔建国为掩盖其工作严重不负责任,于2009年2月21日伪造了日期为2008年12月10日和2009年2月16日两份虚假监察记录,以逃避有关部门的查处。

【诉讼过程】

2009年3月14日,崔建国因涉嫌环境监管失职罪由江苏省盐城市阜宁县人民检察院立案侦查,同日被刑事拘留,3月27日被逮捕,5月13日侦查终结移送审查起诉。2009年6月26日,阜宁县人民检察院以被告人崔建国犯环境监管失职罪向阜宁县人民法院提起公诉。

2009年12月16日,阜宁县人民法院作出一审判决,认为被告人崔建国作为负有环境保护监督管理职责的国家机关工作人员,在履行环境监管职责过程中,严重不负责任,导致发生重大环境污染事故,致使公私财产遭受重大损失,其行为构成环境监管失职罪;依照《刑法》第408条的规定,判决崔建国犯环境监管失职罪,判处有期徒刑2年。

一审判决后,崔建国以自己对标新公司只具有督查的职责,不具有监管的职责,不符合环境监管失职罪的主体要求等为由提出上诉。

盐城市中级人民法院认为,崔建国身为国有事业单位的工作人员,在受国家机关的委托代表国家机关履行环境监督管理职责过程中,严重不负责任,导致发生重大环境污染事故,致使公私财产遭受重大损失,其行为构成环境监管失职罪。崔建国所在的盐城市饮用水源保护区环境监察支队为国有事业单位,由盐城市人民政府设立,系受国家机关委托代表国家机关行使环境监管职权,原判决未引用《关于〈刑法〉第九章渎职罪主体适用问题的解释》的相关规定,直接认定崔建国系国家机关工作人员不当,予以纠正;原判认定崔建国犯罪事实清楚,定性正确,量刑恰当,审判程序合法。2010年1月21日,盐城市中级人民法院二审终审裁定,驳回上诉,维持原判。

六、传染病防治失职罪

(一)刑法条文

第四百零九条 从事传染病防治的政府卫生行政部门的工作人员严重不负责任,导致传染病传播或者流行,情节严重的,处三年以下有期徒刑或者拘役。

（二）犯罪构成

1. 法益

本罪侵害的法益是国家正常的传染病防治管理活动。[①]

2. 客观行为

本罪在客观方面表现为从事传染病防治的政府卫生行政部门的工作人员严重不负责任，不履行或者不认真履行传染病防治监管职责，导致传染病传播或者流行，情节严重的行为。

"严重不负责任"，指不履行或者不认真履行相关行政法所规定的从事传染病防治的政府卫生行政部门的工作人员应当履行的传染病防治监管职责，可表现为拒绝履行职责、放弃职责、未尽职责、擅离职守等。[②] 例如：隐瞒、缓报、谎报或者授意、指使、强令他人隐瞒、缓报、谎报疫情、灾情；对传染病疫情地区或传染病携带者未按照或者不认真地按照相关规定做好防疫、检疫、隔离、防护、救治等工作；对传染病的防治工作不进行检查监督检查，或不认真检查监督；拒不执行突发传染病疫情等灾害应急处理指挥机构的决定、命令；等等。

本罪为结果犯，必须导致传染病传播或者流行且情节严重。关于"情节严重"，应根据《最高人民法院、最高人民检察院关于办理妨害预防、控制突发传染病疫情等灾害的刑事案件具体应用法律若干问题的解释》第16条的规定以及《最高人民检察院关于渎职侵权犯罪案件立案标准的规定》第一部分第20条的规定认定。

3. 行为主体

本罪主体为特殊主体，即具有政府卫生行政机关工作人员身份、从事传染病防治公务之身份的人员。

本罪的行为主体包括从事传染病防治的下列人员：（1）政府工作人员；（2）政府卫生行政部门工作人员或受政府卫生行政部门委托的工作人员；

[①] 参见高铭暄、马克昌主编：《刑法学》（第八版），北京大学出版社、高等教育出版社2017年版，第662页。

[②] 参见谢望原、吴光侠：《传染病防治失职罪研究》，载《中国法学》2003年第4期。

(3) 县级以上人民政府有关部门、疾病预防控制机构、医疗机构、采供血机构、国境卫生检疫机关、动物防疫机构的工作人员；(4) 有关食品、药品、血液、水、医疗废物和病原微生物的生产、经营、管理机构工作人员；(5) 从事病原微生物、传染病菌种、毒种和传染病检测样本以及血液及其制品的主管人员和其他直接责任人员。①

4. 主观罪过

本罪在主观方面只能由过失构成，故意不构成本罪。

有观点认为本罪在主观方面一般出于过失，但也不排除间接故意的存在。②但是故意不履行或不认真履行传染病防治监管职责的行为，并不意味着对危害结果的发生也持不反对的态度，若有证据证明行为人对危害结果持希望或放任的态度，则可能构成滥用职权罪，而不成立本罪。

(三) 司法认定

1. 本罪与妨害传染病防治罪

(1) 客体不同：前罪的客体为国家正常的传染病防治管理活动；后罪的客体为国家关于传染病防治的管理制度。

(2) 行为性质不同：前罪的行为具有渎职性；后罪的行为不具有渎职性。

(3) 危害结果不同：本罪的危害结果为导致传染病传播或者流行且情节严重，只包括实害结果；后罪的危害结果为引起甲类传染病传播或者有传播严重危险，既包括实害结果，也包括危险结果。

(4) 主体不同：前罪的主体为从事传染病防治的政府卫生行政部门的工作人员，不包括单位；后罪的主体为一般主体，包括自然人和单位。

2. 罪数

本罪在实践中，可能与传染病菌种、毒种扩散罪，采集、供应血液、制作、供应血液制品事故罪，医疗事故罪，重大环境污染事故罪，动植物检疫失职罪等发生法条竞合，应采取特别法优于普通法、重法优于轻法的法律适

---

① 参见卢建平、田兴洪：《传染病防治失职罪的主体范围研究》，载《人民检察》2008年第11期。

② 参见高格：《定罪与量刑》，中国方正出版社1999年，第1049页。

用原则，以一罪论处。①

本罪与玩忽职守罪属于法条竞合关系，按照特别法优于普通法的原则定罪处罚。

（四）量刑标准

根据《刑法》第409条的规定，犯本罪的，处3年以下有期徒刑或者拘役。

（五）解释索引

(1)《最高人民检察院关于改进渎职侵权检察工作情况的报告》（2010年10月27日）；

(2)《最高人民检察院、国家质量监督检验检疫总局关于在查处和预防渎职等职务犯罪工作中加强联系协作的若干意见（暂行）》（2007年10月12日）；

(3)《最高人民检察院关于渎职侵权犯罪案件立案标准的规定》（2006年7月26日）；

(4)《最高人民法院、最高人民检察院关于办理妨害预防、控制突发传染病疫情等灾害的刑事案件具体应用法律若干问题的解释》（2003年5月14日）；

(5)《关于人民检察院直接受理立案侦查案件立案标准的规定（试行）》（1999年9月9日）。

（六）案例举要

◆ 周某某传染病防治失职案②

巴马瑶族自治县人民检察院以被告人周宝东犯传染病防治失职罪，向巴马瑶族自治县人民法院提起公诉。

---

① 参见谢望原、吴光侠：《传染病防治失职罪研究》，载《中国法学》2003年第4期。

② （2014）巴刑初字第64号。

被告人周某某辩称，在此次麻疹疫情暴发过程中，他确有失职之处，已受到党纪严重警告处分，但不应该认定为犯罪。

巴马瑶族自治县人民法院经公开审理查明，2013年2月14日，巴马县人民医院通过中国疾病预防控制信息系统网络直报一例麻疹疑似病例，后订正为风疹。同月16日，巴马县疾病预防控制中心通过中国疾病预防控制信息系统网络直报一例麻疹疑似病例，后订正为其他。同月21日，巴马县人民医院通过中国疾病预防控制信息系统网络直报一例麻疹疑似病例，后经实验室检验确诊为麻疹病。

2013年3月5日，巴马县人民医院又收治一例麻疹疑似病例，但没有通过中国疾病预防控制信息系统进行网络直报，而是依据"惯例"先口头向时任巴马县疾病预防控制中心免疫规划科科长的被告人周某某报告，后周某某向中心主任李某（已被判刑）汇报，李某让免疫规划科去进行流行病学个案调查、采样，但调查、采样后并没有依照规定要求中心工作人员进行网络直报，而是将采样标本存放该中心冻库保存。

2013年3月7日，广西壮族自治区疾病预防控制中心副主任卓某通过中国疾病预防控制信息系统发现巴马县网络直报并实验室检验确诊一例麻疹病例，便打电话给李某讲巴马已出现一例麻疹病例，要求其做好防控，加强疫苗接种工作，不能出现第二例麻疹病例。

2013年3月15日，被告人周某某又接到巴马县人民医院报告收治一例麻疹疑似病例，当日其在外出差，就向李某汇报，李某当时在县政府参加计划生育工作会议，便发了一条短信给中心免疫规划科副科长韦某，短信内容为："我在县里参加计划生育会议，县医院儿科有一例疑似麻疹，你现在上去调查核实相关信息及技术处理，不得再上报了。"韦某收到短信后，便带免疫规划科的其他同事到巴马县人民医院进行流行病学个案调查及采样，依其理解的"技术处理"让医院的医生在病历上将"麻疹"更改为"肺炎""支气管炎"等，并根据李某"不得再上报"的指示，要求医院不能进行网络直报。调查、采样回来后，李某也没有依照规定要求中心工作人员进行网络直报，而是将采样标本存放该中心冻库保存。周某某出差回来后，韦某向其报告该例麻疹疑似病例的处理情况，周某某对此没有提出反对意见，对瞒报麻疹疫情表示认可。

2013年3月26日，被告人再次接到巴马县人民医院报告的一例麻疹疑似病例，该患者为巴马县甲篆乡甲篆村金边屯人，入院时间为3月23日。周某某接到报告后向李某汇报，李某让周某某带人去进行流行病学个案调查及采样，并让周某某告知医院不能进行网络直报，病历诊断上不能出现"麻疹"字样。周某某将李某的指使传达给县人民医院的医生。周某某等人进行个案调查及采样后并没有依规定进行网络直报，而是将采样标本存放该中心冻库保存。同月29日，百色市右江民族医学院附属医院通过中国疾病预防控制信息系统网络直报在该医院确诊的巴马县一例麻疹病例，患者为巴马县甲篆乡甲篆村金边屯人。依据麻疹暴发定义，巴马县甲篆乡甲篆村金边屯在10天内发生2例，已达到麻疹暴发的标准。

2013年4月10日上午，巴马瑶族自治县卫生局召开疫情防控协调会，参加会议的人中有卫生局领导班子、县人民医院、县妇幼保健院正副院长及李某，会上黎某（已被判刑）再次强调在医院救治记录上不要出现"麻疹"字样，不能进行网络直报。县人民医院分管儿科副院长会后交代儿科按卫生局要求在病历上不出现"麻疹"字样，可改为"肺炎""支气管炎"等，该医院儿科医生在被告人周某某等人的指使下先后更改10多份麻疹病历。当天下午，巴马县妇幼保健院感染控制科医务人员黄某收到两例麻疹病例报告卡，于是请示该医院分管副院长，得到指示要向县疾控中心免疫规划科报告，黄某就拿这两份麻疹病例报告卡去找被告人周某某，周某某接收报告卡后说由中心免疫规划科处理。次日，黄某又收到两例麻疹病例报告卡，于是电话报给被告人周某某，周某某就带科室人员到妇幼保健院进行个案调查和采样，但也没有进行网络直报和将样本送检。

从2013年3月15日至4月14日，医疗机构发现的每一例麻疹病例均按巴马县疾病预防控制中心等单位的要求，不进行网络直报，而是报告给被告人周某某，后周某某汇报给李某，并进行流行病学个案调查和采样，先后共采样27份，采样标本均存放中心冻库，没有及时送检。

2013年4月15日，在巴马瑶族自治县人民政府召开全市麻疹疫情防控工作会议，区、市及全市各县卫生系统领导参加，会上通报巴马县麻疹疫情，部署防控救治工作。4月15日以后各医院按规定如实网络直报并补报之前瞒报的病例,各项防控救治工作按工作方案进行。

案发后,被告人在检察机关立案前询问时如实供述其全部犯罪事实经过。

巴马瑶族自治县人民法院认为,被告人周某某身为依法从事传染病防治的国家机关工作人员,在履行传染病防治职责过程中,严重不负责任,对麻疹疫情瞒报迟报,使上级有关部门没有及时掌握疫情动态,致使麻疹疫情错过最佳防控时机,导致传染病麻疹传播和流行,造成528人感染麻疹病和1人医治无效死亡的严重后果,情节严重,其行为已触犯刑律,构成了传染病防治失职罪。公诉机关指控被告人周某某犯传染病防治失职罪的罪名成立。被告人周某某的行为符合传染病防治失职罪的构成要件,其因为工作失职受到党纪严重警告处分,并不影响对其刑事处罚,故被告人关于其已受到党纪严重警告处分,不应该认定为犯罪的辩解本院不予采纳。根据专家的分析及自治区卫生厅的通报,造成巴马县麻疹疫情暴发的原因有多种,一是当地免疫规划基础工作严重滑坡、接种率低下;二是乡、村两级防保网络破溃,导致预防接种服务无法做到全面覆盖;三是瞒报迟报疫情错过最佳处置时机,导致疫情蔓延扩散;四是没有认真贯彻落实自治区卫生厅的文件精神,未成立独立的防保组,且专职防保人员不足,没有落实免疫规划工作经费。据此,被告人周某某的瞒报迟报行为与造成麻疹疫情暴发的后果虽有刑法上的因果关系,但属一果多因,被告人的责任较轻。麻疹疫情扑灭后,被告人于2013年8月15日在接受河池市人民检察院对事件调查时主动交代其全部犯罪事实,2014年1月20日,巴马瑶族自治县人民检察院对被告人涉嫌犯罪立案侦查,被告人的上述行为属自首,依法可以从轻或者减轻处罚。综上,被告人的犯罪情节轻微不需要判处刑罚,可以免予刑事处罚。依照《刑法》第409条、第67条第1款、第37条之规定,判决被告人周某某犯传染病防治失职罪,免予刑事处罚。

七、商检失职罪

(一) 刑法条文

第四百一十二条　国家商检部门、商检机构的工作人员……

前款所列人员严重不负责任，对应当检验的物品不检验，或者延误检验出证、错误出证，致使国家利益遭受重大损失的，处三年以下有期徒刑或者拘役。

(二) 犯罪构成

1. 法益

关于本罪的法益，学界存在不同观点。有学者认为本罪的法益是国家利益，[1] 也有学者将本罪的法益表述为国家商检部门正常的商检工作秩序，[2] 还有学者认为本罪的法益是国家商品检验机关的职能。[3] 学界的主流观点是将本罪的法益表述为国家正常的商检活动。[4] 本书认为，商检失职罪属于渎职类犯罪，而我国刑法学界的通说观点认为渎职类犯罪的客体为国家机关的正常管理活动，故本罪的法益应为国家正常的商检活动。

2. 客观行为

本罪在客观方面表现为行为人对应当检验的物品不检验，或者延误检验出证、错误出证，致使国家利益遭受重大损失的行为。

其中，"对应当检验的物品不检验"是指对国家商检部门根据对外贸易发展的需要，制定、调整并公布，列入《商检机构实施检验的进出口商品种类表》的商品和其他法律、行政法规规定须经商检机构检验的进出口商品不检验；"延误检验出证"是指在对外贸易合同约定的索赔期限内没有检验完毕；

---

[1] 参见陈兴良：《规范刑法学》(第四版)，中国人民大学出版社2017年版，第1271页。
[2] 参见陈明华主编：《刑法学》，中国政法大学出版社1999年版，第807页。
[3] 参见何秉松主编：《刑法教科书》，中国法制出版社1997年版，第1095页。
[4] 参见高铭暄、马克昌主编：《刑法学》(第八版)，北京大学出版社、高等教育出版社2017年版，第663页。

"错误出证"是指检验结果与事实不符合的出证。① 上述的三种行为,只要存在其一就被认为满足了本罪的客观行为要件。

除此之外,若要认定此行为构成犯罪,还需要具备失职行为致使国家利益遭受了重大损失这一要件。例如:造成个人财产直接经济损失 15 万元以上,或者直接经济损失不满 15 万元,但间接经济损失 75 万元以上的。至于重大损失的详细标准,《最高人民检察院关于渎职侵权犯罪案件立案标准的规定》第一部分第 25 条第 2 款作了明确的规定。

3. 行为主体

本罪主体为特殊主体,即只能是国家商检部门、商检机构的工作人员。所谓"国家商检部门",是指国务院商品检验部门,即国家进出口商品检验局。所谓"商检机构",是指国家商检部门设在各地的进出口商品检验机构,即各省、市、自治区进出口商品检验局。应当注意的是,在国家商检部门或商检机构指定的检验机构中工作的人员,如果有徇私舞弊、伪造检验结果的行为,也应以本罪论处。

4. 主观罪过

本罪在主观上出于过失。即行为人应当预见自己的行为可能会造成致使国家利益遭受重大损失的严重后果,因为疏忽大意没有预见,或者已经预见但过于自信认为能够避免,而导致结果的发生。

(三) 司法认定

1. 罪与非罪

本罪属于结果犯,只有在致使国家利益遭受重大损失时,才构成本罪。此外,需要注意,《刑法》第 412 条规定的罪状中并未将商品检验限定为进出口商品检验,但是,本罪只能发生在进出口商品检验过程中。②

2. 此罪与彼罪

认定商检失职罪时,应区分本罪与商检徇私舞弊罪的界限。二者的区别在于主观方面不同。商检失职罪出于过失,而后者则出于故意。同是应当检

---

① 参见陈兴良:《规范刑法学》(第四版),中国人民大学出版社 2017 年版,第 1270 页。
② 参见刘宪权主编:《刑法学》(第四版),上海人民出版社 2016 年版,第 898 页。

验进出口商品而不检验的行为，行为人明知不合格或者可能不合格而放任国家利益遭受损失的，则属明知，如果为了徇私，对之就应以后罪即商检徇私舞弊罪治罪；反之出于过失，即虽知道被检商品有可能不合格并因此可能造成国家利益遭受重大损失，但根据进出口双方的品质、信誉等各种因素，轻信能够避免，结果发生了严重后果的，则应以商检失职罪论处。

（四）量刑标准

根据《最高人民检察院关于渎职侵权犯罪案件立案标准的规定》第一部分第 25 条第 2 款的规定，涉嫌下列情形之一的，应予立案：（1）致使不合格的食品、药品、医疗器械等商品出入境，严重危害生命健康的；（2）造成个人财产直接经济损失 15 万元以上，或者直接经济损失不满 15 万元，但间接经济损失 75 万元以上的；（3）造成公共财产、法人或者其他组织财产直接经济损失 30 万元以上，或者直接经济损失不满 30 万元，但间接经济损失 150 万元以上的；（4）未经检验，出具合格检验结果，致使国家禁止进口的固体废物、液态废物和气态废物等进入境内的；（5）不检验或者延误检验出证、错误出证，引起国际经济贸易纠纷，严重影响国家对外经贸关系，或者严重损害国家声誉的；（6）其他致使国家利益遭受重大损失的情形。

国家商检部门、商检机构的工作人员严重不负责任，对应当检验的物品不检验，或者延误检验出证、错误出证，致使国家利益遭受重大损失的，处 3 年以下有期徒刑或者拘役。

（五）解释索引

《最高人民检察院关于渎职侵权犯罪案件立案标准的规定》（2006 年 7 月 26 日）。

（六）案例举要

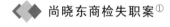
尚晓东商检失职案①

新疆维吾尔自治区乌鲁木齐市水磨沟区人民检察院指控称：

---

① （2007）水刑初字第 70 号、（2007）乌中刑二终字第 102 号。

2005年8月,聂世臣、冯勇、吴海旭(已判刑)等人共同从蒙古购得94.04吨废旧电瓶,准备入境进行销售。2005年8月24日,由冯勇、吴海旭等人押运着四辆用羊毛、驼毛、铁皮覆盖其上以便掩饰藏匿的废旧电瓶的货车运至哈密老爷庙口岸。冯勇委托哈密边贸公司报检员安红卫帮助办理报检报关手续,安红卫遂以新疆环宇公司、阿拉山口达奇公司两家均无废钢铁销售经营权的公司的名义报检,并将羊毛、驼毛、废钢铁等物品混填在报检单上,向新疆出入境检验检疫局(以下简称"国检局")老爷庙口岸工作点申请报检,国检局工作人员王洪勤未对安红卫申报的明显不符合报检要求的报检单进行认真审核,即开出了入境货物通关单。随后安红卫向尚晓东提出过磅时能否不卸车,只过重车重量,不过空车重量,仅依照行车证所载空车重量计算其货物重量,尚晓东表示同意。安红卫即在海关工作人员陈钢签字后又找尚晓东签字,之后安红卫将四车货停放在货场等候检验检疫。尚晓东、周军等人只对羊毛、驼毛按规程进行了抽样检验,对安红卫报检的废钢铁未履行必须落地检查的规程要求,待羊毛、驼毛检验结果出来后,于2005年8月27日在该批货物的入境货物检验检疫记录单上签字放行,并出具了入境货物通关单。2005年9月因货物品名混填且两家公司均无废钢铁经营资质,安红卫无法在海关办理报关手续,故而再次打电话找尚晓东,要求其帮忙更改通关单载明的相关内容,尚晓东同意并电话告知周军,让安红卫找周军在周军办公室更改了通关单申报单位,又分别填写了货物品名,之后安红卫向海关报关通行,致使94.04吨废旧电瓶走私入境。

另,2005年6月下旬,安红卫为了使其代理报检的马鬃、马尾等进口货物顺利通过边防检查并办理国检局的报检手续,在哈密聚峰宾馆给被告人尚晓东2万元好处费,请其帮忙办理相关报检手续,后因卫生检疫未达标等原因,此批马鬃、马尾被退回蒙古。2005年10月13日,尚晓东让其妻陈雪莲从自家存款中取了2万元存入自治区纪检委"539"廉政账户。公诉机关认为,被告人尚晓东的行为触犯了《刑法》第412条第2款的规定,应当以商检失职罪追究其刑事责任;被告人尚晓东身为国家工作人员,在从事公务过程中,利用职务上的便利,非法收受他人财物,触犯了《刑法》第385条的规定,应当以受贿罪追究其刑事责任。被告人尚晓东身犯数罪,依照《刑法》

第69条的规定,应予数罪并罚,特提请依法判处。

被告人尚晓东对起诉书指控的犯罪事实及罪名有异议,辩解称:"商检检验没有结束,而且电瓶不是我们检验的项目,故指控商检失职罪不成立。指控的受贿罪也不成立,因为是安红卫把钱放在我房间,我叫他拿走,但是他没有来拿,我也没有为他牟取任何利益,我已经在案发前把钱交到了廉政账户。"

法院经审理调查,根据上述事实和证据认为:被告人尚晓东身为国家商检机构工作人员,严重不负责任,在商检过程中失职,造成94.04吨废旧电瓶进入国境内的后果,使国家利益遭受重大损失,其行为构成商检失职罪。公诉机关指控被告人尚晓东犯受贿罪,经查,检察机关对被告人尚晓东涉嫌受贿罪的立案时间是2006年3月24日,被告人尚晓东已于2005年10月13日将收受的2万元如数存入新疆纪检委"539"廉政专用账户,应视为自觉改正错误,不宜认定为受贿罪。

乌鲁木齐市水磨沟区人民法院依照《刑法》第412条第2款、《最高人民法院关于执行〈中华人民共和国刑事诉讼法〉若干问题的解释》第176条第5项之规定,判决被告人尚晓东犯商检失职罪,判处有期徒刑1年。

尚晓东上诉称:废旧电瓶入境检验是海关的责任,与检疫局无关,其行为不构成商检失职罪。

乌鲁木齐市人民检察院出庭意见认为,原判认定尚晓东犯商检失职罪的事实清楚,证据确实、充分,定罪准确,量刑适当,其上诉理由不能成立,应维持原判。

乌鲁木齐市中级人民法院经审理查明,原判认定上诉人尚晓东犯有商检失职罪的事实属实,该事实有上诉人尚晓东的供述、证人证言及原审已查明的相关证据证实。

乌鲁木齐市中级人民法院根据上述事实和证据认为:上诉人尚晓东作为国家商检机构的工作人员,对应当检验的商品进行检疫时,严重不负责任,在商检过程中失职,造成废旧电瓶进入国境的严重后果,使国家利益遭受重大损失,其行为构成商检失职罪。但根据上诉人尚晓东的犯罪性质、情节和对于社会的危害程度,可依法对其适用缓刑。

乌鲁木齐市中级人民法院依照《刑事诉讼法》第 189 条第 2 项和《刑法》第 412 条第 2 款、第 72 条第 1 款之规定，判决如下：(1) 维持乌鲁木齐市水磨沟区人民法院（2007）水刑初字第 70 号刑事判决中对尚晓东的定罪部分，即尚晓东犯商检失职罪；(2) 撤销乌鲁木齐市水磨沟区人民法院（2007）水刑初字第 70 号刑事判决中对尚晓东的量刑部分，即尚晓东判处有期徒刑 1 年；(3) 尚晓东犯商检失职罪，判处有期徒刑 1 年，缓刑 1 年。

八、动植物检疫失职罪

（一）刑法条文

第四百一十三条　动植物检疫机关的检疫人员……

前款所列人员严重不负责任，对应当检疫的检疫物不检疫，或者延误检疫出证、错误出证，致使国家利益遭受重大损失的，处三年以下有期徒刑或者拘役。

（二）犯罪构成

1. 法益

关于本罪的法益，学界存在不同观点。有学者认为本罪所侵害的法益是国家的动植物检疫制度，[①] 也有学者将本罪的法益表述为国家利益。[②] 学界的主流观点是将本罪的法益表述为国家正常的动植物检疫活动[③]。本书认为，动植物检疫失职罪类属于渎职类犯罪，而我国刑法学界的通说观点认为渎职类犯罪的客体为国家机关的正常管理活动，故本罪的法益应为国家正常的动植物检疫活动。

[①] 参见刘宪权主编：《刑法学》（第四版），上海人民出版社 2016 年版，第 899 页。
[②] 参见陈兴良：《规范刑法学》（第四版），中国人民大学出版社 2017 年版，第 1273 页。
[③] 参见高铭暄、马克昌主编：《刑法学》（第八版），北京大学出版社、高等教育出版社 2017 年版，第 664 页。

2. 客观行为

本罪在客观方面表现为行为人对应当检疫的检疫物不检疫，或者延误检疫出证、错误出证，致使国家利益遭受重大损失。其中，"严重不负责任"是指行为人没有履行自己的职责义务，《中华人民共和国进出境动植物检疫法》对检疫机关及其工作人员规定了一系列的职责，如对进出境的动植物、动植物产品和其他检疫物，装载动植物、动植物产品和其他检疫物的装载容器、包装物，以及来自动植物疫区的运输工具，应依照该法规定实施检疫等等。至于"重大损失"的标准，《最高人民检察院关于渎职侵权犯罪案件立案标准的规定》对此作了明确的规定。

3. 行为主体

本罪主体为特殊主体，即只能是动植物检疫机关的检疫人员。

2002年12月28日，第九届全国人大常委会第三十一次会议通过了《关于〈刑法〉第九章渎职罪主体适用问题的解释》。根据这一解释，渎职罪的主体范围有所变化。该解释明确规定："在依照法律、法规规定行使国家行政管理职权的组织中从事公务的人员，或者在受国家机关委托代表国家机关行使职权的组织中从事公务的人员，或者虽未列入国家机关人员编制但在国家机关中从事公务的人员，在代表国家机关行使职权时，有渎职行为，构成犯罪的，依照刑法有关渎职罪的规定追究刑事责任。"这就在一定程度上扩大了本罪的主体适用范围，即不再局限于拥有编制的国家检疫机关工作人员，更大程度倾向以职责论进行主体界定。

4. 主观罪过

本罪在主观方面只能出于过失。即行为人应当预见自己严重不负责任的行为可能会造成致使国家利益遭受重大损失的严重后果，因为疏忽大意没有预见，或者已经预见但过于自信认为能够避免，而导致结果的发生，造成严重后果。

（三）司法认定

1. 本罪与动植物检疫一般失职行为

区别在于是否造成致使国家遭受巨大损失的结果，如果致使国家利益遭受重大损失,则构成动植物检疫失职罪,如果没有致使国家利益遭受重大损失,则不构成动植物检疫失职罪,是属于动植物检疫的一般失职行为,对之只能给予行政处分或其他非刑罚措施。"重大损失"的标准,就是下述《最高人民检察院关于渎职侵权犯罪案件立案标准的规定》第一部分第27条第2款规定的六种情形之一。

2. 本罪与玩忽职守罪

动植物检疫失职罪实际上是动植物检疫工作中的玩忽职守犯罪行为,其与玩忽职守罪属于特别法和一般法的竞合关系。动植物检疫机关的检疫人员严重不负责任,应检不检、延误出证、错误出证,致使国家利益遭受重大损失的,其行为既构成动植物检疫失职罪也构成玩忽职守罪,应当按照特别法优于普通法的关系以动植物检疫失职罪定罪处罚。

3. 本罪与动植物检疫徇私舞弊罪

动植物检疫徇私舞弊罪是指动植物检疫机关的检疫人员徇私舞弊,伪造检疫结果的行为。动植物检疫徇私舞弊罪是行为犯,而本罪是结果犯。本罪是玩忽职守型的、消极的渎职犯罪,动植物检疫徇私舞弊罪是滥用职权型的、积极的渎职犯罪。[1]

(四) 量刑标准

根据《最高人民检察院关于渎职侵权犯罪案件立案标准的规定》第一部分第27条第2款的规定,涉嫌下列情形之一的,应予立案:(1)导致疫情发生,造成人员重伤或者死亡的;(2)导致重大疫情发生、传播或者流行的;(3)造成个人财产直接经济损失15万元以上,或者直接经济损失不满15万元,但间接经济损失75万元以上的;(4)造成公共财产或者法人、其他组织财产直接经济损失30万元以上,或者直接经济损失不满30万元,但间接经济损失150万元以上的;(5)不检疫或者延误检疫出证、错误出证,引起国际经济贸易纠纷,严重影响国家对外经贸关系,或者严重损害国家声誉的;(6)其他致使国家利益遭受重大损失的情形。

---

[1] 参见王守俊:《简论动植物检疫失职罪》,载《现代商业》2013年第4期。

动植物检疫机关的检疫人员严重不负责任，对应当检疫的检疫物不检疫，或者延误检疫出证、错误出证，致使国家利益遭受重大损失的，处3年以下有期徒刑或者拘役。

（五）解释索引

《最高人民检察院关于渎职侵权犯罪案件立案标准的规定》（2006年7月26日）。

（六）案例举要

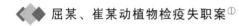 屈某、崔某动植物检疫失职案[①]

【基本案情】

西平县人民检察院指控，2012年12月20日，被告人屈某、崔某在西平县芦庙乡对生猪进行实地检测。二被告人严重不负责任，在没有严格履行法定的检疫程序的情况下，直接对白某收购的生猪出具动物检疫合格证明（A）证。白某收购的生猪在运往重庆时8头被检测为口蹄疫康复猪，导致94头生猪被扣押后焚烧，给白某造成经济损失达21.57万元。就上述指控事实，公诉机关向法院提供了相关证据，认为被告人屈某、崔某不履行工作职责，使国家利益遭受重大损失，其行为已触犯《刑法》第413条第2款之规定，应当以动植物检疫失职罪追究刑事责任。

经法院审理查明，上述指控事实属实。另查明，2013年1月18日，西平县畜牧局与白某签订补助协议，西平县畜牧局支付白某16万元生猪扑杀补助款。

【审判结果】

西平县人民法院认为，被告人屈某、崔某不履行工作职责，致使国家利益遭受重大损失，事实清楚，证据确实充分，二被告人的行为均已构成动植物检疫失职罪；公诉机关指控的犯罪事实及罪名成立。鉴于二被告人当庭自

---

① （2013）西刑初字第282号。

愿认罪，可酌情从轻处罚；综合考虑被告人的犯罪事实、情节、社会危害程度及悔罪表现，依照《刑法》第413条第2款、第37条、第67条第3款之规定，判决如下：被告人屈武犯动植物检疫失职罪，免予刑事处罚；被告人崔某犯动植物检疫失职罪，免予刑事处罚。

九、不解救被拐卖、绑架妇女、儿童罪

（一）刑法条文

第四百一十六条第一款　对被拐卖、绑架的妇女、儿童负有解救职责的国家机关工作人员，接到被拐卖、绑架的妇女、儿童及其家属的解救要求或者接到其他人的举报，而对被拐卖、绑架的妇女、儿童不进行解救，造成严重后果的，处五年以下有期徒刑或者拘役。

（二）犯罪构成

1. 法益

关于本罪的法益，学界存在不同观点。有学者认为本罪的法益是被拐卖、绑架的妇女、儿童，[1] 也有学者将本罪的法益表述为国家机关解救被拐卖、绑架的妇女、儿童的正常活动。[2] 其中，第二种观点是我国刑法学界的主流观点。本书认为，不解救被拐卖、绑架妇女、儿童罪属于渎职类犯罪，而我国刑法学界的通说认为渎职类犯罪的客体为国家机关的正常管理活动，故本罪的法益应为国家机关解救被拐卖、绑架妇女、儿童的正常活动。

2. 客观行为

本罪在客观方面表现为行为人接到被拐卖、绑架的妇女、儿童及其家属的解救要求或者接到其他人的举报，而对被拐卖、绑架的妇女、儿童不进行解救，并由此造成了严重后果的行为。接到解救要求或接到他人的举报是构

---

[1] 参见陈兴良：《规范刑法学》（第四版），中国人民大学出版社2017年版，第1278页。
[2] 参见高铭暄、马克昌主编：《刑法学》（第八版），北京大学出版社、高等教育出版社2017年版，第665页。

成本罪的前提条件。

3. 行为主体

本罪行为主体为特殊主体，即只能是对被拐卖、绑架的妇女、儿童负有解救职责的国家机关工作人员。

4. 主观罪过

本罪在主观方面出于故意。多为直接故意，但不排除间接故意构成本罪的可能性。

（三）司法认定

共同犯罪的认定上，当一个行为构成不解救被拐卖、绑架妇女、儿童罪的既遂时，就可能存在共犯问题。即当负有解救职责的国家机关工作人员与拐卖、绑架妇女、儿童的犯罪分子存在意思联络，为其提供便利条件时，应认定其构成拐卖妇女、儿童罪或者绑架罪的共犯。行为同时触犯拐卖妇女、儿童罪或者绑架罪与本罪的，属于想象竞合，应当从一重罪处罚。

（四）量刑标准

根据《最高人民检察院关于渎职侵权犯罪案件立案标准的规定》第一部分第31条第2款的规定，涉嫌下列情形之一的，应予立案：（1）导致被拐卖、绑架的妇女、儿童或其家属重伤、死亡或者精神失常的；（2）导致被拐卖、绑架的妇女、儿童被转移、隐匿、转卖，不能及时进行解救的；（3）对被拐卖、绑架的妇女、儿童不进行解救3人次以上的；（4）对被拐卖、绑架的妇女、儿童不进行解救，造成恶劣社会影响的；（5）其他造成严重后果的情形。

根据《刑法》第416条第1款的规定，犯本罪的，处5年以下有期徒刑或者拘役。

（五）解释索引

《最高人民检察院关于渎职侵权犯罪案件立案标准的规定》（2006年7月26日）。

十、失职造成珍贵文物损毁、流失罪

(一) 刑法条文

第四百一十九条 国家机关工作人员严重不负责任,造成珍贵文物损毁或者流失,后果严重的,处三年以下有期徒刑或者拘役。

(二) 犯罪构成

1. 法益

针对本罪的法益,学界存在不同观点。有学者认为本罪的法益是国家文物管理制度,① 也有学者将本罪的法益表述为珍贵文物。② 学界的主流观点是将本罪的法益表述为国家对珍贵文物的管理活动。③ 本书认为,失职造成珍贵文物毁损、流失罪类属于渎职类犯罪,而我国刑法学界的通说观点认为渎职类犯罪的客体为国家机关的正常管理活动,故本罪的法益应为国家对珍贵文物的管理活动。

2. 客观行为

本罪在客观方面表现为行为人严重不负责任,造成珍贵文物损毁或者流失,后果严重的行为。其中,"严重不负责任"是指行为人不履行或不完全履行其对珍贵文物的保护、管理、挖掘等职责。④ 其表现形式是多样的,例如对馆藏珍贵文物不按《博物馆藏品管理办法》的规定建立固定、专用的库房,设专人管理;库房设备和措施不符合防火、防盗、防潮、防虫、防尘、防光、防震、防空气污染的要求等。

3. 行为主体

本罪主体为特殊主体,即只能是负有管理、保护文物职责的国家机关的

---

① 参见刘宪权主编:《刑法学》(第四版),上海人民出版社2016年版,第907页。
② 参见陈兴良:《规范刑法学》(第四版),中国人民大学出版社2017年版,第1283页。
③ 参见高铭暄、马克昌主编:《刑法学》(第八版),北京大学出版社、高等教育出版社2017年版,第666页。
④ 参见刘宪权主编:《刑法学》(第四版),上海人民出版社2016年版,第907页。

工作人员，包括但不限于图书馆和博物馆的工作人员。

4. 主观罪过

本罪在主观方面出于过失，故意不构成本罪。即行为人应当预见自己的行为可能会造成重大损失结果，因为疏忽大意没有预见，或者已经预见但过于自信认为能够避免，而导致结果的发生。

（三）司法认定

1. 罪与非罪

只有造成重大损失的严重后果才可能构成本罪，若没有则应当认定为一般的失职行为。

2. 本罪与滥用职权罪

国家机关工作人员滥用职权，造成珍贵文物损毁或者流失的，应当以滥用职权罪论处。

（四）量刑标准

根据《最高人民法院、最高人民检察院关于办理妨害文物管理等刑事案件适用法律若干问题的解释》第10条规定，具有下列情形之一的，应当认定为"后果严重"：(1) 导致二级以上文物或者5件以上三级文物损毁或者流失的；(2) 导致全国重点文物保护单位、省级文物保护单位的本体严重损毁或者灭失的；(3) 其他后果严重的情形。

根据《刑法》第419条的规定，犯本罪的，处3年以下有期徒刑或者拘役。

（五）解释索引

《最高人民法院、最高人民检察院关于办理妨害文物管理等刑事案件适用法律若干问题的解释》（2016年1月1日）。

（六）案例举要

 田兴刚失职造成珍贵文物损毁案①

【基本案情】

荆州市荆州区人民检察院指控被告人田兴刚犯失职造成珍贵文物损毁罪，于 2017 年 12 月 26 日向荆州区人民法院提起公诉。

经审理查明，2014 年和 2016 年 12 月中旬，被告人田兴刚与刘某甲（另案处理）先后受聘于荆州市荆州区川店镇文物保护管理所担任护墓员，负责保护荆州市荆州区川店镇李场村范围内的古墓葬。其主要职责是早晚各巡查一次，夜晚必须在哨所值班，做好巡查记录，不得擅自离岗，发现问题及时报告。

2016 年 12 月 14 日晚至 12 月 23 日凌晨，以及 2016 年 12 月底的一天晚上，荆州市荆州区川店镇李场村六台冢古墓葬被连续盗掘，被盗走珍贵文物多件。其间，2016 年 12 月 14 日至 12 月 19 日、2016 年 12 月 26 日至 2017 年 1 月 1 日由被告人田兴刚负责驻守和巡查，且由田兴刚当值的 2016 年 12 月 15 日晚，盗墓分子在盗掘过程中使用了炸药，被告人田兴刚未按规定巡查到位，未发现被盗古墓葬顶部两个直径分别约 80 厘米和 40 厘米的盗洞，直至 2017 年 4 月 19 日盗墓案发。经湖北省博物馆鉴定，被盗掘的六台冢古墓属于全国重点保护文物单位——马山墓群的重要组成部分，盗掘行为对该古墓葬文物本体和保存环境造成了极为严重的破坏。

案发后，经侦查机关联系荆州市荆州区川店镇李场村支部书记万某，被告人田兴刚由万某电话通知后主动到案，并如实供述了自己的罪行。

【审判结果】

荆州区人民法院认为，被告人田兴刚在履行职务中严重不负责任，致使其负有保护责任的古墓葬文物本体和保存环境遭到极为严重的破坏，珍贵文物流失，后果严重，其行为已构成失职造成珍贵文物损毁罪。公诉机关指控

---

① （2018）鄂 1003 刑初 14 号。

的罪名成立，对被告人田兴刚应予处罚。被告人田兴刚在未被采取强制措施时，经电话通知后主动到案，并如实供述了自己的罪行，属自首，依法可以从轻处罚。被告人田兴刚居住地司法行政机关经调查评估，认为其符合社区矫正的条件。依照《刑法》第419条、第67条第1款、第72条第1款、第73条第2款和第3款，《关于〈刑法〉第九章渎职罪主体适用问题的解释》以及《最高人民法院、最高人民检察院关于办理妨害文物管理等刑事案件适用法律若干问题的解释》第10条的规定，判决被告人田兴刚犯失职造成珍贵文物损毁罪，判处有期徒刑1年，缓刑1年6个月。

十一、过失泄露国家秘密罪

（一）刑法条文

第三百九十八条　国家机关工作人员违反保守国家秘密法的规定……过失泄露国家秘密，情节严重的，处三年以下有期徒刑或者拘役；情节特别严重的，处三年以上七年以下有期徒刑。

非国家机关工作人员犯前款罪的，依照前款的规定酌情处罚。

（二）犯罪构成

1. 法益

本罪侵害的法益是国家的保密制度。

2. 客观行为

本罪在客观方面表现为泄露国家秘密，且情节严重的行为。其中，"国家秘密"，根据《中华人民共和国保守国家秘密法》第9条的规定，主要包括：（1）国家事务的重大决策中的秘密事项；（2）国防建设和武装力量活动中的秘密事项；（3）外交和外事活动中的秘密事项以及对外承担保密义务的事项；（4）国民经济和社会发展中的秘密事项；（5）科学技术中的秘密事项；（6）维护国家安全活动和追查刑事犯罪中的秘密事项；（7）其他经国家保密工作部门确定应当保守的国家秘密事项。

3. 行为主体

本罪的行为主体多为国家机关工作人员，但了解国家秘密的非国家机关工作人员也可以单独构成本罪。

4. 主观罪过

本罪在主观方面只能出于过失，如果主观上为故意则构成故意泄露国家秘密罪。本罪中的过失大多是由于疏忽大意、玩忽职守造成的，但也不排除过于自信的过失。

（三）司法认定

罪数认定上，行为人非法获取国家秘密后又加以过失泄露的，不实行数罪并罚，对之应依照其中的一罪从重处罚。由于非法获取国家秘密属于行为犯，不以情节严重为必要，因此，应当以非法获取国家秘密罪从重论处。

军人过失泄露军事秘密的，应以特别法条规定的军人过失泄露军事秘密罪治罪。非军人过失泄露军事秘密，构成犯罪的，仍是过失泄露国家秘密罪。

（四）量刑标准

根据《最高人民检察院关于渎职侵权犯罪案件立案标准的规定》第一部分第4条第2款的规定，涉嫌下列情形之一的，应予立案：（1）泄露绝密级国家秘密1项（件）以上的；（2）泄露机密级国家秘密3项（件）以上的；（3）泄露秘密级国家秘密4项（件）以上的；（4）违反保密规定，将涉及国家秘密的计算机或者计算机信息系统与互联网相连接，泄露国家秘密的；（5）泄露国家秘密或者遗失国家秘密载体，隐瞒不报、不如实提供有关情况或者不采取补救措施的；（6）其他情节严重的情形。

根据《刑法》第398条的规定，犯本罪的，处3年以下有期徒刑或者拘役；情节特别严重的，处3年以上7年以下有期徒刑。非国家工作人员犯本罪的，依照上述规定酌情处罚。

（五）解释索引

《最高人民检察院关于渎职侵权犯罪案件立案标准的规定》（2006年7月

26日)。

(六) 案例举要

 李某过失泄露国家秘密案[①]

北京市海淀区人民检察院指控被告人李某犯过失泄露国家秘密罪,于2013年12月30日向北京市海淀区人民法院提起公诉。法院依法组成合议庭,适用简易程序,公开开庭审理本案。现已审理终结。

海淀区人民检察院指控:2012年11月5日10时许,被告人李某违反保守国家秘密法的规定,在北京市海淀区清河×××厂宿舍×栋楼×单元×××室,使用其本人戴尔笔记本电脑,以网名"ligand"在"飞扬军事论坛"上对一篇主题为"说说公安现役部队"的帖子进行了跟帖,其跟帖内容涉及我国重要国防战备工程的性质、名称和驻地,经鉴定系绝密级军事秘密。2013年9月9日,被告人李某经海淀区检察院反渎局电话传唤到案,到案后如实供述了犯罪事实。2014年3月12日,涉案戴尔笔记本电脑1台被扣押。

针对上述指控,公诉机关向法院提供了相应的证据材料,认为被告人李某的行为已构成过失泄露国家秘密罪,提请法院依照《刑法》第398条之规定,对被告人李某定罪处罚。

经审理查明,2012年11月5日10时许,被告人李某违反保守国家秘密法的规定,在北京市海淀区清河×××厂宿舍×栋楼×单元×××室,使用本人戴尔笔记本电脑,以网名"ligand"在"飞扬军事论坛"上"大陆狂飙板块"对一篇主题为"说说公安现役部队"的帖子进行了跟帖,其跟帖内容涉及我国重要国防战备工程的驻地、名称和性质,经中国人民解放军保密委员会鉴定系绝密级军事秘密。目前尚未发现该起泄密事件有给我国国防军事安全造成重大恶劣影响的后果。

海淀区人民法院认为,被告人李某违反保守国家秘密法的规定,过失泄露国家秘密,其行为已构成过失泄露国家秘密罪,应予惩处。海淀区人民检察院指控被告人李某犯过失泄露国家秘密罪的事实清楚,证据确实充分,指

---

① (2014) 海刑初字第855号。

控罪名成立。鉴于被告人李某犯罪以后，能够在接到办案机关电话传唤后自行到案，并如实供述自己的罪行，系自首，故依法对其予以从轻处罚并宣告缓刑。本院依照《刑法》第398条、第67条第1款、第72条第1款、第73条第2款和第3款之规定，判决如下：（1）被告人李某犯过失泄露国家秘密罪，判处有期徒刑1年，缓刑1年；（2）在案扣押的作案工具戴尔笔记本电脑1台予以没收。

第四章

徇私舞弊犯罪

一、徇私舞弊低价折股、出售国有资产罪

（一）刑法条文

第一百六十九条　国有公司、企业或者其上级主管部门直接负责的主管人员，徇私舞弊，将国有资产低价折股或者低价出售，致使国家利益遭受重大损失的，处三年以下有期徒刑或者拘役；致使国家利益遭受特别重大损失的，处三年以上七年以下有期徒刑。

（二）犯罪构成

1. 法益

本罪侵害的法益是国有公司、企业的管理秩序以及国家对国有资产的所有权。

2. 客观行为

本罪在客观方面表现为国有公司、企业或者其上级主管部门直接负责的主管人员徇私舞弊，将国有资产低价折股或者低价出售，致使国家利益遭受重大损失的行为。"徇私舞弊"，是指为私利、私情违反国家关于国有公司、企业资产保护法规的规定而弄虚作假。"低价折股"，是指在推行股份制过程中，将国有公司、企业的实物、土地使用权、知识产权等低价折合成出资股

份。"低价出售",是指以低于实际价值的价格出售。①

构成本罪的行为主要包括:(1)在合资、合作、股份制改造中,对国有资产不进行评估,或者低价折股;(2)低估公司、企业的实物资产,包括房屋、机器设备、原材料的价值等;(3)对国有资产未按重置价格折股、未计算其增值部分;(4)对注册商标、专利、专有技术、商业秘密、商誉等无形财产不折算为国有股;(5)不经主管部门批准,不经评估组作价,擅自将属于企业的土地使用权、厂房、机器设备、原材料等转让、出售给外资企业或私营企业,并从中盈利;(6)在企业联营、兼并、清算中低价折股或低价出售国有企业;(7)在资产抵押、拍卖时,将国有资产低价担保或拍卖;(8)其他徇私损害国有资产的行为。

3．行为主体

本罪的行为主体是国有公司、企业或者其上级主管部门直接负责的主管人员。

4．主观罪过

本罪在主观方面一般表现为间接故意,即行为人明知自己的行为性质,但持放任的心理态度。

(三)司法认定

在企业改制过程中未采取低估资产、隐瞒债权、虚设债务、虚构产权交易等方式故意隐匿公司、企业财产的,一般不应当认定为贪污;造成国有资产重大损失,依法构成《刑法》第168条或者第169条规定的犯罪的,依照该规定定罪处罚。②

国家出资企业中的国家工作人员在公司、企业改制或者国有资产处置过程中徇私舞弊,将国有资产低价折股或者低价出售给其本人未持有股份的公司、企业或者其他个人,致使国家利益遭受重大损失的,依照《刑法》第169

---

① 参见高铭暄、马克昌主编:《刑法学》(第八版),北京大学出版社、高等教育出版社2017年版,第396页。

② 参见《最高人民法院、最高人民检察院关于办理国家出资企业中职务犯罪案件具体应用法律若干问题的意见》第1条。

条的规定,以徇私舞弊低价折股、出售国有资产罪定罪处罚。

国家出资企业中的国家工作人员在公司、企业改制或者国有资产处置过程中徇私舞弊,将国有资产低价折股或者低价出售给特定关系人持有股份或者本人实际控制的公司、企业,致使国家利益遭受重大损失的,依照《刑法》第382条、第383条的规定,以贪污罪定罪处罚。贪污数额以国有资产的损失数额计算。

国家出资企业中的国家工作人员因实施前述第2段行为收受贿赂,同时又构成《刑法》第385条规定之罪的,依照处罚较重的规定定罪处罚。[①]

(四) 量刑标准

根据《最高人民检察院、公安部关于公安机关管辖的刑事案件立案追诉标准的规定(二)》第17条的规定,涉嫌下列情形之一的,应予立案追诉:

(1) 造成国家直接经济损失数额在30万元以上的。

"直接经济损失",一般是指被低价折股或者低价出售的国有资产的总价值与该国有资产按规定的正常价值所应实际折股或者出售的价值之差。如果被折股或者出售的国有资产涉及多项的,则其损失应累计计算;如果国有资产既有被低价折股的,也有被低价出售的,则其损失也应予累计。

关于"国有资产"的概念,《关于人民检察院直接受理立案侦查案件立案标准的规定(试行)》曾作过界定。根据其第4条第6项的规定,"国有资产"是指国家依法取得和认定的,或者国家以各种形式对企业投资和投资收益、国家向行政事业单位拨款等形成的资产。关于国有资产的合理价值,应请有关国有资产管理部门予以评估。

(2) 造成有关单位破产、停业、停产6个月以上,或者被吊销许可证和营业执照、责令关闭、撤销、解散的。

---

① 参见《最高人民法院、最高人民检察院关于办理国家出资企业中职务犯罪案件具体应用法律若干问题的意见》第4条。但根据《最高人民法院、最高人民检察院关于办理贪污贿赂刑事案件适用法律若干问题的解释》第17条规定,国家工作人员利用职务上的便利,收受他人财物,为他人谋取利益,同时构成受贿罪和《刑法》分则第三章第三节、第九章规定的渎职犯罪的,除刑法另有规定外,以受贿罪和渎职犯罪数罪并罚。据此,国家出资企业中国家工作人员因实施前述第2段行为收受贿赂的,同时又构成《刑法》第385条规定之罪的,应当数罪并罚,而非依照处罚较重的规定定罪处罚。

(3) 其他致使国家利益遭受重大损失的情形。

（五）解释索引

(1)《最高人民法院、最高人民检察院关于办理贪污贿赂刑事案件适用法律若干问题的解释》（2016年4月18日）；

(2)《最高人民检察院、公安部关于公安机关管辖的刑事案件立案追诉标准的规定（二）》（2010年5月7日）；

(3)《最高人民法院、最高人民检察院关于办理国家出资企业中职务犯罪案件具体应用法律若干问题的意见》（2010年11月26日）。

（六）案例举要

 杨荣昌等贪污、徇私舞弊低价出售国有资产、挪用公款案①

被告人杨荣昌于1998年10月受国有企业上海中虹（集团）有限公司（以下简称"中虹公司"）委派，担任国有公司上海中农信房地产公司（以下简称"中农信公司"）、上海国银经济贸易有限公司接收工作小组负责人。2000年1月，被告人杨荣昌又受中虹公司委派，兼任国有公司上海虹北房地产开发经营有限公司（以下简称"虹北公司"）法定代表人、总经理。

(1) 2005年2月7日，被告人杨荣昌利用负责管理中农信公司行政业务工作的职务便利，指使任虹北公司财务部经理的被告人杨静，将中农信公司的职工安置费42.353万元，以借款名义先转至仁义公司，同月17日再通过仁义公司将该款转至被告人杨荣昌、杨静及徐军（另案处理）三人注册成立，其中杨荣昌占70%股份，杨静、徐军各占15%股份的振虹公司，后杨荣昌指使杨静将该笔资金按三人所持股份比例予以私分。其中被告人杨荣昌分得29万余元，被告人杨静分得6万余元。2006年10月8日，被告人杨荣昌在得知公安机关正在对此事进行调查后，与杨静、徐军共同退出私分的42.353万元，以仁义公司归还中农信公司欠款的形式归还至虹北公司，后再归还给中

---

① (2007) 虹刑初字第863号、(2008) 沪二中刑终字第207号。载《人民司法·案例》2009年第2期。

虹公司。

(2) 2003年4月,被告人杨荣昌、杨静结伙,利用各自担任虹北公司总经理、财务部经理的职务便利,在虹北公司改制资产评估时,将公司原以23.2164万元申购的新股隐匿不报。2005年6月29日,被告人杨荣昌指使被告人杨静将上述股票抛售得款转入振虹公司,并按各自所持股份比例私分。其中被告人杨荣昌分得16.25148万元,被告人杨静分得3.48246万元。案发后及在本案审理期间,被告人杨荣昌、杨静在家属的帮助下分别退出16.25148万元、3.48246万元。

(3) 被告人杨荣昌于2003年6月18日,利用负责管理国银公司行政业务工作的职务便利,擅自将该公司所有的价值2041.2万元的上海市场中路×××弄2、8号房产,以600万元的价格出售给其占有70%股份的虹北公司。同月25日,被告人杨荣昌将上述房产以2100万元的价格(后经补充协议改为1890万元)出售给上海远馨医药科技发展有限公司。

(4) 被告人杨荣昌于2003年10月,利用负责管理国银公司行政业务工作的职务便利,挪用该公司资金30万元,出借给盖华荣成立的上海昌茂绿化工程有限公司,用于公司经营活动。在法院审理期间,使用单位将该款全额归还。

上海市虹口区人民检察院起诉认为,被告人杨荣昌、杨静的第(1)(2)节行为构成贪污罪,被告人杨荣昌的第(3)节行为构成徇私舞弊低价出售国有资产罪,被告人杨荣昌的第(4)节行为构成挪用公款罪。在贪污罪中,被告人杨荣昌系主犯,被告人杨静系从犯,被告人杨荣昌、杨静系自首。

上海市虹口区人民法院经审理认为,被告人杨荣昌身为国家工作人员,利用职务上的便利,与被告人杨静结伙,侵吞公共财产,其行为均已构成贪污罪;被告人杨荣昌身为国有公司直接负责的主管人员,徇私舞弊,将国有资产低价出售,致使国家利益遭受特别重大损失,其行为已构成徇私舞弊低价出售国有资产罪。上海市虹口区人民检察院提出的被告人杨荣昌犯贪污罪、徇私舞弊低价出售国有资产罪,被告人杨静犯贪污罪的指控成立,但指控被告人杨荣昌犯挪用公款罪罪名不成立。虽然上海昌茂绿化工程有限公司实际系盖华荣一人经营,但该公司系经工商登记注册成立,成立后进行了正常的经营活动，依法纳税，且杨荣昌挪用的 30 万元均用于该公司经营活动，故该公司应当认定为单位而非个人。公诉机关指控的 30 万元国银公司的公款既非被告人杨荣昌以个人名义出借给上海昌茂绿化工程有限公司，杨荣昌也未从中谋取个人利益，被告人杨荣昌的行为不构成挪用公款罪。在贪污犯罪中，被告人杨荣昌起主要作用，系主犯；被告人杨静起次要作用，系从犯，对被告人杨静应减轻处罚。被告人杨荣昌、杨静贪污罪系自首，对该罪均可减轻处罚。据此，以贪污罪判处杨荣昌有期徒刑 7 年，并处没收财产 2 万元；以徇私舞弊低价出售国有资产罪判处杨荣昌有期徒刑 4 年；决定执行有期徒刑 10 年，并处没收财产 2 万元。以贪污罪，判处杨静有期徒刑 3 年 6 个月。赃款予以追缴发还被害单位。

一审判决后，被告人杨荣昌、杨静不服，向上海市第二中级人民法院提出上诉。杨荣昌上诉称，未将 23 万元申购股票的资金隐匿不报，系评估单位遗漏造成的；国银公司的房产不值 2000 余万元，出售国银公司房产系市场行为。杨静上诉称，没有隐瞒股票资金，原判量刑过重。

上海市第二中级人民法院经审理认为，原判认定事实清楚，定罪量刑并无不当，审判程序合法，依法驳回上诉，维持原判。

二、非法批准征收、征用、占用土地罪

（一）刑法条文

第四百一十条 国家机关工作人员徇私舞弊，违反土地管理法规，滥用职权，非法批准征收、征用、占用土地，或者非法低价出让国有土地使用权，情节严重的，处三年以下有期徒刑或者拘役；致使国家或者集体利益遭受特别重大损失的，处三年以上七年以下有期徒刑。

（二）犯罪构成

1. 法益

本罪侵害的法益是国家土地管理的正常秩序。

2. 客观行为

本罪在客观方面表现为国家机关工作人员徇私舞弊，违反土地管理法规，滥用职权，非法批准征收、征用、占用土地，情节严重的行为。"违反土地管理法规"，是指违反土地管理法、森林法、草原法等法律以及有关行政法规中关于土地管理的规定。"非法批准征收、征用、占用土地"，是指非法批准征收、征用、占用耕地、林地等农用地以及其他土地。本罪是情节犯，以情节严重为构成要件（情节严重的标准见"量刑标准"部分）。

3. 行为主体

本罪的行为主体是有关国家机关工作人员。主要是指在各级政府中的主管人员、土地管理、城市规划等部门工作人员。

4. 主观罪过

本罪在主观方面表现为故意。

（三）司法认定

罪数认定上，根据《最高人民法院关于审理破坏土地资源刑事案件具体应用法律若干问题的解释》第9条的规定，多次实施本解释规定的行为依法应当追诉的，或者1年内多次实施本解释规定的行为未经处理的，按照累计的数量、数额处罚，不数罪并罚。

（四）量刑标准

根据《最高人民检察院关于渎职侵权犯罪案件立案标准的规定》第一部分第21条的规定，非法批准征用、占用土地罪是指国家机关工作人员徇私舞弊，违反土地管理法、森林法、草原法等法律以及有关行政法规中关于土地管理的规定，滥用职权，非法批准征用、占用耕地、林地等农用地以及其他土地，情节严重的行为。涉嫌下列情形之一的，应予立案：（1）非法批准征用、占用基本农田10亩以上的；（2）非法批准征用、占用基本农田以外的耕地30亩以上的；（3）非法批准征用、占用其他土地50亩以上的；（4）虽未达到上述数量标准，但造成有关单位、个人直接经济损失30万元以上，或者造成耕地大量毁坏或者植被遭到严重破坏的；（5）非法批准征用、占用土地，影响群众生产、生活，引起纠纷，造成恶劣影响或者其他严重后果的；(6) 非法批准征用、占用防护林地、特种用途林地分别或者合计 10 亩以上的；(7) 非法批准征用、占用其他林地 20 亩以上的；(8) 非法批准征用、占用林地造成直接经济损失 30 万元以上，或者造成防护林地、特种用途林地分别或者合计 5 亩以上或者其他林地 10 亩以上毁坏的；(9) 其他情节严重的情形。

根据《最高人民法院关于审理破坏草原资源刑事案件应用法律若干问题的解释》第 3 条的规定，国家机关工作人员徇私舞弊，违反草原法等土地管理法规，具有下列情形之一的，应当认定为《刑法》第 410 条规定的"情节严重"：(1) 非法批准征收、征用、占用草原 40 亩以上的；(2) 非法批准征收、征用、占用草原，造成 20 亩以上草原被毁坏的；(3) 非法批准征收、征用、占用草原，造成直接经济损失 30 万元以上，或者具有其他恶劣情节的。具有下列情形之一，应当认定为《刑法》第 410 条规定的"致使国家或者集体利益遭受特别重大损失"：(1) 非法批准征收、征用、占用草原 80 亩以上的；(2) 非法批准征收、征用、占用草原，造成 40 亩以上草原被毁坏的；(3) 非法批准征收、征用、占用草原，造成直接经济损失 60 万元以上，或者具有其他特别恶劣情节的。

根据《最高人民法院关于审理破坏林地资源刑事案件具体应用法律若干问题的解释》第 2 条的规定，国家机关工作人员徇私舞弊，违反土地管理法规，滥用职权，非法批准征用、占用林地，具有下列情形之一的，属于《刑法》第 410 条规定的"情节严重"，应当以非法批准征用、占用土地罪判处 3 年以下有期徒刑或者拘役：(1) 非法批准征用、占用防护林地、特种用途林地数量分别或者合计达到 10 亩以上；(2) 非法批准征用、占用其他林地数量达到 20 亩以上；(3) 非法批准征用、占用林地造成直接经济损失数额达到 30 万元以上，或者造成本条第 1 项规定的林地数量分别或者合计达到 5 亩以上或者本条第 2 项规定的林地数量达到 10 亩以上毁坏。

第 3 条规定，实施本解释第 2 条规定的行为，具有下列情形之一的，属于《刑法》第 410 条规定的"致使国家或者集体利益遭受特别重大损失"，应当以非法批准征用、占用土地罪判处 3 年以上 7 年以下有期徒刑：(1) 非法批准征用、占用防护林地、特种用途林地数量分别或者合计达到 20 亩以上；

(2) 非法批准征用、占用其他林地数量达到 40 亩以上；(3) 非法批准征用、占用林地造成直接经济损失数额达到 60 万元以上，或者造成本条第 1 项规定的林地数量分别或者合计达到 10 亩以上或者本条第 2 项规定的林地数量达到 20 亩以上毁坏。

第 7 条规定，多次实施本解释规定的行为依法应当追诉且未经处理的，应当按照累计的数量、数额处罚。

（五）解释索引

(1)《最高人民法院关于审理破坏草原资源刑事案件应用法律若干问题的解释》(2012 年 11 月 2 日)；

(2)《最高人民检察院关于渎职侵权犯罪案件立案标准的规定》(2006 年 7 月 26 日)；

(3)《最高人民法院关于审理破坏林地资源刑事案件具体应用法律若干问题的解释》(2005 年 12 月 26 日)；

(4)《最高人民法院关于审理破坏土地资源刑事案件具体应用法律若干问题的解释》(2000 年 6 月 19 日)。

（六）案例举要

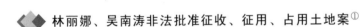 林丽娜、吴南涛非法批准征收、征用、占用土地案①

福建省宁德市中级人民法院经审理查明，2009 年 2 月至 2011 年 3 月间，被告人林丽娜、吴南涛、马某（另案处理）分别任宁德市蕉城区地质矿产局（以下简称"蕉城区地矿局"）局长、副局长、资源开发股股长，主管或办理采矿许可证的审批。2006 年间，福建省人民政府、福建省林业厅和福建省国土资源厅先后下文规定，申请办理采矿许可证时，矿山环境影响评价报告未经有权机关审批、使用林地未经预审的，不予办理采矿许可登记手续。2009 年至 2010 年全国统一配号换证核查期间，冠华采石场、兴宁采石场和锦霆采石场均被发现存在越界开采的情况，上述矿主利用统一配号及原有采矿许可

---

① (2017) 闽 09 刑初 17 号。

证到期需延续登记之机,向蕉城区地矿局申请采矿权的延续、变更。马某将上述三家矿山缺少林业预审和环评报告及越界开采的情况向吴南涛、林丽娜汇报后,吴南涛、林丽娜仍然审核、审批同意并由马某经办,为该三家矿山办理了采矿许可证。经鉴定,新颁发的采矿证比原批准的矿区面积有所扩大,其中冠华采石场新证比旧证矿区面积扩大18.6亩,含林地14.1亩。兴宁采石场新证比旧证矿区面积扩大4.05亩,含林地0.81亩,林种为商品林。锦霆采石场新证比旧证矿区面积扩大13.05亩,含林地1.9亩。

2008年11月,周开建的锦锈采石场中标蕉城区油车岭建筑用花岗岩的采矿权。2010年3月,周开建到蕉城区地矿局申请办理采矿许可证,马某审查发现周开建所提交的材料中林业预审面积为2.8亩,与拟办证面积15亩相差较大,分别向吴南涛、林丽娜汇报,但林丽娜仍授意予以办理。次月12日,由马某经办、吴南涛复核,林丽娜审批,锦锈采石场获批采矿许可证。经鉴定,2010年4月颁发的锦锈采石场的采矿许可证矿区面积为15亩,树种为国防林,目前尚未开采。

关于林丽娜、吴南涛在涉案四家矿山缺少林业预审意见和环评报告的情况下,予以审核、审批采矿许可证是否系违反规定处理公务是本案最大的争议焦点。对此,分析、评判如下:

首先,本案冠华、兴宁、锦霆三家采石场在配号换证过程中均扩大了原有矿区的范围,意味着在原有审批的用地范围以外进行采矿,必然要占用新的土地、林地资源,对环境也有一定影响,且根据《中华人民共和国矿产资源法》第18条的规定,矿山企业变更矿区范围,必须报请原审批机关批准,并报请原颁发采矿许可证的机关重新核发采矿许可证。对于新证超过旧证矿区面积部分,理应按照新立采矿权的要求审核相关资料才能予以发证,故二被告人林丽娜、吴南涛审核、审批三家采石场采矿许可证的行为并不属于福建省国土资源厅政策法规处的答复函中的"旧证换新证"的情形。

其次,开采本案中的矿产资源,势必意味着占用土地、破坏林地及影响环境。对此《中华人民共和国森林法》第18条规定,进行勘查、开采矿藏和各项建设工程,应当不占或者少占林地;必须占用或者征收、征用林地的,经县级以上人民政府林业主管部门审核同意后,依照有关土地管理的法律、行政法规办理建设用地审批手续,并由用地单位依照国务院有关规定缴纳森林植被恢复费。《中华人民共和国环境保护法》第13条也规定,建设污染环境的项目,必须遵守国家有关建设项目环境保护管理的规定。建设项目的环境影响报告书,必须对建设项目产生的污染和对环境的影响作出评价,规定防治措施,经项目主管部门预审并依照规定的程序报环境保护行政主管部门批准。环境影响报告书经批准后,计划部门方可批准建设项目设计任务书。《矿产资源开采登记管理办法》第5条同样规定,采矿权申请人申请办理采矿许可证时应当提交开采矿产资源的环境影响评价报告。从相关法律法规不难看出,保证矿产资源合理、有序开发,且尽量减小对土地、林地和环境资源的破坏符合立法的价值取向,开采矿产资源需要经过国土、林业、环保等部门的批准。故闽林综〔2006〕72号文规定的林业预审意见作为办理采矿证的条件是对采矿权行政许可的细化,符合立法精神,并没有违反上位法的规定,且在案发时并未废止,仍具有效力,三家采石场扩大原有矿区范围,应受该文件的约束及规范。

再次,《矿产资源开采登记管理办法》第13条规定采矿权可以通过招标投标的方式有偿取得。登记管理机关组织评标,采取择优原则确定中标人。中标人缴纳本办法第9条、第10条规定的费用后,办理登记手续,领取采矿许可证,成为采矿权人,并履行标书中承诺的义务。根据该条规定,中标并不代表就能取得采矿权,锦锈采石场的业主要取得采矿权,仍然需要根据申请采矿权的规定提交相应的材料,才能办理登记手续并领取采矿许可证。蕉城区政府的会议纪要也规定地矿局负责按照规定程序组织招拍挂出让后要督促业主严格按国家、省、市、区有关规定办理相关手续,确保安全生产,保护生态环境。而林丽娜、吴南涛明知锦锈采石场林业预审面积只有2.7亩,仍违规审核审批了15亩的采矿面积。

最后,根据国土资源部和福建省国土资源厅相关规定,对于在矿业权核查过程中发现开采范围和许可范围不一致的,需要核实是属于相关部门管理不善等客观原因还是业主自身的主观原因导致。而林丽娜、吴南涛身为负有监管职责的国家机关工作人员,在未核实兴宁、锦霆两家采石场越界是何原因导致,且明知冠华采石场存在业主主观原因导致越界开采的情况下,直接予以审核审批扩大办证范围。

综上，林丽娜、吴南涛明知涉案四家矿山缺少林业预审意见和环评报告，仍予以审核、审批采矿许可证，应认定为违反规定处理公务。

关于林丽娜、吴南涛及其辩护人认为鉴定报告系2018年才作出，而案发后涉案几家采石场仍存在不同程度的开采，故鉴定结论不能采信的辩解、辩护意见，经查，本案四份鉴定报告系有资质的鉴定机构根据法定的程序作出，鉴定结论中关于新证比旧证多出部分的土地、林地面积系根据采矿许可证记载的坐标计算出矿区面积结合实地勘察情况综合得出，与土地、林地何时被开采并无关系。故该鉴定客观真实，结论可以采信，二被告人及其辩护人的辩解辩护意见不能成立，不予采纳。

关于林丽娜的辩护人认为锦锈采石场采矿许可证审批范围内没有被开采，没有造成危害后果的辩护意见，经查，滥用职权罪侵犯的客体是国家机关的正常管理活动和秩序，林丽娜在明知锦锈采石场仅有2.7亩林业预审面积的情况下，仍违规审批了15亩的采矿面积，且该15亩均为国防林，故二被告人的行为客观上侵害了国家机关的正常管理活动和秩序。该辩护意见不能成立，不予采纳。

关于吴南涛的辩护人认为吴南涛只是负责形式上的审核以及林丽娜、吴南涛的辩护人均认为二人的行为和损害后果之间没有因果关系的辩护意见，经查，本案案发时林丽娜任蕉城区地矿局局长，在办理采矿证程序中负责最后的审批，吴南涛任副局长，分管矿产资源开发管理股，在办理采矿证程序中负责审核申请人提交的材料是否齐全、是否具备法定条件。二人身为负有监管职责的国家机关工作人员，明知涉案几家采石场不具备办理采矿证的条件仍违规审核、审批，应认定二人的行为与林地、土地被非法批准征用的危害结果之间具有刑法上的因果关系。该辩护意见不能成立，不予采纳。

关于林丽娜的辩护人认为起诉书指控的"沿海基干林"不是法律上定义的林种的辩护意见，经查，起诉书第2—3页认定"冠华采石场多占18.6亩，生态区位为沿海基干林带"强调的是生态区位，而（2014）蕉刑初字第495号刑事判决书认定商品林系林种，两者属不同概念，并不矛盾。该辩护意见不予采纳。

法院认为，被告人林丽娜、吴南涛身为国家机关工作人员，在采矿许可证的审批过程中，违反规定批准采矿许可，造成包括 12.2 亩特种用途林在内的共 29.01 亩林地被非法征用，还造成 47.9 亩土地被非法征用，致使公共财产、国家和人民利益遭受重大损失。林丽娜、吴南涛的行为均构成滥用职权罪，指控罪名成立。吴南涛主动投案，并如实供述主要犯罪事实，系自首，依法予以从轻处罚，且其在本案中犯罪较轻，可以免予刑事处罚。林丽娜虽系主动到案，但其未能如实供述主要犯罪事实，依法不认定为自首，林丽娜认为其有自首情节的主张不能成立，不予采纳。林丽娜、吴南涛的辩护人的其他辩护意见均不予采纳。本案系被告人上诉后发回重审的案件，根据上诉不加刑原则，不得加重被告人的刑罚。据此，依照《刑法》第 397 条第 1 款、第 67 条第 1 款、第 25 条第 1 款、第 72 条第 1 款及《刑事诉讼法》第 226 条第 1 款的规定，判决如下：被告人林丽娜犯滥用职权罪，判处有期徒刑 8 个月，缓刑 1 年；被告人吴南涛犯滥用职权罪，免予刑事处罚。

三、非法低价出让国有土地使用权罪

（一）刑法条文

第四百一十条　国家机关工作人员徇私舞弊，违反土地管理法规，滥用职权，非法批准征收、征用、占用土地，或者非法低价出让国有土地使用权，情节严重的，处三年以下有期徒刑或者拘役；致使国家或者集体利益遭受特别重大损失的，处三年以上七年以下有期徒刑。

（二）犯罪构成

1. 法益

本罪侵害的法益是国家正常的土地管理活动。

2. 客观行为

本罪在客观方面表现为国家机关工作人员徇私舞弊，违反土地管理法规，滥用职权，非法低价出让国有土地使用权，情节严重的行为。本罪是情节犯，以情节严重为构成要件（情节严重的标准见"量刑标准"部分）。

3. 行为主体

本罪的行为主体是有关国家机关工作人员，主要是指在各级政府中的主管人员、土地管理、城市规划等部门工作人员。

4. 主观罪过

本罪在主观方面表现为故意。

(三) 量刑标准

根据《最高人民法院关于审理破坏林地资源刑事案件具体应用法律若干问题的解释》第4条的规定，国家机关工作人员徇私舞弊，违反土地管理法规，非法低价出让国有林地使用权，具有下列情形之一的，属于《刑法》第410条规定的"情节严重"，应当以非法低价出让国有土地使用权罪判处3年以下有期徒刑或者拘役：（1）林地数量合计达到30亩以上，并且出让价额低于国家规定的最低价额标准的60%；（2）造成国有资产流失价额达到30万元以上。第5条规定，实施本解释第4条规定的行为，造成国有资产流失价额达到60万元以上的，属于《刑法》第410条规定的"致使国家和集体利益遭受特别重大损失"，应当以非法低价出让国有土地使用权罪判处3年以上7年以下有期徒刑。第7条规定，多次实施本解释规定的行为依法应当追诉且未经处理的，应当按照累计的数量、数额处罚。

根据《最高人民法院关于审理破坏土地资源刑事案件具体应用法律若干问题的解释》第6条的规定，国家机关工作人员徇私舞弊，违反土地管理法规，非法低价出让国有土地使用权，具有下列情形之一的，属于"情节严重"，依照《刑法》第410条的规定，以非法低价出让国有土地使用权罪定罪处罚：（1）出让国有土地使用权面积在30亩以上，并且出让价额低于国家规定的最低价额标准的60%的；（2）造成国有土地资产流失价额在30万元以上的。第7条规定，实施第6条的行为，具有下列情形之一的，属于非法低价出让国有土地使用权，"致使国家和集体利益遭受特别重大损失"：（1）非法低价出让国有土地使用权面积在60亩以上，并且出让价额低于国家规定的最低价额标准的40%的；（2）造成国有土地资产流失价额在50万元以上的。

根据《最高人民检察院关于渎职侵权犯罪案件立案标准的规定》第一部分第22条的规定，非法低价出让国有土地使用权罪是指国家机关工作人员徇私舞弊，违反土地管理法、森林法、草原法等法律以及有关行政法规中关于土地管理的规定，滥用职权，非法低价出让国有土地使用权，情节严重的行为。涉嫌下列情形之一的，应予立案：（1）非法低价出让国有土地30亩以上，并且出让价额低于国家规定的最低价额标准的60%的；（2）造成国有土地资产流失价额30万元以上的；（3）非法低价出让国有土地使用权，影响群众生产、生活，引起纠纷，造成恶劣影响或者其他严重后果的；（4）非法低价出让林地合计30亩以上，并且出让价额低于国家规定的最低价额标准的60%的；（5）造成国有资产流失30万元以上的；（6）其他情节严重的情形。

（四）解释索引

(1)《最高人民检察院关于渎职侵权犯罪案件立案标准的规定》（2006年7月26日）；

(2)《最高人民法院关于审理破坏林地资源刑事案件具体应用法律若干问题的解释》（2005年12月26日）；

(3)《最高人民法院关于审理破坏土地资源刑事案件具体应用法律若干问题的解释》（2000年6月19日）。

（五）案例举要

 张义德非法低价出让国有土地使用权案[①]

湖南省双牌县人民法院审理双牌县人民检察院指控原审被告人张义德犯受贿罪、非法低价出让国有土地使用权罪一案，于2015年10月18日作出(2015)双刑初字第55号刑事判决。张义德不服，于2015年10月26日向湖南省永州市中级人民法院提出上诉。

湖南省双牌县人民法院认定：

---

① (2015)永中法刑二终字第160号。

1. 受贿事实（略）
2. 非法低价出让国有土地使用权事实

2010年11月，新田县国土局职工袁某珍以家中住房条件有限需新建房为由，向新田县政府报告要求照顾解决建房用地，主管副县长唐某明签署了由县国土局落实的意见。被告人张义德与该局副局长陆某梅（另案处理）、肖某斌（袁某珍丈夫）商量将位于秀峰街南段东侧的一宗面积为351.9平方米，用途为商业住宅用地的土地，由袁某珍、陆某梅、张义德共同购买，并商定前面临街的地段给肖某斌单独建房，后面的地段给张义德和陆某梅一起建房。张义德和陆某梅在未提交国土局局务会议讨论的情况下对该宗土地不采取招拍挂，违反规定直接以协议方式出让。并由陆某梅出面向新田县和协土地评估咨询有限公司打招呼，要求低价评估。后新田县和协土地评估咨询有限公司将原用途为商业住宅用地按照单一城镇住宅用地进行评估，评估价为38.8万元，经新田县国土资源局地产股对该地段的评估地价进行审核后确定为39.272万元。袁某珍按审核后的价格缴纳土地出让金。三人协商好前段地按1800元/平方米的价格计算，约25万元，后段地按700多元/平方米的价格计算，约14.7万元。2011年3月，由于该宗地后段207平方米面积土地与相邻住户存在矛盾，不好建房，张义德与陆某梅、肖某斌商议以袁某珍的名义写出报告，请求等面积等价格置换土地，调整后的207平方米土地归张义德与陆某梅所有。后来在没有召开国土局局务会的情况下将207平方米土地进行了置换，调整到新田县龙泉镇秀峰小区。2011年5月24日，陆某梅付给袁某珍先行垫付的出让金14.7万元，袁某珍将置换后的207平方米用地手续给了陆某梅。

2011年6月，陆某梅将调整后的207平方米土地以43万元的价格卖给袁某珍，扣除本金等成本后，分给被告人张义德14万元。

经永州天元土地评估有限公司评估，位于新田县龙泉镇秀峰街南段东侧临街的144.9平方米土地总地价为59.09万元。

另查明，被告人张义德于2009年6月9日任新田县国土资源局党组书记，2009年8月26日任新田县国土资源局局长，2012年10月30日被免去新田县国土资源局局长的职务，2012年12月20日任新田县安全生产监督管理局局长。张义德于2014年3月28日主动向新田县纪委上交14万元，3月30

日主动到新田县纪委交代了与陆某梅等人购买位于新田县秀峰街南段东面351.19平方米土地一事。2014年6月19日，新田县纪委对被告人张义德立案并采取"两规"措施，其间，张义德主动交代了受贿的全部犯罪事实。案发后，张义德通过其家人向双牌县人民检察院退出案款30万元和瑞士浪琴机械表一块，委托他人向新田县人民检察院退出案款100万元。

湖南省双牌县人民法院认为，被告人张义德非法收受他人财物144.5万元，为他人谋取利益，其行为已构成受贿罪。张义德滥用职权，非法低价出让国有土地使用权，情节严重，其行为已构成非法低价出让国有土地使用权罪。张义德自动到新田县纪委投案并如实供述了自己的罪行，是自首，对于自首的犯罪分子，可以从轻或者减轻处罚。被告人张义德到案后，退出大部分赃款，可以从轻处罚。据此，依照《刑法》第385条第1款、第386条、第383条第1款、第410条、第67条第1款、第69条第1款之规定，判决：被告人张义德犯贪污罪，判处有期徒刑8年，并处没收财产30万元；犯非法低价出让国有土地使用权罪，判处有期徒刑1年，决定执行有期徒刑8年6个月，并处没收财产30万元。

张义德上诉提出"我不构成非法低价出让国有土地使用权罪，量刑过重"的理由。

湖南省永州市人民检察院则提出"原判关于张义德犯受贿罪认定事实清楚，证据确实、充分，定罪准确；但关于张义德犯非法低价出让国有土地使用权罪系定性错误应认定为贪污犯罪；因《中华人民共和国刑法修正案（九）》对受贿罪进行了修改，建议在量刑部分根据修改后的刑法依法判处"的意见。

经二审审理查明的事实、证据与一审查明的事实、证据一致，二审法院予以确认。

湖南省永州市中级人民法院认为，张义德身为国家工作人员，利用职务上的便利，非法收受他人财物144.5万元，数额巨大，为他人谋取利益，其行为已构成受贿罪。张义德滥用职权，非法低价出让国有土地使用权，情节严重，其行为还构成非法低价出让国有土地使用权罪。张义德一人犯数罪，应当数罪并罚。张义德自动到新田县纪委投案并如实供述了自己的罪行，有自首情节,对于自首的犯罪分子,可以从轻或者减轻处罚。张义德到案后,退出大部分赃款并积极履行附加刑,可以从轻处罚。遂适用《刑法》第385条第1款、第386条、第383条第1款、第410条、第67条第1款、第69条第1款及《刑事诉讼法》第225条第1款1项和第2项之规定,判决如下:(1)维持双牌县人民法院(2015)双刑初字第55号刑事判决中对被告人张义德犯受贿罪的定罪和附加刑以及犯非法低价出让国有土地使用权罪的定罪量刑部分;(2)撤销双牌县人民法院(2015)双刑初字第55号刑事判决中对被告人张义德犯受贿罪的主刑部分;(3)张义德犯受贿罪,判处有期徒刑4年6个月,并处没收财产30万元;犯非法低价出让国有土地使用权罪,判处有期徒刑1年,决定执行有期徒刑5年,并处没收财产30万元(已缴纳)。

四、非法经营同类营业罪

(一)刑法条文

第一百六十五条 国有公司、企业的董事、经理利用职务便利,自己经营或者为他人经营与其所任职公司、企业同类的营业,获取非法利益,数额巨大的,处三年以下有期徒刑或者拘役,并处或者单处罚金;数额特别巨大的,处三年以上七年以下有期徒刑,并处罚金。

(二)犯罪构成

1. 法益

本罪侵害的法益是国家对国有公司、企业的管理秩序和国有公司、企业董事、经理的职务廉洁性。

2. 客观行为

本罪在客观方面表现为行为人利用职务便利,自己经营或者为他人经营与其所任职公司、企业同类的营业,获取非法利益,数额巨大的行为。主要包含如下几个要素:(1)行为人具有自己经营或者为他人经营与其任职公司、企业同类的营业的行为,且获取了非法利益;(2)行为人的上述行为利用了其职务便利；（3）行为人获取的利益数额巨大。

3. 行为主体

本罪的行为主体是国有公司、企业的董事、经理。

4. 主观罪过

本罪在主观方面出于故意，且具有非法获取利益的目的。

（三）司法认定

罪数认定上，国有公司、企业的董事、经理非法经营同类营业，并且虚设交易环节，非法占有公共财物，同属构成贪污罪的，视行为数量与情节从一重罪处罚或者实行数罪并罚。也即贪污行为和非法经营同类营业的行为是同一行为的，从一重罪处罚；不是同一个行为即贪污行为之外的非法经营同类营业的行为构成本罪的，应当将本罪与贪污罪数罪并罚。

（四）量刑标准

根据《最高人民检察院、公安部关于公安机关管辖的刑事案件立案追诉标准的规定（二）》第 12 条的规定，国有公司、企业的董事、经理利用职务便利，自己经营或者为他人经营与其所任职公司、企业同类的营业，获取非法利益，数额在 10 万元以上的，应予立案追诉。

（五）解释索引

《最高人民检察院、公安部关于公安机关管辖的刑事案件立案追诉标准的规定（二）》（2010 年 5 月 7 日）。

（六）案例举要

◆ 丁健受贿、挪用公款、非法经营同类营业案[①]

被告人丁健担任济南铁路局客货营销处处长、中铁集装箱运输有限责任

[①] （2009）济刑终字第 2 号。

公司济南分公司总经理、济南铁路局货运营销处处长兼集装箱运输中心总经理、山东中铁集装箱运输有限公司（以下简称"济铁集装箱公司"）总经理期间，利用其负责全局的货运管理、集装箱运输协调等职务上的便利，先后四次收取他人贿赂74.8万元；个人决定，挪用公款582.27万元供山东中铁物流有限责任公司（以下简称"中铁物流公司"）使用，用于经营活动，谋取个人利益；非法经营与其所任职公司同类的营业，获取非法利益2348.85万元。

1. 受贿事实（略）

2. 挪用公款事实（略）

3. 非法经营同类营业事实

2003年2月至2004年1月，被告人丁健任济南铁路局货运营销处处长兼集装箱运输中心总经理，同时兼任山东济铁集装箱公司总经理，1996年10月至2003年10月兼任中铁国际货运代理有限责任公司（以下简称"中铁国际货代公司"）山东分公司负责人。2004年2月，济南铁路局集装箱运输中心改制为中铁集装箱运输有限责任公司济南分公司，丁健担任总经理，仍兼任济铁集装箱公司总经理；2005年8月，山东济铁集装箱公司变更名称为山东中铁集装箱运输有限公司，丁健兼任董事长。山东济铁集装箱公司于1996年8月28日经山东省济南市工商行政管理局核准注册成立，注册资本为130万元，该公司股东及出资额分别为：济南铁路局集装箱运输中心100万元，济南、青岛、徐州铁路分局集装箱运输中心各10万元。经营范围包括：集装箱、零担货物运输、运输代理及咨询服务、集装箱租赁等。山东济铁集装箱公司成立后，以及变更为山东中铁集装箱运输有限公司期间，一直由济南铁路局集装箱运输中心及中铁集装箱运输有限责任公司济南分公司管理。公司的业务人员相继在济南、青岛等地开展国内集装箱运输代理业务，并开发了连云港、青岛到阿拉山口的过境箱运输代理业务，通过中铁国际货代公司山东分公司操作，其间曾有公司员工建议丁健为山东济铁集装箱公司申办国际货代资质，丁健未同意办理。

2003年年初，被告人丁健"发起"成立山东中铁物流有限责任公司，丁健联系中铁国际货代公司总经理王庆余出资参股，同年2月11日，丁健安排中铁国际货代公司山东分公司以"上缴利润"的名义汇到中铁国际货代公司

40万元,由中铁国际货代公司(出资40万元,占总股本的20%)作为参股山东中铁物流公司的资金汇回济南;同时,丁健又联络、安排其亲属参股的济南丰润达公司(出资70万元,占总股本的35%)以及珠海市吉泰物流有限公司(出资70万元,占总股本的35%)、山东陆桥货运代理有限公司(出资20万元,占总股本的10%)共同出资200万元成立了山东中铁物流公司。该公司经营范围初期为:许可范围内的联运业务、运输代理、物流服务、信息咨询等;同年6月变更为:承办陆运进出口货物国际运输代理业务,包括揽货、托运、订舱、集装箱拼装拆箱等,承办许可范围内的运输代理、物流服务、信息咨询等。丁健任中铁物流公司董事长、总经理;2005年9月,变更为曾滨任董事长、总经理。

济南铁路运输法院经审理认为:被告人丁健身为国有公司、企业中从事公务的人员,利用职务便利,为他人谋取利益,收受他人贿赂,共计60.82万元,其行为已触犯刑律,构成受贿罪;被告人丁健利用职务便利,个人决定将公款供其他单位使用,谋取个人利益,挪用公款200万元,情节严重,其行为已触犯刑律,构成挪用公款罪;被告人丁健身为国有公司的总经理,利用职务便利,非法经营与其所任职公司同类的营业,获取非法利益计596.01万元,数额巨大,其行为已触犯刑律,构成非法经营同类营业罪。

济南铁路运输法院依照《刑法》第93条、第385条第1款、第386条、第383条第1款第1项、第384条第1款、第165条、第64条,作出如下判决:(1)丁健犯受贿罪,判处有期徒刑11年,并处没收财产30万元;犯挪用公款罪,判处有期徒刑5年;犯非法经营同类营业罪,判处有期徒刑3年,并处罚金596.01万元;决定执行有期徒刑14年,并处没收财产30万元,并处罚金596.01万元。(2)扣押在检察机关的受贿赃款60.82万元、非法经营同类营业赃款596.01万元予以追缴,上缴国库。

上诉人丁健诉称:(1)受贿罪部分事实认定不清、具有自首情节、量刑过重,接受青岛丰通物流有限公司所送干股、购买房屋均不应当是受贿犯罪。(2)挪用公款罪部分事实和法律依据不充分,其事先不知情,没有谋取个人利益。(3)非法经营同类营业罪部分事实不清、证据不足,山东济铁集装箱公司与山东中铁物流公司经营范围根本不同,个人没有获取非法利益,不应追究其刑事责任。

济南铁路运输中级法院经审理，确认一审法院认定的事实和证据。认为：丁健身为国有公司、企业中从事公务的人员，利用职务便利，为他人谋取利益，收受贿赂共计 60.82 万元，构成受贿罪，应依法惩处；丁健利用职务便利，个人决定将 200 万元公款挪出供其他单位使用，谋取个人利益，情节严重，构成挪用公款罪；丁健身为国有公司的总经理，利用职务便利，非法经营与其所任职公司同类的营业，获取非法利益，构成非法经营同类营业罪，应依法惩处。遂依照《刑事诉讼法》第 189 条第 1 项，作出如下裁定：驳回上诉，维持原判。

五、为亲友非法牟利罪

（一）刑法条文

第一百六十六条　国有公司、企业、事业单位的工作人员，利用职务便利，有下列情形之一，使国家利益遭受重大损失的，处三年以下有期徒刑或者拘役，并处或者单处罚金；致使国家利益遭受特别重大损失的，处三年以上七年以下有期徒刑，并处罚金：

（一）将本单位的盈利业务交由自己的亲友进行经营的；

（二）以明显高于市场的价格向自己的亲友经营管理的单位采购商品或者以明显低于市场的价格向自己的亲友经营管理的单位销售商品的；

（三）向自己的亲友经营管理的单位采购不合格商品的。

（二）犯罪构成

1. 法益

本罪侵害的法益是国有公司、企业、事业单位的正常管理活动以及合法利益。

2. 客观行为

本罪在客观方面表现为国有公司、企业、事业单位的工作人员，利用职务便利,将本单位的盈利业务交由自己的亲友进行经营,或者以明显高于市场的价格向自己的亲友经营管理的单位采购商品,或者以明显低于市场的价格向自己的亲友经营管理的单位销售商品,或者向自己的亲友经营管理的单位采购不合格商品的行为。主要包含以下几个要素:(1)行为人具有为亲友非法牟利的行为。包括以下几种情形:第一,将本单位的盈利业务交由自己的亲友经营;第二,以明显高于市场的价格向自己的亲友经营管理的单位采购或以明显低于市场的价格向自己的亲友销售商品;第三,向自己的亲友采购不合格的商品。(2)行为人上述行为利用了其国有公司、企业、事业单位的经营管理的地位和职权而形成的职务上的便利。(3)行为人的行为使国家遭受重大损失(重大损失的具体标准参见"量刑标准"部分)。

3. 行为主体

本罪的行为主体为国有公司、企业、事业单位的工作人员。根据《最高人民法院关于如何认定国有控股、参股股份有限公司中的国有公司、企业人员的解释》,国有公司、企业委派到国有控股、参股公司从事公务的人员,以国有公司、企业人员论。

4. 主观罪过

本罪在主观方面出于故意。

(三)司法认定

罪数认定上,本罪规定了三种行为,实施其中一种行为即可成立本罪,同时实施上述行为也只成立一罪。

实施本罪的行为同时触犯贪污罪的,应作为想象竞合,从一重罪处罚,也不排除数罪并罚的可能。即贪污行为和为亲友非法牟利行为是同一个行为的,从一重罪处罚;不是同一个行为的,也即贪污行为之外的为亲友非法牟利行为构成本罪,应当将本罪与贪污罪数罪并罚。

(四)量刑标准

根据《最高人民检察院、公安部关于公安机关管辖的刑事案件立案追诉标准的规定(二)》第13条的规定,国有公司、企业、事业单位的工作人员,利用职务便利，为亲友非法牟利，涉嫌下列情形之一的，应予立案追诉：（1）造成国家直接经济损失数额在 10 万元以上的；（2）使其亲友非法获利数额在 20 万元以上的；（3）造成有关单位破产、停业、停产 6 个月以上，或者被吊销许可证和营业执照、责令关闭、撤销、解散的；（4）其他致使国家利益遭受重大损失的情形。

（五）解释索引

《最高人民检察院、公安部关于公安机关管辖的刑事案件立案追诉标准的规定（二）》（2010 年 5 月 7 日）。

（六）案例举要

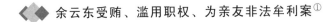
余云东受贿、滥用职权、为亲友非法牟利案[①]

云南省普洱市中级人民法院审理普洱市人民检察院指控原审被告人余云东犯受贿罪、滥用职权罪、为亲友非法牟利罪一案，于 2019 年 1 月 23 日作出（2018）云 08 刑初 147 号刑事判决。余云东不服，提出上诉。云南省高级人民法院依法组成合议庭，经阅卷审查并提讯余云东，听取了辩护人的辩护意见，认为本案事实清楚，决定不开庭审理。现已审理终结。

原判认定：

1. 受贿事实（略）

2. 滥用职权事实（略）

3. 为亲友非法牟利事实

2013 年至 2014 年期间，被告人余云东利用担任云南省烟草专卖局（公司）党组书记、局长、总经理职务的便利，以"华叶"卷烟配套宣传用礼品的名义，安排云南省烟草公司下属的中国烟草云南进出口有限公司总经理徐某分两次向殷某某控制的西双版纳梓香茶叶有限公司购买茶叶 313.491875 万元；通过云南华叶投资公司总经理张某要求云岭四季酒店向西双版纳梓香茶

---

① （2019）云刑终 378 号。

叶有限公司购买茶叶 162.9 万元。西双版纳梓香茶叶有限公司累计收到采购茶叶货款 476.391875 万元，发货普洱茶 1525 片。根据云南省发展和改革委员会价格认证中心《价格认定结论书》确认，西双版纳梓香茶叶有限公司销售该批茶叶的价格高于昆明市场零售单价，其超出市场价格部分的获利累计 244.391875 万元。

原判根据上述事实，作出如下判决：（1）被告人余云东犯受贿罪，判处有期徒刑 9 年，并处罚金 200 万元；犯滥用职权罪，判处有期徒刑 3 年 6 个月；犯为亲友非法牟利罪，判处有期徒刑 3 年，并处罚金 30 万元。数罪并罚，总和刑期 15 年 6 个月，并处罚金 230 万元。决定执行有期徒刑 13 年，并处罚金 230 万元。扣减被告人余云东多退缴的 137.795249 万元（541.66782 万元－403.872571 万元），罚金余款 92.204751 万元自判决生效后 30 日内缴纳。（2）扣押于普洱市检察院的涉案款 821.66782 万元（其中：扣押余云东现金 541.66782 万元、扣押行贿人毛某 250 万元、扣押行贿人梁某 230 万元），扣押被告人余云东收受的金条 7 根、书画 4 幅、象牙及制品 4 根，依法予以没收，上交国库。

宣判后，被告人余云东上诉及其辩护人辩护提出：（1）本案只应认定余云东受贿 41 万元及金条 100 克，其余受贿事实的指控内容，因没有利用职务便利为他人谋取利益，没有权钱交易性质，或系人情往来，或系发生在"八项规定"之前的不良习俗，故该指控不能成立；（2）对余云东构成滥用职权罪的指控不能成立；（3）对余云东构成为亲友非法牟利罪的指控不能成立；（4）余云东具有检举揭发他人犯罪的重大立功表现；（5）余云东具有自首、积极退赃等悔罪表现。综上理由，认为原判量刑过重，请求二审法院对余云东减轻处罚。

二审法院经审理查明，2001 年至 2016 年间，上诉人余云东利用职务之便为他人谋取利益，非法收受财物共计 920.191093 万元；2012 年 12 月，余云东授意下属工作人员套取单位资金 408.9118 万元并用于购买购物卡、加油卡、黄金等物，造成国家经济损失 379.4118 万元；2013 年至 2014 年间，余云东指使下属企业以高价向其特定关系人购买茶叶 476.391875 万元，帮助特定关系人获利 244.391875 万元。

上述事实，有在卷的书证、物证、价格认证报告、司法鉴定意见书、证人证言、情况说明等证据证实，被告人余云东亦有供述在卷，其供述与本案其他证据相互印证，足以认定。本案证据来源合法，内容客观、真实，法院予以确认。

二审法院认为，上诉人余云东身为国家工作人员，利用职务之便为他人谋取利益，非法收受他人财物共计920.191093万元，其行为已构成受贿罪。余云东授意下属工作人员套取单位资金408.9118万元，造成国家经济损失379.4118万元，其行为已构成滥用职权罪。余云东利用职务之便，以明显高于市场价格向其特定关系人采购商品并为特定关系人获利244.391875万元，其行为已构成为亲友非法牟利罪。余云东犯以上三罪，依法应予数罪并罚。在组织对余云东进行审查时，其主动交代了受贿犯罪事实，具有自首情节；在侦查机关对其立案调查后，其交代了滥用职权和为特定关系人非法牟利的犯罪事实，具有坦白情节；归案后，其主动向侦查机关退缴赃款400万元。经审查，原判根据余云东上述所犯罪行以及归案后的悔罪表现，已依法对其作出罪刑相适应的处罚，故余云东及其辩护人认为原判量刑过重并请求二审再予减轻处罚的上诉理由及辩护意见，本院不予采纳。关于余云东及其辩护人所提本案只应认定余云东受贿41万元及金条100克、其余受贿事实的指控不能成立、对余云东犯滥用职权罪和为亲友非法牟利罪的指控不能成立的上诉理由及辩护意见，与审理查明的事实及法律的规定不符，不予采纳。关于余云东及其辩护人所提余云东具有检举、揭发他人犯罪的重大立功表现的上诉理由及辩护意见，尚不能查证属实，故该上诉理由及辩护意见本院亦不予采纳。综上，原判定罪准确，量刑适当，审判程序合法。据此，依照《刑事诉讼法》第236条第1款1项之规定，裁定如下：驳回上诉，维持原判。

六、枉法仲裁罪

（一）刑法条文

第三百九十九条之一　依法承担仲裁职责的人员，在仲裁活动中故意违背事实和法律作枉法裁决，情节严重的，处三年以下有期徒刑或者拘役；情节特别严重的，处三年以上七年以下有期徒刑。

(二) 犯罪构成

1. 法益

本罪侵害的法益是仲裁活动的公正性和仲裁当事人的合法权益。

2. 客观行为

本罪在客观方面表现为在仲裁活动中，故意违背事实和法律作枉法裁决，情节严重的行为。该行为有以下三点特征：（1）必须发生在仲裁活动中。这也是本罪与徇私枉法罪和民事、行政枉法裁判罪的重要区别。（2）违背事实和法律作枉法裁决。即指仲裁员背离案件的客观事实，故意歪曲法律、法规和相关司法解释的原意，作出仲裁裁决。其中仲裁裁决是指仲裁庭按照仲裁规则在审理案件过程中或审结后，根据查明的事实和认定的证据，依法对当事人提交仲裁的事项所作的权威性决断。（3）必须达到情节严重程度，包括收受贿赂枉法裁决、给仲裁当事人造成重大财产损失或者造成其他严重后果等情形。

3. 行为主体

本罪主体为特殊主体，即"依法承担仲裁职责的人员"。《中华人民共和国仲裁法》第13条第1款和第2款规定："仲裁委员会应当从公道正派的人员中聘任仲裁员。仲裁员应当符合下列条件之一：（一）通过国家统一法律职业资格考试取得法律职业资格，从事仲裁工作满八年的；（二）从事律师工作满八年的；（三）曾任法官满八年的；（四）从事法律研究、教学工作并具有高级职称的；（五）具有法律知识、从事经济贸易等专业工作并具有高级职称或者具有同等专业水平的。"具备上述条件的人员经仲裁委员会聘任并登记注册，即可承担仲裁职责，如其有枉法仲裁行为的，构成本罪主体。除此之外，本罪中"依法承担仲裁职责的人员"还包括根据劳动法、公务员法、体育法、著作权法等法律、行政法规的规定，在由政府行政主管部门代表参加组成的仲裁机构中对法律、行政法规规定的特殊争议承担仲裁职责的人员。

4. 主观罪过

本罪的主观罪过为故意。首先，从认识因素上来看，行为人对于违背事实和法律作出枉法仲裁的行为和基本的危害结果是明知的；其次，从意志因素上来看,行为人对于违背事实和法律作出枉法仲裁的行为和基本的危害结果持积极追求的主观倾向;但行为人对"情节严重""情节特别严重"中的加重后果,既可能是追求也可能是放任。

(三) 司法认定

1. 共同犯罪

共同犯罪是指二人以上共同故意犯罪。只要满足具有刑事责任能力、达到刑事责任年龄的二人,共同故意地在仲裁活动中违背事实和法律作出枉法裁决,则构成枉法仲裁罪的共犯。虽本罪主体要求是依法承担仲裁职责的人员,但非依法承担仲裁职责的人员可以与依法承担仲裁职责的人员构成本罪的共犯。

2. 罪数

关于承担仲裁职责的仲裁人员既枉法仲裁又收受贿赂,如何判定其罪数,在理论界存在较大争议。

有观点认为承担仲裁职责的仲裁人员枉法仲裁并收受贿赂的,应该按照《刑法》第399条第4款规定择其重罪处罚,即"司法工作人员收受贿赂,有前三款行为的,同时又构成本法第三百八十五条之罪的,依照处罚较重的规定定罪处罚。"该条款中的"前三款行为"是指《刑法》第399条规定的徇私枉法罪,民事、行政枉法裁判罪,执行判决、裁定失职罪,执行判决、裁定滥用职权罪。

首先,该观点认为我国《刑法》第94条规定的"司法工作人员"是指具有侦查、检察、审判、监管职责的工作人员,应包括所有依法负有司法工作职责、从事司法性质活动的人员。因此,仲裁人员可作为"准司法工作人员"。其次,对"审判"的含义可作扩大性解释,理解为"审理和裁判",而仲裁与审判均具有主持司法公正的"裁判"性质,因而承担仲裁责任的人员具有司法工作人员的身份,符合《刑法》第93条"其他依照法律从事公务的人员,以国家工作人员论",即仲裁人员可构成受贿罪。[①] 因此,当仲裁人员

---

① 参见张利兆:《枉法仲裁罪适用中的疑难问题》,载《法学》2013年第8期。

在仲裁活动中故意违背事实和法律作枉法裁决，实际上实施了徇私枉法的行为，又收受贿赂的，应当按照《刑法》第 399 条第 4 款规定的"依照处罚较重的规定定罪处罚"。

但是，由于目前通说认为仲裁人员不属于"国家工作人员"，不能成为受贿罪主体，① 因此上述认定仲裁人员应依照枉法仲裁罪和受贿罪中处罚较重的予以惩罚的观点，是难以成立的。

另有观点认为，承担仲裁职责的仲裁人员枉法仲裁并收受贿赂的，应根据《最高人民法院、最高人民检察院关于办理渎职刑事案件适用法律若干问题的解释（一）》第 3 条的规定进行数罪并罚，即"国家机关工作人员实施渎职犯罪并收受贿赂，同时构成受贿罪的，除刑法另有规定外，以渎职犯罪和受贿罪数罪并罚。"但是枉法仲裁的仲裁人员并不构成受贿罪，而是非国家工作人员受贿罪，而且枉法仲裁罪也非典型的渎职犯罪，因此难以直接适用上述解释。不过，在仲裁人员既枉法仲裁又受贿的情形下，可以对其处以枉法仲裁罪与非国家工作人员受贿罪两罪，并且因具有两个以上的犯罪构成而成立数罪，对其进行数罪并罚。

（四）量刑标准

依法承担仲裁职责的人员，在仲裁活动中故意违背事实和法律作枉法裁决，情节严重的，处 3 年以下有期徒刑或者拘役；情节特别严重的，处 3 年以上 7 年以下有期徒刑。对于"情节严重"和"情节特别严重"暂无具体标准，有待最高司法机关作出司法解释。

（五）解释索引

（1）《最高人民法院、最高人民检察院关于办理渎职刑事案件适用法律若干问题的解释（一）》（2012 年 12 月 7 日）；

（2）《关于人民检察院直接受理立案侦查案件范围的规定（试行）》（1999

---

① 虽然通说认为仲裁人员不属于"国家工作人员"，但在司法实践中，已经出现了以受贿罪判处仲裁人员的案例。参见卢志坚、汪彦、周洋：《仲裁庭来了检察官 仲裁监督何去何从》，载《检察日报》2012 年 12 月 19 日。

年9月9日)。

(六) 案例举要

 梁江涛枉法仲裁案①

天台县人民法院经审理查明：天台县天华管道燃气有限公司（以下简称"天华公司"）法定代表人曹增高与杨再权（另案处理）存在债务纠纷。2009年5月1日，曹增高以天华公司名义出具给杨再权170万元的借条一份。2010年5月，杨再权得知天华公司将被临海华润燃气有限公司兼并。为了能从临海华润燃气有限公司收购天华公司的收购款中优先实现债权，杨再权叫曹增高出具了天华公司向杨再权借款238万元的欠条，并想通过劳动仲裁方式予以确认。同年7、8月，杨再权通过杨芬设找到天台县人力资源和社会保障局仲裁办副主任王炜（另案处理）说情。王炜看到一张二百多万元的欠条，知道不属于劳动报酬争议，不能受理。

同年8月7日，杨再权和曹增高等人利用本人和他人身份证，虚构了天华公司拖欠杨再权等26名工人工资的事实，将欠条里载明的债务分成多份，并伪造了欠条和相关结算清单。杨再权等人将伪造好的相关材料交给天台县人力资源和社会保障局仲裁办干部胡法志（另案处理）请其帮忙。胡法志发现相关材料存有问题，仍予以收下，向王炜汇报时没有提出不能受理的意见，并说申请人当中有老领导杨芬设的亲戚。几天后，杨芬设等人见还没有立案，又来到王炜办公室催其立案。后杨再权、杨芬设等人带曹增高来到王炜办公室，并对王炜讲将曹增高笔录做了就可以立案了。王炜对曹增高做了调查笔录，曹增高承认欠款事实。同月16日，王炜叫胡法志立案，并指定天台县劳动仲裁委员会聘任的仲裁员被告人梁江涛为首席仲裁员。同年10月15日，王炜将案件交给被告人梁江涛，并确定了仲裁庭的组成人员和开庭日期。

同月18日开庭时，被告人梁江涛发现有几张欠条系四五个申请人合写在一起，欠条与结算清单的数目也不一致，所欠工资金额大、时间长且被申请人又未到庭，故未继续开庭。10月19日，杨再权、曹增高等人重新伪造了证

---

① （2012）台天刑初字第652号、（2013）浙台刑二终字第104号。

据，分成26个人进行仲裁。在杨芬设等人的说情下，首席仲裁员梁江涛未将仲裁庭组成人员的变化情况及第二次开庭传票向被申请人天华公司及曹增高送达，于同月28日进行缺席开庭审理。同年11月8日，在未进行仲裁庭合议的情况下，被告人梁江涛作出26份虚假的劳动仲裁裁决书，并由王炜审核，交时任仲裁委主任的陈清芳签发，然后由胡法志打印出仲裁裁决书，并由书记员发给当事人。该26份虚假的劳动仲裁裁决书总金额达206.56万元。其间，被告人梁江涛等人接受杨芬设、杨再权等人支付费用的钓鱼等活动。上述虚假的仲裁裁决书生效后，因临海华润燃气有限公司兼并天华公司未成，杨再权等人没有取得仲裁裁决书中的所谓拖欠工资。

天台县人民检察院指控，被告人梁江涛在审理案件时，明知该案已超过仲裁时效，没有驳回仲裁申请，没有依照法定程序进行合议，对伪造的证据予以采信，作出26份虚假的劳动仲裁裁决书，总金额达206.56万元。被告人梁江涛的行为已触犯了《刑法》第399条之一的规定，构成枉法仲裁罪。

被告人梁江涛对起诉书指控的犯罪事实及罪名均无异议。梁江涛的辩护人提出：被告人梁江涛对于虚假的诉讼材料并没有参与造假，也不知道是假的。被告人由于能力所限及责任心不强才造成错误裁决，并不是故意枉法仲裁。本次仲裁活动并没有造成严重后果，不属于情节严重，被告人的行为不构成犯罪。

天台县人民法院审理认为：被告人梁江涛身为依法承担仲裁职责的人员，在仲裁活动中对明知是伪造的证据予以采信，故意违背事实和法律，作出枉法裁决，情节严重，其行为已构成枉法仲裁罪。鉴于本次仲裁活动尚未造成实际损失，且被告人的犯罪情节轻微，到案后认罪态度较好，依法可以免予刑事处罚。依照《刑法》第399条之一、第25条第1款、第37条之规定，以枉法仲裁罪，判处被告人梁江涛免予刑事处罚。

一审宣判后，天台县人民检察院提出抗诉，认为梁江涛在整个犯罪实施过程中所起作用较大，原判认定梁江涛犯罪情节轻微和适用法律均错误，导致量刑不当，请求依法改判。

浙江省台州市中级人民法院审理后认为：被告人梁江涛作为首席仲裁员在他人的说情下，明知是伪造的证据予以采信，并违反法定程序，在仲裁庭未合议的情况下，违法作出了26份虚假的劳动仲裁裁决书，并已生效，涉案标的达206.56万元，虽未实际造成财产损失，但严重扰乱了仲裁秩序、降低了仲裁机构的威信及群众对仲裁活动公正性的信赖，并对被申请人的其他债权人的权利造成威胁，该枉法仲裁之行为不属于情节轻微不需要判处刑罚的情形。原判认为被告人梁江涛的犯罪情节轻微与事实和法律不符，导致量刑不当，依法应予改判。检察机关的抗诉理由成立，予以采信。依照《刑事诉讼法》第225条第1款第2项及《刑法》第399条之一、第25条第1款之规定，作出如下判决：（1）撤销天台县人民法院（2012）台天刑初字第652号刑事判决；（2）被告人梁江涛犯枉法仲裁罪，判处有期徒刑2年，缓刑3年。

七、徇私舞弊发售发票、抵扣税款、出口退税罪

（一）刑法条文

第四百零五条第一款　税务机关的工作人员违反法律、行政法规的规定，在办理发售发票、抵扣税款、出口退税工作中，徇私舞弊，致使国家利益遭受重大损失的，处五年以下有期徒刑或者拘役；致使国家利益遭受特别重大损失的，处五年以上有期徒刑。

（二）犯罪构成

1. 法益

本罪侵害的法益是国家发票、税收管理制度。徇私舞弊行为违反了国家税收法律制度，破坏了税务机关的正常管理活动。

2. 客观行为

本罪客观方面表现为税务人员违反法律、行政法规的规定，在办理发售发票、抵扣税款、出口退税工作中，徇私舞弊，致使国家利益遭受重大损失的行为。

本罪刑法条文所称"发票"，是指一切单位和个人在购销商品、提供或接受服务以及从事其他经营活动中所开具和收取的业务凭证，是会计核算的原

始依据，也是审计机关、税务机关执法检查的重要依据。"抵扣税款"，是指凭增值税发票抵扣税款制度，发票上所注明的税款是唯一可以抵扣的税款。"出口退税"，是指税务机关依法向出口商品的企业退还该商品在生产、流通环节已征收的增值税和消费税。出口退税制度的制定，是为了鼓励出口贸易，增强我国出口产品在国际市场上的竞争力。

其中，"在发售发票工作中徇私舞弊"，是指税务人员在发售发票过程中，给不具备领购发票资格的单位和个人发售发票，或者领购发票的单位和个人虽然具备了规定的条件，但税务人员没有按照规定的种类、数量以及购票方式向申请人发售发票的行为；"在抵扣税款工作中徇私舞弊"，是指税务人员没有按照规定凭借增值税专用发票进行抵扣税收，而对不应抵扣的税款予以抵扣，或者抵扣的税款多于应抵扣的税款，致使国家的税收和财政收入遭受严重损失的行为；"在出口退税工作中徇私舞弊"，是指税务人员在出口退税工作中徇私舞弊，违反法律、行政法规的规定，伪造材料，隐瞒情况，弄虚作假，对不应给予出口退税的给予退税，或者擅自决定给予出口退税，致使国家税收收入遭受严重损失的行为。

3. 行为主体

本罪主体为特殊主体，是税务机关的工作人员，且是在税务机关中负责发售发票、抵扣税款和出口退税工作的人员。

4. 主观罪过

本罪的主观罪过为故意，即行为人明知其违反法律、行政法规的规定，在办理发售发票、抵扣税款、出口退税工作中的徇私舞弊行为会给国家利益造成重大损失，而希望或者放任这种危害结果的发生。就动机而言，一般是因贪污受贿、碍于亲情友面，或者发泄对社会、领导的不满等等。无论动机的具体内容如何，本质都是一致的即徇私，并且无论动机怎样，都不影响犯罪的成立。[①]

---

① 参见陈兴良主编：《罪名指南》（第二版），中国人民大学出版社 2008 年版，第 798 页。

（三）司法认定

1. 徇私舞弊发售发票罪与非法出售增值税专用发票罪

徇私舞弊发售发票罪与非法出售增值税专用发票罪的区别主要体现在主体和主观方面。徇私舞弊发售发票罪属于渎职犯罪，其行为主体为特殊主体，即只能是负责发售发票工作的税务机关的工作人员，单位不能成为本罪的行为主体。而非法出售增值税专用发票罪的主体原则上包括有权出售增值税专用发票的单位主体及其工作人员，也包括无权出售的单位或自然人。主观方面，前罪主观上主要表现为徇私情，而后罪的行为人主要是为了谋取非法利益。

2. 本罪与徇私舞弊不征、少征税款罪

本罪与徇私舞弊不征、少征税款罪的区别主要体现在客观方面。首先，两者发生在税收征管领域的不同阶段，徇私舞弊不征、少征税款罪通常发生在税收人员征收税收的过程中，或者应当履行征收责任而故意不履行。而徇私舞弊发售发票罪则通常发生在征收税收之前，徇私舞弊出口退税罪又发生在征收税收之后。只有徇私舞弊抵扣税款可以发生在征收过程中，但其与徇私舞弊不征、少征税款罪在客观行为方面不同。徇私舞弊不征、少征税款罪中，所谓"不征"，是指税务机关工作人员明知纳税人应当缴纳税款而不向其征收，或者违反法律、行政法规规定，擅自决定免征税款；所谓"少征"，是指税务机关的工作人员向纳税人实际征收的税款少于应征税款，或者明知不具备减税条件，弄虚作假擅自决定减征，主要表现为不作为的行为方式。而徇私舞弊发售发票、抵扣税款、出口退税罪则往往表现为作为，即行为人为徇私情、私利，故意通过伪造材料、弄虚作假等积极的行为去违法发售发票、抵扣税款或办理出口退税。

3. 罪数

《最高人民法院、最高人民检察院关于办理渎职刑事案件适用法律若干问题的解释（一）》第3条规定，国家机关工作人员实施渎职犯罪并收受贿赂，同时构成受贿罪的，除刑法另有规定外，以渎职犯罪和受贿罪数罪并罚。

第4条第2款规定，国家机关工作人员与他人共谋，利用其职务行为帮助他人实施其他犯罪行为，同时构成渎职犯罪和共谋实施的其他犯罪共犯的，依照处罚较重的规定定罪处罚。

第4条第3款规定，国家机关工作人员与他人共谋，既利用其职务行为帮助他人实施其他犯罪，又以非职务行为与他人共同实施该其他犯罪行为，同时构成渎职犯罪和其他犯罪的共犯的，依照数罪并罚的规定定罪处罚。

犯本罪同时触犯徇私舞弊不征、少征税款罪的，应以本罪论处。①

（四）量刑标准

根据《刑法》第405条的规定，犯本罪的，处5年以下有期徒刑或者拘役；致使国家利益遭受特别重大损失的，处5年以上有期徒刑。根据《最高人民检察院关于渎职侵权犯罪案件立案标准的规定》第一部分第15条第2款的规定，涉嫌下列情形之一的，应予立案：（1）徇私舞弊，致使国家税收损失累计达10万元以上的；（2）徇私舞弊，致使国家税收损失累计不满10万元，但发售增值税专用发票25份以上或者其他发票50份以上或者增值税专用发票与其他发票合计50份以上，或者具有索取、收受贿赂或者其他恶劣情节的；（3）其他致使国家利益遭受重大损失的情形。

本罪的加重处罚事由为：犯徇私舞弊发售发票、抵扣税款、出口退税罪致使国家利益遭受特别重大损失。这里的"遭受特别重大损失"，是指国家税收遭受特别重大损失。

（五）解释索引

(1)《最高人民法院关于贯彻宽严相济刑事政策的若干意见》（2019年2月8日）；

(2)《最高人民法院、最高人民检察院关于办理渎职刑事案件适用法律若干问题的解释（一）》（2012年12月7日）；

(3)《最高人民法院、最高人民检察院关于办理职务犯罪案件严格适用缓刑、免予刑事处罚若干问题的意见》（2012年8月8日）；

---

① 参见张明楷：《刑法学》（第五版），法律出版社2016年版，第1264页。

(4)《最高人民检察院关于改进渎职侵权检察工作情况的报告》(2010年10月27日);

(5)《最高人民法院、最高人民检察院关于办理职务犯罪案件认定自首、立功等量刑情节若干问题的意见》(2009年3月12日);

(6)《最高人民检察院关于渎职侵权犯罪案件立案标准的规定》(2006年7月26日);

(7)《全国法院审理经济犯罪案件工作座谈会纪要》(2003年11月13日);

(8)《全国人民代表大会常务委员会关于〈中华人民共和国刑法〉第九章渎职罪主体适用问题的解释》(2002年12月28日);

(9)《人民检察院直接受理立案侦查的渎职侵权重特大案件标准(试行)》(2001年7月20日);

(10)《最高人民检察院、公安部关于在严打整治斗争和整顿规范市场经济秩序工作中加强配合加大查办职务犯罪案件工作力度的通知》(2001年7月23日);

(11)《关于人民检察院直接受理立案侦查案件立案标准的规定(试行)》(1999年9月9日);

(12)《关于在全国检察机关实行"检务公开"的决定》(1998年10月25日)。

(六)案例举要

◆ **宋新生徇私舞弊出口退税、滥用职权案**[①]

1999年9月2日,济南市市中区人民检察院以被告人宋新生犯有徇私舞弊出口退税罪、滥用职权罪向济南市市中区人民法院提起公诉。起诉书认定案件事实如下:

1996年11月,济南市五金矿产机械进出口公司商贸分公司负责人韩钢(在押)到济南市国家税务局进出口税收管理分局以该商贸分公司的名义办理

---

① 载《最高人民检察院公报》2000年第5期。

1995年的退税业务，被告人宋新生身为山东省济南市国家税务局涉外分局局长，明知按照国家、省、市国家税务局有关文件的规定，1996年4月15日后不得再受理企业1995年度的退税申报，但仍指使该局综合科科长刘亚宏受理该退税业务，同时命刘亚宏将申报退税的时间改为1996年4月15日以前。另外，被告人宋新生还违反国家税务总局有关退税机关应指定专人负责向报关海关及开出增值税发票的税务机关发函进行调查核实的规定，将盖有济南市进出口税收管理分局公章的空白函交给韩钢，让其代发。后由骗税分子陈东升（在逃）伪造了广东省汕头市国家税务局及文锦渡海关的回函，通过邮局寄给了济南市国家税务局进出口税收管理分局。该局根据回函，于1996年12月13日分两次将514.23万元退税款退到济南市五金矿产机械进出口公司商贸分公司在中信银行济南分行的账户上。此后，宋新生从1997年6月18日至12月30日先后六次以同样的方法为济南市五金矿产机械进出口公司商贸分公司审批了1995年的退税款1266.15万元。

1997年3月24日至5月8日，宋新生让济南市进出口公司天桥分公司经理刘昌君为韩钢的公司代理退税，采取上述同样手段，分四次为济南市进出口公司天桥分公司办理退税911.2万元，天桥分公司根据韩钢的安排，将退税款全部汇往广东省潮阳华裕公司。

宋新生的上述行为，给国家造成经济损失2691.58万元。

在此期间，宋新生先后多次收受韩钢等人赠送的礼品及应邀到珠海、北京等地游玩。

1996年5月，宋新生为解决该局办公经费不足的问题，在无任何出口业务和申报资料的情况下，以给济南市进出口公司天桥分公司"预退税款"为名，通知该公司到本局填写了两份出口货物退税申报表，并填写了两份税收收入退还书，即1996年5月21日分两次先后退税款243.11万元和256.88万元，随后到市国税局和国库中办理了有关退税和退库手续，骗取了出口退税款计500万元，转入济南市进出口公司天桥分公司的账户，想提取该款利息作为办公经费。后宋新生又指使该公司经理刘昌君于1996年5月27日转入济南瀚德实业有限责任公司、山东佐罗得金店各100万元，1997年12月23日汇往北京骏贤文化发展有限责任公司100万元。案发后，尚有295.09万元未追回。

济南市市中区人民法院审理认为，被告人宋新生身为税务工作人员，在办理出口退税业务中，徇私舞弊，严重违反国税局国税发〔1994〕031 号《出口货物退（免）税管理办法》第 11 条"未办理出口退税登记的企业一律不准退税"、〔1995〕037 号《出口货物税收函调的规定》第 2 条"退税机关应指定专人负责发函及收函的管理工作、并进行编号登记"、财政部、国税总局下发的财税字〔1997〕14 号《关于出口货物税收的若干问题的补充通知》第 5 条第 2 款"挂靠企业、借权企业出口的货物不予退税"、济南市国税局〔1996〕3 号《关于认真开展 1995 年度出口退税清算工作的通知》中"将整理齐全的单证于 1996 年 4 月 15 日前上报我局，4 月 15 日后我局不再受理企业 1995 年度的退税申报"等规定。被告人宋新生置国家、地方法规于不顾，指使工作人员弄虚作假，违规操作，给国家造成重大经济损失。

1999 年 11 月 17 日，济南市市中区人民法院审理认为，检察机关指控被告人犯罪事实清楚，罪名成立。依照《刑法》第 12 条第 1 款、第 397 条第 1 款、第 405 条第 1 款、第 69 条之规定，判决被告人宋新生犯徇私舞弊出口退税罪，判处有期徒刑 13 年；犯滥用职权罪，判处有期徒刑 6 年；数罪并罚决定执行有期徒刑 18 年。

一审宣判后，宋新生不服，以"量刑过重"和"不构成滥用职权罪"为由提出上诉。

济南市中级人民法院对本案进行了不开庭审理。审理认为，本案事实清楚，证据确实、充分，于 2000 年 1 月 14 日裁定驳回上诉，维持原判。

八、商检徇私舞弊罪

（一）刑法条文

第四百一十二条第一款　国家商检部门、商检机构的工作人员徇私舞弊，伪造检验结果的，处五年以下有期徒刑或者拘役；造成严重后果的，处五年以上十年以下有期徒刑。

(二)犯罪构成

1. 法益

本罪侵害的法益是国家进出口商品检验部门、机构的正常活动及国家其他有关机关的正常活动。国家商检部门、商检机构的工作人员必须严格遵守《中华人民共和国商品检验法》等有关法律法规。徇私舞弊,故意伪造商检结果,必然会对国家商检机关的正常管理活动造成破坏,损害国家的经济利益和对外经贸活动。

2. 客观行为

本罪在客观方面表现为徇私舞弊,故意伪造检验结果的行为。即指国家商检部门、商检机构的工作人员明知我国法律法规有关商品检验的规定,在商品检验过程中徇私情、私利,有法不依,滥用职权,伪造商检结果或者出具虚假的商品检验证单的行为。

其行为的表现形式多种多样,主要表现为:(1)采取伪造、变造的手段对报检的商品的单证、印章、标志、封识、质量认证标志等作虚假的证明或出具不真实的证明结论;(2)将送检的合格商品检验为不合格,或者将不合格商品检验为合格的;(3)对明知是不合格的商品,不检验而出具合格检验结果的;等等。[1]

3. 行为主体

本罪主体为特殊主体,即国家商检部门、商检机构的工作人员。根据《中华人民共和国进出口商品检验法实施条例》第36条,海关总署或者出入境检验检疫机构指定的检测机构的检验人员亦可成为本罪主体。

4. 主观罪过

本罪在主观罪过方面只能由故意构成,即行为人明知其徇私舞弊,伪造商检结果的行为会对国家经贸活动造成重大损害,而希望或放任这一危害结果的发生。过失不构成本罪。

---

[1] 参见《最高人民检察院关于渎职侵权犯罪案件立案标准的规定》第一部分第24条第2款。

（三）司法认定

1. 共同犯罪

共同犯罪是指二人以上共同故意犯罪。在本罪中明知国家商检部门、商检机构的工作人员徇私舞弊，伪造商检结果的行为违反相关法律法规，而教唆、帮助其共同实施该行为的，属于共同犯罪。国家商检部门、商检机构的工作人员如果与走私犯罪分子共谋，为其伪造检验结果，帮助进行走私的，其行为又构成走私罪的共同犯罪，对之应从一重罪处罚即以走私罪的共犯论处。若其客观上达不到走私罪的认定标准，因商检徇私舞弊为行为犯，则仍可构成商检徇私舞弊罪。

2. 停止形态

本罪是行为犯，只要行为人实施了伪造检验结果的行为，就已经侵犯了国家的进出口商检制度，构成犯罪既遂。造成严重后果，只是加重法定刑的情节。行为着手后自动中止伪造行为的，构成犯罪中止；由于意志以外原因未能完成伪造检验结果的，构成犯罪未遂。

3. 罪数

《最高人民法院、最高人民检察院关于办理渎职刑事案件适用法律若干问题的解释（一）》第 3 条规定，国家机关工作人员实施渎职犯罪并收受贿赂，同时构成受贿罪的，除刑法另有规定外，以渎职犯罪和受贿罪数罪并罚。

第 4 条第 2 款和第 3 款规定，国家机关工作人员与他人共谋，利用其职务行为帮助他人实施其他犯罪行为，同时构成渎职犯罪和共谋实施的其他犯罪共犯的，依照处罚较重的规定定罪处罚。国家机关工作人员与他人共谋，既利用其职务行为帮助他人实施其他犯罪，又以非职务行为与他人共同实施该其他犯罪行为，同时构成渎职犯罪和其他犯罪的共犯的，依照数罪并罚的规定定罪处罚。

《最高人民法院、最高人民检察院关于办理危害食品安全刑事案件适用法律若干问题的解释》第 16 条规定，负有食品安全监督管理职责的国家机关工作人员，滥用职权或者玩忽职守，导致发生重大食品安全事故或者造成其他严重后果，同时构成食品监管渎职罪和徇私舞弊不移交刑事案件罪、商检徇私舞弊罪、动植物检疫徇私舞弊罪、放纵制售伪劣商品犯罪行为罪等其他渎职犯罪的，依照处罚较重的规定定罪处罚。负有食品安全监督管理职责的国家机关工作人员滥用职权或者玩忽职守，不构成食品监管渎职罪，但构成前款规定的其他渎职犯罪的，依照该其他犯罪定罪处罚。负有食品安全监督管理职责的国家机关工作人员与他人共谋，利用其职务行为帮助他人实施危害食品安全犯罪行为，同时构成渎职犯罪和危害食品安全犯罪共犯的，依照处罚较重的规定定罪处罚。

（四）量刑标准

根据《刑法》第412条第1款的规定，构成商检徇私舞弊罪的，处5年以下有期徒刑或者拘役；造成严重后果的，处5年以上10年以下有期徒刑。根据《最高人民检察院关于渎职侵权犯罪案件立案标准的规定》第一部分第24条第2款的规定，涉嫌下列情形之一的，应予立案：（1）采取伪造、变造的手段对报检的商品的单证、印章、标志、封识、质量认证标志等作虚假的证明或者出具不真实的证明结论的；（2）将送检的合格商品检验为不合格，或者将不合格商品检验为合格的；（3）对明知是不合格的商品，不检验而出具合格检验结果的；（4）其他伪造检验结果应予追究刑事责任的情形。

（五）解释索引

(1)《最高人民检察院关于办理危害食品安全刑事案件适用法律若干问题的解释》（2013年5月2日）；

(2)《最高人民法院、最高人民检察院关于办理渎职刑事案件适用法律若干问题的解释（一）》（2012年12月7日）；

(3)《最高人民检察院关于渎职侵权犯罪案件立案标准的规定》（2006年7月26日）；

(4)《全国人民代表大会常务委员会关于〈中华人民共和国刑法〉第九章渎职罪主体适用问题的解释》（2002年12月28日）；

（5）《人民检察院直接受理立案侦查的渎职侵权重特大案件标准（试行）》（2001年7月20日）；

（6）《关于人民检察院直接受理立案侦查案件立案标准的规定（试行）》（1999年9月9日）。

（六）案例举要

 吴超西、王芳商检徇私舞弊、受贿案①

【裁判要旨】

商检徇私舞弊同时受贿的，二者之间具有牵连关系。除刑法有明文规定以外，对牵连犯的处断一般应当采取数罪并罚的原则，而非从一重罪处罚。行为人实施商检徇私舞弊等渎职犯罪行为，同时索取或收受贿赂，满足渎职罪和受贿罪两个犯罪的构成要件的，只有实行数罪并罚才能充分评价两个危害行为，而从一重罪处罚将导致同类案件量刑不平衡，轻纵犯罪。《刑法》第399条第4款属于刑法理论上的注意规定，不具有普遍适用的意义。

【基本案情】

2002年3月至2003年5月，被告人王芳在担任上海出入境检验检疫局检务聘用人员期间，伙同该局检务人员吴超西，利用吴超西从事受理报检、签发检验检疫通关证明等职务便利，明知报检的出境货物手续不符合规定，仍擅自签发出境货物通关单，致使126票未经检验检疫的出境货物得以在上海口岸报检通关。吴超西同时将应归档留存的报检材料退交报检人员徐礼清、吴澍镔（均另案处理）。此外，徐礼清、吴澍镔按每票100元至2000元不等的数额给予被告人王芳好处费共计16万余元。

【审判过程】

上海市第一中级人民法院认为，被告人吴超西身为国家商检机构工作人员，为徇私情，伙同受聘于国家商检机构从事公务的被告人王芳，明知报检的出境货物不符合手续，仍擅自签发出境货物通关单，致使126票未经检验

---

① 沪一中刑初字第119号、（2004）沪高刑终字第196号。载《人民司法·案例》2008年第24期。

检疫的出境货物得以在上海口岸报检通关，依照《刑法》第412条之规定，两名被告人的行为均已构成商检徇私舞弊罪，均应判处5年以下有期徒刑或者拘役。在上述犯罪过程中，王芳系利用本人职务所形成的便利条件，通过吴超西职务上的行为，为请托人谋取不正当利益，并收受请托人钱财共计16万余元，其行为又构成受贿罪。王芳犯两罪，依照《刑法》第69条之规定，应予数罪并罚。据此，以商检徇私舞弊罪判处被告人吴超西有期徒刑4年；以受贿罪判处被告人王芳有期徒刑10年，以商检徇私舞弊罪判处被告人王芳有期徒刑1年，决定执行有期徒刑10年6个月；犯罪所得予以追缴。

一审宣判后，被告人王芳不服，提出上诉，称其没有伙同他人操作违规单据，吴超西让其操作的违规单据并没有126票之多；16万余元钱款是和吴超西共同受贿的；原判对其受贿量刑过重。

上海市高级人民法院经审理后认为，现有证据足以证明王芳与徐礼清、吴澍镔经商策，伙同吴超西操作违规126票单据的事实，王芳的上诉理由与本案事实不符，二审法院不予采信。在案证据尚不足以证实吴超西具有伙同王芳共同收受他人贿赂的故意和行为，但足以证实王芳收受了徐礼清、吴澍镔16万余元贿赂款的事实。王芳的上诉理由与本案事实不符，二审法院不予采信。王芳、吴超西所犯商检徇私舞弊罪，论罪应当在5年以下有期徒刑或者拘役的量刑幅度内处刑，原判根据其在共同犯罪中所处的地位、作用，以商检徇私舞弊罪分别判处被告人吴超西有期徒刑4年、被告人王芳有期徒刑1年，应属量刑适当。王芳还收受他人贿赂16万余元，论罪应当在10年以上有期徒刑或者无期徒刑的量刑幅度内处刑，原判以受贿罪判处被告人王芳有期徒刑10年，并综合王芳所犯两罪的具体情节，决定执行有期徒刑10年6个月，亦无不当。上海市高级人民法院确认，原判认定被告人吴超西犯商检徇私舞弊罪，被告人王芳犯商检徇私舞弊罪、受贿罪的事实清楚，证据确实、充分，适用法律正确，量刑适当，审判程序合法，上诉人的上诉意见及原审被告人所提相关辩解与本案事实及相关法律规定不符，裁定驳回上诉，维持原判。

九、动植物检疫徇私舞弊罪

(一) 刑法条文

第四百一十三条第一款　动植物检疫机关的检疫人员徇私舞弊,伪造检疫结果的,处五年以下有期徒刑或者拘役;造成严重后果的,处五年以上十年以下有期徒刑。

(二) 犯罪构成

1. 法益

本罪侵害的法益是国家动植物检疫机关的正常活动。徇私舞弊行为违反了国家动植物检疫法律、法规,影响了国家动植物检疫机关的正常管理活动。

2. 客观行为

本罪在客观方面表现为检疫人员徇私舞弊,伪造检疫结果的行为。本罪为行为犯,不要求造成严重后果。伪造检疫结果,是指滥用职权,出具虚假的、不符合应检物品实际情况的检疫结果,如根本不对应检动植物等检疫物进行检疫而放任危害结果并出具检疫结果,或者明知为不合格的动植物为了徇私仍然签发、出具检疫合格的单证或在海关报关单上加盖检疫合格印章,或者为合格动植物的检疫出具不合格的检疫证明等。本罪中的伪造行为属于广义的伪造,也包括变造在内,一般的变造,是指在真实的检疫结果上,采取涂改内容、剪贴、拼凑等手段制造不真实的检疫结果,包括合格的结果和不合格的结果。[①]

3. 行为主体

本罪主体为特殊主体,即国家动植物检疫机关的工作人员。动植物检疫机关由国务院设立,统一管理全国进出境动植物检疫工作,包括国家动植物检疫机关在对外开放的口岸和进出境动植物检疫业务集中的地点设立的口岸

---

① 参见樊建明:《论动植物检疫徇私舞弊罪》,载《河北法学》2007年第8期。

动植物检疫机关。

4. 主观罪过

本罪的主观罪过为故意，即行为人明知自己的徇私舞弊行为是违反有关法律规定的，明知自己行为可能产生的后果，而对这种后果的发生持希望或者放任的态度。

（三）司法认定

1. 罪与非罪

本罪的主观罪过是故意，若动植物检疫机关的检疫人员过失出具了不真实的检疫结果，则不应认定为本罪，根据其过失导致的结果可判定其不构成犯罪或构成动植物检疫失职罪。动植物检疫徇私舞弊罪的主体是动植物检疫机关中从事检疫工作的检疫人员。在检疫机关工作但不从事检疫工作的人员以及不在检疫机关工作的人员，即使存在伪造检疫结果的行为，也不构成本罪。但上述不属于检疫机关从事检疫工作的人员，若教唆、帮助、胁迫检疫人员伪造检疫结果的，其虽不具有特定身份，不影响其同具有特定身份的检疫人员成立本罪的共同犯罪。

2. 停止形态

本罪是行为犯，只要行为人作出了虚假的检疫结果，即为犯罪既遂。行为人自动中止实施伪造检验结果的构成犯罪中止。行为人因意志以外的原因未得逞的，如实施过程中被发现而被迫中止的情形，则构成犯罪未遂。

3. 罪数

《最高人民法院、最高人民检察院关于办理渎职刑事案件适用法律若干问题的解释（一）》第3条规定，国家机关工作人员实施渎职犯罪并收受贿赂，同时构成受贿罪的，除刑法另有规定外，以渎职犯罪和受贿罪数罪并罚。

第4条第2款和第3款规定，国家机关工作人员与他人共谋，利用其职务行为帮助他人实施其他犯罪行为，同时构成渎职犯罪和共谋实施的其他犯罪共犯的，依照处罚较重的规定定罪处罚。国家机关工作人员与他人共谋，既利用其职务行为帮助他人实施其他犯罪，又以非职务行为与他人共同实施该其他犯罪行为，同时构成渎职犯罪和其他犯罪的共犯的，依照数罪并罚的规定定罪处罚。

《最高人民法院、最高人民检察院关于办理危害食品安全刑事案件适用法律若干问题的解释》第 16 条规定，负有食品安全监督管理职责的国家机关工作人员，滥用职权或者玩忽职守，导致发生重大食品安全事故或者造成其他严重后果，同时构成食品监管渎职罪和徇私舞弊不移交刑事案件罪、商检徇私舞弊罪、动植物检疫徇私舞弊罪、放纵制售伪劣商品犯罪行为罪等其他渎职犯罪的，依照处罚较重的规定定罪处罚。负有食品安全监督管理职责的国家机关工作人员滥用职权或者玩忽职守，不构成食品监管渎职罪，但构成前款规定的其他渎职犯罪的，依照该其他犯罪定罪处罚。负有食品安全监督管理职责的国家机关工作人员与他人共谋，利用其职务行为帮助他人实施危害食品安全犯罪行为，同时构成渎职犯罪和危害食品安全犯罪共犯的，依照处罚较重的规定定罪处罚。

（四）量刑标准

根据《刑法》第 413 条第 1 款的规定，构成动植物检疫徇私舞弊罪的，处 5 年以下有期徒刑或者拘役；造成严重后果的，处 5 年以上 10 年以下有期徒刑。根据《最高人民检察院关于渎职侵权犯罪案件立案标准的规定》第一部分第 26 条第 2 款的规定，涉嫌下列情形之一的，应予立案：（1）采取伪造、变造的手段对检疫的单证、印章、标志、封识等作虚假的证明或者出具不真实的结论的；（2）将送检的合格动植物检疫为不合格，或者将不合格动植物检疫为合格的；（3）对明知是不合格的动植物，不检疫而出具合格检疫结果的；（4）其他伪造检疫结果应予追究刑事责任的情形。

（五）解释索引

（1）《最高人民检察院关于办理危害食品安全刑事案件适用法律若干问题的解释》（2013 年 5 月 2 日）；

（2）《最高人民法院、最高人民检察院关于办理渎职刑事案件适用法律若干问题的解释（一）》（2012 年 12 月 7 日）；

（3）《最高人民检察院关于改进渎职侵权检察工作情况的报告》（2010 年

10月27日）；

(4)《最高人民检察院关于渎职侵权犯罪案件立案标准的规定》(2006年7月26日)；

(5)《全国人民代表大会常务委员会关于〈中华人民共和国刑法〉第九章渎职犯罪主体适用问题的解释》(2002年12月28日)；

(6)《人民检察院直接受理立案侦查的渎职侵权重特大案件标准（试行）》(2001年7月20日)；

(7)《关于人民检察院直接受理立案侦查案件立案标准的规定(试行)》(1999年9月9日)。

（六）案例举要

 张万栋动植物检疫徇私舞弊案[①]

【基本案情】

2012年9月19日，山东省乐陵市检察院对乐陵市畜牧局郑店动物卫生监督分所所长张万栋以动植物检疫徇私舞弊罪立案侦查，同年9月20日张万栋被取保候审，同年12月19日张万栋因构成动植物检疫徇私舞弊罪被判处有期徒刑1年。

经查，2011年12月至2012年4月，张万栋在动物检验检疫执法过程中，为完成乐陵市畜牧兽医局下达给郑店镇动检分所的检疫收费任务，徇私舞弊，违反《中华人民共和国动物防疫法》的有关规定及检测"瘦肉精"的有关通知精神，在不按规定对运往县境外屠宰场的肉鸭和生猪进行检疫和检测情况下，按照每只肉鸭0.07元，每头生猪5元的收取标准，通过其儿子、儿媳向动物运输户出卖《动物检疫合格证明》21份。事后，张万栋伪造检疫结果交回乐陵畜牧兽医局。张万栋的行为致使一些运输户完全摆脱了动物检疫机构的监控，给动物疫情控制和人民群众的食品安全带来了极大隐患。

【典型意义】

张万栋身为国家机关工作人员，为完成检疫收费任务，违反法律规定及

[①] 最高人民检察院2015年8月5日发布的11起危害食品安全犯罪典型案例之十一。

相关文件，出卖《动物检疫合格证明》并伪造检疫结果，构成渎职犯罪。该案警示公职人员，完成行政任务不是违反法定职权的借口，如果违反法定职责，造成严重后果，就可能构成渎职犯罪，将受到法律的惩处。

十、放纵走私罪

（一）刑法条文

第四百一十一条　海关工作人员徇私舞弊，放纵走私，情节严重的，处五年以下有期徒刑或者拘役；情节特别严重的，处五年以上有期徒刑。

（二）犯罪构成

1. 法益

本罪侵害的法益是国家的海关监管制度。海关工作人员徇私舞弊，放纵走私，不仅纵容走私违法犯罪行为，破坏海关监督秩序，还影响了国家机关的正常活动。

2. 客观行为

本罪在客观方面表现为海关工作人员徇私舞弊，放纵走私，达到情节严重程度的行为。其中，"放纵走私"，是指海关工作人员为贪图财物、袒护亲友或者其他私情私利，对明知是走私行为而予以放纵的行为。放纵走私行为表现形式包括：（1）对具有走私行为和走私犯罪的人故意包庇、放纵；（2）对应该查处的不予查处、应该处罚的不予处罚、应该依法移交司法机关追究刑事责任的不移交的行为。海关工作人员徇私舞弊、放纵走私的行为只有在情节严重时才构成犯罪。所谓"情节严重"，具体是指：（1）多次放纵走私；（2）放纵多名走私行为人；（3）放纵走私犯罪分子；（4）放纵走私行为造成严重后果的。

3. 行为主体

本罪主体为特殊主体，即海关工作人员。

4. 主观罪过

本罪在主观罪过方面必须出于故意，即行为人明知自己的徇私舞弊行为是违反有关法律规定的,明知自己行为可能产生的后果,而对这种后果的发生持希望或者放任的态度。

(三) 司法认定

1. 本罪与走私罪共犯

根据《最高人民法院、最高人民检察院、海关总署关于办理走私刑事案件适用法律若干问题的意见》第16条的规定,负有特定监管义务的海关工作人员徇私舞弊,利用职权,放任、纵容走私犯罪行为,情节严重的,构成放纵走私罪。放纵走私行为,一般是消极的不作为。如果海关工作人员与走私分子通谋,在放纵走私过程中以积极的行为配合走私分子逃避海关监管或者在放纵走私之后分得赃款的,应以共同走私犯罪追究刑事责任。

有观点认为,海关工作人员的这种行为是走私罪的共犯与放纵走私罪的想象竞合,应当从一重处罚。[1] 也有观点认为,走私与放纵走私是在走私行为偷逃税款对国家海关监管秩序的同一次侵犯过程中,在相同的行为阶段所实现的犯罪竞合,属法条竞合,应以特殊法条即放纵走私罪对行为人定罪处罚。[2] 上述观点的关键在于想象竞合与法条竞合的区分,鉴于二罪名犯罪主体与所侵犯客体不具有同一性,因此并不具备法条竞合的特别关系,以想象竞合认定更具合理性,即一行为同时构成走私罪共犯与放纵走私罪的,从一重罪处断。此外,若放纵走私行为人与走私罪行为人并未事前通谋,则应当以放纵走私罪定罪处罚。

2. 本罪与徇私舞弊不移交刑事案件罪

放纵走私罪与徇私舞弊不移交刑事案件罪的共同之处在于,犯罪主体都是从事执法活动的人员;犯罪主观方面都出于徇私动机;犯罪客观方面都表现为不严格依法追究不法分子的有关责任。徇私舞弊不移交刑事案件,是指行政执法人员已经介入对违法案件的查处,本应移交司法机关而不移交;而

---

[1] 参见张明楷:《刑法学》(第五版),法律出版社2016年版,第1268页。
[2] 参见路红青:《海关工作人员犯走私罪、放纵走私罪、受贿罪认定问题解析》,载《法律适用》2008年第5期。

放纵走私罪则是指行为人明知有走私行为,应当查处而不查处。[①] 因而,放纵走私罪与徇私舞弊不移交刑事案件罪的主要差异在于客观方面。前者的放纵行为常常是应当查处而不查处,放纵的既可以是走私犯罪,也可以是一般走私违法行为;而后者不移交的对象必须是刑事案件。

3. 罪数

《最高人民法院、最高人民检察院、海关总署关于办理走私刑事案件适用法律若干问题的意见》第16条规定,依照《刑法》第411条的规定,负有特定监管义务的海关工作人员徇私舞弊,利用职权,放任、纵容走私犯罪行为,情节严重的,构成放纵走私罪。放纵走私行为,一般是消极的不作为。如果海关工作人员与走私分子通谋,在放纵走私过程中以积极的行为配合走私分子逃避海关监管或者在放纵走私之后分得赃款的,应以共同走私犯罪追究刑事责任。海关工作人员收受贿赂又放纵走私的,应以受贿罪和放纵走私罪数罪并罚。

《最高人民法院、最高人民检察院关于办理渎职刑事案件适用法律若干问题的解释（一）》第3条规定,国家机关工作人员实施渎职犯罪并收受贿赂,同时构成受贿罪的,除刑法另有规定外,以渎职犯罪和受贿罪数罪并罚。

第4条第2款规定,国家机关工作人员与他人共谋,利用其职务行为帮助他人实施其他犯罪行为,同时构成渎职犯罪和共谋实施的其他犯罪共犯的,依照处罚较重的规定定罪处罚。

第4条第3款规定,国家机关工作人员与他人共谋,既利用其职务行为帮助他人实施其他犯罪,又以非职务行为与他人共同实施该其他犯罪行为,同时构成渎职犯罪和其他犯罪的共犯的,依照数罪并罚的规定定罪处罚。

(四) 量刑标准

根据《刑法》第411条的规定,构成放纵走私罪的,处5年以下有期徒刑或者拘役;情节特别严重的,处5年以上有期徒刑。根据《最高人民检察院关于渎职侵权犯罪案件立案标准的规定》第一部分第23条第2款的规定,

---

[①] 参见王作富、刘志远:《论徇私舞弊不移交刑事案件罪的司法适用》,载《中国刑事法杂志》2000年第3期。

涉嫌下列情形之一的，应予立案：（1）放纵走私犯罪的；（2）因放纵走私致使国家应收税额损失累计达 10 万元以上的；（3）放纵走私行为 3 起次以上的；（4）放纵走私行为，具有索取或者收受贿赂情节的；（5）其他情节严重的情形。

（五）解释索引

（1）《最高人民法院、最高人民检察院关于办理渎职刑事案件适用法律若干问题的解释（一）》（2012 年 12 月 7 日）；

（2）《最高人民检察院关于渎职侵权犯罪案件立案标准的规定》（2006 年 7 月 26 日）；

（3）《全国人民代表大会常务委员会关于〈中华人民共和国刑法〉第九章渎职罪主体适用问题的解释》（2002 年 12 月 28 日）；

（4）《最高人民法院、最高人民检察院、海关总署关于办理走私刑事案件适用法律若干问题的意见》（2002 年 7 月 8 日）；

（5）《关于人民检察院直接受理立案侦查案件立案标准的规定（试行）》（1999 年 9 月 9 日）。

（六）案例举要

 高庆亭、刘贵良走私、放纵走私案①

【诉讼过程】

山东省济南市人民检察院以被告人高庆亭犯走私普通物品罪，被告人刘贵良犯放纵走私罪，向济南市中级人民法院提起公诉。

起诉书指控：被告人高庆亭在担任济南海关副关长期间，伙同他人走私物品价值 2100 余万元、偷逃税额 370 余万元，构成走私普通物品罪。被告人刘贵良明知是走私物品予以放行，构成放纵走私罪。请依法判处。

被告人高庆亭及其辩护人辩称：高庆亭没有参与走私，只是放纵走私，请求公正处理。

---

① 载《最高人民法院公报》1999 年第 1 期。

被告人刘贵良的辩护人辩称：刘贵良的行为是在高庆亭的指使下实施的，且认罪态度好，要求对其从轻处罚。

济南市中级人民法院经审理查明：

1994年夏季，被告人高庆亭经人介绍认识了香港达升贸易公司总经理李勇健（在逃），此后二人交往频繁。

1996年春，李勇健为与济南亨得利钟表眼镜有限公司合作经营进口手表，找到被告人高庆亭商量不报关直接从香港走私进口手表，高庆亭表示同意。之后，李勇健先后二次将575只瑞士产梅花、欧米茄、雷达牌手表从香港空运至济南入境。受高庆亭的指使，身为济南海关监管科副科长的被告人刘贵良明知该批货物未办理任何报关手续，却两次放行。经济南海关核定，该批手表价值1774746.24元，偷逃关税763494.8元。案发后，济南海关从济南亨得利钟表眼镜有限公司扣留了尚未售出的手表272只，价值962903元。

1996年8月，被告人高庆亭和李勇健一起来到卡西欧浪潮通信电子有限公司。高庆亭要求该公司与李勇健合作进口传呼机散件，李勇健则向该公司提出可将从日本进口到青岛再由青岛发往济南的传呼机散机改由从日本直发香港，由他负责将货物自香港进口到济南。该公司以这样做必将增加运费为由不同意，李勇健便提议在报关时可将关税高的传呼机成套散件（税率25%）伪报成关税低的集成电路（税率6%），降低报关费用，用以弥补增加的运费。高庆亭当即表示同意。同年9月15日至12月6日，李勇健先后12次将47200套传呼机成套散件伪报成集成电路入境。第一次进货时，高庆亭还亲自到济南机场接货。被告人刘贵良受高庆亭的指使，也先后三次去接货，以使货物不受查验顺利通关。经济南海关核定，该批货物共价值19867110.3元，偷逃关税3019800.9元。案发后，济南海关扣留了5000套传呼机成套散件；对已进入生产销售环节无法扣留的42200套，依法追缴了3060875元的货款。

【审判结果】

济南市中级人民法院认为，被告人高庆亭在担任济南海关副关长期间，违反海关法规，伙同他人进行走私，走私货物价值和偷逃税额均超过法定犯罪数额，走私的物资系成批量的，且用于生产、销售领域，而非小量生活用品，故其行为构成走私普通货物罪，公诉机关指控其犯走私普通物品罪属定性不当。1988年1月21日通过的《全国人民代表大会常务委员会关于惩治走私罪的补充规定》（以下简称《补充规定》）第4条第1款第1项规定："走私货物、物品价额在五十万元以上的，处十年以上有期徒刑或者无期徒刑，并处罚金或者没收财产……"1997年10月1日施行的《刑法》第12条第1款规定："……本法施行以前的行为……如果当时的法律认为是犯罪的，依照本法总则第四章第八节的规定应当追诉的，按照当时的法律追究刑事责任，但是如果本法不认为是犯罪或者处刑较轻的，适用本法。"《刑法》第153条第1款第1项规定："走私货物、物品偷逃应缴税额在五十万元以上的，处十年以上有期徒刑或者无期徒刑，并处偷逃应缴款额一倍以上五倍以下罚金或者没收财产……"高庆亭的行为无论依《补充规定》，还是依《刑法》，都是犯罪行为，两相比较，《刑法》是以偷逃应缴税额量刑，比《补充规定》以走私货物价值量刑要轻。因此，对高庆亭的犯罪行为，应当依照《刑法》第153条第1款第1项的规定处罚。同时，依照《刑法》第57条第1款之规定，应当并处剥夺政治权利终身。高庆亭及其辩护人关于没有参与走私、只是放纵走私的辩护意见，经查：高庆亭参与走私，有其多次供述，供述的情节与证人证言一致，有伪报品名的报关单书证和济南海关查扣的走私手表、传呼机成套散件等物证在案证实，高庆亭还亲自到机场为李勇健接运走私货物，证据确实充分，其辩解和辩护人的意见没有事实根据，不予采纳。被告人刘贵良身为海关工作人员，违反海关法规，徇私舞弊，明知是走私行为却予以放纵，情节严重，其行为触犯了《刑法》第411条的规定，公诉机关指控其犯放纵走私罪成立。鉴于被告人刘贵良是在高庆亭的指使下实施的犯罪行为，其辩护人要求从轻处罚的意见，可以采纳。据此，济南市中级人民法院于1998年9月9日判决：被告人高庆亭犯走私普通货物罪，判处无期徒刑，剥夺政治权利终身，并处没收个人财产2250元、金项链2条、金戒指2枚；被告人刘贵良犯放纵走私罪，判处有期徒刑3年。

第一审宣判后，被告人高庆亭仍以原辩解理由向山东省高级人民法院提出上诉。其辩护人以高庆亭"一贯表现尚好，犯罪后真诚悔过"为由，要求对其从轻或减轻处罚。山东省高级人民法院经审理认为，一审认定上诉人高庆亭、原审被告人刘贵良的犯罪事实清楚，证据确实充分。高庆亭身为海关工作人员，置国家利益于不顾，伙同他人走私，偷逃关税数额巨大，情节特别严重。高庆亭的犯罪事实经查证据确凿，不容抵赖。高庆亭的犯罪行为严重破坏了国家对外贸易管理制度，应予严惩，其上诉理由不能成立。高庆亭的辩护人认为应对其从轻或减轻处罚的辩护意见，没有事实和法律依据，不予采纳。原审适用法律定罪准确，量刑适当，审判程序合法。据此，山东省高级人民法院依照《刑事诉讼法》第 189 条第 1 项的规定，于 1998 年 11 月 19 日裁定如下：驳回上诉，维持原判。

十一、放纵制售伪劣商品犯罪行为罪

（一）刑法条文

第四百一十四条　对生产、销售伪劣商品犯罪行为负有追究责任的国家机关工作人员，徇私舞弊，不履行法律规定的追究职责，情节严重的，处五年以下有期徒刑或者拘役。

（二）犯罪构成

1. 法益

本罪侵害的法益是国家对产品质量的监督管理制度以及对生产、销售伪劣商品犯罪行为负有追究责任的国家机关的正常管理活动。

2. 客观行为

本罪在客观方面表现为对生产、销售伪劣商品犯罪行为负有追究责任的国家机关工作人员徇私舞弊，不履行法律规定的追究职责，情节严重的行为。

所谓"徇私舞弊"，一般是为了满足私情私利，在从事公务追究活动中，故意违背事实和法律，不履行法律规定的追究职责，弄虚作假，应当追究而不追究的行为。不履行法律规定的追究职责包括两种情况：一是不履行刑法规定的追究刑事责任的职责，主要表现为不将该犯罪提交司法机关处理；二是不履行法律规定的追究其他法律责任的职责。①

构成本罪，必须是不履行法律规定的追究生产、销售伪劣商品犯罪行为达到情节严重的程度。所谓"情节严重"，一般是指：（1）对重大的生产、销售伪劣商品的犯罪行为不予追究；（2）对一般生产、销售伪劣商品的犯罪行为不予追究，导致更严重的同类犯罪发生的；（3）多次不追究或者对多个有生产、销售伪劣商品的犯罪行为的单位或者个人不追究的；（4）对生产、销售伪劣药品、食品、医疗器械等犯罪行为不予追究，严重危害公民生命和健康安全的；（5）对生产、销售伪劣商品不追究，致使国家和公民利益遭受重大损失的；（6）不履行追究生产、销售伪劣商品犯罪职责，有其他严重情节的；等等。②

3. 行为主体

本罪主体为特殊主体，即对生产、销售伪劣商品犯罪行为负有追究责任的国家机关工作人员。关于国家机关工作人员的范围，理论上有不同观点，有学者认为是对生产、销售伪劣商品犯罪行为负有追究责任的国家工商行政管理、质量监督等机关工作人员，但不包括司法工作人员；③ 也有学者认为对生产、销售伪劣商品犯罪行为负有追究责任的国家机关工作人员主要是指工商行政管理人员、司法工作人员等；④ 还有学者认为本罪中国家机关工作人员主要是指负有法律规定的查处生产、销售伪劣商品的违法犯罪行为的义务的国家工作人员，包括各级政府中主管查禁生产、销售伪劣商品的行政人员，有查禁职责的公、检、法机关中的司法人员，以及行业主管部门如技术监督部门和工商行政管理部门中的人员。本书持第一种观点，即本罪的行为主体是对生产、销售伪劣商品犯罪行为负有追究责任的国家工商行政管理、质量监督等具有相关行政管理职责的国家机关工作人员，不包括司法工作人员。

4. 主观罪过

本罪在主观方面出于故意。即明知是有生产、销售伪劣商品犯罪行为的

---

① 参见张明楷：《刑法学》（第五版），法律出版社 2016 年版，第 1269 页。
② 参见陈兴良主编：《罪名指南》（第二版），中国人民大学出版社 2008 年版，第 842—843 页。
③ 参见刘宪权主编：《刑法学》（第三版），上海人民出版社 2012 年版，第 874 页；张明楷：《刑法学》（第五版），法律出版社 2016 年版，第 1269 页。
④ 参见陈兴良：《规范刑法学》（第四版），中国人民大学出版社 2017 年版，第 1274 页。

犯罪分子而不予追究责任。如果不知是犯罪分子而不予追究责任，则不构成本罪。本罪的动机是徇私。

（三）司法认定

1. 本罪与徇私舞弊不移交刑事案件罪

徇私舞弊不移交刑事案件罪是指行政执法人员，徇私情、私利，伪造材料，隐瞒情况，弄虚作假，对依法应当移交司法机关追究刑事责任的刑事案件，不移交司法机关处理，情节严重的行为。本罪与徇私舞弊不移交刑事案件罪在犯罪主体、犯罪对象范围上有交叉关系，主观方面都具备徇私动机。

两者主要区别在于客观方面，有观点认为，本罪是放纵行为，徇私舞弊不移交刑事案件罪是对依法应当移交司法机关追究刑事责任的案件不移交，而违法以其他方式处理，如予以掩饰隐瞒不追究任何责任（放纵）或者把犯罪行为当作违法行为处理结案，以行政处罚代替刑事处罚。对制售伪劣商品犯罪行为负有追究责任的行政执法人员徇私舞弊，对应当移交司法机关追究刑事责任的制售伪劣商品犯罪行为既不移交，也不追究任何责任，而是予以掩饰隐瞒的，则其既构成放纵制售伪劣商品犯罪行为罪，也构成徇私舞弊不移交刑事案件罪，属于法条竞合，应当择一重罪论处。[1] 但也有观点认为，放纵制售伪劣商品犯罪行为罪与徇私舞弊不移交刑事案件罪之间是存在严格界限的，不发生任何法条竞合关系，不能按所谓的特别法优于普通法、重法优于轻法等原则来选择法条的适用，而只能严格按照构成要件来确定罪名和适用法定刑。[2] 本书持第二种观点，本罪属于纯正的不作为犯，应当以国家机关工作人员是否存在查处生产、销售伪劣产品行为为判断基准，若已经有追究查处的行为，则不属于"放纵"，而归于"应当移交而不移交"的范畴。

2. 停止形态

放纵制售伪劣商品犯罪行为罪属于情节犯，要求达到情节严重标准的，才构成犯罪既遂。凡是刑法在罪状中规定特定结果或情节严重要素的渎职罪，

---

[1] 参见王守俊：《放纵制售伪劣商品犯罪行为罪初探》，载《商场现代化》2013年第23期。
[2] 参见王作富、刘志远：《论徇私舞弊不移交刑事案件罪的司法适用》，载《中国刑事法杂志》2000年第3期。

特定结果或情节严重都应当解释为犯罪成立必备的要素；没有发生特定结果或达到情节严重标准的，不应当认定成立犯罪，在故意犯罪中也不应存在"成立犯罪而构成未遂犯"的余地。① 故对于本罪，是否达到情节严重标准是衡量罪与非罪的标准，未达到情节严重的，不构成犯罪。

3. 罪数

根据《最高人民法院、最高人民检察院关于办理危害食品安全刑事案件适用法律若干问题的解释》第16条第1款的规定，负有食品安全监督管理职责的国家机关工作人员，滥用职权或者玩忽职守，导致发生重大食品安全事故或者造成其他严重后果，同时构成食品监管渎职罪和徇私舞弊不移交刑事案件罪、商检徇私舞弊罪、动植物检疫徇私舞弊罪、放纵制售伪劣商品犯罪行为罪等其他渎职犯罪的，依照处罚较重的规定定罪处罚。

行为同时符合生产、销售伪劣商品罪（共犯）的，应当从一重罪处罚。

（四）量刑标准

根据《刑法》第414条的规定，构成放纵制售伪劣商品犯罪行为罪的，处5年以下有期徒刑或者拘役。根据《最高人民检察院关于渎职侵权犯罪案件立案标准的规定》第一部分第28条第2款的规定，涉嫌下列情形之一的，应予立案：（1）放纵生产、销售假药或者有毒、有害食品犯罪行为的；（2）放纵生产、销售伪劣农药、兽药、化肥、种子犯罪行为的；（3）放纵依法可能判处3年有期徒刑以上刑罚的生产、销售伪劣商品犯罪行为的；（4）对生产、销售伪劣商品犯罪行为不履行追究职责，致使生产、销售伪劣商品犯罪行为得以继续的；（5）3次以上不履行追究职责，或者对3个以上有生产、销售伪劣商品犯罪行为的单位或者个人不履行追究职责的；（6）其他情节严重的情形。

（五）解释索引

(1)《最高人民法院、最高人民检察院关于办理危害食品安全刑事案件适

---

① 参见肖中华：《渎职罪法定结果、情节在构成中的地位及既遂未遂形态之区分》，载《法学》2005年第12期。

用法律若干问题的解释》（2013年5月2日）；

（2）《最高人民法院、最高人民检察院关于办理渎职刑事案件适用法律若干问题的解释（一）》（2012年12月7日）；

（3）《最高人民法院、最高人民检察院关于办理职务犯罪案件严格适用缓刑免予刑事处罚若干问题的意见》（2012年8月8日）；

（4）《最高人民检察院关于改进渎职侵权检察工作情况的报告》（2010年10月27日）；

（5）《最高人民法院、最高人民检察院关于办理职务犯罪案件认定自首、立功等量刑情节若干问题的意见》（2009年3月12日）；

（6）《最高人民检察院关于渎职侵权犯罪案件立案标准的规定》（2006年7月26日）；

（7）《人民检察院直接受理立案侦查的渎职侵权重特大案件标准（试行）》（2001年7月20日）；

（8）《最高人民法院、最高人民检察院关于办理生产、销售伪劣商品刑事案件具体应用法律若干问题的解释》（2001年4月9日）。

（六）案例举要

 邱士良放纵制售伪劣商品犯罪行为案①

【基本案情】

2003年年初至2004年4月，被告人邱士良在担任上海市烟草专卖局徐汇分局专卖办公室副主任期间，明知张某某在其辖区内长期销售假冒伪劣香烟，违反《中华人民共和国烟草专卖法》《中华人民共和国烟草专卖法实施条例》《关于加强上海烟草行业内部专卖管理的若干规定》《上海市烟草专卖局区县分局专卖稽查员岗位规范》有关法律法规和岗位要求规定，为徇私利不履行查禁职责，并利用其职务影响将潘某某经营的有烟草专卖许可证的门店介绍给张某某，张某某利用该烟草专卖许可证非法大量销售假冒伪劣香烟，牟取暴利，侵害消费者合法权益。

---

① 参见北大法宝"经典案例"，法宝引证码：CU.C.231683。

检察机关认为，被告人邱士良的行为触犯《刑法》第414条之规定，应当以放纵制售伪劣商品犯罪行为罪追究其刑事责任。

被告人邱士良在庭审中对指控的事实及认定的罪名提出异议，辩解烟草局没有行政处罚权，他不是执法主体，不符合涉案罪名的主体身份，同时，他对张某某已履行查禁职责。在庭审后，邱士良对起诉书指控的事实有一定的认识，辩解其有自首情节，并表示认罪服法。

邱士良的辩护人认为，被告人邱士良不具有"负有追究责任的国家机关工作人员"的身份；本案没有充分证据证明被告人邱士良明知张某某是销售假烟的犯罪分子，没有证据证明邱士良实施放纵犯罪的行为，没有证据证明邱士良有妨碍司法机关追诉犯罪活动的行为，故邱士良的行为不具备放纵制售伪劣商品犯罪行为罪的主客观特征；被告人邱士良没有徇私舞弊行为，也没有对张某某经营的门店不履行监督检查职责，更不符合情节严重的构成要件，故被告人邱士良的行为不能按犯罪处理。

【审判结果】

上海市徐汇区人民法院经审理认为：被告人邱士良身为国家行政执法人员，不履行法定职责，对应当追究责任的销售伪劣商品的犯罪行为，徇私舞弊不予追究，情节严重，其行为已构成放纵制售伪劣商品犯罪行为罪，应予处罚。公诉机关的指控成立。根据《中华人民共和国烟草专卖法》及其实施条例等规定，上海市烟草专卖局是依照国家烟草专卖法律规定设立的省级烟草专卖行政主管机关，下设19个区（县）专卖局，承担烟草专卖的行政许可、行政处罚、行政检查等管理职能。被告人邱士良是上海市烟草专卖局徐汇分局专卖办公室副主任，持有行政执法证，系该局行政执法人员，符合放纵制售伪劣商品犯罪行为罪的主体身份。被告人邱士良明知张某某在其辖区内销售假冒伪劣香烟，却任由其妻在张某某设立的公司担任总经理，领取每月1万元的月薪，并在公司关闭后继续受领月薪。被告人邱士良一方面在执法检查过程中，对张某某控制经营的门店不履行查禁职责，另一方面又积极介绍潘某某经营的有烟草专卖许可证的门店转让给张某某。张某某因销售假冒伪劣香烟受刑事处罚。被告人邱士良的客观行为符合放纵制售伪劣商品犯罪行为罪的客观要件。辩护人就被告人邱士良无罪的辩护意见，于法无据。

经查，被告人邱士良到案后没有如实供述犯罪事实，不符合自首的法律规定，不能认定自首。但被告人在审理期间尚能认罪，可酌情从轻处罚。据此，依照《刑法》第 414 条及《最高人民法院、最高人民检察院关于办理生产、销售伪劣商品刑事案件具体应用法律若干问题的解释》第 8 条之规定，法院以被告人邱士良犯放纵制售伪劣商品犯罪行为罪，判处有期徒刑 1 年。

一审宣判后，被告人未提起上诉。

十二、招收公务员、学生徇私舞弊罪

（一）刑法条文

第四百一十八条　国家机关工作人员在招收公务员、学生工作中徇私舞弊，情节严重的，处三年以下有期徒刑或者拘役。

（二）犯罪构成

1. 法益

本罪侵害的法益是国家招收公务员、学生管理的正常活动。

2. 客观行为

本罪在客观方面表现为行为人在招收公务员、省级以上教育行政部门组织招收的学生工作中徇私舞弊，情节严重的行为。此处的"徇私舞弊"，是指在公务员、学生的录用招收过程中，徇个人私情私利，不依法依规录用招收合格人员，而将不合格人员违法违规录用招收的情形。

3. 行为主体

本罪主体为特殊主体，即国家机关工作人员。

4. 主观罪过

本罪的主观罪过表现为故意，并且必须具有徇私的动机。

（三）司法认定

1. 本罪与受贿罪

根据《最高人民法院、最高人民检察院关于办理贪污贿赂刑事案件适用法律若干问题的解释》第 17 条的规定，国家工作人员利用职务上的便利，收受他人财物，为他人谋取利益，同时构成受贿罪和《刑法》分则第三章第三节、第九章规定的渎职犯罪的，除刑法另有规定外，以受贿罪和渎职犯罪数罪并罚。

因此，国家机关工作人员利用职务上的便利，索取他人财物的，或者非法收受他人财物，为他人谋取利益的，徇私舞弊招收公务员、学生，同时构成受贿罪和本罪的，以受贿罪和本罪数罪并罚。

2. 渎职犯罪与共谋之罪

根据《最高人民法院、最高人民检察院关于办理渎职刑事案件适用法律若干问题的解释（一）》第 4 条第 2 款和第 3 款的规定，国家机关工作人员与他人共谋，利用其职务行为帮助他人实施其他犯罪行为，同时构成渎职犯罪和共谋实施的其他犯罪共犯的，依照处罚较重的规定定罪处罚。国家机关工作人员与他人共谋，既利用其职务行为帮助他人实施其他犯罪，又以非职务行为与他人共同实施该其他犯罪行为，同时构成渎职犯罪和其他犯罪的共犯的，依照数罪并罚的规定定罪处罚。

3. 渎职犯罪的具体罪名认定

根据《最高人民法院、最高人民检察院关于办理渎职刑事案件适用法律若干问题的解释（一）》第 2 条的规定，国家机关工作人员实施滥用职权或者玩忽职守犯罪行为，触犯《刑法》分则第九章第 398 条至第 419 条规定的，依照该规定定罪处罚。国家机关工作人员滥用职权或者玩忽职守，因不具备徇私舞弊等情形，不符合《刑法》分则第九章第 398 条至第 419 条的规定，但依法构成第 397 条规定的犯罪的，以滥用职权罪或者玩忽职守罪定罪处罚。

因此，国家机关工作人员实施滥用职权犯罪行为，触犯本罪规定的，依照本罪规定定罪处罚。若因不具备徇私舞弊等情形，不符合本罪之规定，但依法构成《刑法》第 397 条规定的犯罪的，以滥用职权罪或者玩忽职守罪定罪处罚。

（四）量刑标准

根据《最高人民检察院关于渎职侵权犯罪案件立案标准的规定》第一部

分第34条第2款的规定，涉嫌下列情形之一的，应予立案：(1)徇私舞弊，利用职务便利，伪造、变造人事、户口档案、考试成绩或者其他影响招收工作的有关资料，或者明知是伪造、变造的上述材料而予以认可的；(2)徇私舞弊，利用职务便利，帮助5名以上考生作弊的；(3)徇私舞弊招收不合格的公务员、学生3人次以上的；(4)因徇私舞弊招收不合格的公务员、学生，导致被排挤的合格人员或者其近亲属自杀、自残造成重伤、死亡，或者精神失常的；(5)因徇私舞弊招收公务员、学生，导致该项招收工作重新进行的；(6)其他情节严重的情形。

根据《刑法》第418条的规定，犯本罪的，处3年以下有期徒刑或者拘役。

(五) 解释索引

(1)《最高人民法院、最高人民检察院关于办理贪污贿赂刑事案件适用法律若干问题的解释》(2016年4月18日)；

(2)《最高人民法院、最高人民检察院关于办理渎职刑事案件适用法律若干问题的解释(一)》(2012年12月7日)；

(3)《最高人民检察院关于渎职侵权犯罪案件立案标准的规定》(2006年7月26日)。

(六) 案例举要

◆ 徐建利、张建军招收学生徇私舞弊案[①]

2008年高考报名期间，刘新桥委托原审被告人徐建利想办法帮助山东几个亲戚、朋友的孩子到内蒙古阿拉善盟额济纳旗考学，徐建利表示没有办过此事先给联系着看。过了几天刘新桥打电话询问此事，徐建利称事情不太好办。之后二人商议由刘新桥找关系从中国人民解放军63600部队社会服务部出具一份证明以军工子女的名义在额济纳旗报名，徐建利表示同意。刘新桥遂给部队社会服务部的王兆卿主任打电话请其帮忙出个证明，让山东的几个

---

① (2009)阿左刑二初字第50号、(2009)阿刑二终字第34号、(2013)内刑抗字第2号。

亲戚、朋友的孩子以军工子女的名义到额济纳旗报名参加高考，王兆卿答复可以出具证明，刘新桥便以手机短信的方式向王兆卿提供了刘某等四名山东籍学生的相关信息，请王兆卿将证明开好后交给徐建利。徐建利收到该证明后又让刘新桥将以上四名学生的照片从电脑上发过来。高考开始报名后徐建利指使该局治安大队负责户籍管理工作的原审被告人张建军为四名学生打印户口，张建军遂用淘汰的人口信息系统为四名学生打印了户口内页，徐建利同时又指令该局下辖的巴彦宝格德派出所所长嘎尔迪在户口内页上加盖户口专用章和个人名章，违规为四名学生办理了虚假的额济纳旗居民户籍簿，从而使四名山东籍考生获得了 2008 年内蒙古普通高校招生资格并顺利参加了 2008 年的高校招生考试。高考结束后，四名考生因被查出系"高考移民"被取消了成绩。

阿拉善左旗人民法院认为：招收公务员、学生徇私舞弊罪的主体是特殊主体，特指国家机关中负责招收公务员、学生工作的工作人员。徐建利虽然是国家机关工作人员，但不属于特指的国家机关中负责招收学生工作的工作人员，不符合招收学生徇私舞弊罪的主体要件。但徐建利身为国家机关工作人员，因徇私情随意行使手中的职权，违反了户籍管理规定，为四名山东高考移民考生办理虚假户籍、取得内蒙古高考资格创造了首要条件，致使四人违法取得在内蒙古的高考资格并参加考试，造成恶劣的社会影响，其行为构成滥用职权罪。考虑其犯罪情节轻微不需要判处刑罚，可免予刑事处罚。张建军是受徐建利的指派完成其交付的工作，他虽然没有严格按照户籍管理的相关规定为涉案四名考生办理户籍，属于违规操作，但与徐建利相比其在本案中情节显著轻微危害不大，不认为是犯罪。依照《刑法》第 397 条之规定，以滥用职权罪判决被告人徐建利免予刑事处罚，被告人张建军无罪。

宣判后，被告人徐建利不服，提出上诉，阿拉善左旗人民检察院提出抗诉。

阿拉善盟中级人民法院经二审审理，认为原判认定事实清楚，证据确实充分，定罪准确，量刑适当，抗诉、上诉理由均不成立，依照《刑事诉讼法》第 189 条第 1 项之规定，驳回抗诉、上诉，维持原判。

该裁定发生法律效力后，阿拉善盟人民检察院提请内蒙古自治区人民检察院以审判监督程序向内蒙古自治区高级人民法院提起抗诉。

内蒙古自治区高级人民法院经审理认为：户籍管理工作是招生工作的一部分，原审被告人徐建利、张建军属于特指的国家机关中负责招收学生工作的工作人员，符合招生舞弊罪的主体要件。二人身为国家机关工作人员，因为徐建利老乡请托而徇私情随意行使手中的职权，违反户籍管理规定办理虚假户籍，造成严重社会影响，从犯罪客体及具体行为特征来看，属于徇私舞弊类犯罪，按照"特殊优于一般"的原则，二人行为构成招收学生徇私舞弊罪。二人行为虽造成较严重的社会影响，但没有造成不合格学生被录取而排挤当地考生等后果，且有中止犯罪的行为表现，因此可认为犯罪情节轻微，可以免于刑事处罚。依照《刑法》第418条之规定，以招收学生徇私舞弊罪判处原审被告人徐建利、张建军免予刑事处罚。

十三、徇私舞弊不移交刑事案件罪

（一）刑法条文

第四百零二条　行政执法人员徇私舞弊，对依法应当移交司法机关追究刑事责任的不移交，情节严重的，处三年以下有期徒刑或者拘役；造成严重后果的，处三年以上七年以下有期徒刑。

（二）犯罪构成

1. 法益

本罪侵害的法益是行政执法机关在行政执法工作中配合司法机关追究刑事责任的正常活动。

2. 客观行为

本罪在客观方面表现为行政执法人员徇私舞弊，对依法应当移交司法机关追究刑事责任的案件不移交，情节严重的行为。即行为人以不作为的方式，拒不履行移交义务。至于最终案件仅作普通行政违法行为处理，还是完全不作任何处理，在所不问，通常不会影响本罪的成立。

3. 行为主体

本罪主体为特殊主体，即行政执法人员。根据《关于〈刑法〉第九章渎职罪主体适用问题的解释》，在依照法律、法规规定行使国家行政管理职权的组织中从事公务的人员，或者在受国家机关委托代表国家机关行使职权的组织中从事公务的人员，或者虽未列入国家机关人员编制但在国家机关中从事公务的人员，在代表国家机关行使职权时，有渎职行为，构成犯罪的，依照刑法关于渎职罪的规定追究刑事责任。

4. 主观罪过

本罪的主观罪过表现为故意，并且必须具备徇私的动机。《全国法院审理经济犯罪案件工作座谈会纪要》第6条规定，徇私舞弊型渎职犯罪的"徇私"应理解为徇个人私情、私利。但对于徇集体之私、徇部门之私，是否属于"徇私"的范畴，有学者持否定态度。① 本书认为，这种观点值得商榷，具体理由如下：其一，"公"与"私"都是相对的，行政执法主体在执法活动中，应该依法行政，及时移交应当移交的刑事案件，这才是真正的"公"。② 其二，《最高人民检察院关于渎职侵权犯罪案件立案标准的规定》中规定，直接负责的主管人员和其他直接责任人员为牟取本单位私利而不移交刑事案件情节严重的行为，应予立案。由此可见，肯定说得到认可。其三，在"两法衔接"中也能找到相关依据。根据《中华人民共和国行政处罚法》第61条的规定，行政机关为牟取本单位私利，对应当依法移交司法机关追究刑事责任的不移交，以行政处罚代替刑罚，由上级行政机关或者有关部门责令纠正；拒不纠正的，对直接负责的主管人员给予行政处分；徇私舞弊、包庇纵容违法行为的，依照刑法有关规定（即本罪）追究刑事责任。综上所述，无论是徇个人私情、个人私利，还是徇集体之私、部门之私，均不是依法行政，都侵犯了本罪的法益，因"徇私"而"废公"。③ 因此，只要排除因业务水平不高致使案件事实不清楚、证据不充分、法律适用错误而过失不移交的情形，即可认

---

① 参见王作富、刘志远：《论徇私舞弊不移交刑事案件罪的司法适用》，载《中国刑事法杂志》2000年第3期。
② 参见苏彩霞：《徇私舞弊不移交刑事案件罪的司法认定与立法完善》，载《当代法学》2005年第1期。
③ 同上。

定为"徇私"。

(三) 司法认定

1. 本罪与受贿罪

根据《最高人民法院、最高人民检察院关于办理贪污贿赂刑事案件适用法律若干问题的解释》第17条的规定,国家工作人员利用职务上的便利,收受他人财物,为他人谋取利益,同时构成受贿罪和《刑法》分则第三章第三节、第九章规定的渎职犯罪的,除刑法另有规定外,以受贿罪和渎职犯罪数罪并罚。

因此,行政执法人员利用职务上的便利,索取他人财物的,或者非法收受他人财物,为他人谋取利益的,对依法应当移交司法机关追究刑事责任的案件不移交,同时构成受贿罪和本罪的,以受贿罪和本罪数罪并罚。

2. 本罪与徇私枉法罪

明知是有罪的人而故意包庇不使其受刑事追诉,在这一情形中,认定为本罪还是徇私枉法罪易致混淆。区分的关键点在于行为主体的性质不同:本罪的行为主体是行政执法人员,而徇私枉法罪的行为主体是司法工作人员。

其中,行政机关单位内部同时存在上述两类行为主体的情况值得我们特别关注,以公安机关和海关为典型。当公安机关工作人员履行犯罪侦查职责或者海关工作人员履行缉私职责时,他们属于司法工作人员,若明知是有罪的人而故意包庇不使其受刑事追诉,则构成徇私枉法罪。当公安机关工作人员负责《中华人民共和国治安管理处罚法》等行政法律法规的实施或者海关工作人员负责《中华人民共和国海关法》等海关法律法规的实施时,他们属于行政执法人员,若明知是有罪的人而故意包庇不使其受刑事追诉,具体表现为对依法应当移交司法机关追究刑事责任的案件不移交,则构成本罪。

3. 渎职犯罪与共谋之罪

根据《最高人民法院、最高人民检察院关于办理渎职刑事案件适用法律若干问题的解释(一)》第4条第2款和第3款的规定,国家机关工作人员与他人共谋,利用其职务行为帮助他人实施其他犯罪行为,同时构成渎职犯罪和共谋实施的其他犯罪共犯的,依照处罚较重的规定定罪处罚。国家机关工作人员与他人共谋,既利用其职务行为帮助他人实施其他犯罪,又以非职务行为与他人共同实施该其他犯罪行为,同时构成渎职犯罪和其他犯罪的共犯的,依照数罪并罚的规定定罪处罚。

因此,行政执法人员与他人共谋,利用其职务行为对依法应当移交司法机关追究刑事责任的案件不移交,帮助他人实施其他犯罪行为,同时构成本罪和共谋实施的其他犯罪共犯的,依照处罚较重的规定定罪处罚。若其还以非职务行为与他人共同实施该其他犯罪行为,同时构成本罪和其他犯罪的共犯,则依照数罪并罚的规定定罪处罚。

4. 渎职犯罪的具体罪名认定

根据《最高人民法院、最高人民检察院关于办理渎职刑事案件适用法律若干问题的解释(一)》第2条的规定,国家机关工作人员实施滥用职权或者玩忽职守犯罪行为,触犯《刑法》分则第九章第398条至第419条规定的,依照该规定定罪处罚。国家机关工作人员滥用职权或者玩忽职守,因不具备徇私舞弊等情形,不符合《刑法》分则第九章第398条至第419条的规定,但依法构成第397条规定的犯罪的,以滥用职权罪或者玩忽职守罪定罪处罚。

因此,行政执法人员实施滥用职权犯罪行为,触犯本罪规定的,依照本罪规定定罪处罚。若因不具备徇私舞弊等情形,不符合本罪之规定,但依法构成《刑法》第397条规定的犯罪的,以滥用职权罪或者玩忽职守罪定罪处罚。

5. 生产安全领域徇私舞弊不移交刑事案件的认定

根据《最高人民法院、最高人民检察院关于办理危害生产安全刑事案件适用法律若干问题的解释》第15条第1款的规定,国家机关工作人员在履行安全监督管理职责时徇私舞弊,对发现的刑事案件依法应当移交司法机关追究刑事责任而不移交,情节严重的,依照《刑法》第402条的规定,以本罪定罪处罚。

6. 食品安全领域徇私舞弊不移交刑事案件的认定

根据《最高人民法院、最高人民检察院关于办理危害食品安全刑事案件适用法律若干问题的解释》第16条的规定,负有食品安全监督管理职责的国家机关工作人员,滥用职权或者玩忽职守,导致发生重大食品安全事故或者造成其他严重后果,同时构成食品监管渎职罪和徇私舞弊不移交刑事案件罪的,依照处罚较重的规定定罪处罚。负有食品安全监督管理职责的国家机关工作人员滥用职权或者玩忽职守,不构成食品监管渎职罪,但构成本罪的,依照本罪定罪处罚。负有食品安全监督管理职责的国家机关工作人员与他人共谋,利用其职务行为帮助他人实施危害食品安全犯罪行为,同时构成渎职犯罪和危害食品安全犯罪共犯的,依照处罚较重的规定定罪处罚。

(四)量刑标准

根据《最高人民检察院关于渎职侵权犯罪案件立案标准的规定》第一部分第12条第2款的规定,涉嫌下列情形之一的,应予立案:(1)对依法可能判处3年以上有期徒刑、无期徒刑、死刑的犯罪案件不移交的;(2)不移交刑事案件涉及3人次以上的;(3)司法机关提出意见后,无正当理由仍然不予移交的;(4)以罚代刑,放纵犯罪嫌疑人,致使犯罪嫌疑人继续进行违法犯罪活动的;(5)行政执法部门主管领导阻止移交的;(6)隐瞒、毁灭证据,伪造材料,改变刑事案件性质的;(7)直接负责的主管人员和其他直接责任人员为牟取本单位私利而不移交刑事案件,情节严重的;(8)其他情节严重的情形。

根据《刑法》第402条的规定,犯本罪的,处3年以下有期徒刑或者拘役;造成严重后果的,处3年以上7年以下有期徒刑。

(五)解释索引

(1)《最高人民法院、最高人民检察院关于办理贪污贿赂刑事案件适用法律若干问题的解释》(2016年4月18日);

(2)《最高人民法院、最高人民检察院关于办理危害生产安全刑事案件适用法律若干问题的解释》(2015年12月14日);

(3)《最高人民法院、最高人民检察院关于办理危害食品安全刑事案件适用法律若干问题的解释》(2013年5月2日);

(4)《最高人民法院、最高人民检察院关于办理渎职刑事案件适用法律若干问题的解释(一)》(2012年12月7日);

(5)《最高人民检察院关于渎职侵权犯罪案件立案标准的规定》(2006年7

月26日);

(6)《全国法院审理经济犯罪案件工作座谈会纪要》(2003年11月13日);

(7)《全国人民代表大会常务委员会关于〈中华人民共和国刑法〉第九章渎职罪主体适用问题的解释》(2002年12月28日)。

(六) 案例举要

 胡某、郑某徇私舞弊不移交刑事案件案[①]

【裁判要旨】

诉讼监督,是人民检察院依法履行法律监督的重要内容。实践中,检察机关和办案人员应当坚持办案与监督并重,建立健全行政执法与刑事司法有效衔接的工作机制,善于在办案中发现各种职务犯罪线索;对于行政执法人员徇私舞弊,不移送有关刑事案件构成犯罪的,应当依法追究刑事责任。

【基本案情】

被告人胡某在担任天津市工商行政管理局河西分局(以下简称"工商河西分局")公平交易科科长期间,于2006年1月11日上午,带领被告人郑某等该科工作人员对群众举报的天津华夏神龙科贸发展有限公司(以下简称"神龙公司")涉嫌非法传销问题进行现场检查,当场扣押财务报表及宣传资料若干,并于当日询问该公司法定代表人李某,李某承认其公司营业额为114万余元(与所扣押财务报表上数额一致),后由被告人郑某具体负责办理该案。2006年3月16日,被告人胡某、郑某在案件调查终结报告及处罚决定书中,认定神龙公司的行为属于非法传销行为,却隐瞒该案涉及经营数额巨大的事实,为牟取小集体罚款提成的利益,提出行政罚款的处罚意见。被告人胡某在局长办公会上汇报该案时亦隐瞒涉及经营数额巨大的事实。2006年4月11日,工商河西分局同意被告人胡某、郑某的处理意见,对当事人作出

[①] 最高人民检察院指导性案例第7号。

"责令停止违法行为,罚款50万元"的行政处罚,后李某分数次将50万元罚款交给工商河西分局。被告人胡某、郑某所在的公平交易科因此案得到2.5万元罚款提成。

李某在分期缴纳工商罚款期间,又成立河西、和平、南开分公司,由王某担任河西分公司负责人,继续进行变相传销活动,并造成被害人华某等人经济损失共计40万余元。公安机关接被害人举报后,查明李某进行传销活动非法经营数额共计2277万余元(工商查处时为1600多万元)。天津市河西区人民检察院在审查起诉被告人李某、王某非法经营案过程中,办案人员发现胡某、郑某涉嫌徇私舞弊不移交被告人李某、王某非法经营刑事案件的犯罪线索。

【诉讼过程】

2010年1月13日,胡某、郑某因涉嫌徇私舞弊不移交刑事案件罪由天津市河西区人民检察院立案侦查,并于同日被取保候审,3月15日侦查终结移送审查起诉,因案情复杂,4月22日依法延长审查起诉期限半个月,5月6日退回补充侦查,6月4日侦查终结重新移送审查起诉。2010年6月12日,天津市河西区人民检察院以被告人胡某、郑某犯徇私舞弊不移交刑事案件罪向河西区人民法院提起公诉。2010年9月14日,河西区人民法院作出一审判决,认为被告人胡某、郑某身为工商行政执法人员,在明知查处的非法传销行为涉及经营数额巨大,依法应当移交公安机关追究刑事责任的情况下,为牟取小集体利益,隐瞒不报违法事实涉及的金额,以罚代刑,不移交公安机关处理,致使犯罪嫌疑人在行政处罚期间,继续进行违法犯罪活动,情节严重,二被告人负有不可推卸的责任,其行为均已构成徇私舞弊不移交刑事案件罪,且系共同犯罪。依照《刑法》第402条、第25条第1款、第37条之规定,判决被告人胡某、郑某犯徇私舞弊不移交刑事案件罪。一审判决后,被告人胡某、郑某在法定期限内均没有上诉,检察机关也没有提出抗诉,一审判决发生法律效力。

十四、违法提供出口退税凭证罪

(一) 刑法条文

第四百零五条第二款　其他国家机关工作人员违反国家规定,在提供出口货物报关单、出口收汇核销单等出口退税凭证的工作中,徇私舞弊,致使国家利益遭受重大损失的,依照前款的规定处罚。

(二) 犯罪构成

1. 法益

本罪侵害的法益是国家办理出口退税凭证的税收管理秩序。

2. 客观行为

本罪在客观方面表现为行为人违反国家规定,在提供出口货物报关单、出口收汇核销单等出口退税凭证的工作中,徇私舞弊,致使国家利益遭受重大损失的行为。

3. 行为主体

本罪主体为特殊主体,即海关、外汇管理等国家机关的工作人员。

4. 主观罪过

本罪的主观罪过表现为故意,并且必须具有徇私的动机。

(三) 司法认定

1. 本罪与徇私舞弊出口退税罪

本罪与徇私舞弊出口退税罪同处于刑法同一条文之中,在认定上容易产生混淆,可以从发生的时间阶段、行为主体和行为方式上予以界分。

若发生在出口退税前,海关、外汇管理等税务机关以外的其他国家机关工作人员徇私提供出口退税凭证,则通常构成本罪。

若发生在出口退税过程中,税务机关工作人员徇私舞弊办理出口退税工作,此时往往已有伪造或者非法提供的出口退税凭证存在,则通常构成徇私舞弊出口退税罪。

2. 本罪与受贿罪

根据《最高人民法院、最高人民检察院关于办理贪污贿赂刑事案件适用法律若干问题的解释》第17条的规定，国家工作人员利用职务上的便利，收受他人财物，为他人谋取利益，同时构成受贿罪和《刑法》分则第三章第三节、第九章规定的渎职犯罪的，除刑法另有规定外，以受贿罪和渎职犯罪数罪并罚。

因此，海关、外汇管理等国家机关工作人员利用职务上的便利，索取他人财物，或者非法收受他人财物，为他人谋取利益，违法提供出口退税凭证，同时构成受贿罪和本罪的，以受贿罪和本罪数罪并罚。

3. 渎职犯罪与共谋之罪

根据《最高人民法院、最高人民检察院关于办理渎职刑事案件适用法律若干问题的解释（一）》第4条第2款和第3款的规定，国家机关工作人员与他人共谋，利用其职务行为帮助他人实施其他犯罪行为，同时构成渎职犯罪和共谋实施的其他犯罪共犯的，依照处罚较重的规定定罪处罚。国家机关工作人员与他人共谋，既利用其职务行为帮助他人实施其他犯罪，又以非职务行为与他人共同实施该其他犯罪行为，同时构成渎职犯罪和其他犯罪的共犯的，依照数罪并罚的规定定罪处罚。

4. 渎职犯罪的具体罪名认定

根据《最高人民法院、最高人民检察院关于办理渎职刑事案件适用法律若干问题的解释（一）》第2条的规定，国家机关工作人员实施滥用职权或者玩忽职守犯罪行为，触犯《刑法》分则第九章第398条至第419条规定的，依照该规定定罪处罚。国家机关工作人员滥用职权或者玩忽职守，因不具备徇私舞弊等情形，不符合《刑法》分则第九章第398条至第419条的规定，但依法构成第397条规定的犯罪的，以滥用职权罪或者玩忽职守罪定罪处罚。

因此，海关、外汇管理等国家机关工作人员实施滥用职权犯罪行为，触犯本罪规定的，依照本罪规定定罪处罚。若因不具备徇私舞弊等情形，不符合本罪之规定，但依法构成《刑法》第397条规定的犯罪的，以滥用职权罪或者玩忽职守罪定罪处罚。

(四) 量刑标准

根据《最高人民检察院关于渎职侵权犯罪案件立案标准的规定》第一部分第16条第2款的规定，涉嫌下列情形之一的，应予立案：（1）徇私舞弊，致使国家税收损失累计达10万元以上的；（2）徇私舞弊，致使国家税收损失累计不满10万元，但具有索取、收受贿赂或者其他恶劣情节的；（3）其他致使国家利益遭受重大损失的情形。

根据《刑法》第405条的规定，犯本罪的，处5年以下有期徒刑或者拘役；致使国家利益遭受特别重大损失的，处5年以上有期徒刑。

(五) 解释索引

（1）《最高人民法院、最高人民检察院关于办理贪污贿赂刑事案件适用法律若干问题的解释》（2016年4月18日）；

（2）《最高人民法院、最高人民检察院关于办理渎职刑事案件适用法律若干问题的解释（一）》（2012年12月7日）；

（3）《最高人民检察院关于渎职侵权犯罪案件立案标准的规定》（2006年7月26日）。

(六) 案例举要

◆ **卢某某受贿、违法提供出口退税凭证案**[①]

浙江省宁波市北仑区人民法院审理北仑区人民检察院指控原审被告人卢某某犯受贿罪、违法提供出口退税凭证罪一案，于2013年9月17日作出（2013）甬仑刑初字第732号刑事判决。原判认定：

1. 受贿事实（略）

2. 违法提供出口退税凭证事实

2010年10月，胡某（另案处理）为骗取出口退税和使含有危险品的货物顺利通关，在一批出口至牙买加的货物申报出口时，向海关提交虚假的出口

---

① （2013）浙甬刑二终字第460号。

报关单等报关资料（单据上虚列了 8000 台电话机，实际只装箱了 2 部电话机，隐匿了香水等危险品）。后该批货物在申报出口时被宁波北仑海关布控查验，胡某得知消息后，通过中间人唐某、朱某、阮某（均另案处理）联系到时任宁波北仑海关查验一科副科长的贺朝伟（已判刑），并告知贺朝伟该批货物有骗取出口退税意图，以承诺给好处费的方式请求贺朝伟帮忙放行。2010 年 10 月 15 日，贺朝伟找到当班查验关员被告人卢某某，要求被告人卢某某对该批货物查验后直接放行。经查验后，被告人卢某某明知该批货物有骗取出口退税嫌疑，仍按照贺朝伟的要求对该批货物直接放行。后胡某用从北仑海关获得的报关单退税联到税务部门骗取出口退税，造成国家税收损失 50854.71 元。事后，胡某将 125000 元好处费通过中间人唐某、朱某甲、阮某辗转交给贺朝伟，经中间人层层截留，贺朝伟最终从阮某处分得现金 50000 元。

2013 年 3 月 8 日，被告人卢某某因涉案部分罪行，在宁波市海曙区马园路××号自己家中被宁波市北仑区人民检察院侦查人员带至检察院接受调查。被告人卢某某归案后，如实交代了全部涉案罪行。

原审法院根据上述事实和相关法律规定，作出如下判决：（1）被告人卢某某犯受贿罪，判处有期徒刑 10 年，并处没收财产 6 万元；犯违法提供出口退税凭证罪，判处有期徒刑 6 个月。数罪并罚，决定执行有期徒刑 10 年，并处没收财产 6 万元。（2）被告人卢某某违法所得的财物，予以追缴。

卢某某以原判对其量刑过重，上诉至宁波市中级人民法院。宁波市人民检察院指派检察员出庭履行职务，其认为原判认定的事实清楚，证据确实、充分，定性准确，量刑适当，审判程序合法，建议驳回上诉，维持原判。

二审法院经审理查明，认定的事实与原判一致。

关于上诉理由、辩护意见和出庭检察员意见，二审法院概述和综合评判如下：

（1）对卢某某及其辩护人提出卢某某有自首情节的辩解和辩护意见。经查，卢某某系被动归案，且其交代受贿事实和违法提供出口退税凭证事实之前，侦查机关已掌握部分受贿事实和违法提供出口退税凭证事实。故卢某某依法不构成自首。卢某某及辩护人就此提出的意见，不予采纳。

(2) 对辩护人提出不排除卢某某有立功情形的辩护意见。经查，卢某某交代自己受贿事实中，必然包括行贿人的行贿事实，该交代属于其应当交代的内容，即使侦查机关根据其供述查获行贿人的行贿事实，依法也不构成立功。辩护人就此提出的意见，不予采纳。

(3) 对卢某某及其辩护人提出卢某某量刑过重的辩解与辩护意见。经查，卢某某受贿犯罪的法定刑为10年以上有期徒刑或者无期徒刑，可以并处没收财产；违法提供出口退税凭证的法定刑为5年以下有期徒刑或者拘役。原判根据卢某某的犯罪金额，归案后全部退缴赃款和如实供述自己罪行的情节，已对其作了从轻处罚，量刑适当。至于同类案件的其他被告人的量刑，因犯罪情节和量刑情节的不同，与本案不具有可比性。卢某某及辩护人就此提出的意见，不予采纳。

宁波市中级人民法院认为，卢某某身为国家工作人员，利用职务上的便利非法收受他人现金215500元，并为他人谋取利益，其行为已构成受贿罪；卢某某又违反国家规定，在提供出口退税报关单等出口退税凭证工作中，结伙徇私舞弊，致使国家利益遭受损失，并造成恶劣的社会影响，其行为又已构成违法提供出口退税凭证罪。卢某某犯二罪，应予以并罚。卢某某能够如实供述自己的罪行，且已退缴了全部涉案赃款，依法予以从轻处罚。原判认定的事实清楚，证据确实、充分，定性准确，量刑适当，审判程序合法。依照《刑法》第385条第1款、第386条、第383条第1款第1项和第2款、第405条第2款、第25条第1款、第69条、第67条第3款、第64条及《刑事诉讼法》第225条第1款第1项之规定，裁定驳回上诉，维持原判。

十五、徇私舞弊不征、少征税款罪

(一) 刑法条文

第四百零四条　税务机关的工作人员徇私舞弊，不征或者少征应征税款，致使国家税收遭受重大损失的，处五年以下有期徒刑或者拘役；造成特别重大损失的，处五年以上有期徒刑。

（二）犯罪构成

1. 法益

本罪侵害的法益是国家税款征收管理秩序。

2. 客观行为

本罪在客观方面表现为行为人徇私舞弊，不征、少征应征税款，致使国家税收遭受重大损失的行为。所谓"徇私舞弊"，其实是习惯性表述，徇私是下文所述的行为人主观上的动机，而舞弊则具体表现为不征、少征应征税款。所谓"不征"，是指根据税法规定，应当向纳税人征收应征税款而不予征收的行为。所谓"少征"，是指未达到税法规定的应征税款数额标准的行为。所谓"国家税收"，在国地税合并改革的情况下，既包括国家税务总局征收的增值税、消费税、车辆购置税、企业所得税、个人所得税、资源税、城镇土地使用税、耕地占用税、土地增值税、房产税、车船税、印花税、契税、城市维护建设税、环保税、烟叶税等16个税种，也包括海关征收的关税、船舶吨税及其代征进出口环节的增值税和消费税等。

3. 行为主体

本罪主体为特殊主体，只能是税务机关的工作人员，即在税务机关从事税款征收管理工作的国家机关工作人员。

4. 主观罪过

本罪的主观罪过表现为故意，并且必须具有徇私的动机。《全国法院审理经济犯罪案件工作座谈会纪要》第6条规定，徇私舞弊型渎职犯罪的"徇私"应理解为徇个人私情、私利。本书认为，无论是徇个人私情、私利，还是徇集体部门私情、私利，只要不是依法征收税款，侵犯了国家税款征收管理秩序，即可认定为"徇私"。若因法律业务水平不高等诸多因素过失不征或者少征，致使国家利益遭受重大损失的，不成立本罪，可以玩忽职守罪论处。

(三) 司法认定

1. 本罪与受贿罪

根据《最高人民法院、最高人民检察院关于办理贪污贿赂刑事案件适用法律若干问题的解释》第17条的规定，国家工作人员利用职务上的便利，收受他人财物，为他人谋取利益，同时构成受贿罪和《刑法》分则第三章第三节、第九章规定的渎职犯罪的，除刑法另有规定外，以受贿罪和渎职犯罪数罪并罚。

因此，税务机关工作人员利用职务上的便利，索取他人财物，或者非法收受他人财物，为他人谋取利益，不征或者少征应征税款，同时构成受贿罪和本罪的，以受贿罪和本罪数罪并罚。

2. 渎职犯罪与共谋之罪

根据《最高人民法院、最高人民检察院关于办理渎职刑事案件适用法律若干问题的解释（一）》第4条第2款和第3款的规定，国家机关工作人员与他人共谋，利用其职务行为帮助他人实施其他犯罪行为，同时构成渎职犯罪和共谋实施的其他犯罪共犯的，依照处罚较重的规定定罪处罚。国家机关工作人员与他人共谋，既利用其职务行为帮助他人实施其他犯罪，又以非职务行为与他人共同实施该其他犯罪行为，同时构成渎职犯罪和其他犯罪的共犯的，依照数罪并罚的规定定罪处罚。

因此，税务机关工作人员与逃税、抗税、逃避追缴欠税等人共谋，利用其职务行为帮助他人实施逃税、抗税、逃避追缴欠税等犯罪行为，同时构成本罪和逃税罪、抗税罪、逃避追缴欠税罪等其他犯罪共犯的，依照处罚较重的规定定罪处罚。具体而言，本罪第一档法定最高刑为5年有期徒刑，第二档法定最高刑为15年有期徒刑，而逃税罪、抗税罪、逃避追缴欠税罪第一档法定最高刑为3年有期徒刑，第二档法定最高刑为7年有期徒刑，综上，应以本罪定罪处罚。

3. 渎职犯罪的具体罪名认定

根据《最高人民法院、最高人民检察院关于办理渎职刑事案件适用法律若干问题的解释（一）》第2条的规定，国家机关工作人员实施滥用职权或者玩忽职守犯罪行为，触犯《刑法》分则第九章第 398 条至第 419 条规定的，依照该规定定罪处罚。国家机关工作人员滥用职权或者玩忽职守，因不具备徇私舞弊等情形，不符合《刑法》分则第九章第 398 条至第 419 条的规定，但依法构成第 397 条规定的犯罪的，以滥用职权罪或者玩忽职守罪定罪处罚。

因此，税务机关工作人员实施滥用职权犯罪行为，触犯本罪规定的，依照本罪规定定罪处罚。若因不具备徇私舞弊等情形，不符合本罪之规定，但依法构成《刑法》第 397 条规定的犯罪的，以滥用职权罪或者玩忽职守罪定罪处罚。

（四）量刑标准

根据《最高人民检察院关于渎职侵权犯罪案件立案标准的规定》第一部分第 14 条第 2 款的规定，涉嫌下列情形之一的，应予立案：（1）徇私舞弊不征、少征应征税款，致使国家税收损失累计达 10 万元以上的；（2）上级主管部门工作人员指使税务机关工作人员徇私舞弊不征、少征应征税款，致使国家税收损失累计达 10 万元以上的；（3）徇私舞弊不征、少征应征税款不满 10 万元，但具有索取或者收受贿赂或者其他恶劣情节的；（4）其他致使国家税收遭受重大损失的情形。

根据《刑法》第 404 条的规定，犯本罪的，处 5 年以下有期徒刑或者拘役；造成特别重大损失的，处 5 年以上有期徒刑。

（五）解释索引

(1)《最高人民法院、最高人民检察院关于办理贪污贿赂刑事案件适用法律若干问题的解释》（2016 年 4 月 18 日）；

(2)《最高人民法院、最高人民检察院关于办理渎职刑事案件适用法律若干问题的解释（一）》（2012 年 12 月 7 日）；

(3)《最高人民检察院关于渎职侵权犯罪案件立案标准的规定》（2006 年 7 月 26 日）；

(4)《全国法院审理经济犯罪案件工作座谈会纪要》（2003 年 11 月 13 日）。

（六）案例举要

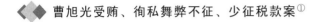
曹旭光受贿、徇私舞弊不征、少征税款案[①]

曹旭光一案由上海市浦东新区人民检察院立案侦查，1998年9月4日以受贿罪、徇私舞弊不征、少征税款罪，向浦东新区人民法院提起公诉。起诉书认定案件事实如下：

1997年10月7日，上海市浦东新区税务稽查大队四中队稽查员曹旭光、吴滨根据单位安排，对群众举报上海和力建材有限公司（以下简称"和力公司"）偷逃税问题进行突击稽查，查获内销进口建材不入账的四本自制收据，计35.6万余元。据此，曹旭光于10月28日制作了浦税（97）字第队4-23号签报，作出了补交税款、滞纳金及罚款共计23.7万元的处理，至同年11月21日上述税款收缴入库完毕。11月26日，浦东新区税务案件侦查室又将该室收到的和力公司偷逃税的举报材料移送至稽查大队，因被告人曹旭光谎称对和力公司偷逃税问题未处理结束，致使该材料再次转入曹旭光手中。曹旭光在查阅该举报材料时，发现和力公司经理刘某某在中国银行浦东分行的存放账外销售款的存折及有关单据复印件，意识到和力公司偷逃税问题十分严重。对此情况，被告人曹旭光既不向领导汇报，又不进行查处，而于当晚私自打电话与和力公司会计金某某联系，以举报材料中反映的问题相要挟，向其索要20万元，并许诺满足要求后对举报材料反映的问题不予查处。同时约定次日在黄金海岸大酒店面谈。和力公司经理刘某某同意花钱平息此事，于是次日晚，曹旭光携带举报材料与其个人注册的上海顺天物资公司雇员王照明到黄金海岸大酒店与和力公司总经理助理杨某某见面，出示举报材料，声称该材料举报和力公司不入账的销售款有五六百万，补税加罚款要有一二百万。之后，曹旭光即向该公司会计金某某索要20万元，称给其朋友做生意用。然后又指使王照明与和力公司会计金某某商定，由王照明虚开一张销售发票给和力公司，和力公司支付相应金额的支票给王照明。达成上述交易后，被告人曹旭光又通知和力公司总经理助理杨某某等到税务稽查大队作笔录。

[①] 《最高人民检察院公报》1999年第6期。

曹旭光在对杨某某等作笔录时故意回避举报材料内容,只重复了已签报的内容。事后,曹旭光将笔录装入原签报案卷,将新移送来的举报材料藏匿,并向领导谎称由税侦室移送来的材料无新内容,仍按原签报处理,掩盖了其不征税款的事实。1997年12月被告人曹旭光将和力公司开具的16.34万元转账支票打入其个人的顺天物资公司在银行的账户上。由于曹旭光按事前与和力公司的约定,隐藏了该公司偷逃国税的举报材料,对该公司偷逃国税的行为不予查处,致使不征应征税款37万余元。

1998年10月11日,浦东新区人民法院对本案进行公开审理。审理认为检察机关指控被告人曹旭光罪名成立。依据《刑法》第404条、第385条之规定,以受贿罪判处被告人曹旭光有期徒刑11年,并处没收财产1.4万元;以徇私舞弊不征、少征税款罪判处有期徒刑3年6个月,决定执行有期徒刑14年,并处没收财产1.4万元。赃款予以没收。

一审宣判后,被告人曹旭光不服,提出上诉。上海市中级人民法院二审审理认为,一审判决事实清楚,证据确实充分,审判程序合法,裁定驳回上诉,维持原判。

第五章 重大责任事故犯罪

一、重大责任事故罪

（一）刑法条文

第一百三十四条第一款　在生产、作业中违反有关安全管理的规定，因而发生重大伤亡事故或者造成其他严重后果的，处三年以下有期徒刑或者拘役；情节特别恶劣的，处三年以上七年以下有期徒刑。

（二）犯罪构成

1. 法益

本罪侵害的法益是生产、作业领域的社会公共安全，即生产、作业安全，具体体现为不特定或者多数人的生命、健康安全和重大公私财产的安全。

2. 客观行为

本罪在客观方面表现为在生产、作业活动中，行为人违反有关安全管理的规定，因而发生重大伤亡事故或者造成其他严重后果的行为。首先，行为人违反有关安全管理规定的行为与发生的重大伤亡事故或者其他严重后果之间必须具有因果关系，否则不构成本罪。其次，违反有关安全管理规定的行为及其后果必须与生产、作业有关，否则也不构成本罪。最后，违反有关安全管理规定，是构成本罪的必要前提条件。所谓"有关安全管理规定"，具体包括国家法律法规的明文规定、企事业单位或者上级管理单位的明文规定、公认的操作习惯和惯例等。

3. 行为主体

本罪的行为主体为自然人，单位不能构成本罪。根据《最高人民法院、最高人民检察院关于办理危害生产安全刑事案件适用法律若干问题的解释》第3条的规定，本罪的行为主体具体是指，对安全生产设施或者安全生产条件不符合国家规定负有直接责任的生产经营单位负责人、管理人员、实际控制人、投资人，以及其他对安全生产设施或者安全生产条件负有管理、维护职责的人员。

4. 主观罪过

本罪的主观罪过表现为过失。需要注意的是，违反有关安全管理的规定，可能是明知故犯，但这并非犯罪构成主观罪过中的故意，换言之，行为人对自己的行为违反有关安全管理规定是明知的，但是对其行为所造成的重大伤亡事故或者其他严重后果持否定态度。

（三）司法认定

1. 罪与非罪

如果是由于不能预见或者不能抗拒的自然因素引发事故的，或者因技术条件或者技术设备等不可避免的局限性引发事故的，不构成本罪。

如果没有发生重大伤亡事故或者造成其他严重后果的，行为人在生产、作业过程中有违反有关安全管理规定的行为，不构成本罪，仅属于一般安全生产事故，应进行批评教育或者给予行政处分。

2. 本罪与失火罪、过失爆炸罪、过失投放危险物质罪

在过失所致火灾、爆炸、中毒等严重后果的情形，本罪与失火罪、过失爆炸罪、过失投放危险物质罪之间容易产生混淆，但本罪与其他罪的最大区别在于发生的场合不同。本罪一定是在生产、作业活动中，而其他罪是在日常生活中。

3. 本罪与危险物品肇事罪

本罪与危险物品肇事罪同属于过失犯罪，都因违反相关制度规定，致使严重后果的发生，两者容易产生混淆。

若是从事生产、作业的人员，在生产、作业活动中违反安全管理规定，

致使严重后果发生,则构成本罪。

若是从事生产、储存、运输、使用爆炸性、易燃性、放射性、毒害性、腐蚀性物品的人员,在生产、储存、运输、使用危险物品的过程中违反危险物品管理规定,发生重大事故,造成严重后果的,则构成危险物品肇事罪。

4. 本罪与故意杀人罪、故意伤害罪

根据《最高人民法院、最高人民检察院关于办理危害生产安全刑事案件适用法律若干问题的解释》第10条的规定,在安全事故发生后,直接负责的主管人员和其他直接责任人员故意阻挠开展抢救,导致人员死亡或者重伤,或者为了逃避法律追究,对被害人进行隐藏、遗弃,致使被害人因无法得到救助而死亡或者重度残疾的,分别依照《刑法》第232条、第234条的规定,以故意杀人罪或者故意伤害罪定罪处罚。

5. 本罪与行贿罪

根据《最高人民法院、最高人民检察院关于办理危害生产安全刑事案件适用法律若干问题的解释》第12条第2款的规定,实施本罪的犯罪行为,采取弄虚作假、行贿等手段,故意逃避、阻挠负有安全监督管理职责的部门实施监督检查,同时构成《刑法》第389条规定的犯罪的,对本罪从重处罚,并依照数罪并罚的规定处罚。

6. 危害生产安全犯罪与贪污受贿犯罪

根据《最高人民法院、最高人民检察院关于办理危害生产安全刑事案件适用法律若干问题的解释》第14条的规定,国家工作人员违反规定投资入股生产经营,构成本解释规定的有关犯罪的,或者国家工作人员的贪污、受贿犯罪行为与安全事故发生存在关联性的,从重处罚;同时构成贪污、受贿犯罪和危害生产安全犯罪的,依照数罪并罚的规定处罚。

(四)量刑标准

根据《刑法》第134条第1款的规定,犯本罪的,处3年以下有期徒刑或者拘役;情节特别恶劣的,处3年以上7年以下有期徒刑。

根据《最高人民法院、最高人民检察院关于办理危害生产安全刑事案件适用法律若干问题的解释》第6条第1款的规定,实施本罪的犯罪行为,因而发生安全事故，具有下列情形之一的，应当认定为"造成严重后果"或者"发生重大伤亡事故或者造成其他严重后果"，对相关责任人员，处3年以下有期徒刑或者拘役：(1) 造成死亡1人以上，或者重伤3人以上的；(2) 造成直接经济损失100万元以上的；(3) 其他造成严重后果或者重大安全事故的情形。

第7条第1款规定，实施本罪的犯罪行为，因而发生安全事故，具有下列情形之一的，对相关责任人员，处3年以上7年以下有期徒刑：(1) 造成死亡3人以上或者重伤10人以上，负事故主要责任的；(2) 造成直接经济损失500万元以上，负事故主要责任的；(3) 其他造成特别严重后果、情节特别恶劣或者后果特别严重的情形。

第12条第1款规定，实施本罪的犯罪行为，具有下列情形之一的，从重处罚：(1) 未依法取得安全许可证件或者安全许可证件过期、被暂扣、吊销、注销后从事生产经营活动的；(2) 关闭、破坏必要的安全监控和报警设备的；(3) 已经发现事故隐患，经有关部门或者个人提出后，仍不采取措施的；(4) 1年内曾因危害生产安全违法犯罪活动受过行政处罚或者刑事处罚的；(5) 采取弄虚作假、行贿等手段，故意逃避、阻挠负有安全监督管理职责的部门实施监督检查的；(6) 安全事故发生后转移财产意图逃避承担责任的；(7) 其他从重处罚的情形。

第13条规定，实施本罪的犯罪行为，在安全事故发生后积极组织、参与事故抢救，或者积极配合调查、主动赔偿损失的，可以酌情从轻处罚。

第16条规定，对于实施危害生产安全犯罪适用缓刑的犯罪分子，可以根据犯罪情况，禁止其在缓刑考验期限内从事与安全生产相关联的特定活动；对于被判处刑罚的犯罪分子，可以根据犯罪情况和预防再犯罪的需要，禁止其自刑罚执行完毕之日或者假释之日起3年至5年内从事与安全生产相关的职业。

（五）解释索引

(1)《最高人民法院、最高人民检察院关于办理危害生产安全刑事案件适用法律若干问题的解释》（2015年12月14日）；

(2)《最高人民法院关于进一步加强危害生产安全刑事案件审判工作的意

见》(2011 年 12 月 30 日);

(3)《最高人民法院关于充分发挥审判职能作用切实维护公共安全的若干意见》(2015 年 9 月 16 日)。

(六) 案例举要

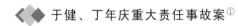 于健、丁年庆重大责任事故案①

【裁判要旨】

行为人违反安全管理规定,从事驾艇载客出海观光旅游,快艇倾覆致多人死亡的,应认定为重大责任事故罪,且属于情节特别恶劣。

【基本案情】

2013 年 9 月,被告人丁年庆驾驶由被告人于健管理经营的快艇,搭载游客出海旅游,途中快艇倾覆并致 6 人死亡。事故发生后,经江苏省南通市政府授权,南通市安监局牵头开展事故调查并作出调查报告,认为事故发生的直接原因是无证人员驾驶无合法手续的小型船舶,严重超额载客出海,且未给所有游客穿戴救生衣。

【审判结果】

江苏省如东县人民法院经审理认为,二被告人在生产、作业中违反有关安全管理的规定,发生重大伤亡事故,其行为已构成重大责任事故罪,且属情节特别恶劣。二被告人犯罪后自动投案,如实供述了自己的犯罪事实,系自首,可从轻处罚。二被告人认罪态度较好,事发后积极施救,可酌定从轻处罚。故判决被告人于健、丁年庆犯重大责任事故罪,分别判处有期徒刑 3 年 3 个月。

一审宣判后,被告人于健上诉称快艇属于交通运输工具,驾驶快艇载客出海属于运输行为,应以交通肇事罪定罪。

江苏省南通市中级人民法院经审理认为,原审判决定性准确,量刑适当。裁定驳回上诉,维持原判。

---

① (2014) 通中刑终字第 0033 号。载《人民法院报》2014 年 10 月 23 日第 6 版。

【法理分析】

1. 重大责任事故罪的犯罪主体

重大责任事故罪,是指在生产、作业中违反有关安全管理的规定,发生重大伤亡事故或者造成其他严重后果的犯罪。《刑法修正案(六)》第1条将原来"工厂、矿山、林场、建筑企业或者其他企业、事业单位的职工"的犯罪主体限定,扩大为在各类生产经营活动中从事生产、作业及其指挥管理的人员。该罪侵害了不特定多数人的生命、健康或者重大公私财产安全,属于危害公共安全的犯罪。因此,"生产、作业"并不限于公司、企业等法人的生产、作业活动,它涵盖了在社会生活中能反复实施,威胁不特定多数人的生命、健康或者重大公私财产的诸多生产、作业活动。具体而言,重大责任事故罪的犯罪主体既包括原先法条规定的工厂、矿山、林场、建筑企业或者其他企业、事业单位的职工,也包括其他生产经营单位、个体经营户、群众合作组织的生产、管理人员,甚至包括违法经营单位、无照经营单位的生产、作业及其指挥管理人员等。

本案中,被告人丁年庆在快艇管理经营人于健的认可同意下,驾驶快艇载客出海从事观光旅游,违反登记检验、禁止超载、应穿着救生衣等海上安全生产管理的规定,严重威胁快艇上不特定乘客的生命、健康安全。虽然被告人丁年庆违法无照载客,被告人于健仅系管理经营人,但均属重大责任事故罪的犯罪主体。因此,二被告人的行为符合重大责任事故罪的构成要件。

2. 重大责任事故罪的量刑

《刑法》第134条第1款规定,在生产、作业中违反有关安全管理的规定,因而发生重大伤亡事故或者造成其他严重后果的,处3年以下有期徒刑或者拘役;情节特别恶劣的,处3年以上7年以下有期徒刑。但如何判断重大伤亡、其他严重后果以及情节特别恶劣,法条中未作明确规定。案件本身可适用2007年《最高人民法院、最高人民检察院关于办理危害矿山生产安全刑事案件具体应用法律若干问题的解释》之规定,而2015年颁布《最高人民法院、最高人民检察院关于办理危害生产安全刑事案件适用法律若干问题的解释》后,即按照其规定进行量刑。根据《最高人民法院、最高人民检察院关于办理危害生产安全刑事案件适用法律若干问题的解释》第6条、第7条的规定，实施《刑法》第 134 条第 1 款的行为，因而发生安全事故，具有下列情形之一的，应当认定为"造成严重后果"或者"发生重大伤亡事故或者造成其他严重后果"，对相关责任人员，处 3 年以下有期徒刑或者拘役：(1) 造成死亡 1 人以上，或者重伤 3 人以上的；(2) 造成直接经济损失 100 万元以上的；(3) 其他造成严重后果或者重大安全事故的情形。具有下列情形之一的，应当认定为"情节特别恶劣"，处 3 年以上 7 年以下有期徒刑：(1) 造成死亡 3 人以上或者重伤 10 人以上，负事故主要责任的；(2) 造成直接经济损失 500 万元以上，负事故主要责任的；(3) 其他造成特别严重后果、情节特别恶劣或者后果特别严重的情形。

另外，根据《最高人民法院、最高人民检察院关于办理危害生产安全刑事案件适用法律若干问题的解释》第 12 条的规定，具有下列情形之一的，从重处罚：(1) 未依法取得安全许可证件或者安全许可证件过期、被暂扣、吊销、注销后从事生产经营活动的；(2) 关闭、破坏必要的安全监控和报警设备的；(3) 已经发现事故隐患，经有关部门或者个人提出后，仍不采取措施的；(4) 1 年内曾因危害生产安全违法犯罪活动受过行政处罚或者刑事处罚的；(5) 采取弄虚作假、行贿等手段，故意逃避、阻挠负有安全监督管理职责的部门实施监督检查的；(6) 安全事故发生后转移财产意图逃避承担责任的；(7) 其他从重处罚的情形。

二、教育设施重大安全事故罪

(一) 刑法条文

第一百三十八条　明知校舍或者教育教学设施有危险，而不采取措施或者不及时报告，致使发生重大伤亡事故的，对直接责任人员，处三年以下有期徒刑或者拘役；后果特别严重的，处三年以上七年以下有期徒刑。

(二) 犯罪构成

1. 法益

本罪侵害的法益是学校及其他教育机构的正常活动秩序以及公众的生命、

健康安全，属于公共安全的范围。

2. 客观行为

本罪在客观方面表现为在校舍或其他教育设施存在危险的情况下，不采取措施或者不及时报告，致使发生重大伤亡事故的行为。本罪属于不作为犯罪，若采取措施或者及时报告但最后仍发生重大伤亡事故的则超出了作为义务的范围，属于不能为的情况，因此不构成本罪。[1] 值得注意的是，只是造成重大财产损失而没有人员伤亡的情况，不构成本罪。另外，不采取措施或不及时报告的行为与重大伤亡事故之间必须具有因果关系。

3. 行为主体

本罪主体为特殊主体，学界存在一些不同的观点。有学者认为本罪的主体是对校舍、教育教学设施的安全负有直接责任的人员；[2] 另有学者认为应当是对教育教学设施负有管理责任的人员。[3] 本书认为，若是将主体限制在直接责任人员容易导致处罚范围过小，比如一个学校中校舍老化未进行修缮最终导致重大伤亡事故，只是处罚负责学校相关安全问题的安全主任而不处罚对其进行管理的分管副校长等领导显然是不合理的。因此，本罪行为主体应当包括对校舍等教育教学设施安全具有直接责任的相关管理人员。

4. 主观罪过

本罪的主观罪过只能是过失，法条所规定之"明知"应当理解为预见校舍和教育教学设施存在危险、隐患，而不属于故意犯罪中之"明知"。

（三）司法认定

罪数认定上，根据《最高人民法院、最高人民检察院关于办理危害生产安全刑事案件适用法律若干问题的解释》第 14 条的规定，国家工作人员违反规定投资入股生产经营，构成本解释规定的有关犯罪的，或者国家工作人员的贪污、受贿犯罪行为与安全事故发生存在关联性，同时构成贪污、受贿犯

---

[1] 参见张明楷：《刑法学》（第五版），法律出版社 2016 年版，第 732 页。
[2] 参见高铭暄、马克昌主编：《刑法学》（第八版），北京大学出版社、高等教育出版社 2017 年版，第 366 页。
[3] 参见张明楷：《刑法学》（第五版），法律出版社 2016 年版，第 732 页。

罪和危害生产安全犯罪的,依照数罪并罚的规定处罚。

(四) 量刑标准

本罪要求"造成严重后果"或者"发生重大伤亡事故或者造成其他严重后果",根据《最高人民法院、最高人民检察院关于办理危害生产安全刑事案件适用法律若干问题的解释》第 6 条第 4 款的规定,实施《刑法》第 138 条规定的行为,因而发生安全事故,造成死亡 1 人以上,或者重伤 3 人以上的,应当认定为"发生重大伤亡事故",对直接责任人员,处 3 年以下有期徒刑或者拘役。

具有下列情形之一的,对直接责任人员,处 3 年以上 7 年以下有期徒刑:(1) 造成死亡 3 人以上或者重伤 10 人以上,负事故主要责任的;(2) 造成死亡 1 人以上或者重伤 3 人以上,同时造成直接经济损失 500 万元以上并负事故主要责任的,或者同时造成恶劣社会影响的。

(五) 解释索引

(1)《最高人民法院、最高人民检察院关于办理危害生产安全刑事案件适用法律若干问题的解释》(2015 年 12 月 14 日);

(2)《最高人民检察院、公安部关于公安机关管辖的刑事案件立案追诉标准的规定(一)》(2008 年 6 月 25 日)。

(六) 案例举要

◆ 尹美艳等教育设施重大安全事故、失火案[①]

辽宁省瓦房店市人民法院审理辽宁省瓦房店市人民检察院指控被告人尹美艳犯教育设施重大安全事故罪一案,于 2016 年 12 月 28 日作出(2016)辽 0281 刑初 748 号刑事附带民事判决。原审被告人尹美艳不服,提出上诉。辽宁省大连市中级人民法院依法组成合议庭,于 2017 年 5 月 8 日公开开庭进行了审理。现已审理终结。

---

① (2017) 辽 02 刑终 167 号。

原判认定，2015年8月，大连长兴岛经济区金色童年文化培训学校因原有教室不够，其法定代表人即被告人尹美艳承租未经审批备案、不符合消防安全管理规定的小博士商店二楼，作为小学六年级培训班，供28名学生上课教室使用。2016年5月21日，小博士商店的经营者洛某甲（另案处理）因有事外出，便让其父亲洛某乙（另案处理）帮助看店。洛某乙看店时，在加工食品过程中违反消防安全管理规定，引发火灾事故，导致二楼金色童年文化培训学校正在该教室上课的三名小学生郭某、贾某、高某死亡。经法医鉴定，郭某、贾某、高某三人死因均为烧死。

2016年5月22日，被告人尹美艳经口头传唤到大连市公安局长兴岛分局刑侦大队，到案后，供述了全部犯罪事实。

另查，被害人贾某（2004年5月14日出生）生前在城镇生活。案发后，附带民事诉讼原告人李某已获得大连长兴岛经济区管理委员会办公室垫付的死亡赔偿金717780元、丧葬费31806元、精神损害抚慰金100000元、其他费用（含住宿费、交通费、误工费、家属住院治疗费等）50000元、爱心捐助款280414元，上述各项合计118万元。

原审法院认为，被告人尹美艳明知校舍不符合消防安全标准，存在消防安全隐患的情况下，而不采取整改措施，造成三人死亡，后果特别严重，其行为危害了公共安全，构成教育设施重大安全事故罪。被告人尹美艳系自首，予以从轻处罚。附带民事诉讼原告人李某于案发后获得垫付的赔偿款118万元，已超过法律支持的赔偿数，其损失已得到弥补，无权再要求被告人尹美艳及附带民事诉讼被告人范某承担民事赔偿责任。综上，原审法院依据《刑法》第138条和第67条第1款、《刑事诉讼法》第99条、《最高人民法院关于审理人身损害赔偿案件适用法律若干问题的解释》第27条之规定，以被告人尹美艳犯教育设施重大安全事故罪，判处有期徒刑6年6个月；驳回附带民事诉讼原告人李某的诉讼请求。

上诉人尹美艳的上诉理由为：原审法院认定事实不清、适用法律错误。尹美艳主观上并不明知校舍或教育设施存在危险，客观上事故的发生并不是由于校舍或教育设施存在自身的安全隐患引发，危害后果的发生与上诉人无直接因果关系，且其本人也为此承担了相应的经济损失，也是本案的受害人。

请求二审法院改判无罪或基于其具有自首情节,从轻、减轻处罚。

辩护人的辩护意见为:上诉人尹美艳没有明知校舍或教育设施存在危险,而不采取措施或及时报告。原判认定后果特别严重有误,造成特别严重后果系洛某乙失火罪案件引起,且对火灾消防调查报告持有异议,故尹美艳不应承担后果特别严重的法律责任。请求二审法院在量刑上基于其具有自首及主观恶性小、愿意积极赔偿等情节予以从轻处罚。

二审法院认为,上诉人尹美艳明知教育教学设施有危险,而不采取有效措施,造成3人死亡,后果特别严重,其行为危害了社会的公共安全,构成教育设施重大安全事故罪。上诉人尹美艳系自首,予以从轻处罚。

关于上诉人尹美艳和辩护人提出的诉辩意见,经查,尹美艳作为一名从事培训教育机构的负责人,应明知对于开展教育活动的场所具有强制性的消防安全要求,但未按照教育部门和消防部门的规定,对其租用的校舍进行消防设施的检测报告备案,造成了本案的损害后果发生。案发后消防部门采取了相应的措施进行救助,附带民事诉讼原告人获得了超出法定赔偿标准的垫付赔偿款,上诉人是否继续予以赔偿不影响其应承担的刑事责任。原审法院依据法定、酌定情节对尹美艳处罚,量刑适当,故对该诉辩意见,本院不予采纳。

综上,原判认定的事实清楚,证据确实、充分,定罪准确,量刑适当,审判程序合法。依据《刑事诉讼法》第225条第1款第1项的规定,裁定如下:驳回上诉,维持原判。

三、消防责任事故罪

(一)刑法条文

第一百三十九条 违反消防管理法规,经消防监督机构通知采取改正措施而拒绝执行,造成严重后果的,对直接责任人员,处三年以下有期徒刑或者拘役;后果特别严重的,处三年以上七年以下有期徒刑。

（二）犯罪构成

1. 法益

本罪侵害的法益是国家消防监督管理制度，又因本罪属于《刑法》分则第二章危害公共安全罪，本罪法益也应当包括公共安全。

2. 客观行为

本罪在客观方面表现为违反消防管理法规，经消防监督机构通知采取改正措施而拒绝执行，造成严重后果发生的行为。

首先，本罪客观行为必须违反消防管理法规，即国家有关消防安全管理相关的法律、法规以及相关主管部门颁布的实施条例以及为保障消防安全所作的具体规定。

其次，消防监督机构通知既可以是书面也可以是口头通知，[1] 通知的方式并不会影响本罪的成立，且行为人必须是经过消防监督机构通知后拒绝执行。有学者认为本罪属于纯粹的不作为犯，[2] 就是因为法条中的这一表述。但本书认为，这里的"拒绝执行"应当包括完全不执行与不根据监督机构的通知执行即超出正确的执行范围进行不当的行为的情况，因此本罪不属于纯粹不作为犯罪。

最后，本罪对结果有一定的要求，即要求有严重后果发生，且严重后果的发生与拒绝执行消防监督机构通知采取安全改正措施的行为之间应当具有因果关系。因此，当行为人正确采取消防监督机构所通知的改正措施仍旧无法避免严重后果的产生时，即切断行为与结果之间的因果关系，这样的情况下是不能构成本罪的。

3. 行为主体

本罪的行为主体为负有消防安全职责的直接责任人员。

4. 主观罪过

本罪的主观罪过为过失。这里的过失是指对严重后果的疏忽大意或者过

---

[1] 参见张明楷：《刑法学》（第五版），法律出版社2016年版，第732页。
[2] 参见陈兴良：《规范刑法学》（第四版），中国人民大学出版社2017年版，第528页。

于自信的过失，而对于其不采取或者不当采取消防监督机构通知的安全改正措施的行为则是明知的。

（三）司法认定

罪数认定上，根据《最高人民法院、最高人民检察院关于办理危害生产安全刑事案件适用法律若干问题的解释》第12条第2款的规定，实施本罪的犯罪行为，采取弄虚作假、行贿等手段，故意逃避、阻挠负有安全监督管理职责的部门实施监督检查，同时构成《刑法》第389条规定的犯罪的，对本罪从重处罚，并依照数罪并罚的规定处罚。

第14条规定，国家工作人员违反规定投资入股生产经营，构成本罪的，或者国家工作人员的贪污、受贿犯罪行为与安全事故发生存在关联性的，从重处罚；同时构成贪污、受贿犯罪和危害生产安全犯罪的，依照数罪并罚的规定处罚。

（四）量刑标准

本罪要求"造成严重后果"或者"发生重大伤亡事故或者造成其他严重后果"。根据《最高人民法院、最高人民检察院关于办理危害生产安全刑事案件适用法律若干问题的解释》第6条第1款的规定，具有下列情形之一的，对相关责任人员，处3年以下有期徒刑或者拘役：（1）造成死亡1人以上，或者重伤3人以上的；（2）造成直接经济损失100万元以上的；（3）其他造成严重后果或者重大安全事故的情形。

第7条第1款规定，具有下列情形之一的，对相关责任人员，处3年以上7年以下有期徒刑：（1）造成死亡3人以上或者重伤10人以上，负事故主要责任的；（2）造成直接经济损失500万元以上，负事故主要责任的；（3）其他造成特别严重后果、情节特别恶劣或者后果特别严重的情形。

（五）解释索引

（1）《最高人民法院、最高人民检察院关于办理危害生产安全刑事案件适用法律若干问题的解释》（2015年12月14日）；

(2) 《最高人民检察院、公安部关于公安机关管辖的刑事案件立案追诉标准的规定（一）》（2008年6月25日）。

（六）案例举要

◆ **孙海江、陈玉民等消防责任事故案**[①]

公诉机关指控称：2004年至2005年间，被告人孙海江与他人在未经任何审批的情况下，私自用彩钢板（易燃材料）搭建房屋。2011年4月及2012年11月间，消防监督机构在对北京市海淀区北二环西路××号××国际收藏品市场大院（以下简称"××市场大院"）进行消防监督检查过程中，就上述加盖的第三层违建及使用易燃材料彩钢板等问题，出具了消防监督检查记录、责令整改通知书等相关文书，并明确要求被告人孙海江、陈玉民加以改正，但二被告人并未采取改正措施，继续出租违建房屋进行经营。

2013年1月15日16时许，在上述违建307号出租房租住的被告人阮国浩为取暖打开电热扇烘烤房间，并在未关闭电热扇的情况下离开，导致该房间着火，后火势迅速蔓延至整个三层违建出租房，并致使租住在316房间的被害人阿依努热姆（女，24岁）及其一双儿女（分别为5岁和3岁）死亡，同时导致在此租住的多名租客房间内物品被烧毁，造成大量财产损失。经依法鉴定，此次火灾起火原因系被告人阮国浩房间中的电热扇引燃可燃物所致。

公诉机关认为，被告人陈玉民、孙海江违反消防管理法规，经消防监督机构通知采取改正措施而拒绝执行，造成严重后果，其行为已构成消防责任事故罪；被告人阮国浩因其过失行为引发火灾，并致人死亡，其行为已构成失火罪，且有自首情节，提请北京市海淀区人民法院依照《刑法》第139条、第115条之规定，对被告人孙海江、陈玉民、阮国浩定罪处罚。

被告人孙海江辩称：第一，豪雨林家政服务中心是陈玉民成立并经营，其不负责经营。第二，违章建筑并非其搭建，而是张宇所为。第三，他在三层装修打隔断是经过××市场同意的，而且有施工许可证。第四，公安派出所并非消防机构，无权进行消防检查。他不记得有消防机构对房屋进行了检

[①] （2013）海刑初字第2639号。

查和责令整改,他也没有拒绝整改。第五,他和陈玉民在案发后赔偿被害人损失。综上,他不认为自己的行为构成消防责任事故罪。

其辩护人的辩护意见为:第一,孙海江主动到案,并如实供述了犯罪事实,应当认定为自首。第二,孙海江在本案中处于从犯地位。第三,孙海江获得了被害人家属谅解。综上,建议法庭对孙海江免予处罚。

被告人陈玉民辩称:第一,孙海江不是家政服务中心经营人员,他独自经营。第二,2004年至2005年张宇等人在××市场的同意下加盖了三层,其间他在影视俱乐部上班,不清楚搭建的事。2005年12月他接手经营家政业务。第三,他在2008年对房屋进行了装修,得到了××市场的许可。第四,他没有接到过消防机构和派出所的责令整改通知。第五,其供述没有矛盾。第六,火灾发生原因不明,是有人陷害。

其辩护人的辩护意见为:第一,关于责任主体的问题。应由公司承担责任,不应由陈玉民个人承担。第二,××市场为北京市消防重点单位。第三,派出所并非消防监督检查机构,只能进行日常检查。第四,责令整改通知的程序不合法,且并非因为彩钢板问题而责令整改。第五,陈玉民没有拒绝整改的情况。第六,陈玉民有自首情节,且对被害人进行了赔偿。第七,本案不宜认定为后果特别严重。综上,本案事实不清,证据不足,建议法庭对陈玉民宣告无罪。

被告人阮国浩对指控的事实及罪名没有异议。

其辩护人的辩护意见为:阮国浩系初犯,事发是其过失行为,其有自首情节,且家庭困难,建议对阮国浩从轻处罚。

北京市海淀区人民法院经公开审理查明:2004年至2005年间,被告人孙海江与他人在未经任何审批的情况下,在孙海江承租的位于本市海淀区北二环西路××号××市场大院北侧的一栋二层楼房顶层,私自用彩钢板(易燃、可燃材料)搭建房屋。2005年,被告人孙海江与被告人陈玉民(孙海江之妻)注册成立了北京豪雨林家政服务中心(法定代表人为陈玉民),并在上述承租建筑内开展经营活动。2007年间,被告人孙海江、陈玉民又将加盖的第三层违建房屋用彩钢板装修成多间隔断房,作为出租房对外进行租赁经营。

2011年4月及2012年11月间,消防监督机构在对××市场大院进行消防监督检查过程中,就上述加盖的第三层违建及使用彩钢板等问题,出具了消防监督检查记录、责令整改通知书等相关文书,并明确要求被告人孙海江、陈玉民加以改正,但二被告人并未采取改正措施,继续出租违建房屋进行经营。

2013年1月15日16时许,在上述违建307号出租房租住的被告人阮国浩为取暖打开电热扇烘烤房间,并在未关闭电热扇的情况下离开,导致该房间着火,后火势迅速蔓延至整个三层违建出租房,并致使租住在316房间的被害人阿依努热姆(女,24岁)及其一双儿女(分别为5岁和3岁)死亡,同时导致在此租住的多名租客房间内物品被烧毁,造成大量财产损失。经依法鉴定,此次火灾起火原因系被告人阮国浩房间中的电热扇引燃可燃物所致。

2013年1月15日,被告人陈玉民在火灾现场被公安机关抓获,被告人孙海江于次日凌晨经公安机关电话传唤到案,被告人阮国浩于2013年1月18日被公安机关依法传唤到案。

2013年2月6日,被告人孙海江、陈玉民与被害人阿依努热姆的家属达成民事赔偿和解协议书,赔偿对方共计150万元,并获得对方谅解。

北京市海淀区人民法院经审理认为:被告人孙海江、陈玉民违反消防管理法规,违规管理使用有火灾隐患的违章建筑,并经消防监督机构通知采取改正措施而拒绝执行,以致该建筑发生火灾,造成三人死亡,后果特别严重,其行为均已构成消防责任事故罪;被告人阮国浩因其过失行为引发火灾,并致人死亡,其行为已构成失火罪,均应予惩处。北京市海淀区人民检察院指控被告人孙海江、陈玉民犯消防责任事故罪,被告人阮国浩犯失火罪的事实清楚,证据确凿,指控罪名成立。

北京市海淀区人民法院依照《刑法》第139条、第61条之规定,对被告人阮国浩依照《刑法》第115条、第67条第1款、第61条之规定,作出如下判决:被告人孙海江犯消防责任事故罪,判处有期徒刑3年;被告人陈玉民犯消防责任事故罪,判处有期徒刑3年;被告人阮国浩犯失火罪,判处有期徒刑4年。

四、重大劳动安全事故罪

（一）刑法条文

第一百三十五条　安全生产设施或者安全生产条件不符合国家规定，因而发生重大伤亡事故或者造成其他严重后果的，对直接负责的主管人员和其他直接责任人员，处三年以下有期徒刑或者拘役；情节特别恶劣的，处三年以上七年以下有期徒刑。

（二）犯罪构成

1. 法益

本罪侵害的法益是生产、作业场所的人身与财产安全，[①] 也就是公共安全，即范围与程度难以预料的不特定多数人的伤亡或者公私财产的重大损失。

2. 客观行为

本罪在客观方面表现为在生产活动中安全生产设施或者安全生产条件不符合国家规定，因而发生重大伤亡事故或者造成其他严重后果的行为。构成本罪需要符合两个要素，一是安全生产设施或者安全生产不符合国家规定，二是因不符合国家规定而发生重大伤亡事故或者造成其他严重后果。其中严重后果的界定详见本罪量刑标准部分的规定。不符合国家规定从程度上看可以包括根本没有装备安全生产设施或者根本不具有安全生产条件，也可以包括装备了安全生产设施或有一定的安全生产条件，但没有达到国家规定的要求的情况。[②] 而从行为主体的区分上看，则可以分为两种情形，一种是对负责安全生产设施或者安全生产条件的直接责任人员而言的，他们在安全生产设施和安全生产条件的配备与设置中并未达到国家要求的标准，从而导致发生重大伤亡事故或者造成了其他严重后果；另一种则是对主管安全生产设施与

[①] 参见高铭暄、马克昌主编：《刑法学》（第八版），北京大学出版社、高等教育出版社2017年版，第364页。

[②] 参见同上。

安全生产条件的人员而言的,他们在知晓安全生产设施和安全生产条件不符合国家规定的情况下不作为,不去对安全生产设施和安全生产条件进行改进与修缮,也属于本罪的行为方式之一。

3. 行为主体

本罪主体为一般主体,包括对安全生产设施或者安全生产条件直接负责的主管人员和其他直接责任人员,即不符合国家规定负有直接责任的生产经营单位负责人、管理人员、实际控制人、投资人,以及其他对安全生产设施或者安全生产条件负有管理、维护职责的人员。①

4. 主观罪过

本罪的主观罪过为过失,这里的过失是指对发生重大伤亡事故或者是造成其他严重后果具有疏忽大意或过于自信的过失,对其负责或主管的安全生产设施或安全生产条件不符合国家规定的标准的情况则可以是明知的。

(三) 司法认定

罪数认定上,根据《最高人民法院研究室关于被告人阮某重大劳动安全事故案有关法律适用问题的答复》,用人单位违反职业病防治法的规定,职业病危害预防设施不符合国家规定,因而发生重大伤亡事故或者造成其他严重后果的,对直接负责的主管人员和其他直接责任人员,可以依照《刑法》第135条的规定,以重大劳动安全事故罪定罪处罚。

根据《最高人民法院、最高人民检察院关于办理危害生产安全刑事案件适用法律若干问题的解释》第11条的规定,生产不符合保障人身、财产安全的国家标准、行业标准的安全设备,或者明知安全设备不符合保障人身、财产安全的国家标准、行业标准而进行销售,致使发生安全事故,造成严重后果的,依照《刑法》第146条的规定,以生产、销售不符合安全标准的产品罪定罪处罚。

第14条规定,国家工作人员违反规定投资入股生产经营,构成本罪的,或者国家工作人员的贪污、受贿犯罪行为与安全事故发生存在关联性的,从

---

① 参见《最高人民法院、最高人民检察院关于办理危害生产安全刑事案件适用法律若干问题的解释》第3条。

重处罚；同时构成贪污、受贿犯罪和危害生产安全犯罪的，依照数罪并罚的规定处罚。

（四）量刑标准

重大劳动安全事故罪要求"造成严重后果"或者"发生重大伤亡事故或者造成其他严重后果"，根据《最高人民法院、最高人民检察院关于办理危害生产安全刑事案件适用法律若干问题的解释》第6条第1款的规定，具有下列情形之一的，对相关责任人员，处3年以下有期徒刑或者拘役：(1) 造成死亡1人以上，或者重伤3人以上的；(2) 造成直接经济损失100万元以上的；(3) 其他造成严重后果或者重大安全事故的情形。

第7条第1款规定，具有下列情形之一的，对相关责任人员，处3年以上7年以下有期徒刑：(1) 造成死亡3人以上或者重伤10人以上，负事故主要责任的；(2) 造成直接经济损失500万元以上，负事故主要责任的；(3) 其他造成特别严重后果、情节特别恶劣或者后果特别严重的情形。

（五）解释索引

(1)《最高人民法院、最高人民检察院关于办理危害生产安全刑事案件适用法律若干问题的解释》(2015年12月14日)；

(2)《最高人民法院研究室关于被告人阮某重大劳动安全事故案有关法律适用问题的答复》(2009年12月25日)；

(3)《最高人民检察院、公安部关于公安机关管辖的刑事案件立案追诉标准的规定（一）》(2008年6月25日)。

（六）案例举要

 阮鉴重大劳动安全事故案①

【基本案情】

1996年11月至2005年12月，被告人阮鉴与原石泉县柳城区矿产公司联

---

① (2008) 安刑终字第105号。

合开办了石泉县长健祥源石英砂厂,从事石英石原矿的开采、加工,阮鉴任厂长,为该厂法定代表人。该厂租用原石泉县木器厂厂房作为生产车间,采用干式作业法进行石英砂生产。在生产车间设计、新建时未同时设计、安装除尘设备,数月后请县农械厂设计安装了一台简易抽风除尘机。2000年年初,该厂搬迁至石泉县古堰镇原地质七队院内,仍采用原设备、原作业方式生产石英砂,再未安装任何除尘设备,只给所雇工人发放防尘口罩或纱布口罩进行防尘保护。在该厂生产期间,务工人员陈某某、杜某某等向阮鉴提出,生产过程中粉尘太重,要求阮鉴改善劳动环境,阮鉴未采取措施。该厂在招收工人进厂务工时,未进行职业健康检查,工人离厂未组织体检。生产过程中亦没有对生产环境的粉尘浓度进行定期检测。

1999年至2005年,曾在长健祥源石英砂厂务工的农民工徐某甲等九人自感身体乏力,气喘咳嗽,先后经安康市防疫站诊断为硅肺病,属职业病。经陕西省安康市法学会司法鉴定所鉴定,徐某甲等七人的硅肺及肺功能障碍已构成重伤,徐某乙等二人的硅肺及肺功能障碍已构成轻伤。其中,徐某甲等五人已死亡。

【裁判结果】

安康市石泉县人民法院于2008年10月29日作出(2008)石刑初字第42号刑事判决:被告人阮鉴犯重大劳动安全事故罪,判处有期徒刑5年。一审宣判后,被告人阮鉴不服,提出上诉。安康市中级人民法院于2009年11月30日作出(2008)安刑终字第105号刑事裁定:驳回上诉,维持原判。

【裁判理由】

法院生效裁判认为,被告人阮鉴在担任石泉县长健祥源石英砂厂厂长,负责该厂生产经营期间,未严格履行安全生产职责,明知该厂除尘设施不符合国家规定的安全生产要求,经单位职工提出后,仍不采取措施消除隐患,造成九名务工人员患硅肺病,其中五人死亡的严重后果,其行为已构成重大劳动安全事故罪,且造成五人死亡的重大伤亡后果,犯罪情节已达特别恶劣程度,其应承担相应的法律责任。原审判决定罪准确,量刑适当。审判程序合法。

五、强令、组织他人违章冒险作业罪

(一) 刑法条文

第一百三十四条第二款 强令他人违章冒险作业，或者明知存在重大事故隐患而不排除，仍冒险组织作业，因而发生重大伤亡事故或者造成其他严重后果的，处五年以下有期徒刑或者拘役；情节特别恶劣的，处五年以上有期徒刑。

(二) 犯罪构成

1. 法益

本罪侵害的法益是生产、作业中的人身和财产安全，即与生产、作业相关的不特定多数人的生命、健康安全和重大的公私财产安全。

2. 客观行为

本罪客观方面表现为强令他人违章冒险作业，或者明知存在重大事故隐患而不排除，仍冒险组织作业，因而发生重大伤亡事故或者造成其他严重后果的行为。

"强令"，是指明知违章冒险而安排，甚至强迫他人进行生产作业。[1] 而对于强令的方式，根据《最高人民法院、最高人民检察院关于办理危害生产安全刑事案件适用法律若干问题的解释》第 5 条的规定，包括以下几种：(1) 利用组织、指挥、管理职权，强制他人违章作业的；(2) 采取威逼、胁迫、恐吓等手段，强制他人违章作业的；(3) 故意掩盖事故隐患，组织他人违章作业的；(4) 其他强令他人违章作业的行为。也就是说，这里的"强令"只需强令者发出的信息内容所产生的影响达到了使工人不得不违心继续生产、作业的心理强制程度即可。[2]

"违章"是指违反与生产、作业相关的规章制度等，在规章制度的等级上

---

[1] 参见陈兴良：《规范刑法学》(第四版)，中国人民大学出版社 2017 年版，第 520 页。
[2] 参见黄太云：《〈刑法修正案(六)〉的理解与适用(上)》，载《人民检察》2006 年第 14 期。

不应有限制。而"冒险作业"则是指在危险的状态下进行生产、作业等活动。这里的违章与冒险作业也必须是同时具备的。

值得注意的是,《刑法修正案（十一）》增加了明知存在重大事故隐患而不排除，仍冒险组织作业的情形，强调了对重大事故隐患有着一定的预见但仍冒险组织作业的行为，应当受到处罚。

另外，强令、组织他人违章冒险作业必须与导致的重大伤亡事故或者其他严重后果之间存在因果关系。

3. 行为主体

本罪的行为主体与本章中前几个罪名不同，为一般主体，根据《最高人民法院、最高人民检察院关于办理危害生产安全刑事案件适用法律若干问题的解释》第2条的规定，本罪主体包括对生产、作业负有组织、指挥或者管理职责的负责人、管理人员、实际控制人、投资人等人员。有学者从而认为本罪主体为特殊主体。[①] 本书认为这样的观点存在一定的缺陷，即这种列举式的规定只是司法解释中的一种解释性规定，而不是限制性规定，也就是司法解释并不能限制主体原本应有的范围，而根据刑法条文本身的规定，本罪并未将主体限制在生产、施工、作业等工作的管理人员范围内。另外，根据我们对客观行为的强令的理解，就更加证实了一般主体可以构成本罪的观点。

4. 主观罪过

本罪的主观罪过为过失，这里的过失是针对发生的重大伤亡事故或者造成其他严重后果存在的疏忽大意或过于自信的过失心理。由于本罪的行为人大多都认识到违章冒险作业的危险性后果，特别是《刑法修正案（十一）》增加的明知存在重大事故隐患而不排除，仍冒险组织作业的情形，可以说均已对重大事故有着一定的预见性，因此大部分属于过于自信的过失。值得注意的是，《刑法修正案（十一）》中所增加的情形虽提及"明知"一词，但并非对本罪的主观罪过形式进行修改，本罪所称之"明知"即过于自信过失中的一定的预见性，因此本罪仍为过失犯罪。

---

① 参见刘宪权主编:《刑法学》（第四版），上海人民出版社2016年版，第442页。

(三) 司法认定

罪数认定上，根据《最高人民法院、最高人民检察院关于办理危害生产安全刑事案件适用法律若干问题的解释》第10条的规定，在安全事故发生后，直接负责的主管人员和其他直接责任人员故意阻挠开展抢救，导致人员死亡或者重伤，或者为了逃避法律追究，对被害人进行隐藏、遗弃，致使被害人因无法得到救助而死亡或者重度残疾的，分别依照《刑法》第232条、第234条的规定，以故意杀人罪或者故意伤害罪定罪处罚。

第12条第2款规定，实施本罪的犯罪行为，采取弄虚作假、行贿等手段，故意逃避、阻挠负有安全监督管理职责的部门实施监督检查，同时构成《刑法》第389条规定的犯罪的，依照数罪并罚的规定处罚。

第14条规定，国家工作人员违反规定投资入股生产经营，构成本罪的，或者国家工作人员的贪污、受贿犯罪行为与安全事故发生存在关联性的，从重处罚；同时构成贪污、受贿犯罪和危害生产安全犯罪的，依照数罪并罚的规定处罚。

(四) 量刑标准

强令、组织他人违章冒险作业罪要求"发生重大伤亡事故"或者"造成其他严重后果"，根据《最高人民法院、最高人民检察院关于办理危害生产安全刑事案件适用法律若干问题的解释》第6条和第7条的规定，实施本罪规定之行为，造成死亡1人以上，或者重伤3人以上的，应当认定为"发生重大伤亡事故或者造成其他严重后果"，对相关责任人员，处5年以下有期徒刑或者拘役；造成死亡3人以上或者重伤10人以上，负事故主要责任的，对相关责任人员，处5年以上有期徒刑。

第12条第1款规定，具有下列情形之一的，从重处罚：（1）未依法取得安全许可证件或者安全许可证件过期、被暂扣、吊销、注销后从事生产经营活动的；（2）关闭、破坏必要的安全监控和报警设备的；（3）已经发现事故隐患，经有关部门或者个人提出后，仍不采取措施的；（4）1年内曾因危害生产安全违法犯罪活动受过行政处罚或者刑事处罚的；（5）采取弄虚作假、行贿等手段，故意逃避、阻挠负有安全监督管理职责的部门实施监督检查的；（6）安全事故发生后转移财产意图逃避承担责任的；（7）其他从重处罚的情形。

第13条规定，在安全事故发生后积极组织、参与事故抢救，或者积极配合调查、主动赔偿损失的，可以酌情从轻处罚。

第16条规定，对于实施本罪适用缓刑的犯罪分子，可以根据犯罪情况，禁止其在缓刑考验期限内从事与安全生产相关联的特定活动；对于被判处刑罚的犯罪分子，可以根据犯罪情况和预防再犯罪的需要，禁止其自刑罚执行完毕之日或者假释之日起3年至5年内从事与安全生产相关的职业。

（五）解释索引

(1)《最高人民法院、最高人民检察院关于办理危害生产安全刑事案件适用法律若干问题的解释》（2015年12月14日）；

(2)《最高人民法院关于进一步加强危害生产安全刑事案件审判工作的意见》（2011年12月30日）；

(3)《最高人民检察院、公安部关于公安机关管辖的刑事案件立案追诉标准的规定（一）》（2008年6月25日）。

（六）案例举要

 陈某强令违章冒险作业案①

【基本案情】

江苏省张家港市人民检察院指控被告人陈某犯强令违章冒险作业罪，于2020年7月23日向江苏省张家港市人民法院提起公诉。张家港市人民法院依法适用简易程序，实行独任审判，公开开庭审理了本案。

起诉书指控：2019年3月5日至3月13日，被告人陈某作为张家港宏昌钢板有限公司原料烧结五车间环冷机区域负责人，在明知该车间内环冷机台

---

① （2020）苏0582刑初554号。

车运转时不能进行环冷机密封罩作业的情况下,仍多次向黄某带领的烧冷班组派发相关维修事项,并利用考核罚款的方式责令黄某、卢某某等人违章作业,致使卢某某头部被环冷机台车挤压后当场死亡。

案发后,卢某某近亲属已获经济赔偿。2019年12月3日,被告人陈某主动向张家港市公安局投案,后如实供述了上述犯罪事实,认罪认罚。

以上事实,被告人陈某在开庭审理过程中均无异议,并有证人宋某某等人的证言、设备检修管理制度、事故调查报告、调查笔录、协议书、转账凭证、发破案经过、抓获经过、被告人陈某的供述笔录、常住人口信息等证据予以证实,足以认定。

【审判结果】

张家港市人民法院认为,被告人陈某强令他人违章冒险作业,因而发生重大伤亡事故,致1人死亡,其行为已构成强令违章冒险作业罪。鉴于被告人陈某系自首、认罪认罚、被害人家属已获得赔偿等情节,可以从轻、从宽处罚。被告人陈某符合缓刑适用条件,依法可宣告缓刑。江苏省张家港市人民检察院指控成立。为严肃法制,维护安全生产管理秩序,张家港市人民法院对被告人陈某依照《刑法》第134条第2款、第67条第1款、第72条第1款、第73条第2款和第3款及《刑事诉讼法》第15条之规定,作出如下判决:被告人陈某犯强令违章冒险作业罪,判处有期徒刑1年6个月,缓刑2年。

六、不报、谎报安全事故罪

(一)刑法条文

第一百三十九条之一 在安全事故发生后,负有报告职责的人员不报或者谎报事故情况,贻误事故抢救,情节严重的,处三年以下有期徒刑或者拘役;情节特别严重的,处三年以上七年以下有期徒刑。

（二）犯罪构成

1. 法益

对于本罪侵害的法益是生产、作业中的人身、财产安全这一观点是不存在争议的，而有学者认为，本罪法益除此之外还应包括安全事故的报告制度。[①] 本书认为按照刑法条文，在不报或者谎报事故但未贻误事故抢救的情况下不构成本罪，也就是说虽然可能已经违反了安全事故的报告制度但未构成情节严重或者说未对公共安全产生威胁的情况下是不构成本罪的，因此法益同时包括安全事故报告制度的观点存在一定的问题。

2. 客观行为

本罪在客观方面表现为行为人在安全事故发生后，不报或者谎报事故情况，贻误事故抢救，情节严重的行为。

首先，本罪的核心行为就是不报或者谎报事故情况。"不报"即是在安全事故发生后隐瞒事故情况，将整个安全事故的真相对有关部门进行隐瞒，或者不按照规定完整地向有关部门报告安全事故发生的情况。"谎报"则是指虚构事实，未将真实事故情况向相关部门进行报告，而是进行了扭曲与虚报。大部分谎报都是将严重的事故情况虚报成较为轻微的事故或者将持续在扩大的事态虚报为已经得到控制。

其次，这里的"安全事故"既可以是过失导致的事故，也可以是意外事件导致的事故，包括生产经营单位发生的安全生产事故、大型群众性活动中发生的重大伤亡事故以及《刑法》第131条、第132条、第134条至第137条、第139条规定的安全事故。[②]

最后，不报或者谎报的行为与贻误事故抢救之间存在因果关系，即当行为人进行完整真实的报告仍会导致后果的发生时，就不应构成本罪。

3. 行为主体

本罪主体为特殊主体，是指生产工作中以及对群众性活动等负有组织、

[①] 参见高铭暄、马克昌主编：《刑法学》（第八版），北京大学出版社、高等教育出版社2017年版，第367页。

[②] 参见张明楷：《刑法学》（第五版），法律出版社2016年版，第732页。

指挥或者管理职责的负责人、管理人员、实际控制人、在生产活动中负责生产经营管理的投资人,以及其他负有报告职责的人员。这里的"其他负有报告职责的人员"也包含地方政府中对相关生产活动具有监督管理职责的和对群众性活动进行管理的主要责任人员。

4. 主观罪过

本罪的主观罪过为故意,即行为人明知不向有关部门报告真实的安全事故情况是违反规定且可能会导致贻误事故抢救,而故意不报告或者进行谎报,放任严重后果的产生的心理态度。而不报和谎报的动机具体是为了逃避责任还是为了贪图方便等对本罪的主观方面认定不存在影响,但可能会对情节严重程度有一定的影响。

(三)司法认定

1. 共同犯罪

在安全事故发生后,与负有报告职责的人员串通,不报或者谎报事故情况,贻误事故抢救,情节严重的,依照《刑法》第139条之一的规定,以共犯论处。[①]

2. 停止形态

生产安全事故发生后,负有报告职责的国家工作人员不报或者谎报事故情况,贻误事故抢救,尚未构成不报、谎报安全事故罪的,若构成其他相关犯罪的,依法从重处罚。[②]

3. 罪数

安全事故发生后,负有报告职责的国家工作人员不报或者谎报事故情况,贻误事故抢救,情节严重,构成不报、谎报安全事故罪,同时构成职务犯罪或其他危害生产安全犯罪的,依照数罪并罚的规定处罚。[③]

---

① 《最高人民法院、最高人民检察院关于办理危害生产安全刑事案件适用法律若干问题的解释》第9条。
② 《最高人民法院关于进一步加强危害生产安全刑事案件审判工作的意见》第15条。
③ 《最高人民法院关于进一步加强危害生产安全刑事案件审判工作的意见》第11条。

（四）量刑标准

本罪具有"情节严重"以及"情节特别严重"的要求，根据《最高人民法院、最高人民检察院关于办理危害生产安全刑事案件适用法律若干问题的解释》第8条的规定，具有下列情形之一的，应当认定"情节严重"：（1）导致事故后果扩大，增加死亡1人以上，或者增加重伤3人以上，或者增加直接经济损失100万元以上的；（2）实施下列行为之一，致使不能及时有效开展事故抢救的：① 决定不报、迟报、谎报事故情况或者指使、串通有关人员不报、迟报、谎报事故情况的；② 在事故抢救期间擅离职守或者逃匿的；③ 伪造、破坏事故现场，或者转移、藏匿、毁灭遇难人员尸体，或者转移、藏匿受伤人员的；④ 毁灭、伪造、隐匿与事故有关的图纸、记录、计算机数据等资料以及其他证据的；（3）其他情节严重的情形。具有下列情形之一的，应当认定为"情节特别严重"：（1）导致事故后果扩大，增加死亡3人以上，或者增加重伤10人以上，或者增加直接经济损失500万元以上的；（2）采用暴力、胁迫、命令等方式阻止他人报告事故情况，导致事故后果扩大的；（3）其他情节特别严重的情形。

第12条第1款规定，具有下列情形之一的，从重处罚：（1）未依法取得安全许可证件或者安全许可证件过期、被暂扣、吊销、注销后从事生产经营活动的；（2）关闭、破坏必要的安全监控和报警设备的；（3）已经发现事故隐患，经有关部门或者个人提出后，仍不采取措施的；（4）1年内曾因危害生产安全违法犯罪活动受过行政处罚或者刑事处罚的；（5）采取弄虚作假、行贿等手段，故意逃避、阻挠负有安全监督管理职责的部门实施监督检查的；（6）安全事故发生后转移财产意图逃避承担责任的；（7）其他从重处罚的情形。

第13条规定，在安全事故发生后积极组织、参与事故抢救，或者积极配合调查、主动赔偿损失的，可以酌情从轻处罚。

（五）解释索引

（1）《最高人民法院、最高人民检察院关于办理危害生产安全刑事案件适用法律若干问题的解释》（2015 年 12 月 14 日）；

(2)《最高人民法院关于进一步加强危害生产安全刑事案件审判工作的意见》（2011 年 12 月 30 日）。

（六）案例举要

 黄庆、杨世文等不报、谎报安全事故案[①]

2017 年 2 月 20 日 12 时许，神华公司下属的猫场煤矿在采掘作业活动过程中，顶板脱落，致煤矿工人高某、石某某死亡，罗某被砸伤。事故发生后，猫场煤矿矿长黄庆在该煤矿组织救援的同时，向神华公司生产副总经理、猫场煤矿总经理杨世文及该煤矿的承包人杨某甲报告，而未按照相关规定向有关部门和政府报告事故，后杨世文打电话向神华公司法定代表人、总经理杨国荣汇报此起安全事故，亦未按照相关规定向有关部门和政府报告事故，当时，神华公司高层相关领导召开重庆冠诚公司并购神华公司后的交接会议，杨国荣亦未按照相关规定向有关部门和政府报告事故，而是当场在会议上提出发生此次事故的情况，同时与潘峻提出此次事故报不报的问题，神华公司决策层并未明确是否向有关部门和政府报告此次事故，而是决定安排公司副总经理刘某、神华公司大方分公司、猫场煤矿负责人潘峻到猫场煤矿处理此起事故。杨世文打电话向杨国荣汇报后，以"保矿保人"为由与猫场煤矿矿长黄庆、副总经理周某商量，决定不将该起事故上报相关监管职能部门，并安排人员与死者家属、伤者协商私了此起事故，黄庆又组织人员销毁伪造猫场煤矿灯发放记录等资料，逃避事故核查。当日下午，黄庆、杨世文联系猫场煤矿承包人杨某甲，向其借 400 万元处理该起事故中死者、伤者赔偿事宜。杨世文将猫场煤矿事故报告杨国荣要求神华公司拿钱与死者家属私和，杨国荣以公司没钱为由让杨世文找杨某甲借钱与死者家属私和，后杨某甲答应借款 400 万元给神华公司用于与死者家属私了。当晚，刘某、潘峻到达猫场煤矿了解事故发生的情况后，未向相关监管职能部门上报该起事故便擅自离开。2017 年 2 月 21 日早上，杨世文、杨某甲到神华公司，杨国荣以神华公司名义

---

① （2017）黔 0521 刑初 303 号。

向杨某甲借款400万元，杨某甲将130万元存入龙某银行账户、将268万元存入死者高某亲属金某银行账户。

贵州省大方县人民法院认为，被告人杨国荣作为神华公司法定代表人、总经理、猫场煤矿安全生产主要负责人，被告人杨世文作为神华公司生产副总经理，对集团公司全面负责的猫场煤矿总经理，被告人潘峻作为神华公司大方分公司、猫场煤矿负责人，被告人黄庆作为猫场煤矿矿长、安全生产第一责任人，四被告人在安全事故发生后，隐瞒事故真相，不按照相关规定向有关部门和政府报告事故情况，专业救援队伍未能及时开展救援，情节严重，其行为已触犯《刑法》第139条之一，构成不报安全事故罪。

本案中，被告人黄庆作为猫场煤矿矿长、安全生产第一责任人，在事故发生后，有责任向有关职能部门上报而未上报，且采用瞒报、销毁相关资料记录、私了等方式掩盖事故真相，应承担主要责任；被告人杨世文作为负责猫场煤矿全矿工作的总经理，在事故发生后，商议决定"保矿保人"，积极参与隐瞒矿难真相，亦应承担主要责任，两人的行为使负有安全生产监督管理职责的相关部门没有及时赶赴事故现场参与指挥施救和处理善后事宜；被告人杨国荣、潘峻得知本次安全事故发生时，两死一伤的后果已经存在，虽有参与隐瞒不报行为，但犯罪情节轻微；四被告人到案后如实供述其犯罪事实，有坦白情节，依照《刑法》第67条第3款之规定，可以从轻处罚；事故发生后，被告人杨世文、黄庆积极组织、参与抢救，并与杨国荣、潘峻积极筹集资金赔偿遇难矿工家属及受伤矿工的经济损失，使伤者及矿难者家属及时得到赔偿，对四被告人可酌情从轻处罚，综合以上量刑情节，本院决定对被告人杨国荣、潘峻免予刑事处罚；对被告人杨世文、黄庆从轻处罚并对被告人杨世文适用缓刑。

对黄庆的辩护人所作黄庆系从犯的辩护意见，经查，根据黄庆担任的职务，其作为猫场煤矿矿长、安全生产第一责任人履行重要职责，在安全事故发生后，应积极上报而未上报，该上报不上报的决定虽不完全是黄庆独自作出，但不能据此认定其系从犯，对该辩护意见不予采纳。对被告人杨国荣、杨世文、潘峻的辩护人所作杨国荣、杨世文、潘峻不具有不报安全事故罪的主体资格条件的辩护意见，本案证据证明，被告人杨国荣作为神华公司法定代表人、总经理、猫场煤矿安全生产主要负责人，被告人杨世文作为神华公司生产副总经理、对集团公司全面负责的猫场煤矿总经理，被告人潘峻作为神华公司大方分公司、猫场煤矿负责人，根据《最高人民法院、最高人民检察院关于办理危害矿山生产安全刑事案件具体应用法律若干问题的解释》第4条的规定，三被告人均属《刑法》第139条之一规定的负有报告职责的人员，系本案不报安全事故罪的主体，但可根据其在本案中所处的地位和所起的作用予以从宽处理，对该辩护意见不予采纳。

据此，为保护国家安全生产管理制度不受侵犯，依照《刑法》第139条之一、第25条、第37条、第67条第3款、第72条之规定，判决如下：被告人黄庆犯不报安全事故罪，判处有期徒刑8个月；被告人杨世文犯不报安全事故罪，判处有期徒刑8个月，缓刑1年；被告人杨国荣犯不报安全事故罪，免予刑事处罚；被告人潘峻犯不报安全事故罪，免予刑事处罚。

七、铁路运营安全事故罪

（一）刑法条文

第一百三十二条　铁路职工违反规章制度，致使发生铁路运营安全事故，造成严重后果的，处三年以下有期徒刑或者拘役；造成特别严重后果的，处三年以上七年以下有期徒刑。

（二）犯罪构成

1. 法益

本罪侵害的法益是铁路运输、运营中公众的人身与财产安全。

2. 客观行为

本罪在客观方面表现为违反规章制度，致使发生铁路运营安全事故，造成严重后果的行为。本罪刑法条文所述之"违反规章制度"，是指违反与铁路运营相关的各种规章制度，如交通运输管理法规、《铁路旅客运输规程》等。"铁路运营事故"，因为有严重后果的要求，是指铁路运营中发生的列车出轨、相撞、爆炸等较为严重的事故，^①但不包括意外事件导致的事故。另外，行为人违反规章制度的行为必须与发生铁路运营安全事故的后果之间存在因果关系。

3. 行为主体

本罪主体为特殊主体，即铁路职工。在铁路职工的认定中，学界也存在一些争议：有学者认为铁路职工应当包括分管"铁路安全监督管理"的责任人，^②而另一部分学者则强调"直接关系"，从而认为本罪所指"铁路职工"只能是运营第一线职工。^③本书认为本罪的主体应当按照铁路职工文本本身的含义限制在具有直接关系的人员之中，而不应进行类推解释超出文本本身，扩大铁路职工的含义。因此本罪的铁路职工应当是具体从事铁路运营业务、与保障列车运营安全有直接关系的人员。

4. 主观罪过

本罪的主观罪过为过失，即对发生铁路运营安全事故，造成严重后果具有疏忽大意或者过于自信的过失。而对于违反规章制度则可以是明知的。

（三）司法认定

罪数认定上，符合相关身份要求的主体在违反规章制度中致使发生铁路运营安全事故的，也可能构成玩忽职守罪，与铁路运营安全事故罪想象竞合，从一重罪处罚。

根据《最高人民法院、最高人民检察院关于办理危害生产安全刑事案件适用法律若干问题的解释》第12条第2款的规定，实施本罪的犯罪行为，采取弄虚作假、行贿等手段，故意逃避、阻挠负有安全监督管理职责的部门实施监督检查，同时构成《刑法》第389条规定的犯罪的，对本罪从重处罚，

---

① 参见陈兴良：《规范刑法学》（第四版），中国人民大学出版社2017年版，第511页。
② 参见邓君韬：《铁路事故监管责任研究——兼谈大部制改革对铁路检察实务的影响》，载《河北法学》2014年第6期。"4·28"胶济铁路特别重大交通事故刑事判决中认为，原济南铁路局副局长郭吉光身为铁路职工，违反铁路规章制度，导致发生特别重大交通事故，后果特别严重，构成铁路运营安全事故罪，此判决即支持了"铁路职工"包括分管铁路安全监督管理的责任人的观点。
③ 参见高铭暄、马克昌主编：《刑法学》（第八版），北京大学出版社、高等教育出版社2017年版，第355页。

并依照数罪并罚的规定处罚。

第 10 条规定，在安全事故发生后，直接负责的主管人员和其他直接责任人员故意阻挠开展抢救，导致人员死亡或者重伤，或者为了逃避法律追究，对被害人进行隐藏、遗弃，致使被害人因无法得到救助而死亡或者重度残疾的，分别依照《刑法》第 232 条、第 234 条的规定，以故意杀人罪或者故意伤害罪定罪处罚。

第 14 条规定，国家工作人员的贪污、受贿犯罪行为与安全事故发生存在关联性的，从重处罚；同时构成贪污、受贿犯罪和危害生产安全犯罪的，依照数罪并罚的规定处罚。

（四）量刑标准

铁路运营安全事故罪要求"造成严重后果"或者"发生重大伤亡事故或者造成其他严重后果"，根据《最高人民法院、最高人民检察院关于办理危害生产安全刑事案件适用法律若干问题的解释》第 6 条第 1 款的规定，具有下列情形之一的，对相关责任人员，处 3 年以下有期徒刑或者拘役：（1）造成死亡 1 人以上，或者重伤 3 人以上的；（2）造成直接经济损失 100 万元以上的；（3）其他造成严重后果或者重大安全事故的情形。

第 7 条第 1 款规定，具有下列情形之一的，对相关责任人员，处 3 年以上 7 年以下有期徒刑：（1）造成死亡 3 人以上或者重伤 10 人以上，负事故主要责任的；（2）造成直接经济损失 500 万元以上，负事故主要责任的；（3）其他造成特别严重后果、情节特别恶劣或者后果特别严重的情形。

第 12 条第 1 款规定，具有下列情形之一的，从重处罚：（1）未依法取得安全许可证件或者安全许可证件过期、被暂扣、吊销、注销后从事生产经营活动的；（2）关闭、破坏必要的安全监控和报警设备的；（3）已经发现事故隐患，经有关部门或者个人提出后，仍不采取措施的；（4）1 年内曾因危害生产安全违法犯罪活动受过行政处罚或者刑事处罚的；（5）采取弄虚作假、行贿等手段，故意逃避、阻挠负有安全监督管理职责的部门实施监督检查的；（6）安全事故发生后转移财产意图逃避承担责任的；（7）其他从重处罚的情形。

在安全事故发生后积极组织、参与事故抢救,或者积极配合调查、主动赔偿损失的,可以酌情从轻处罚。①

(五) 解释索引

《最高人民法院、最高人民检察院关于办理危害生产安全刑事案件适用法律若干问题的解释》(2015年12月14日)。

(六) 案例举要

朱某铁路运营安全事故案②

安康铁路运输检察院指控,2016年8月3日22时5分许,被告人朱某身为阳安线勉西车站站内K71+650M铁路道口巡守员,在作业时违反工作规章制度,没有按照规定在列车来临前放下道口防护栏杆,致使K258次列车与一辆北京现代ix35牌照为陕AL9M××的机动小汽车相撞,发生铁路运营安全事故。事故造成机动小汽车内人员李某(男,47岁)死亡、小汽车驾驶员蔡某某(男,51岁)及小汽车内另一人员魏某某(男,39岁)轻伤,小汽车严重毁损,火车牵引机车受损无法正常运行,机车与小汽车直接经济损失共计168700元。

公诉机关认为被告人朱某身为铁路职工,在作业过程中违反相关规章制度,致使发生铁路运营安全事故,造成严重后果,其行为应当以铁路运营安全事故罪追究刑事责任。被告人朱某归案后能如实供述自己的罪行,系坦白,可以从轻处罚,检察机关提供了相应的证据,请求依法惩处。

被告人朱某对指控的犯罪事实及罪名无异议;提出具有自首、坦白等法定从轻或减轻情节,请求法院从轻或减轻处罚的辩解意见。同时,在法庭审理阶段,被告人朱某与被害人李某的家属达成刑事附带民事和解协议,被害人李某的家属及被害人蔡某某、魏某某对被告人朱某认罪悔罪、赔礼道歉的

---

① 《最高人民法院、最高人民检察院关于办理危害生产安全刑事案件适用法律若干问题的解释》第13条。

② (2017)陕7101刑初2号。

态度表示接受,并给予谅解。

安康铁路运输法院认为,被告人朱某身为铁路职工,在作业过程中违反相关规章制度,致使发生铁路运营安全事故,造成严重后果,其行为构成铁路运营安全事故罪,公诉机关指控的罪名成立。被告人朱某提出其事故发生后未逃跑系自首的辩解意见,经查,被告人朱某系传唤到案,故其自首的辩解意见不予采信,被告人朱某归案后能如实供述自己的罪行,系坦白,可以从轻处罚。被告人朱某在本次铁路交通事故中负次要责任,且积极补偿被害人经济损失,有悔罪表现,犯罪情节轻微,依法可以免予刑事处罚。依照《刑法》第132条、第67条第3款、第37条之规定,判决被告人朱某犯铁路运营安全事故罪,免予刑事处罚。

八、重大飞行事故罪

(一) 刑法条文

第一百三十一条 航空人员违反规章制度,致使发生重大飞行事故,造成严重后果的,处三年以下有期徒刑或者拘役;造成飞机坠毁或者人员死亡的,处三年以上七年以下有期徒刑。

(二) 犯罪构成

1. 法益

本罪侵害的法益是指在民用航空运输活动中的公共安全,即在此活动中不特定多数人的生命健康的权益以及重大公私财产的安全。

2. 客观行为

本罪在客观方面表现为违反规章制度,致使发生重大飞行事故,造成严重后果的行为。

"违反规章制度",是指违反了有关民用航空器的地面维修、操作管理、空域管理、运输管理、人员管理及飞行安全管理等方面的涉及航空运输活动的、保障安全飞行的各项制度，包括《中华人民共和国民用航空法》等法律、法规的规定和航空运输主管部门所制定的旨在规范航空运输活动，确保飞行安全的各项规章制度。违反规章制度的行为，可以表现为多种形式，既可以是以作为的方式，如超过飞行高度等，也可以是以不作为的方式，如航空器修理师不全面检查、维修航空器。[1]

本罪的成立，必须是行为人违反规章制度，致使航空器在飞行的过程中发生重大的飞行事故，造成了严重后果。就本罪而言，"重大飞行事故"是指航空器在飞行过程中因人为原因发生的危及公共安全的事故。"造成严重后果"，一般是指违章行为致使航空器或者其他航空设施遭受严重损坏、航空器上人员受重伤、公私财产受到严重损失等。有学者认为，"严重后果"还应包括违章行为致使航空器上人员的死亡，[2] 而法定刑针对人员死亡设置的第二档量刑情节，为本罪的加重处罚事由。[3] 此外，在违章行为导致的重大飞行事故中罹难的"人员"，既包括航空人员，也包括航空人员之外的人员。

3. 行为主体

本罪主体为特殊主体，即航空人员，指的是依照相关的规章制度从事民用航空活动的空勤人员和地面人员。根据《中华人民共和国民用航空法》第39条的规定，空勤人员，包括驾驶员、飞行机械人员、乘务员；地面人员，包括民用航空器维修人员、空中交通管制员、飞行签派员、航空电台通信员。

4. 主观罪过

本罪的主观罪过表现为过失，指行为人应当预见自己违反规章制度的行为可能会导致重大飞行事故的发生，造成严重后果，因为疏忽大意没有预见，或者已经预见但过于自信认为能够避免，而导致重大飞行事故的发生，造成严重后果。对于违章行为，行为人的主观心态可以是故意，也可以是过失。

---

[1] 参见刘宪权主编：《刑法学》（第四版），上海人民出版社2016年版，第433页。
[2] 刘宪权、陈兴良等学者在其主编的刑法学教科书中均有提及。
[3] 参见陈兴良：《规范刑法学》（第四版），中国人民大学出版社2017年版，第523页。

(三) 司法认定

1. 罪与非罪

本罪的成立,要求违章行为导致重大飞行事故的发生,并且造成了严重后果。

2. 本罪与暴力危及飞行安全罪

如果行为主体是其他人员,故意对飞行中的航空器上的人员使用暴力,危害飞行安全,或者行为主体虽然是航空人员,但并未实施违章行为,而是以暴力手段威胁飞行中的航空器上的人员,危及飞行安全的,不构成本罪。因为本罪为过失犯罪,并且要求是由于航空人员实施了违反航空管理的规章制度的行为导致的。

3. 本罪与过失损坏交通工具罪、过失损坏交通设施罪

三者均为过失犯罪,但根据主体是否是特殊主体或行为人的损坏行为是否是因为违反航空管理的规章制度导致的,会造成罪名认定上的不同。如果主体是特殊主体,且损坏航空器或航空设备的行为是因为实施了违章行为导致的,则构成本罪。除此之外,构成后两罪名。

(四) 量刑标准

根据《刑法》第131条的规定,航空人员违反规章制度,致使发生重大飞行事故,造成严重后果的,处3年以下有期徒刑或者拘役;造成飞机坠毁或者人员死亡的,处3年以上7年以下有期徒刑。

(五) 案例举要

◆ 齐全军重大飞行事故案[①]

黑龙江省伊春市伊春区人民法院审理伊春区人民检察院指控被告人齐全军犯重大飞行事故罪一案,于2014年12月19日作出(2014)伊刑初字第17号刑事判决。

[①] (2015) 伊中刑一终字第2号。

伊春区人民法院在一审判决中认定：2010年8月24日晚，齐全军担任机长执行河南航空E190机型B3130号飞机哈尔滨至伊春VD8387定期客运航班任务，由朱某担任副驾驶，二人均为首次执行伊春林都机场飞行任务。当日航班上共有96人，其中机组5人，乘客91人。20时51分飞机从哈尔滨太平国际机场起飞，21时10分飞行机组首次与伊春林都机场塔台建立联系，塔台管制员向飞行机组通报着陆最低能见度为2800米。按照河南航空《飞行运行总手册》规定，首次执行某机场飞行任务应将着陆最低能见度增加到3600米，但飞行机组没有执行此规定，继续进近。21时33分50秒飞行机组完成程序转弯，飞机高度1138米，报告跑道能见，机场管制员发布着陆许可，并提醒飞行机组最低下降高度440米。按照中国民用航空局《大型飞机公共航空运输承运人运行合格审定规则》规定，当飞机到达最低下降高度，在接近复飞点之前的任何时间内，驾驶员至少能清楚地看到和辨认计划着陆跑道的目视参考，方可继续进近到低于最低下降高度并着陆。21时37分31秒飞机穿越最低下降高度440米，但此时飞机仍然在辐射雾中，飞行机组未能看见机场跑道。21时38分05秒至08秒飞机无线电高度自动语音连续提示飞机距离地面高度。此时飞行机组始终未能看见机场跑道，未建立着陆所必需的目视参考，未采取复飞措施。21时38分08秒飞机在位于伊春市林都机场30号跑道入口外跑道延长线上690米处坠毁。事故发生后，机长齐全军擅自撤离飞机。机上幸存人员分别通过飞机左后舱门、驾驶舱左侧滑动窗和机身壁板的两处裂口逃生。事故共造成41名乘客和3名机组人员死亡，14人重伤，29人轻伤，8人轻微伤，1人未作伤情鉴定，直接经济损失30891万元。

伊春区人民法院认为：被告人齐全军作为客运航班当班机长，违反航空运输管理的有关规定，违规操纵飞机实施接近并着陆，致使飞机坠毁，造成机上44人死亡、52人受伤，直接经济损失30891万元的严重后果，其行为已构成重大飞行事故罪，应当依法承担刑事责任。根据国家安全生产监督管理总局事故调查报告，本起事故的直接原因是机长及飞行机组违规操纵飞机所致，齐全军作为机长应对事故发生负直接责任。鉴于本案的具体情节及齐全军认罪悔罪的表现，可对齐全军从轻处罚。依照《刑法》第131条、第47条、第61条的规定，认定被告人齐全军犯重大飞行事故罪，判处有期徒刑

3年。

宣判后,齐全军不服,以一审法院未说明理由,拒绝辩护人提出的证人出庭及调取新证据的申请,违反程序;一审判决认定其事故发生后能救却不救的事实没有依据,属于杜撰;一审法院安排的专业人员在出庭时歪曲事实;一审判决将结论不客观、不真实的事故调查报告作为证据使用错误;此次空难系多因一果,量刑畸重为理由,提出上诉。

辩护人除提出与齐全军上诉理由相同的辩护意见外,还提出一审法院未允许辩护人对机组与伊春塔台通话录音充分辨认,违反程序;未查明地形警告系统不起作用的原因的辩护意见。

二审法院伊春市中级人民法院认为:上诉人齐全军作为客运航班当班机长,违反航空运输管理的有关规定,违规操纵飞机实施进近着陆,致使飞机坠毁,造成多人伤亡和重大经济损失,其行为已构成重大飞行事故罪。根据一审庭前会议和庭审记录,一审法院对于辩护人所提通知证人出庭和调取新证据的申请已作出安排,并在第二次庭前会议时播放了辩护人申请调取的包括机组与伊春塔台通话录音的驾驶舱话音记录,听取了辩护人的意见;庭审中经法庭询问,辩护人当庭表示不再申请证人出庭作证,亦未再提出调取新证据的申请。齐全军及其辩护人所提一审法院未说明理由,拒绝辩护人提出的证人出庭和调取新证据的申请及辩护人提出的一审法院未允许其对通话录音充分辨认的上诉理由和辩护意见不能成立。一审判决认定"事故发生后,机长齐全军擅自撤离飞机"的事实,有齐全军的供述、部分受害人陈述及河南航空《飞行运行总手册》关于航空器遇险时机长职责的规定予以证实。齐全军及其辩护人所提一审判决杜撰事实的上诉理由和辩护意见不能成立。事故调查报告是由国务院组织专业技术人员通过调查分析和科学论证作出的,其结论与其他证据能够相互印证,可以作为定案的根据。齐全军及其辩护人所提事故调查报告不客观、不真实,一审法院认定错误的上诉理由和辩护意见不能成立。两名具有航空专业知识的人员在一审庭审中,只是对事故调查报告和航空专业知识作出说明和解释。齐全军及其辩护人所提具有专门知识的人员在庭审中歪曲事实的上述理由和辩护意见不能成立。此次事故造成飞机坠毁、44人死亡、52人受伤、直接经济损失30891万元的严重后果,齐全军作为机长应负直接责任。一审判决考虑到本案的具体情节,已对齐全军予以从轻处罚,齐全军及其辩护人所提一审判决量刑畸重的上诉理由及辩护意见,不予采纳。一审判决认定的事实清楚,证据确实、充分,定罪准确,量刑适当,审判程序合法。依照《刑事诉讼法》第225条第1款第1项的规定,裁定驳回上诉,维持原判。裁定为终审裁定。

九、大型群众性活动重大安全事故罪

(一) 刑法条文

第一百三十五条之一 举办大型群众性活动违反安全管理规定,因而发生重大伤亡事故或者造成其他严重后果的,对直接负责的主管人员和其他直接责任人员,处三年以下有期徒刑或者拘役;情节特别恶劣的,处三年以上七年以下有期徒刑。

(二) 犯罪构成

1. 法益

本罪侵害的法益是公共安全,即群众的生命健康权与财产安全。

2. 客观行为

本罪在客观方面表现为举办大型的群众性活动,违反安全管理规定,因而发生重大伤亡事故或造成其他严重后果的行为。所谓"大型群众性活动",根据《大型群众性活动安全管理条例》第2条,是指法人或者其他组织面向社会公众举办的每场次预计参加人数达到1000人以上的活动。其中,既包括有偿的活动,也包括公益的活动,既包括官方组织的活动,也包括民间自发举办的活动。"安全管理规定",指的是国家有关部门制定的用以保障安全、顺利举行大型群众性活动的管理规定和保障群众安全的规定,如由国务院于2007年9月14日发布、2007年10月1日起施行的《大型群众性活动安全管理条例》。重大伤亡事故或其他严重后果应该是举办方违反管理规定的行为造成的。

3. 行为主体

本罪主体为特殊主体，即对此类重大安全事故直接负责的主管人员和其他直接责任人员。直接负责的主管人员，既包括主管举办大型群众性活动的组织、领导人员，也包括大型群众性活动的策划者、组织者和举办者；其他直接责任人员，指的是对大型群众性活动的安全、顺利举行的预案进行具体落实、执行的人员，如在举办大型群众性活动中的安全疏导员、安全监察员等。

4. 主观罪过

本罪的主观罪过为过失，即行为人对发生的重大伤亡事故或者造成的其他严重后果持过失的心理态度，行为人明知会发生重大伤亡事故或者造成其他严重后果而轻信不会发生，或者因疏忽大意未能预见。至于行为人对于违反安全管理规定的情况，既可以是故意，也可以是过失。

（三）司法认定

关于"造成严重后果""发生重大伤亡事故或者造成其他严重后果"的认定，根据《最高人民法院、最高人民检察院关于办理危害生产安全刑事案件适用法律若干问题的解释》第6条第1款的规定，实施本罪规定的行为，因而发生安全事故，具有下列情形之一的，应当认定为"造成严重后果"或者"发生重大伤亡事故或者造成其他严重后果"：（1）造成死亡1人以上，或者重伤3人以上的；（2）造成直接经济损失100万元以上的；（3）其他造成严重后果或者重大安全事故的情形。

（四）量刑标准

根据《刑法》第135条之一，犯本罪的，处3年以下有期徒刑或者拘役；情节特别恶劣的，处3年以上7年以下有期徒刑。

根据《最高人民法院、最高人民检察院关于办理危害生产安全刑事案件适用法律若干问题的解释》第7条第1款的规定，具有下列情形之一的，对相关责任人员，处3年以上7年以下有期徒刑：（1）造成死亡3人以上或者重伤10人以上，负事故主要责任的；（2）造成直接经济损失500万元以上，负事故主要责任的；(3) 其他造成特别严重后果、情节特别恶劣或者后果特别严重的情形。

(五) 解释索引

《最高人民法院、最高人民检察院关于办理危害生产安全刑事案件适用法律若干问题的解释》(2015 年 12 月 14 日)。

(六) 案例举要

◆ **王荣、赵红宇大型群众性活动重大安全事故案**[①]

重庆市沙坪坝区人民检察院指控，2016 年 4 月，被告人王荣与赵红宇经共同商议决定，于五一前后在重庆市沙坪坝区嘉陵江附近举办庆五一主题的冬泳、皮划艇水上活动，并决定二人共同负责该活动相关审批手续的办理及活动方案的制订和实施。2016 年 4 月 29 日，在未制订符合规定的安全工作方案、未制定突发事件应急预案、未采取足够安全保障措施、未取得相关政府行政管理部门审批同意的情况下，王荣、赵红宇以沙区冬泳协会、沙区皮划艇协会及重庆舟弋体育文化传播有限公司等名义，在重庆市沙坪坝区嘉陵江附近组织名为"磁器口皮划艇漂流 & 千人冬泳活动"的活动，导致活动中参与冬泳活动的被害人田某某、雷某某溺水死亡的重大安全事故。经鉴定，死者田某某、雷某某符合溺水死亡特征。

被告人王荣的辩护人及赵红宇的辩护人均提出本次活动是以个人名义组织，且人数未达 1000 人，不属于大型群众性活动的辩护意见。被告人王荣的辩护人提出王荣有宣布取消活动、阻止人员下水的行为，不应当承担刑事责任、王荣无罪的辩护意见。被告人赵红宇的辩护人提出赵红宇也并未参与本次冬泳活动策划，不应当对冬泳队发生的安全事故承担刑事责任，公诉机关指控的罪名不能成立、赵红宇无罪的辩护意见。

重庆市沙坪坝区人民法院认为，被告人王荣、赵红宇违反举办大型群众性活动安全管理规定，在未取得通航水域水上水下活动许可证的情况下，组

[①] (2017) 渝 0106 刑初 1326 号。

织大型群众性水上体育活动，发生二人死亡的重大伤亡事故，已构成大型群众性活动重大安全事故罪。公诉机关指控的事实和罪名成立，量刑建议基本适当，予以支持。

沙坪坝区人民法院认为，大型群众性活动是指法人或者其他组织面向社会公众举办的每场次预计参加人数达到1000人以上的活动。根据王荣、赵红宇组织的水上活动前的宣传、活动方案及活动当天的相关视频、照片可知，该活动规模已经具备了大型群众性活动的特征，因此，王荣、赵红宇组织的水上活动属于大型群众性活动；虽然重庆市沙坪坝区冬泳协会、皮划艇协会并未在民政局备案，但从活动方案、群体性活动安全检查记录、责令取消通知书等可知，王荣、赵红宇是以上述组织的名义在组织该次水上活动，故对二名被告人的辩护人的该辩护意见不予采纳。

关于被告人王荣的辩护人提出的活动当天亦有相关部门人员阻止人员下水，受害者不听从劝告自行下水，应当自行承担相应后果，王荣无罪的辩护意见，本院认为，从责令取消通知书及相关的证人证言可知，活动未开始前，磁器口派出所已经责令取消该次活动，但在开幕式上王荣并未向参加活动的冬泳队员说明情况，而是在到达下水点后才宣布活动取消，此时活动已经开始，现场的情况难以控制，加之没有相应的安全措施，才会导致二人死亡的严重后果，故对该辩护意见不予采纳。

关于被告人赵红宇的辩护人提出的赵红宇并未参与本次冬泳活动策划，不应当对冬泳队发生的安全事故承担刑事责任，公诉机关指控的罪名不能成立，赵红宇无罪的辩护意见，本院认为，赵红宇积极联系了相关媒体、赞助商，并且与王荣共同策划了"国富沙磁巷首届水上文化艺术节暨磁器口皮划艇漂流 & 千人冬泳活动"，赵红宇不能因为被害人系冬泳队员而免责，故对辩护人的该辩护意见不予采纳。被告人王荣如实供述自己的罪行，可以从轻处罚。被告人赵红宇主动投案，并如实供述自己的罪行，系首，可以从轻处罚。鉴于被告人王荣、赵红宇犯罪情节较轻，有悔罪表现，宣告缓刑对所居住社区没有重大不良影响，可以宣告缓刑。

依照《刑法》第135条之一、第67条第1款和第3款、第72条第1款、第73条第2款和第3款之规定，判决如下：被告人王荣犯大型群众性活动重大安全事故罪，判处有期徒刑 1 年，宣告缓刑 1 年；被告人赵红宇犯大型群众性活动重大安全事故罪，判处有期徒刑 10 个月，宣告缓刑 1 年。

十、危险物品肇事罪

（一）刑法条文

第一百三十六条　违反爆炸性、易燃性、放射性、毒害性、腐蚀性物品的管理规定，在生产、储存、运输、使用中发生重大事故，造成严重后果的，处三年以下有期徒刑或者拘役；后果特别严重的，处三年以上七年以下有期徒刑。

（二）犯罪构成

1. 法益

关于本罪侵害的法益，有学者认为，是指危险物品在生产、储存、运输、使用中的安全，即公共安全。[1] 也有学者认为，公共安全指的是不特定多数人的生命、健康和重大公私财产的安全。[2] 还有学者认为，本罪的客体是爆炸性、易燃性、放射性、毒害性、腐蚀性物品。[3] 本罪在《刑法》中分属"危害公共安全罪"一章，上述学者的观点争议主要集中在本罪中如何对"公共安全"进行解释上（认为本罪的客体是危险物品的观点，将客体理解为行为对象更为恰当）。因此，本书认为，本罪侵害的法益应当是危险物品在生产、储存、运输、使用中所可能影响的公共安全，以及危险物品本身所具有的财产价值和危险物品运输所应当遵循的规章制度。

2. 客观行为

本罪在客观方面表现为行为人违反爆炸性、易燃性、放射性、毒害性、腐蚀性物品的管理规定，在生产、储存、运输、使用过程中，发生重大事故，

---

[1] 参见高铭暄、马克昌主编：《刑法学》（第八版），北京大学出版社、高等教育出版社 2017 年版，第 365 页。
[2] 参见刘宪权主编：《刑法学》（第四版），上海人民出版社 2016 年版，第 443 页。
[3] 参见陈兴良：《规范刑法学》（第四版），中国人民大学出版社 2017 年版，第 539 页。

造成严重后果的行为。严重后果的发生必须与行为人违反管理规定生产、储存、运输、使用上述危险物品的行为存在因果关系，即严重后果是由于行为人的违章行为造成的。

3. 行为主体

本罪主体为一般主体，但在实务中主要是从事生产、保管、运输和使用危险物品相关工作的职工，其他人同样也可以构成本罪。

4. 主观罪过

本罪的主观罪过为过失。过失仅仅是针对行为人对自己所造成的重大事故后果的心理态度而言，即行为人因疏忽大意不能预见重大事故的发生或者已经预见却轻信能够避免。而对于行为人违反危险物品管理规定的心理态度，往往是故意，有些时候也可以是过失。

(三) 司法认定

1. 本罪与违反危险化学品安全管理规定运输危险化学品类型的危险驾驶罪

当行为人违反规定运输危险化学品的行为足以危及公共安全，但并未发生严重后果时，构成危险驾驶罪。危险驾驶罪是故意犯罪，但危险驾驶行为过失造成他人伤亡，符合危险物品肇事罪的犯罪构成的，应以危险物品肇事罪论处。此时，行为人对基本犯（危险驾驶罪）是故意，对加重结果为过失。当危险驾驶罪与危险物品肇事罪构成想象竞合时，行为人虽然对危险驾驶罪是故意的，但对危险物品肇事罪仍然是过失。[①]

2. 本罪与过失投放危险物质罪

当行为人的过失是"违反了关于危险物品管理规定"的特别过失，而非一般过失，并且行为对象是本罪规定的危险物品，且行为发生在危险物品生产、储存、运输、使用过程中时，构成本罪。除此之外，构成过失投放危险物质罪。

---

① 参见张明楷：《刑法学》（第五版），法律出版社2016年版，第731页。

3. 罪数形态

本罪行为实施时同时触犯过失投放危险物质罪、失火罪或过失爆炸罪的，构成想象竞合，以本罪论处。

(四) 量刑标准

根据《最高人民检察院、公安部关于公安机关管辖的刑事案件立案追诉标准的规定（一）》第 12 条的规定，违反本罪规定，涉嫌下列情形之一的，应予立案追诉：(1) 造成死亡 1 人以上，或者重伤 3 人以上的；(2) 造成直接经济损失 50 万元以上的；(3) 其他造成严重后果的情形。

根据《最高人民法院、最高人民检察院关于办理危害生产安全刑事案件适用法律若干问题的解释》第 6 条第 1 款的规定，实施本罪规定的行为，因而发生安全事故，具有下列情形之一的，应当认定为"造成严重后果"或者"发生重大伤亡事故或者造成其他严重后果"，对相关责任人员，处 3 年以下有期徒刑或者拘役：(1) 造成死亡 1 人以上，或者重伤 3 人以上的；(2) 造成直接经济损失 100 万元以上的；(3) 其他造成严重后果或者重大安全事故的情形。

根据《最高人民法院、最高人民检察院关于办理危害生产安全刑事案件适用法律若干问题的解释》第 7 条第 1 款的规定，实施本罪规定的行为，因而发生安全事故，具有下列情形之一的，对相关责任人员，处 3 年以上 7 年以下有期徒刑：(1) 造成死亡 3 人以上或者重伤 10 人以上，负事故主要责任的；(2) 造成直接经济损失 500 万元以上，负事故主要责任的；(3) 其他造成特别严重后果、情节特别恶劣或者后果特别严重的情形。

(五) 解释索引

(1)《最高人民法院、最高人民检察院关于办理危害生产安全刑事案件适用法律若干问题的解释》(2015 年 12 月 14 日)；

(2)《最高人民检察院、公安部关于公安机关管辖的刑事案件立案追诉标准的规定（一）》(2008 年 6 月 25 日)。

（六）案例举要

康兆元、王刚危险物品肇事案[①]

【基本案情】

江苏省淮安市中级人民法院经公开审理查明：山东省济宁市远达石化有限公司（以下简称"远达公司"）经营化工产品和原料的批发、零售，因不具备运输危险品的资质，遂与济宁科迪化学危险货物运输中心（以下简称"科迪中心"）签订委托管理合同，将远达公司的危险品运输车辆和驾驶人员挂靠入户到科迪中心名下从而取得运输危险品资质，但对人员和车辆的实际管理由远达公司经理马某国（另案处理）负责。

2005年3月28日上午，受马某国的指令，远达公司派驻在南京的车队队长张凤哲（另案处理）安排被告人王刚和康兆永驾驶鲁H×××99号槽罐车去山东省临沂市拖运液氯到江苏钟山石化有限公司。29日上午，王刚到临沂市沂州化工有限公司（以下简称"沂州化工公司"）申请装货，经沂州化工公司负责销售工作的销售二部经理刘超和公司副总经理朱平书（均另案处理）审批，违反鲁H×××99号罐车的核定载重技术要求，为该车充装40.44吨液氯。当日约18时40分，由被告人康兆永驾车、被告人王刚押车，沿京沪高速公路向南行驶到沂淮江段103km+525m处时，该车左前轮所使用的报废轮胎突然爆裂，致使车辆方向失控撞毁中间隔离护栏并冲入对面的上行车道，槽罐车与牵引车脱离后向左侧翻在道路上。事发时，山东临沂籍驾驶员马某军驾驶的鲁Q×××77号半挂车在上行车道正常向北行驶，因马某军紧急避让鲁H×××99号车未成功，鲁Q×××77号车的车体左侧与侧翻的鲁H×××99号罐车的顶部碰剐，致使罐车顶部的液相阀和气相阀阀门被撞脱落，罐内液氯大量泄漏。鲁Q×××77号车冲下护坡，马某军被夹在驾驶座位中间，同车副驾驶马某被摔出车外，后在马某的帮助下，马某军被转移至公路中间的隔离带。因交通肇事导致装载的液氯泄漏事故发生后，被告人康兆永、王刚立即越过高速公路的西边护网逃至附近的麦田内。在逃跑过程中，被告

[①] （2006）淮刑一初字第0001号判决书。

人王刚用手机拨打"110"电话报警称:"有辆装危险品液氯的半挂车,在京沪高速公路淮阴北出口南15 km处翻车。"当晚,被告人康兆永和王刚潜伏在附近的麦田观望现场抢险,约2—3小时后逃离现场至淮安市区住宿。次日上午乘车逃至南京,下午向南京警方投案自首。

该起液氯泄漏事故,造成山东籍驾驶员马某军、马某及事故现场周边的淮阴区、涟水县的大量群众中毒,其中共29人因氯气中毒死亡,王某等400余人住院治疗,陈某等1800余人门诊留治,1万余名村民被迫疏散转移,并造成数千头(只)的家畜、家禽死亡,大面积农作物绝收或受损,大量树木、鱼塘和村民的食用粮、家用电器受污染、腐蚀的巨额财产损失。

【公诉意见】

公诉机关认为,被告人康兆永驾驶具有安全隐患的车辆严重超载、超限运输剧毒化学品液氯,被告人王刚纵容驾驶员违规驾驶,二人在发生液氯泄漏事故后弃车离开现场,王刚报警又未说明液氯的数量、危害等情况和采取警示、救助措施,造成多人死亡、中毒以及特大公私财产损失,后果特别严重,二被告人的行为均已构成危险物品肇事罪。二被告人在案发后向公安机关自首,可以从轻处罚。

【辩护意见】

被告人康兆永对公诉机关的指控未作辩护。其辩护人认为:(1)公诉机关举证的法医鉴定结论未对29名被害人的死亡时间作出认定,淮安市人民政府所作的该起特大事故直接经济损失的《情况说明》不能作为认定本案经济损失的依据。因此,认定被告人康兆永的危险物品肇事行为已造成特别严重后果的证据不足。(2)本案事故发生后,公安机关接警人员未能问清楚事故的具体原因,在事故处理过程中又发生二次液氯泄漏,对由此原因造成的特别严重后果,被告人不应承担罪责。(3)被告人康兆永逃离现场后于次日即投案自首,其行为不构成逃逸。综上所述,对被告人康兆永应在3年以下量刑。

被告人王刚对公诉机关的指控未作辩护。其辩护人认为:(1)被告人王刚在事发后投案自首;(2)被告人王刚及时报警,客观上减轻了犯罪的危害性;(3)被告人王刚平时表现好,犯罪后认罪悔罪态度较好。请求对被告人王刚减轻处罚。

【审理过程】

江苏省淮安市中级人民法院根据案件事实和证据认为：被告人康兆永、王刚作为经过国家交通运输管理机关特别许可，从事危险品运输的专业驾驶员和押运员，明知违反国家安全规定运输高度危险的剧毒化学品液氯，有可能引发事故，危害公共安全，却轻信能够避免，驾驶、押运具有安全隐患的车辆超载、超限运输液氯，致使在行车过程中发生交通事故并引起液氯泄漏，造成不特定多数人中毒伤亡和公私财产的巨额损失。被告人康兆永、王刚的行为均构成危险物品肇事罪，且属于后果特别严重，依法应予严惩。公诉机关指控的罪名成立，予以支持。被告人康兆永驾驶不符合安全标准的车辆超载运输，被告人王刚不尽押运职责，对使用不合安全标准车辆超载运输行为予以纵容，二人共同违反保障危险物品运输安全的法定职责，从而导致所运输的危险物品肇事，对犯罪后果的发生作用相当，依法均应在3年以上、7年以下有期徒刑的幅度内量刑。二被告人在发生事故后害怕承担法律责任，迅速弃车逃离现场，虽然被告人王刚能够及时通过电话报警求助，期望通过警方的处置避免严重后果的发生，但是其报警时既未说明泄漏液氯的数量、危害及发生交通事故现场对方车辆的相关情况，也未设置现场警示标志和采取救助措施，故二被告人逃离现场不全面履行法定义务的行为，是造成本案特别严重后果的重要原因，对二被告人应酌情从重处罚。二被告人在事故发生的次日向公安机关投案自首，归案后对所犯罪行亦能坦白认罪，可对二被告人予以从轻处罚。对被告人王刚的辩护人所提王刚具有自首、报警和认罪态度较好等量刑情节的辩护意见，予以采纳。

针对被告人康兆永的辩护人提出的辩护意见，法院审理后认为：

首先，本案二名被告人驾驶不符合安全标准的车辆超载运输剧毒化学品液氯，发生交通事故后引起液氯泄漏，并在极短的时间内衍化为重大突发性公共灾难事件，造成事故现场周边特定范围内众多人员中毒和巨额财产受损。法医根据侦查机关的委托，于4月2日在殡仪馆对29名被害人的尸体进行检验，证实29名被害人均因氯气中毒死亡。虽然法医鉴定结论未作死亡时间认定，但基于本案的特定前因事件，足以证实29名被害人的死亡结果均是由于二名被告人运输液氯肇事行为所致。在本案液氯泄漏事故发生后，作为事故发生地的淮安市人民政府依法履行指挥和领导职责，立即采取必要措施营救受害人员，迅速控制危害源，并对事故受害群众的人身及财产受损情况进行调查，组织相关方面的专业人员进行损失情况评估。淮安市人民政府作出的《情况说明》是依法定职责对事故损失情况进行调查的结果，且据法庭核实，《情况说明》所反映的众多人员中毒和巨额财产损失的事实是客观存在的。但对事故直接经济损失的具体数额，由于公诉机关未能提供足以证明的相关证据，对指控认定的具体数额不予确认。对辩护人所提的辩护意见予以部分采纳。由于液氯泄漏造成众多人员中毒（其中29人死亡）以及巨额财产损失的特别严重后果，与被告人康兆永、王刚的运输液氯肇事行为之间存在因果关系，故对被告人康兆永的辩护人所提的相关辩护意见不予采纳。

其次，辩护人认为警方在接警时未能向报警人王刚问清楚事故的具体原因，以及由于事故处理措施存在不当而造成液氯二次泄漏，扩大了本案的危害后果。辩护人对此没有提供相关证据，该项辩护意见没有事实依据，不予采信。

最后，被告人康兆永、王刚均供认其为了逃避法律处罚，在事故发生后迅速逃离现场，此行为属于逃逸性质，故辩护人认为不构成逃逸的辩护意见亦不能成立。鉴于二被告人故意违反危险物品运输安全的规定，在危险物品肇事行为发生后不全面履行法定义务，最终造成本案特别严重的危害后果和极其恶劣的社会影响，故对被告人王刚的辩护人所提请求对被告人王刚减轻处罚和被告人康兆永的辩护人所提应判处3年以下有期徒刑的辩护意见，均不予采纳。

【判决结果】

江苏省淮安市中级人民法院依照《刑法》第136条、第25条第2款之规定，作出如下判决：被告人康兆永犯危险物品肇事罪，判处有期徒刑6年6个月；被告人王刚犯危险物品肇事罪，判处有期徒刑6年6个月。一审判决后，二被告人均没有上诉。

十一、工程重大安全事故罪

(一) 刑法条文

第一百三十七条 建设单位、设计单位、施工单位、工程监理单位违反国家规定，降低工程质量标准，造成重大安全事故的，对直接责任人员，处五年以下有期徒刑或者拘役，并处罚金；后果特别严重的，处五年以上十年以下有期徒刑，并处罚金。

(二) 犯罪构成

1. 法益

本罪侵害的法益是国家有关建筑工程质量标准的规定以及公众的生命、健康和重大公私财产的安全，也就是公共安全。[①] 工程重大安全事故的发生，意味着工程质量不达标，这就侵犯了相关质量标准的规定和管理秩序。同时，此类犯罪造成的重大安全事故往往会影响建筑物内公众的生命、健康，同时也是对工程本身投入的资金的浪费，严重地损耗了公私财物。

2. 客观行为

本罪在客观方面表现为建设单位、设计单位、施工单位、工程监理单位违反国家规定，降低工程质量标准，造成重大安全事故的行为。行为主体违反的"国家规定"，是指国家关于建筑工程质量监督管理的法律法规，如《建设工程质量管理条例》《建设工程消防设计审查验收管理暂行规定》等。"降低工程质量标准"的行为可以表现为多种形式，如不按照工程设计图纸和施工技术标准施工，擅自修改工程设计、偷工减料进行施工，擅自使用未经检验或检验不合格的建筑材料、建筑构配件、设备，超越本单位资质等级许可的范围承担工程监理业务等。

[①] 参见高铭暄、马克昌主编：《刑法学》（第八版），北京大学出版社、高等教育出版社2017年版，第366页。

3. 行为主体

关于本罪的行为主体的认定，存在着几种不同的观点。有学者认为，本罪的主体是建设单位、建筑设计单位、施工单位以及工程监理单位中，对建筑工程质量安全负有直接责任的人员。[①] 有学者认为，本罪的主体是建设单位、建筑设计单位、施工单位以及工程监理单位，但刑法只处罚直接责任人员。[②] 还有学者认为，本罪是纯正的单位犯罪，因此主体是建设单位、建筑设计单位、施工单位以及工程监理单位。[③] 根据《刑法》法条罚则的设计，本罪处罚对象为直接责任人员，而如果是单位犯罪，按照我国当下对单位犯罪采双罚制的原则，处罚对象还应包括单位。因此，本书认为，本罪主体为特殊主体，即必须是建设单位、建筑设计单位、施工单位以及工程监理单位中，对建筑工程质量安全负有直接责任的人员。

4. 主观罪过

本罪的主观罪过是过失，即行为主体对于自身违反国家规定、降低工程质量标准的行为，可能会引发重大安全事故的情况是因为疏忽大意未能预见，或者已经预见但轻信自己能够避免的心理态度。而对于违反相关的国家规定的心态，行为主体可以是过失，也可以是故意，在实践中往往是明知而为之。

（三）司法认定

1."重大安全事故"的认定

重大安全事故，应当是违反国家规定，降低工程质量标准的行为对公共安全造成了巨大影响的情形，既包括工程导致人员的伤亡，也包括工程质量降低或不达标所造成的经济损失，比如建成后房屋倒塌导致居住人员的伤亡、公私财物的损失、单位投入资金的损耗，或者交付时发现工程严重不合格未能投入使用以及重建所带来的巨额资金损耗和投入等。

2. 犯罪开始时间的认定

从司法实践来看，常常在施工之后的相当长一段时间才会发生重大安全

[①] 参见高铭暄、马克昌主编：《刑法学》（第八版），北京大学出版社、高等教育出版社2017年版，第366页。

[②] 参见刘宪权主编：《刑法学》（第四版），上海人民出版社2016年版，第445页。

[③] 参见陈兴良：《规范刑法学》（第四版），中国人民大学出版社2017年版，第540页。

事故（当然也不排除施工完成时即发现不能使用的情形），由于本罪为过失犯罪，结果发生之日才是犯罪之日，故追诉时效应当从结果发生之日起开始计算。①

（四）量刑标准

根据《最高人民检察院、公安部关于公安机关管辖的刑事案件立案追诉标准的规定（一）》第 13 条的规定，建设单位、设计单位、施工单位、工程监理单位违反国家规定，降低工程质量标准，涉嫌下列情形之一的，应予立案追诉：（1）造成死亡 1 人以上，或者重伤 3 人以上的；（2）造成直接经济损失 50 万元以上的；（3）其他造成严重后果的情形。

根据《最高人民法院、最高人民检察院关于办理危害生产安全刑事案件适用法律若干问题的解释》第 6 条的规定，实施《刑法》第 137 条规定的行为，因而发生安全事故，具有以下情形之一的，应当认定为"造成重大安全事故"，对直接责任人员，处 5 年以下有期徒刑或者拘役，并处罚金：（1）造成死亡 1 人以上，或者重伤 3 人以上的；（2）造成直接经济损失 100 万元以上的；（3）其他造成严重后果或者重大安全事故的情形。

根据《最高人民法院、最高人民检察院关于办理危害生产安全刑事案件适用法律若干问题的解释》第 7 条第 3 款的规定，实施《刑法》第 137 条规定的行为，因而发生安全事故，具有下列情形之一的，对直接责任人员，处 5 年以上 10 年以下有期徒刑，并处罚金：（1）造成死亡 3 人以上或者重伤 10 人以上，负事故主要责任的；（2）造成直接经济损失 500 万元以上，负事故主要责任的；（3）其他造成特别严重后果、情节特别恶劣或者后果特别严重的情形。

根据《最高人民法院、最高人民检察院关于办理危害生产安全刑事案件适用法律若干问题的解释》第 12 条的规定，实施本罪规定的犯罪行为，具有下列情形之一的，从重处罚：（1）未依法取得安全许可证件或者安全许可证件过期、被暂扣、吊销、注销后从事生产经营活动的；（2）关闭、破坏必要

---

① 参见张明楷：《刑法学》（第五版），法律出版社 2016 年版，第 731 页。

的安全监控和报警设备的;(3)已经发现事故隐患,经有关部门或者个人提出后,仍不采取措施的;(4)1年内曾因危害生产安全违法犯罪活动受过行政处罚或者刑事处罚的;(5)采取弄虚作假、行贿等手段,故意逃避、阻挠负有安全监督管理职责的部门实施监督检查的;(6)安全事故发生后转移财产意图逃避承担责任的;(7)其他从重处罚的情形。实施前款第5项规定的行为,同时构成《刑法》第389条规定的犯罪的,依照数罪并罚的规定处罚。

根据《最高人民法院、最高人民检察院关于办理危害生产安全刑事案件适用法律若干问题的解释》第13条的规定,实施本罪规定的犯罪行为,在安全事故发生后积极组织、参与事故抢救,或者积极配合调查、主动赔偿损失的,可以酌情从轻处罚。

(五) 解释索引

(1)《最高人民法院、最高人民检察院关于办理危害生产安全刑事案件适用法律若干问题的解释》(2015年12月14日);

(2)《最高人民检察院、公安部关于公安机关管辖的刑事案件立案追诉标准的规定(一)》(2008年6月25日)。

(六) 案例举要

◆ 赵某某等工程重大安全事故案[①]

原公诉机关四川省梓潼县人民检察院指控被告人赵某某、卓某某、杨某三人犯工程重大安全事故罪一案,一审法院判决认为:被告人赵某某身为受江西有色公司委派的青莲项目维修加固老盘江大桥工程的技术负责人,在施工过程中,违反国家规定,不按设计施工图施工,指使工人偷工减料,使用不合格建筑材料,降低工程质量标准,致使维修加固后的盘江大桥工程质量严重低劣。被告人卓某某作为青莲项目总监理工程师、被告人杨某作为维修加固老盘江大桥工程现场监理,对老盘江大桥维修加固工程施工中出现的严重违反国家规定和背离设计图的施工行为,视而不见,既不按照监理规范和

---

① (2014)绵刑终字第142号。

设计施工图复核、送检，也不责令施工方整改、返工、停工或向相关单位和部门报告，放纵违规施工行为的存在，致使大桥存在重大安全隐患。由于三被告人的失职行为使维修加固后的盘江大桥在2013年7月9日抵御未达设计值的洪峰时垮塌，造成5人死亡、7人下落不明、6辆汽车坠江的严重后果。三被告人的上述行为与大桥垮塌之间具有直接的因果关系。三被告人的行为给国家和人民的生命、财产造成了重大且不可挽回的损失，后果特别严重，其行为均已构成工程重大安全事故罪。

被告人赵某某身为江西有色公司委派的桥梁施工技术负责人和受江某等人推选的维修加固老盘江大桥工程的现场负责人兼技术负责人，在具体施工过程中，事实上被告人赵某某也履行了现场负责人和技术负责人的工作职责，其身份完全符合工程重大安全事故罪关于施工单位直接责任人员这一犯罪主体的犯罪构成，其辩护人关于赵某某系自然人、不符合工程重大安全事故罪关于施工、设计、监理等单位直接责任人员的犯罪主体身份的辩护观点，不予支持。被告人赵某某在具体的施工过程中，其主观上具有故意降低工程质量标准的行为，客观上实施了未按设计图施工，降低工程质量标准的行为，且这些行为与大桥垮塌事实证明也有直接因果关系，故赵某某辩解自己行为不构成犯罪的观点，不予支持。遂依照《刑法》第137条、第67条第3款、第52条的规定，判决：被告人赵某某犯工程重大安全事故罪，判处有期徒刑7年，并处罚金30万元；被告人卓某某犯工程重大安全事故罪，判处有期徒刑6年6个月，并处罚金20万元；被告人杨某犯工程重大安全事故罪，判处有期徒刑6年，并处罚金15万元。

宣判后，原审被告人赵某某、卓某某、杨某均不服该判决，向四川省绵阳市中级人民法院提出上诉，认为一审定罪事实不客观，量刑过重，罚金处罚太重，请求二审予以改判。

上诉人赵某某的主要上诉理由是：盘江大桥的垮塌是由多方面的因素造成的，垮塌的直接原因系桥梁管理部门擅自改变桥梁用途，将设计、维修加固的人行景观桥改变为车辆通行桥，致使桥梁损坏、坍塌，所以不应将大桥垮塌的原因归咎于设计问题；由于鉴定人员不够专业，没有全面考虑造成盘江大桥垮塌的所有因素，所以关于桥梁倒塌的鉴定意见不全面、不客观、不真实，不应采信；一审判决中没有考虑自首立功情节。

上诉人卓某某的主要上诉理由是：在施工过程中，曾经三次被公司派到外地出差，中途杨某并未对工程相关情况进行汇报，回来之后部分工程已经施工完毕，并且事后自己向业主已经反映过相关情况，但业主都没有采纳相关的意见。他只是劳务公司的劳务用工工人，此案涉及的是施工单位，与自己无关。施工方、监理方未按图施工、监理只是降低了桥梁质量，并不必然导致桥梁垮塌，盘江大桥垮塌的直接原因应为放行车辆通行，造成桥梁损害，量刑时应当考虑以上原因；同时，上诉人卓某某具有自首情节，请求从轻处罚。

上诉人杨某的主要上诉理由是：在事发后，杨某积极配合检察机关的调查工作，根据相关规定应该认定为自首情节，但是一审法院没有对此自首情节进行相关认定。同时杨某作为现场监理员，对施工质量的监理作用有限且没有决定权，故在犯罪过程中其地位和作用较小；本案属多因一果，极端天气、施工方偷工减料、监理方不履行职责等原因共同造成了桥梁垮塌，故桥梁垮塌的全部后果不应由被告人杨某全部承担。

二审法院认为：上诉人赵某某身为受江西有色公司委派的青莲项目维修加固老盘江大桥工程的技术负责人，在施工过程中，违反国家规定，不按设计施工图施工，指使工人偷工减料，使用不合格建筑材料，降低工程质量标准，致使维修加固后的盘江大桥工程质量严重低劣。上诉人卓某某作为青莲项目总监理工程师、上诉人杨某作为维修加固老盘江大桥工程现场监理，对老盘江大桥维修加固工程施工中出现的严重违反国家规定和背离设计图的施工行为，视而不见，既不按照监理规范和设计施工图复核、送检，也不责令施工方整改、返工、停工或向相关单位和部门报告，放纵违规施工行为的存在，致使大桥存在重大安全隐患。由于三上诉人的失职行为使维修加固后的盘江大桥在2013年7月9日抵御未达设计值的洪峰时垮塌，造成5人死亡、7人下落不明、6辆汽车坠江的严重后果。三上诉人的上述行为与大桥垮塌之间具有直接的因果关系。三上诉人的行为给国家和人民的生命、财产造成了重大且不可挽回的损失，后果特别严重，其行为构成工程重大安全事故罪。

虽然盘江大桥垮塌的原因是多方面的，但是不能由此否定三上诉人的失职行为与大桥垮塌之间具有因果关系。

四川省安全生产监督管理局安全技术中心鉴定人员均具有法定资质，鉴定程序合法，其出具的鉴定意见客观、真实，同时鉴定人员刘策出庭对鉴定意见作出了相关说明，因此该鉴定意见应予以采信。

上诉人杨某的辩护人关于身为现场监理的杨某尽到了其职责的辩护意见与本院认定的事实不符，不予支持。

在盘江大桥垮塌后，三上诉人无论是在配合办案机关调查其他案件的过程中，还是在本案立案后的归案过程中，均是经办案机关传唤到案的，且三上诉人在本案立案前并未如实供述自己的全部犯罪事实，三上诉人的行为不符合自首的法定要件。

综上，三上诉人的上诉理由不能成立，原判决认定的事实、证据和适用的法律正确，量刑适当，审判程序合法，应予以维持。二审法院依照《刑事诉讼法》的有关规定，维持原判。

◆ 孙龙万、柏海杰工程重大安全事故案①

贵州省安龙县人民法院审理安龙县人民检察院指控原审被告人孙龙万、柏海杰、李顺兵、陈再海、王世健犯工程重大安全事故罪一案，于2016年4月25日作出（2015）安刑初字第108号刑事判决。一审法院认定：2013年11月11日，贵州金源投资有限公司（以下简称"金源公司"）与黔西南州中亨建筑安装工程有限公司（以下简称"中亨公司"，法定代表人柏海杰）签订施工承包合同，将其位于安龙县工业园区"铁合金项目"的房建及场地硬化项目建设发包给中亨公司承建、施工。同年11月17日，中亨公司与被告人孙龙万签订合同，将该项目工程转包给不具备施工资质的孙龙万施工，约定由孙龙万按每次工程拨付款金额的1‰向中亨公司缴纳项目承包管理费，孙龙万对该工程项目建设的进度、工程质量、安全生产等全权负责，孙龙万在合同上盖了其为法定代表人的贵州鑫发众煜建设有限责任公司（以下简称"鑫发公司"）印章。后中亨公司下文委任孙龙万为项目副经理。2014年2月26

---

① （2016）黔23刑终142号。

日，金源公司与广东天兴工程监理有限公司（以下简称"天兴监理公司"）签订监理合同，将该项目工程委托天兴监理公司监理，后天兴监理公司派无该项目监理资质的被告人王世健到施工现场负责监理。

孙龙万承接建筑工程后，聘用无相关资质的被告人李顺兵为执行经理、技术员对施工现场进行管理、负责技术指导，该聘用事后得到中亨公司书面授权。后孙龙万又与无相关资质的被告人陈再海签订合同，将该项目建设的劳务总体承包给陈再海，约定由孙龙万方提供主材，如钢筋、混凝土等，陈再海自行提供钢管、扣件、木方、模板等。二人签订合同后，孙龙万先与兴义市广大建筑物资租赁站商谈租赁脚手架、扣件、顶托等事宜，后委托陈再海以鑫发公司的名义租用兴义市广大建筑物资租赁站的架管、扣件、顶托、钢模板、V型卡等配扣件使用，陈再海支付了租金。

孙龙万、李顺兵、陈再海以中亨公司的名义施工，并对外负责。三人作为施工单位的直接负责人，在施工前，未按照法律规定对建筑构配件、设备进行检验、检测确定是否合格即使用；未建立、健全教育培训制度，对施工人员未进行培训、考核即要求上岗作业；未编制专项施工方案即对高大模板、脚手架工程进行搭设。工程监理人员王世健亦未对上述违法行为提出书面整改意见。2014年6月15日，金源公司"铁合金项目"建设中的铁合金厂锰硅直流热炉一号车间厂房第三层屋面模板钢管架支撑系统搭设完毕，经工程监理王世健签字同意后，陈再海开始组织工人对该车间厂房进行混凝土浇筑。22时许，因高大模板支撑体系承载力不足，支撑系统失稳，导致在建厂房发生坍塌，造成7人死亡、2人受重伤的较大安全事故。

经事故调查组认定，本次事故的直接原因为：金源公司投资建设的铁合金锰硅直流矿热炉一号车间标高为19米的第三层屋面模板钢管架支护过程中，使用不合格扣件、未按照规范和制定专项施工方案进行搭设；在进行混凝土浇筑时，高大模板支撑体系承载力不足，支撑系统失稳。案发后，中亨公司赔偿了本案7名死者亲属及2名伤者经济损失共计564万元。

原审法院根据上述事实及相关证据，依照《刑法》第137条、第72条第1款、第73条第2款和第3款、第52条、第53条、第61条、第67条第1款的规定，作出如下判决：被告人孙龙万犯工程重大安全事故罪，判处有期徒刑3年6个月，并处罚金5万元；被告人柏海杰犯工程重大安全事故罪，判处有期徒刑3年，并处罚金4万元；被告人李顺兵犯工程重大安全事故罪，判处有期徒刑3年，并处罚金4万元；被告人陈再海犯工程重大安全事故罪，判处有期徒刑3年，并处罚金4万元；被告人王世健犯工程重大安全事故罪，判处有期徒刑2年，缓刑3年，并处罚金2万元。

宣判后，被告人孙龙万、柏海杰、陈再海不服，孙龙万和辩护人以"认定孙龙万为第一责任人错误，量刑过重"、柏海杰和辩护人以"量刑过重，有自首情节，积极赔偿被害人损失，请求适用缓刑"、陈再海和辩护人以"事实不清，量刑过重，请求适用缓刑"为由，分别提出上诉和辩护意见。

二审法院经审理查明：原判认定上诉人孙龙万、柏海杰、陈再海及原审被告人李顺兵、王世健违反国家法律法规，降低工程质量标准，造成工程重大安全事故，致7人死亡、2人重伤，五人主动投案，事故中伤者及死者亲属遭受的经济损失已得到赔偿的事实清楚。据以认定事实的证据已在一审判决中分项列述，并经一审庭审举证、质证，查证属实。

二审法院认为：上诉人孙龙万、柏海杰、陈再海及原审被告人李顺兵、王世健违反国家法律法规，降低工程质量标准，造成重大安全事故，致7人死亡、2人重伤，后果特别严重，其行为均构成工程重大安全事故罪，应依法惩处。孙龙万、柏海杰、李顺兵、陈再海、王世健主动投案，归案后如实供述自己罪行，有自首情节，且柏海杰所在单位已积极赔偿事故中伤者及死者亲属的经济损失，对王世健可减轻处罚，对其余上诉人可从轻处罚。孙龙万、柏海杰、陈再海及三人的辩护人所提"量刑过重"的上诉理由和辩护意见，经查，原判对三人量刑时，已充分考虑到三人的认罪态度、自首情节和本案被害人已得到赔偿等情况，已对三人减轻处罚，量刑适当，该上诉理由和辩护意见不能成立，不予采纳。孙龙万和辩护人所提"认定孙龙万为第一责任人错误"的上诉理由和辩护意见，经查，孙龙万作为工程的施工、组织、投资、管理、实际控制人，其所开办的公司不具备资质承包铁合金在建项目房建等工程，并将该项目分包给不具备劳务资质的陈再海个人，又聘用无相关资质人员进行施工现场管理，是事故发生的主要原因，对事故的发生负有直接责任，原判根据其在该起事故中所起作用的大小及过错严重程度，对其定罪处刑恰当，故其和辩护人所提的上诉理由和辩护意见不能成立，本院不予采纳。柏海杰和辩护人、陈再海和辩护人所提"请求适用缓刑"的上诉理由和辩护意见，经查，其二人在转包或承建工程中，违反法律、法规的规定，造成重大安全事故，致7人死亡、2人重伤的严重后果，给社会造成了极其恶劣的影响，不符合缓刑的适用条件，故所提该上诉理由和辩护意见，本院不予采纳。柏海杰和辩护人所提"有自首情节，积极赔偿被害人损失"的上诉理由，一审判决已确认，本院不再重复考虑。陈再海和辩护人所提"事实不清"的上诉理由，经查，其不具备施工资质承包铁合金在建项目房建等工程，并将劳务进行分包给其他人，违反建设工程的相关规定，在施工中造成重大安全事故的事实，有建设工程施工合同，证人证言，现场勘查笔录，检验报告，同案被告人的供述等证据与其供述相印证，故其所提该上诉理由和辩护意见不能成立，本院不予采纳。原判认定事实清楚，证据确实、充分，定罪准确，量刑适当，审判程序合法。依照《刑事诉讼法》第225条第1款第1项的规定，裁定驳回上诉，维持原判。

第六章 公职人员其他犯罪

一、破坏选举罪

(一) 刑法条文

第二百五十六条 在选举各级人民代表大会代表和国家机关领导人员时，以暴力、威胁、欺骗、贿赂、伪造选举文件、虚报选举票数等手段破坏选举或者妨害选民和代表自由行使选举权和被选举权，情节严重的，处三年以下有期徒刑、拘役或者剥夺政治权利。

(二) 犯罪构成

1. 法益

对于本罪侵害的法益，有学者认为是公民的选举权、被选举权以及国家的选举制度；① 有学者认为是选举工作的正常进行和代表与选民行使选举权与被选举权的自由；② 还有学者认为是公民的选举权与被选举权。③ 本书认为，本罪的罪名被设置于《刑法》分则第四章"侵犯公民人身权利、民主权利罪"中，因此，本罪的法益理应包括公民的选举权、被选举权或者说是公民的选举自由。同时，因为破坏选举的行为还直接影响到了国家选举制度的实施，违反了国家关于各级人民代表和国家机关领导人员的选举的相关规定，所以

---

① 参见高铭暄、马克昌主编：《刑法学》（第八版），北京大学出版社、高等教育出版社2017年版，第486页。
② 参见张明楷：《刑法学》（第五版），法律出版社2016年版，第926页。
③ 参见刘宪权主编：《刑法学》（第四版），上海人民出版社2016年版，第603页。

本罪的法益也应当包括国家的选举制度和选举秩序。

2. 客观行为

本罪在客观方面表现为以暴力、威胁、欺骗、贿赂、伪造选举文件、虚报选举票数等手段破坏选举或者妨害选民和代表自由行使选举权和被选举权，情节严重的行为。本罪的客观行为必须是破坏各级人民代表大会代表和国家机关领导人的选举活动，或者是妨碍选民选举各级人民代表大会代表和国家机关领导人的权利的行使。如果破坏的是民间组织、其他单位的选举活动，不构成本罪。本罪的行为可以表现为多种形式，如虚报选举票数、伪造选举文件、使用暴力逼迫选民选举某特定代表、利用金钱或其他利益贿赂选民等，只要实施其中一种行为，都符合本罪的行为要求。

3. 行为主体

本罪主体为一般主体，既包括一般公民，也包括选举工作人员；可以是有选举权的公民，也可以是无选举权的公民。但是，在少数情况下，某些破坏选举的行为，只能由选举工作人员构成，如虚报选举票数、强行宣布合法选举无效、非法选举有效。[①]

4. 主观罪过

本罪在主观方面表现为直接故意，即行为人明知自己的行为破坏选举工作，妨害选民和代表自由行使选举权和被选举权。行为人的动机可以有多种，如出于个人不满或有政治上的野心，动机如何不影响本罪的成立。

（三）司法认定

1. 罪与非罪

行为人工作上的失误、过失不构成本罪，例如行为人错误计算了选举票数、漏计选民的名单导致选民无法行使选举权等，不构成本罪。

2. 罪数形态

实施破坏选举罪的行为，同时又触犯其他罪名的，通常按照从一重罪处

[①] 参见高铭暄、马克昌：《刑法学》（第八版），北京大学出版社、高等教育出版社2017年版，第486页。

罚，例如行为人以贿赂国家机关工作人员的方式实施破坏选举罪的行为的或以暴力手段阻碍选民进行自由选举的情形。

（四）量刑标准

根据《最高人民检察院关于渎职侵权犯罪案件立案标准的规定》第二部分第7条第2款的规定，国家机关工作人员涉嫌利用职权破坏选举，具有下列情形之一的，应予立案：（1）以暴力、威胁、欺骗、贿赂等手段，妨害选民、各级人民代表大会代表自由行使选举权和被选举权，致使选举无法正常进行，或者选举无效，或者选举结果不真实的；（2）以暴力破坏选举场所或者选举设备，致使选举无法正常进行的；（3）伪造选民证、选票等选举文件，虚报选举票数，产生不真实的选举结果或者强行宣布合法选举无效、非法选举有效的；（4）聚众冲击选举场所或者故意扰乱选举场所秩序，使选举工作无法进行的；（5）其他情节严重的情形。

根据《刑法》第256条的规定，在选举各级人民代表大会代表和国家机关领导人员时，以暴力、威胁、欺骗、贿赂、伪造选举文件、虚报选举票数等手段破坏选举或者妨害选民和代表自由行使选举权和被选举权，情节严重的，处3年以下有期徒刑、拘役或者剥夺政治权利。

（五）解释索引

（1）《最高人民检察院关于渎职侵权犯罪案件立案标准的规定》（2006年7月26日）；

（2）《关于人民检察院直接受理立案侦查案件立案标准的规定（试行）》（1999年9月9日）。

（六）案例举要

 岑潮作、岑树柏破坏选举案[①]

被告人岑潮作、岑树柏因破坏选举一案，由广东省恩平市人民检察院向

---

① 载《最高人民法院公报》1995年第4期。

恩平市人民法院提起公诉。恩平市人民法院受理该案后，依法组成合议庭，经审理查明：1994年8月中旬，被告人岑潮作得知恩平市江洲镇将于同年9月13日选举镇长，即产生用贿赂镇人大代表的方法当选江洲镇镇长的念头。尔后，被告人岑潮作串通被告人岑树柏先后多次纠集岑金良、岑均灵、岑连亨、岑洽慈、张伟联等五人（均作其他处理）到江洲镇海景舫酒家和岑潮作家中，密谋策划贿赂江洲镇第十一届人大代表，让代表选举岑潮作当江洲镇镇长一事。岑潮作表示愿意出钱贿赂镇人大代表，岑树柏表示愿意积极帮助岑潮作分别贿赂东北雁管区、永华管区、中安管区、锦江糖厂等单位的镇人大代表，并商定江洲镇47名人大代表中必须贿赂半数以上，以确保岑潮作当上镇长。同年9月10日，二被告人通知岑金良等五人到岑潮作家中，将岑潮作预先准备好的各内装有1000元的22个信封袋交给岑金良等五人。随后，岑金良等五人分头贿赂各自联系的镇人大代表，并要求代表选举岑潮作当镇长。岑潮作还亲自贿赂六人。合计行贿金额34500元。9月13日江洲镇召开第十一届人大第三次会议补选镇长，选举结果是：47名代表投票，镇长候选人岑金远得23票，岑潮作得15票，无效票6票也写上岑潮作姓名，弃权2票。由于岑潮作、岑树柏的贿选行为，致使镇长选举无法依法进行。破案后，追缴回贿赂赃款24700元。

上述事实，有同案人和受贿人的供述、证人证言、物证照片及追缴回的赃款证实；二被告人亦供认不讳。

恩平市人民法院认为，被告人岑潮作、岑树柏无视国家法律，违反选举法的规定，为了使岑潮作能当选镇长，采取用金钱贿赂镇人大代表的非法手段破坏选举，妨害选民自由行使选举权和被选举权，造成江洲镇第十一届人大第三次会议无法选举产生该镇镇长的严重后果，社会危害性大，其行为已构成《刑法》第142条规定的破坏选举罪。依照《刑法》第22条的规定，岑潮作、岑树柏的行为构成共同故意犯罪。在共同犯罪中，岑潮作起组织策划作用，出资贿赂人大代表，依照《刑法》第23条的规定，是本案的主犯，应从重处罚；岑树柏参与策划，并积极帮助岑潮作实施犯罪，依照《刑法》第24条的规定，是本案的从犯，应比照主犯从轻处罚。依照《刑法》第60条的规定，对其用于犯罪并被追缴回的赃款，应当予以没收。据此，恩平市人民法院于 1995 年 1 月 9 日,以破坏选举罪分别判处岑潮作有期徒刑 2 年,岑树柏有期徒刑 1 年。对于随案移送的赃款 24700 元予以没收,上缴国库。第一审宣判后,二被告人均未上诉。

二、背信损害上市公司利益罪

(一)刑法条文

第一百六十九条之一 上市公司的董事、监事、高级管理人员违背对公司的忠实义务,利用职务便利,操纵上市公司从事下列行为之一,致使上市公司利益遭受重大损失的,处三年以下有期徒刑或者拘役,并处或者单处罚金;致使上市公司利益遭受特别重大损失的,处三年以上七年以下有期徒刑,并处罚金:

(一)无偿向其他单位或者个人提供资金、商品、服务或者其他资产的;

(二)以明显不公平的条件,提供或者接受资金、商品、服务或者其他资产的;

(三)向明显不具有清偿能力的单位或者个人提供资金、商品、服务或者其他资产的;

(四)为明显不具有清偿能力的单位或者个人提供担保,或者无正当理由为其他单位或者个人提供担保的;

(五)无正当理由放弃债权、承担债务的;

(六)采用其他方式损害上市公司利益的。

上市公司的控股股东或者实际控制人,指使上市公司董事、监事、高级管理人员实施前款行为的,依照前款的规定处罚。

犯前款罪的上市公司的控股股东或者实际控制人是单位的,对单位判处罚金,并对其直接负责的主管人员和其他直接责任人员,依照第一款的规定处罚。

（二）犯罪构成

1. 法益

本罪侵害的法益是上市公司及其股东的合法权益和证券市场的管理秩序。

2. 客观行为

本罪在客观方面表现为上市公司的董事、监事、高级管理人员违背对公司的忠实义务，利用职务便利，通过操纵上市公司从事不正当、不公平的关联交易等非法手段，致使上市公司利益遭受重大损失的行为。

本罪实行行为主要有：（1）无偿向其他单位或者个人提供资金、商品、服务或者其他资产，致使上市公司直接经济损失数额在150万元以上的；（2）以明显不公平的条件，提供或者接受资金、商品、服务或者其他资产，致使上市公司直接经济损失数额在150万元以上的；（3）向明显不具有清偿能力的单位或者个人提供资金、商品、服务或者其他资产，致使上市公司直接经济损失数额在150万元以上的；（4）为明显不具有清偿能力的单位或者个人提供担保，或者无正当理由为其他单位或者个人提供担保，致使上市公司直接经济损失数额在150万元以上的；（5）无正当理由放弃债权、承担债务，致使上市公司直接经济损失数额在150万元以上的；（6）采用其他方式损害上市公司利益。

3. 行为主体

本罪的行为主体是上市公司的董事、监事、高级管理人员。上市公司的控股股东或者实际控制人指使上市公司董事、监事、高级管理人员实施恶意损害上市公司利益的行为，也以本罪论。

4. 主观罪过

本罪在主观方面表现为故意。即行为人明知自己实施的是背信行为，明知自己的行为会对上市公司造成财产上损害的结果，仍然希望或者放任这种结果的发生。

（三）司法认定

1. 停止形态

本罪是结果犯，必须由于背信行为"致使上市公司利益遭受重大损失"。

因此，在犯罪形态上，本罪不存在未遂犯。而公司意志的认可则可以阻却本罪的成立。

2. 罪数

本罪行为人在实施行为时若触犯如职务侵占罪等的，则应按照想象竞合犯来处理。因为本罪侵害的法益是复合法益，与职务侵占罪的法益不属于同类。

（四）量刑标准

根据《最高人民检察院、公安部关于公安机关管辖的刑事案件立案追诉标准的规定（二）》第18条的规定，上市公司的董事、监事、高级管理人员违背对公司的忠实义务，利用职务便利，操纵上市公司从事损害上市公司利益的行为，以及上市公司的控股股东或者实际控制人，指使上市公司董事、监事、高级管理人员实施损害上市公司利益的行为，涉嫌下列情形之一的，应予立案追诉：（1）无偿向其他单位或者个人提供资金、商品、服务或者其他资产，致使上市公司直接经济损失数额在150万元以上的；（2）以明显不公平的条件，提供或者接受资金、商品、服务或者其他资产，致使上市公司直接经济损失数额在150万元以上的；（3）向明显不具有清偿能力的单位或者个人提供资金、商品、服务或者其他资产，致使上市公司直接经济损失数额在150万元以上的；（4）为明显不具有清偿能力的单位或者个人提供担保，或者无正当理由为其他单位或者个人提供担保，致使上市公司直接经济损失数额在150万元以上的；（5）无正当理由放弃债权、承担债务，致使上市公司直接经济损失数额在150万元以上的；（6）致使公司发行的股票、公司债券或者国务院依法认定的其他证券被终止上市交易或者多次被暂停上市交易的；（7）其他致使上市公司利益遭受重大损失的情形。

（五）解释索引

(1)《最高人民法院、最高人民检察院关于贯彻执行〈关于办理证券期货违法犯罪案件工作若干问题的意见〉有关问题的通知》（2012年3月14日）；

(2)《最高人民检察院、公安部关于公安机关管辖的刑事案件立案追诉标准的规定（二）》（2010年5月7日）。

（六）案例举要

 王忠信背信损害上市公司利益案[①]

原公诉机关：西安市人民检察院。

上诉人（原审被告人）：王忠信，系杨凌秦丰农业科技股份有限公司（以下简称"秦丰农业"）、陕西省种业集团有限责任公司（以下简称"种业集团"）、陕西人达集团投资有限公司（以下简称"人达集团"）、陕西人达生态农业股份有限公司（以下简称"人达农业"）原法定代表人、董事长，又系陕西杨凌沙苑科技投资有限公司（以下简称"杨凌沙苑"）监事。

人达农业和杨凌沙苑是人达集团的子公司，王忠信既是人达农业和杨凌沙苑的法定代表人或实际控制人，也是人达集团的法定代表人。秦丰农业是由种业集团控股的、在上海证券交易所A股挂牌上市的股份有限公司。

2005年10月，陕西省国资委选定人达农业对种业集团和秦丰农业进行重组，2005年12月，王忠信被选举为秦丰农业的董事长，2006年2月，人达农业以其自有的一万余亩林地使用权注资种业集团，成为种业集团控股股东，王忠信亦被选举为种业集团的董事长，实际控制了种业集团和秦丰农业。2006年3月13日，秦丰农业的下属子公司陕西秦丰向日葵种业有限公司（以下简称"秦丰向日葵"）和杨凌沙苑签订了虚假的《国产油葵G101种子预约生产合同》，约定秦丰向日葵委托杨凌沙苑繁殖国产油葵G101种子，秦丰向日葵向杨凌沙苑支付"育种款"。合同签订后，从2006年3月至2007年9月，王忠信指使财务人员从秦丰农业下属子公司秦丰向日葵、陕西秦丰农化有限责任公司、西安秦丰大酒店有限责任公司、杨凌秦丰农资营销有限公司以支付"育种款"为由，向杨凌沙苑账户转移资金9270582.44元，除案发时杨凌沙苑账内剩余的492370.11元、为秦丰农业支付赞助费和工程费等费用共计751280.1元，代种业集团支付审计费和职工工资2016522.1元外，王忠信指使财务人员将其余6010410.11元无偿提供给人达集团、人达农业、杨凌沙苑

[①] （2010）陕刑二终字第20号。

等公司和个人使用。案发后，占用款项均未追回。

西安市中级人民法院认为：被告人王忠信身为上市公司秦丰农业的董事长，利用职务便利，将上市公司资金无偿交给人达农业、人达集团、杨凌沙苑使用，还给个人用于交纳房贷、物业费等，所用款项用途均与秦丰农业无关且未归还，致使上市公司利益遭受特别重大损失，其行为已构成背信损害上市公司利益罪，依法应予惩处。依照《刑法》第169条之一第1款第1项的规定，判决：被告人王忠信犯背信损害上市公司利益罪，判处有期徒刑4年，并处罚金100万元；并与其所犯非法持有枪支、弹药罪和行贿罪，实行数罪并罚，决定执行有期徒刑5年，并处罚金100万元。

宣判后，被告人王忠信以其没有背信损害上市公司利益的主观故意和客观行为，不构成此罪为由，提出上诉。

陕西省高级人民法院认为：上诉人王忠信身为上市公司杨凌秦丰农业科技股份有限公司董事长，违背对公司的忠实义务，利用职务上的便利，操纵上市公司无偿向其他单位和个人提供资金且没有追回，致使上市公司利益遭受特别重大损失，其行为已构成背信损害上市公司利益罪，应依法予以惩处。对于其提出的上诉理由，经查，王忠信在侦查阶段供述是为了寻找安全账户或为了给秦丰农业贷款，将资金转入杨凌沙苑需要合理的借口和理由才签订的这个合同，承认合同是未履行的虚假合同。此供述也得到证人孙某某等人的证言和有关书证印证。且资金转到杨凌沙苑后，实际上也没有被用于制种生产。故其上诉理由不能成立，裁定驳回上诉，维持原判。

三、金融工作人员购买假币、以假币换取货币罪

（一）刑法条文

第一百七十一条第二款　银行或者其他金融机构的工作人员购买伪造的货币或者利用职务上的便利，以伪造的货币换取货币的，处三年以上十年以下有期徒刑，并处二万元以上二十万元以下罚金；数额巨大或者有其他严重情节的，处十年以上有期徒刑或者无期徒刑，并处二万元以上二十万元以下罚金或者没收财产；情节较轻的，处三年以下有期徒刑或者拘役，并处或者

单处一万元以上十万元以下罚金。

（二）犯罪构成

1. 法益

本罪侵害的法益是国家的货币管理制度。

2. 客观行为

本罪在客观方面表现为银行或者其他金融机构工作人员购买伪造的货币，或者利用职务上的便利以伪造的货币换取货币的行为。

所谓"伪造的货币"简称"假币"，是指依照货币（包括现行流通的纸币和硬币）的形态、格式、图案、色彩、线条等特征，通过印刷、复印、石印、影印、手描等方法制作的以假充真的货币，不包括变造的货币。

所谓"购买伪造的货币"，是指以一定的价格利用货币或物品买回、换取伪造的货币之行为。

所谓"利用职务之便"，在这里是指利用职务范围内的权力和地位所形成的主管、经管、经手货币的便利条件。

3. 行为主体

本罪主体为特殊主体，即只有金融机构的工作人员才能构成。所谓"金融机构"，是指专门从事各种金融活动的组织。目前，我国已形成以中央银行即中国人民银行为核心，以商业银行为主体的多种金融机构并存的体系。其中商业银行主要有中国工商银行、中国农业银行、中国银行、中国建设银行、交通银行、光大银行、中信实业银行以及各种地方性商业银行等。"其他金融机构"是指银行以外的城乡信用合作社、融资租赁机构、信托投资公司、保险公司、邮政储蓄机构、证券机构等具有货币资金融通职能的机构。金融机构工作人员即是在上述机构中从事公务的人员。如果不是在上述金融机构而是在其他机构中工作的人员或者虽然是在上述金融机构中工作，但不是从事公务而是从事劳务的人员，则不能构成本罪主体。

4. 主观罪过

本罪在主观方面必须出于故意，即明知是伪造的货币而予以购买或者利用职务之便利换取货币。如果行为人在工作中误将假币支付给他人，不能视为利用职务便利以假币换取真币。

（三）司法认定

罪数认定上，金融人员自己伪造货币后，又利用职务之便将其伪造的货币换为货币的，应当按牵连犯的处罚原则处理，即按伪造货币罪定罪并从重处罚。但此处行为人先行伪造的货币和利用职务之便用以换取货币的伪造的货币必须是同一宗伪造的货币。

（四）量刑标准

根据《最高人民检察院、公安部关于公安机关管辖的刑事案件立案追诉标准的规定（二）》第21条的规定，银行或者其他金融机构的工作人员购买伪造的货币或者利用职务上的便利，以伪造的货币换取真币，总面额在2000元以上或者币量在200张（枚）以上的，应予立案追诉。

根据《最高人民法院关于审理伪造货币等案件具体应用法律若干问题的解释》第4条的规定，银行或者其他金融机构的工作人员购买假币或者利用职务上的便利，以假币换取货币，总面额在4000元以上不满5万元或者币量在400张（枚）以上不足5000张（枚）的，处3年以上10年以下有期徒刑，并处2万元以上20万元以下罚金；总面额在5万元以上或者币量在5000张（枚）以上或者有其他严重情节的，处10年以上有期徒刑或者无期徒刑，并处2万元以上20万元以下罚金或者没收财产；总面额不满4000元或者币量不足400张（枚）或者具有其他情节较轻情形的，处3年以下有期徒刑或者拘役，并处或者单处1万元以上10万元以下罚金。

（五）解释索引

(1)《最高人民检察院、公安部关于公安机关管辖的刑事案件立案追诉标准的规定（二）》(2010年5月7日)；

(2)《最高人民法院关于审理伪造货币等案件具体应用法律若干问题的解释》(2000年9月8日)。

（六）案例举要

 张某金融工作人员购买假币、以假币换取货币案[①]

【基本案情】

辰溪县人民检察院以被告人张某犯金融工作人员购买假币、以假币换取货币罪、职务侵占罪（略），于 2009 年 2 月 12 日向辰溪县人民法院提起公诉。

2008 年 5 月的一天，被告人张某通过吕某从一陌生男子处以 1 万元人民币购得 5 万元假币。回单位后，被告人张某利用其任后塘信用社出纳员的工作便利，在该社资金入库时，将 5 万元假币中的 49300 元先后三次混在入库资金中而存入该社现金库房内，套出相同数额的人民币供自己使用。案发后，被告人张某已退清了全部赃款。

【审判结果】

辰溪县人民法院认为，被告人张某身为金融机构工作人员，利用职务之便，购买假币、以假币换取货币，其行为构成金融工作人员购买假币、以假币换取货币罪。公诉机关指控的罪名成立。依照《刑法》第 171 条第 2 款、《最高人民法院关于审理伪造货币等案件具体应用法律若干问题的解释》第 4 条之规定，判决被告人张某犯金融工作人员购买假币、以假币换取货币罪，判处有期徒刑 8 年，并处罚金 5 万元。

四、利用未公开信息交易罪

（一）刑法条文

第一百八十条第四款　证券交易所、期货交易所、证券公司、期货经纪公司、基金管理公司、商业银行、保险公司等金融机构的从业人员以及有关监管部门或者行业协会的工作人员，利用因职务便利获取的内幕信息以外的

[①] （2009）辰刑初字第 13 号。

其他未公开的信息，违反规定，从事与该信息相关的证券、期货交易活动，或者明示、暗示他人从事相关交易活动，情节严重的，依照第一款的规定处罚。

（二）犯罪构成

1. 法益

本罪与内幕交易罪相似，侵害的法益都是国家对证券交易管理制度和投资者的合法权益。行为人利用未公开信息优势进行信息不对称的交易，不仅是违反信息披露制度的行为，也是违反证券市场的公平交易基本原则的行为。证券市场上的各种信息是投资者进行投资决策的基本依据，投资者对信息了解、掌握和运用的程度，直接关系到自身的利益，利用非公开信息交易虽然在程序上与正常的交易程序相同，也是到市场上公开买卖证券，但由于一部分人利用未公开信息，先行一步对市场作出反应，因此，利用未公开信息交易与内幕交易一样都直接违反了公平、公正、公开原则和诚信原则，严重损害了广大投资者利益。

2. 客观行为

本罪在客观方面表现为利用因职务便利获取的内幕信息以外的其他未公开的信息，违反规定，从事与该信息相关的证券、期货交易活动，或者明示、暗示他人从事相关交易活动的行为。

3. 行为主体

根据《中华人民共和国刑法修正案（七）》的规定，本罪主体为特殊主体，主要包括两个方面：一是证券交易所、期货交易所、证券公司、期货经纪公司、基金管理公司、商业银行、保险公司等金融机构的从业人员；二是有关监管部门或者行业协会的工作人员，这里的"有关监管部门"包括证监会、银保监会等，"行业协会"包括证券业协会、银行业协会和保险业协会等。

4. 主观罪过

本罪在主观方面表现为故意，即明知是未公开信息，而积极利用此信息进行证券交易或者明示、暗示他人进行相关交易。过失不构成本罪，如犯罪主体不慎将未公开信息泄露，导致信息获取者进行证券交易，则不能以本罪来追究其刑事责任。

（三）司法认定

本罪属于情节犯，不存在未遂的情况。

（四）量刑标准

根据《最高人民检察院、公安部关于公安机关管辖的刑事案件立案追诉标准的规定（二）》第36条的规定，证券交易所、期货交易所、证券公司、期货公司、基金管理公司、商业银行、保险公司等金融机构的从业人员以及有关监管部门或者行业协会的工作人员，利用因职务便利获取的内幕信息以外的其他未公开的信息，违反规定，从事与该信息相关的证券、期货交易活动，或者明示、暗示他人从事相关交易活动，涉嫌下列情形之一的，应予立案追诉：（1）证券交易成交额累计在50万元以上的；（2）期货交易占用保证金数额累计在30万元以上的；（3）获利或者避免损失数额累计在15万元以上的；（4）多次利用内幕信息以外的其他未公开信息进行交易活动的；（5）其他情节严重的情形。

（五）解释索引

（1）《最高人民法院、最高人民检察院关于贯彻执行〈关于办理证券期货违法犯罪案件工作若干问题的意见〉有关问题的通知》（2012年3月14日）；

（2）《最高人民检察院、公安部关于公安机关管辖的刑事案件立案追诉标准的规定（二）》（2010年5月7日）。

（六）案例举要

 马乐利用未公开信息交易案①

【裁判要点】

《刑法》第180条第4款规定的利用未公开信息交易罪援引法定刑的情

---

① （2015）刑抗字第1号。最高人民法院指导性案例第61号。

形,应当是对第 1 款内幕交易、泄露内幕信息罪全部法定刑的引用,即利用未公开信息交易罪应有"情节严重""情节特别严重"两种情形和两个量刑档次。

【基本案情】

2011 年 3 月 9 日至 2013 年 5 月 30 日期间,被告人马乐担任某某基金管理有限公司旗下的某某精选股票证券投资经理,全权负责投资基金投资股票市场,掌握了某某精选股票证券投资基金交易的标的股票、交易时间和交易数量等未公开信息。马乐在任职期间利用其掌控的上述未公开信息,从事与该信息相关的证券交易活动,操作自己控制的"金某""严某甲""严某乙"三个股票账户,通过临时购买的不记名神州行电话卡下单,先于(1—5 个交易日)、同期或稍晚于(1—2 个交易日)其管理的"某某精选"基金账户买卖相同股票 76 只,累计成交金额 10.5 亿余元,非法获利 18833374.74 元。2013 年 7 月 17 日,马乐主动到深圳市公安局投案,且到案之后能如实供述其所犯罪行,属自首;马乐认罪态度良好,违法所得能从扣押、冻结的财产中全额返还,判处的罚金亦能全额缴纳。

【裁判结果】

广东省深圳市中级人民法院(2014)深中法刑二初字第 27 号刑事判决认为,被告人马乐的行为已构成利用未公开信息交易罪。但刑法中并未对利用未公开信息交易罪规定"情节特别严重"的情形,因此只能认定马乐的行为属于"情节严重"。马乐自首,依法可以从轻处罚;马乐认罪态度良好,违法所得能全额返还,罚金亦能全额缴纳,确有悔罪表现;另经深圳市福田区司法局社区矫正和安置帮教科调查评估,对马乐宣告缓刑对其所居住的社区没有重大不良影响,符合适用缓刑的条件。遂以利用未公开信息交易罪判处马乐有期徒刑 3 年,缓刑 5 年,并处罚金 1884 万元;违法所得 18833374.74 元依法予以追缴,上缴国库。

宣判后,深圳市人民检察院提出抗诉认为,被告人马乐的行为应认定为犯罪情节特别严重,依照"情节特别严重"的量刑档次处罚。一审判决适用法律错误,量刑明显不当,应当依法改判。

广东省高级人民法院(2014)粤高法刑二终字第 137 号刑事裁定认为,

《刑法》第180条第4款规定，利用未公开信息交易，情节严重的，依照第1款的规定处罚，该条款并未对利用未公开信息交易罪规定有"情节特别严重"情形；而根据第180条第1款的规定，情节严重的，处5年以下有期徒刑或者拘役，并处或者单处违法所得1倍以上5倍以下罚金，故马乐利用未公开信息交易，属于犯罪情节严重，应在该量刑幅度内判处刑罚。原审判决量刑适当，抗诉机关的抗诉理由不成立，不予采纳。遂裁定驳回抗诉，维持原判。

二审裁定生效后，广东省人民检察院提请最高人民检察院按照审判监督程序向最高人民法院提出抗诉。最高人民检察院抗诉提出，《刑法》第180条第4款属于援引法定刑的情形，应当引用第1款处罚的全部规定；利用未公开信息交易罪与内幕交易、泄露内幕信息罪的违法与责任程度相当，法定刑亦应相当；马乐的行为应当认定为犯罪情节特别严重，对其适用缓刑明显不当。本案终审裁定以《刑法》第180条第4款未对利用未公开信息交易罪规定有"情节特别严重"为由，降格评价马乐的犯罪行为，属于适用法律确有错误，导致量刑不当，应当依法纠正。

最高人民法院依法组成合议庭对该案直接进行再审，并公开开庭审理了本案。再审查明的事实与原审基本相同，原审判决认定被告人马乐非法获利数额为18833374.74元存在计算错误，实际为19120246.98元，依法应当予以更正。最高人民法院（2015）刑抗字第1号刑事判决认为，原审被告人马乐的行为已构成利用未公开信息交易罪。马乐利用未公开信息交易股票76只，累计成交额10.5亿余元，非法获利1912万余元，属于情节特别严重。鉴于马乐具有主动从境外回国投案自首的法定从轻、减刑处罚情节；在未受控制的情况下，将股票兑成现金存在涉案三个账户中并主动向中国证券监督管理委员会说明情况，退还了全部违法所得，认罪悔罪态度好，赃款未挥霍，原判罚金刑得已全部履行等酌定从轻处罚情节，对马乐可予减轻处罚。第一审判决、第二审裁定认定事实清楚，证据确实、充分，定罪准确，但因对法律条文理解错误，导致量刑不当，应予纠正。依照《刑法》第180条第4款和第1款、第67条第1款、第52条、第53条、第64条及《最高人民法院关于适用〈中华人民共和国刑事诉讼法〉的解释》第389条第3项的规定，判决如下：（1）维持广东省高级人民法院（2014）粤高法刑二终字第137号刑事裁定和深圳市中级人民法院（2014）深中法刑二初字第 27 号刑事判决中对原审被告人马乐的定罪部分；（2）撤销广东省高级人民法院（2014）粤高法刑二终字第 137 号刑事裁定和深圳市中级人民法院（2014）深中法刑二初字第 27 号刑事判决中对原审被告人马乐的量刑及追缴违法所得部分；（3）原审被告人马乐犯利用未公开信息交易罪，判处有期徒刑 3 年，并处罚金 1913 万元；（4）违法所得 19120246.98 元依法予以追缴，上缴国库。

【裁判理由】

法院生效裁判认为：本案事实清楚，定罪准确，争议的焦点在于如何正确理解《刑法》第 180 条第 4 款对于第 1 款的援引以及如何把握利用未公开信息交易罪"情节特别严重"的认定标准。

1. 对《刑法》第 180 条第 4 款援引第 1 款量刑情节的理解和把握

《刑法》第 180 条第 1 款对内幕交易、泄露内幕信息罪规定为："证券、期货交易内幕信息的知情人员或者非法获取证券、期货交易内幕信息的人员，在涉及证券的发行，证券、期货交易或者其他对证券、期货交易价格有重大影响的信息尚未公开前，买入或者卖出该证券，或者从事与该内幕信息有关的期货交易，或者泄露该信息，或者明示、暗示他人从事上述交易活动，情节严重的，处五年以下有期徒刑或者拘役，并处或者单处违法所得一倍以上五倍以下罚金；情节特别严重的，处五年以上十年以下有期徒刑，并处违法所得一倍以上五倍以下罚金。"第 4 款对利用未公开信息交易罪规定为："证券交易所、期货交易所、证券公司、期货经纪公司、基金管理公司、商业银行、保险公司等金融机构的从业人员以及有关监管部门或者行业协会的工作人员，利用因职务便利获取的内幕信息以外的其他未公开的信息，违反规定，从事与该信息相关的证券、期货交易活动，或者明示、暗示他人从事相关交易活动，情节严重的，依照第一款的规定处罚。"

对于第 4 款中"情节严重的，依照第一款的规定处罚"应如何理解，在司法实践中存在不同的认识。一种观点认为，第 4 款中只规定了"情节严重"的情形，而未规定"情节特别严重"的情形，因此，这里的"情节严重的，依照第一款的规定处罚"只能是依照第 1 款中"情节严重"的量刑档次予以处罚；另一种观点认为，第 4 款中的"情节严重"只是入罪条款，即达到了情节严重以上的情形，依据第1款的规定处罚。至于具体处罚，应看符合第1款中的"情节严重"还是"情节特别严重"的情形，分别情况依法判处。情节严重的，"处五年以下有期徒刑"，情节特别严重的，"处五年以上十年以下有期徒刑"。

最高人民法院认为，《刑法》第180条第4款援引法定刑的情形，应当是对第1款全部法定刑的引用，即利用未公开信息交易罪应有"情节严重""情节特别严重"两种情形和两个量刑档次。这样理解的具体理由如下：

第一，符合刑法的立法目的。我国基金、证券、期货等领域中，利用未公开信息交易行为比较多发，行为人利用公众投入的巨额资金作后盾，以提前买入或者提前卖出的手段获得巨额非法利益，将风险与损失转嫁到其他投资者，不仅对其任职单位的财产利益造成损害，而且严重破坏了公开、公正、公平的证券市场原则，严重损害客户投资者或处于信息弱势的散户利益，严重损害金融行业信誉，影响投资者对金融机构的信任，进而对资产管理和基金、证券、期货市场的健康发展产生严重影响。为此，《中华人民共和国刑法修正案（七）》新增利用未公开信息交易罪，并将本罪与内幕交易、泄露内幕信息罪规定在同一法条中，说明两罪的违法与责任程度相当。利用未公开信息交易罪也应当适用"情节特别严重"。

第二，符合法条的文意。首先，《刑法》第180条第4款中的"情节严重"是入罪条款。《最高人民检察院、公安部关于公安机关管辖的刑事案件立案追诉标准的规定（二）》对利用未公开信息交易罪规定了追诉的情节标准，说明本罪须达到"情节严重"才能被追诉。利用未公开信息交易罪属情节犯，立法要明确其情节犯属性，就必须借助"情节严重"的表述，以避免"情节不严重"的行为入罪。其次，该款中"情节严重"并不兼具量刑条款的性质。刑法条文中大量存在"情节严重"兼具定罪条款及量刑条款性质的情形，但无一例外均在其后列明了具体的法定刑。《刑法》第180条第4款中"情节严重"之后，并未列明具体的法定刑，而是参照内幕交易、泄露内幕信息罪的法定刑。因此，本款中的"情节严重"仅具有定罪条款的性质，而不具有量刑条款的性质。

第三，符合援引法定刑立法技术的理解。援引法定刑是指对某一犯罪并不规定独立的法定刑,而是援引其他犯罪的法定刑作为该犯罪的法定刑。《刑法》第180条第4款援引法定刑的目的是为了避免法条文字表述重复,并不属于法律规定不明确的情形。

综上,《刑法》第180条第4款虽然没有明确表述"情节特别严重",但是根据本条款设立的立法目的、法条文意及立法技术,应当包含"情节特别严重"的情形和量刑档次。

2. 利用未公开信息交易罪"情节特别严重"的认定标准

目前虽然没有关于利用未公开信息交易罪"情节特别严重"认定标准的专门规定,但鉴于刑法规定利用未公开信息交易罪是参照内幕交易、泄露内幕信息罪的规定处罚,《最高人民法院、最高人民检察院关于办理内幕交易、泄露内幕信息刑事案件具体应用法律若干问题的解释》将成交额250万元以上、获利75万元以上等情形认定为内幕交易、泄露内幕信息罪"情节特别严重"的标准,利用未公开信息交易罪也应当遵循相同的标准。马乐利用未公开信息进行交易活动,累计成交额达10.5亿余元,非法获利达1912万余元,已远远超过上述标准,且在案发时属全国查获的该类犯罪数额最大者,参照《最高人民法院、最高人民检察院关于办理内幕交易、泄露内幕信息刑事案件具体应用法律若干问题的解释》,马乐的犯罪情节应当属于"情节特别严重"。

五、诱骗投资者买卖证券、期货合约罪

(一) 刑法条文

第一百八十一条第二款 证券交易所、期货交易所、证券公司、期货经纪公司的从业人员,证券业协会、期货业协会或者证券期货监督管理部门的工作人员,故意提供虚假信息或者伪造、变造、销毁交易记录,诱骗投资者买卖证券、期货合约,造成严重后果的,处五年以下有期徒刑或者拘役,并处或者单处一万元以上十万元以下罚金;情节特别恶劣的,处五年以上十年以下有期徒刑,并处二万元以上二十万元以下罚金。

第一百八十一条第三款 单位犯前两款罪的,对单位判处罚金,并对其

直接负责的主管人员和其他直接责任人员,处五年以下有期徒刑或者拘役。

(二)犯罪构成

1. 法益

本罪侵害的法益是证券、期货市场正常的交易管理秩序和其他投资者的利益。

2. 客观行为

本罪在客观方面表现为故意提供虚假信息或者伪造、变造、销毁交易记录,诱骗投资者买卖证券、期货合约,造成严重后果的行为。

所谓"提供",是指将虚假的有关证券发行、证券和期货交易的虚假信息故意传播或扩散的行为。既可以提供给个人,又可以提供给单位;既可以是当面口头提供,又可以不面对他人而采用书面、影视、计算机等方式提供;既可以单个地提供,又可以成群成批地提供。但无论其方式如何,行为人所提供的必须是与证券发行或证券、期货交易相关且虚假的信息。

所谓"伪造",是指按照证券、期货交易记录的特征包括形式特征如式样、格式、形状等内容特征,采用印刷、复印、描绘、拓印、石印等各种方法,制作假交易记录冒充真交易记录的行为。

所谓"变造",是指在真实交易记录的基础上,通过涂改、剪接、挖补、拼凑等加工方法,使原交易记录改变其内容的行为。

所谓"销毁",是指将证券、期货交易记录采用诸如撕裂、火烧、水浸、丢弃等各种方法予以毁灭的行为。

所谓"诱骗",是指采取提供虚假的信息或将交易记录加以销毁的方式,以对投资者进行欺骗、引诱、误导,从而骗取投资者信任使投资者买卖证券、期货合约的行为。

3. 行为主体

本罪主体为特殊主体,即只有证券交易所、期货交易所、证券公司、期货经纪公司的从业人员,以及证券业协会、期货业协会或者证券期货监督管理部门的工作人员及单位,才能构成本罪。非上述人员、单位不能成为本罪主体。

4. 主观罪过

本罪在主观方面必须出于故意，即明知是虚假信息而故意提供或者明知是证券、期货交易记录仍决意伪造、变造或者销毁，并且具有诱骗投资者买卖证券、期货合约的目的。过失不能构成本罪。

(三) 司法认定

1. 罪与非罪

本罪为结果犯，只有因行为人的故意提供虚假信息或伪造、变造、销毁交易记录，诱骗投资者的行为造成了实际的严重后果才能构成本罪。否则，即使有上述行为，没有造成实际损害后果或者虽有实际损害后果但不是严重的后果，也不能构成本罪。

2. 本罪与内幕交易、泄露内幕信息罪

本罪与内幕交易、泄露内幕信息罪中的泄露内幕信息行为在客体、客观方面和主观方面具有一定的相同之处。在对象为虚假的信息或者被伪造、变造销毁的交易记录，证券交易所、期货交易所、证券公司、期货经纪公司的从业人员，证券业协会、期货业协会或者证券期货监督管理部门的工作人员实施了提供虚假信息或者伪造、变造、销毁交易记录的行为，诱骗投资者买卖证券期货合约且造成严重的后果时构成前罪；在对象为真实的内幕信息，内幕信息的知情人员和非法获取内幕信息的人员实行了泄露内幕信息的行为且情节严重时构成后罪。

(四) 量刑标准

《最高人民检察院、公安部关于公安机关管辖的刑事案件立案追诉标准的规定（二）》第38条规定了本罪的追诉标准：（1）获利或者避免损失数额累计在5万元以上的；（2）造成投资者直接经济损失数额在5万元以上的；（3）致使交易价格和交易量异常波动的；（4）其他造成严重后果的情形。

关于情节特别恶劣，目前没有明确的规定，司法实践中可根据追诉标准酌情认定。

（五）解释索引

《最高人民检察院、公安部关于公安机关管辖的刑事案件立案追诉标准的规定（二）》（2010 年 5 月 7 日）。

（六）案例举要

 张某等诱骗投资者买卖证券案①

【基本案情】

1997 年 10 月，某证券投资公司总经理张某听到业内传言，获悉甲机构欲投入巨额资金狂炒乙上市公司的股票，认为这是一个扩大成交量、收取规定的佣金、完成全年利润指标的好机会。张某明知该传言可能失实，但却责令公司交易员将此消息透露给一些在本营业部开户的投资者。投资者听到消息后大量购进乙上市公司的股票，以期待价格上扬时抛出。然而甲机构在对乙上市公司进行认真考量后，认为乙上市公司的新产品暂时无法克服技术障碍，决定放弃投入计划。不久乙上市公司公布了下半年报表，每股收益率与市场传闻相去甚远，其股票价格连续下跌，投资者损失惨重。

【审判结果】

法院经审理认定某证券投资公司犯诱骗投资者买卖证券罪，判处罚金 50 万元，张某犯诱骗投资者买卖证券罪，判处有期徒刑 5 年，并处罚金 5 万元。

六、背信运用受托财产罪

（一）刑法条文

第一百八十五条之一第一款　商业银行、证券交易所、期货交易所、证券公司、期货经纪公司、保险公司或者其他金融机构，违背受托义务，擅自

---

① 参见《诱骗投资者买卖证券、期货合约罪案》，https：//www.ceolaws.net/html/zmxj/you-pian-tou-zi-zhe-mai-mai-zheng-quan-qi-huo-he-y.html，2021 年 1 月 7 日访问。

运用客户资金或者其他委托、信托的财产，情节严重的，对单位判处罚金，并对其直接负责的主管人员和其他直接责任人员，处三年以下有期徒刑或者拘役，并处三万元以上三十万元以下罚金；情节特别严重的，处三年以上十年以下有期徒刑，并处五万元以上五十万元以下罚金。

（二）犯罪构成

1. 法益

本罪侵害的法益是金融管理秩序和客户的合法权益。

2. 客观行为

本罪在客观方面表现为金融机构违背受托义务，擅自运用客户资金或者其他委托、信托的财产的行为。

所谓"违背受托义务"，是指金融机构违背法律、行政法规、部门规章规定的受托人应尽的法定义务以及违反有关委托合同所约定的有关金融机构应该承担的具体约定义务。

所谓"擅自运用"，是指非法动用受托客户的资金，包括具有归还意图的非法使用和不打算归还的非法占有。

所谓"客户资金或者其他委托、信托的财产"，是指客户按约定存放在各类金融机构或者委托金融机构经营的资金和资产，含存款、证券交易资金、期货交易资金以及受托理财业务中的客户资产、信托业务中的信托财产、证券投资基金等。

3. 行为主体

本罪主体为特殊主体，即金融机构，具体指商业银行、证券交易所、期货交易所、证券公司、期货经纪公司、保险公司或者其他金融机构。其他金融机构，主要是指经国家有关主管部门批准的、有资格开展投资理财特定业务的信托投资公司、投资咨询公司、投资管理公司等金融机构。

4. 主观罪过

本罪在主观方面表现为故意，但不要求特定目的（既不要求行为人具有牟利目的，也不要求行为人对委托人具有加害目的）。①

（三）司法认定

1. 罪与非罪

背信运用受托财产达到情节严重的程度，如使客户财产损失重大、金融秩序混乱、多次擅自运用受托财产、曾受行政处罚而又擅自运用客户财产的等，构成本罪；未达严重程度则不成立犯罪。

2. 本罪与彼罪

本罪仅限法定的商业银行、证券交易所、期货交易所、证券公司、期货经纪公司、保险公司或者经国家有关主管部门批准、有资格开展委托理财业务的金融机构，除此之外的其他单位未经批准，非法开展证券投资、期货投资等委托理财业务，并擅自运用客户财产的不成立本罪，而应视具体情况以非法吸收公众存款罪或者非法经营罪论处。

（四）量刑标准

《最高人民检察院、公安部关于公安机关管辖的刑事案件立案追诉标准的规定（二）》第40条规定了本罪的追诉标准：（1）擅自运用客户资金或者其他委托、信托的财产数额在30万元以上的；（2）虽未达到上述数额标准，但多次擅自运用客户资金或者其他委托、信托的财产，或者擅自运用多个客户资金或者其他委托、信托的财产的；（3）其他情节严重的情形。

对于情节特别严重，目前没有明确的规定，司法实践中可参照追诉标准酌情认定。

（五）解释索引

《最高人民检察院、公安部关于公安机关管辖的刑事案件立案追诉标准的规定（二）》（2010年5月7日）。

---

① 参见张明楷：《刑法学》（第五版），法律出版社2016年版，第789页。

（六）案例举要

 孟宪伟等背信运用受托财产案[①]

辽宁省大连市中级人民法院审理大连市人民检察院指控被告单位兴证期货有限公司大连营业部（以下简称"兴证期货大连营业部"）、被告人孟宪伟、被告人陈晶犯背信运用受托财产罪一案，于2016年11月23日作出（2016）辽02刑初12号刑事判决。

原审判决认定：被告单位兴证期货大连营业部系兴证期货有限公司的下属分支机构。被告人孟宪伟于2009年8月至2014年7月在兴证期货大连营业部担任总经理，负责大连营业部全面工作。被告人陈晶于2013年8月至2014年7月在兴证期货大连营业部担任客户经理，负责开发及维护客户。

2013年，被告人陈晶认识了高某及其妻子孙某，介绍兴证期货大连营业部有保本理财产品，收益高于银行利息。高某要求保证资金安全，并且随取随用，被告人陈晶经请示被告人孟宪伟后，向被害人高某口头承诺投资期货在保本保息基础上达到7%的年收益率。

2013年10月22日，高某与兴证期货有限公司签订了期货经纪合同及相关附属文件，按照兴证期货大连营业部工作人员的指引开立了期货保证金账户，并于次日向账户内转款1670万元，被告人陈晶向高某索要了期货账户的交易密码。

被告人孟宪伟、陈晶未能为高某找到第三方投资顾问，在未通知高某也未取得其同意的情况下，二被告人商议后决定自行使用高某的期货账户交易密码进行交易。2013年10月31日至2014年1月20日期间，被告人孟宪伟、陈晶擅自操作高某期货账户进行交易，造成高某期货保证金账户亏损1043.1万元，共计产生交易手续费1533642.48元，其中为兴证期货有限公司赚取手续费825353.56元，上交给期货交易所708288.92元。案发后，被告人孟宪伟、陈晶返还被害人高某共计191万元。

原审法院经公开开庭审理，对本案涉案证据进行了庭审质证，根据本案

[①] （2016）辽刑终494号。

的具体犯罪事实、性质、情节及对社会的危害程度,依照《刑法》第185条之一第1款、第30条、第31条、第52条、第53条、第64条之规定,认定如下:(1)被告单位兴证期货大连营业部犯背信运用受托财产罪,判处罚金100万元;(2)被告人孟宪伟犯背信运用受托财产罪,判处有期徒刑3年6个月,并处罚金15万元;(3)被告人陈晶犯背信运用受托财产罪,判处有期徒刑3年,并处罚金10万元;(4)责令被告单位兴证期货大连营业部退赔被害人高某经济损失852.1万元。

宣判后,被告单位兴证期货大连营业部、被告人孟宪伟、陈晶均不服,分别提出上诉。二审法院经审理查明,原审认定上诉单位、上诉人孟宪伟、陈晶实施上述犯罪事实清楚,有一系列证据予以证实。上述事实、证据均经原审庭审举证、质证,本院审理过程中未发生变化,依法均予以确认。上诉单位、上诉人及其辩护人在本院审理过程中均未提出新的证据。故对上诉人孟宪伟所提"本案事实不清"的上诉理由,本院不予采纳。

关于上诉单位兴证期货大连营业部及辩护人、上诉人陈晶提出不构成犯罪及单位犯罪的上诉理由和辩护意见,经查,被害人高某与兴证期货有限公司签订了期货经纪合同,合同成立后高某即与兴证期货有限公司形成委托管理期货账户资金的法律关系,兴证期货有限公司应当遵循诚实信用原则,执行客户的委托,维护客户的合法权益,不得向客户作获利保证,亦不得未经客户委托或者不按照客户委托内容,擅自进行期货交易;二上诉人在未告知高某也未征得其同意的情形下,利用掌握的交易密码自行操作高某的期货账户,属于擅自运用客户资金的行为;上诉人孟宪伟作为兴证期货大连营业部的负责人,与上诉人陈晶共同操作高某的账户资金进行期货交易,收取的手续费亦归兴证期货有限公司所有,构成单位犯罪,均应承担相应的刑事法律责任,故上诉单位、上诉人的上诉理由和辩护人辩护意见无事实和法律依据,本院不予采纳。

二审法院认为,上诉单位兴证期货大连营业部违背受托义务,擅自运用客户资金,情节特别严重,其行为侵犯了国家的金融管理秩序和客户的合法权益,构成背信运用受托财产罪。上诉人孟宪伟作为该营业部直接负责的主管人员,上诉人陈晶作为该营业部其他责任人员,其行为均已构成背信运用受托财产罪,依法均应予惩处。上诉人陈晶系主动投案,并如实供述犯罪事实,构成自首,依法可予从轻处罚。综上,原判定罪准确,量刑适当,审判程序合法。故对上诉人陈晶所提"量刑过重"的上诉理由本院不予采纳。依据《刑事诉讼法》第225条第1款第1项之规定,裁定驳回上诉,维持原判。

七、违法运用资金罪

(一) 刑法条文

第一百八十五条之一 商业银行、证券交易所、期货交易所、证券公司、期货经纪公司、保险公司或者其他金融机构,违背受托义务,擅自运用客户资金或者其他委托、信托的财产,情节严重的,对单位判处罚金,并对其直接负责的主管人员和其他直接责任人员,处三年以下有期徒刑或者拘役,并处三万元以上三十万元以下罚金;情节特别严重的,处三年以上十年以下有期徒刑,并处五万元以上五十万元以下罚金。

社会保障基金管理机构、住房公积金管理机构等公众资金管理机构,以及保险公司、保险资产管理公司、证券投资基金管理公司,违反国家规定运用资金的,对其直接负责的主管人员和其他直接责任人员,依照前款的规定处罚。

(二) 犯罪构成

1. 法益

本罪侵害的法益是国家对公众资金的管理秩序和社会公众合法的财产利益。

2. 客观行为

本罪在客观方面表现为社会保障基金管理机构、住房公积金管理机构等公众资金管理机构,以及保险公司、保险资产管理公司、证券投资基金管理公司,违反国家规定运用资金的行为。

3. 行为主体

本罪主体为特殊主体,即社会保障基金管理机构、住房公积金管理机构等公众资金管理机构,以及保险公司、保险资产管理公司、证券投资基金管理公司等金融机构。"社会保障基金管理机构"是指依法取得社会保障基金投资管理业务资格、根据合同受托运作和管理社会保障基金的专业性投资管理机构。"住房公积金管理机构"即住房公积金管理中心。"公众资金管理机构"是指根据我国目前以多元分散型和专门机构集中管理模式,接受社会保障基金管理机构委托对社会保障基金进行资产管理的保险公司、保险资产管理公司、证券投资管理公司等机构。"保险资产管理公司"是指经中国银保监会会同有关部门批准,依法登记注册、受托管理保险资金的金融机构。"证券投资基金管理公司"是指经中国证券监督管理委员会批准,在中华人民共和国境内设立,从事证券投资基金管理业务的企业法人。①

4. 主观罪过

本罪在主观方面表现为故意。

(三) 司法认定

本罪的成立要求"情节严重",包括(1)违反国家规定运用资金数额在30万元以上的;(2)虽未达到上述数额标准,但多次违反国家规定运用资金的;(3)其他情节严重的情形。未达到"情节严重"的不构成本罪。

(四) 量刑标准

《最高人民检察院、公安部关于公安机关管辖的刑事案件立案追诉标准的规定(二)》第41条规定了本罪的追诉标准:(1)违反国家规定运用资金数额在30万元以上的;(2)虽未达到上述数额标准,但多次违反国家规定运用资金的;(3)其他情节严重的情形。

(五) 解释索引

《最高人民检察院、公安部关于公安机关管辖的刑事案件立案追诉标准的规定(二)》(2010年5月7日)。

---

① 参见高铭暄、马克昌主编:《刑法学》(第八版),北京大学出版社、高等教育出版社2017年版,第412页。

（六）案例举要

 胡全学等违法运用资金案①

北京市西城区人民法院审理北京市西城区人民检察院指控原审被告人陈远、王天有、胡全学犯违法运用资金罪一案，于 2017 年 12 月 25 日作出 (2017) 京 0102 刑初 343 号刑事判决。宣判后，原公诉机关北京市西城区人民检察院提出抗诉；原审被告人陈远、王天有、胡全学不服，提出上诉。

北京市西城区人民法院判决认定：中融人寿公司于 2011 年 12 月至 2013 年 11 月间，在经时任董事长的被告人陈远决定及时任副总经理兼财务负责人的被告人王天有审核后，以购买灾备系统、支付投资预付款等名目，多次将公司资本金账户及保险产品资金专用账户内的资金出借给相关企业使用，出借款项共计 5.24 亿元，截至 2013 年 11 月 28 日，中融人寿公司已将上述全部资金及相应利息予以回收；其间，被告人胡全学作为中融人寿公司资产管理中心固定收益部负责人，在被告人王天有的授意下，于 2011 年 12 月至 2013 年 8 月间，以购买灾备系统、支付投资预付款等名目多次发起付款申请，涉及资金共计 2.54 亿元；被告人陈远于 2016 年 4 月 21 日被公安机关抓获，被告人王天有、胡全学均于同年 4 月 26 日被公安机关抓获。

根据事实及证据，北京市西城区人民法院认为，中融人寿公司违反国家规定运用资金的行为，侵犯了国家金融管理制度以及保险资金的所有权，被告人陈远、王天有及被告人胡全学分别作为对中融人寿公司上述行为直接负责的主管人员和其他直接责任人员，均已构成违法运用资金罪，均应依法予以惩处。鉴于中融人寿公司的违法运用资金行为尚未造成保险资金的损失，综合考虑被告人陈远、王天有、胡全学的犯罪事实、性质及涉案行为的社会危害程度，依法可对三名被告人免予刑事处罚。据此判决：被告人陈远犯违法运用资金罪，免予刑事处罚；被告人王天有犯违法运用资金罪，免予刑事处罚；被告人胡全学犯违法运用资金罪，免予刑事处罚。

北京市西城区人民检察院的抗诉理由为：（1）本案属犯罪情节严重。中融

---

① （2018）京 02 刑终 178 号。

人寿公司违法运用资金数额共计5.24亿元，超出追诉标准1700余倍；该公司先后多次违法进行资金拆借，且在原保监会对该公司进行调查期间仍有3000万元资金以拆借的形式汇出，应认定犯罪情节严重。（2）本案社会危害性大。本案所涉5.24亿元保险资金均系在没有任何必要风控措施的情况下被拆借给相关企业，使巨额保险资金处于现实的风险当中，社会危害性大。（3）陈远、王天有没有从轻、减轻处罚的量刑情节，也没有明显认罪、悔罪表现。综上，原审判决对陈远等被告人免予刑事处罚，属适用法律错误，导致量刑畸轻。

北京市人民检察院第二分院支持抗诉的意见为：（1）本案属于犯罪情节特别严重。本案违法运用资金的犯罪行为持续近两年，违法运用资金10余次，涉案金额累计5.24亿元，严重破坏了国家的金融管理秩序，性质恶劣，社会危害性严重，应当认定犯罪情节特别严重。（2）陈远、王天有系本案直接负责的主管人员，胡全学系本案其他直接责任人员，一审判决未依据三名被告人在共同犯罪中的实际作用，而判处同等刑罚，有违罪刑相适应的原则。

陈远上诉提出，涉案款项支出的性质系投资行为，不应定性为违法运用资金罪。

王天有上诉提出，其是按照陈远的工作安排履行职务，在公司资金运作的问题上，自己不是主要责任人。

胡全学上诉提出，其按照领导的安排进行工作，对于运用资金的过程及资金的用途不知情，没有违法运用资金的主观故意。

北京市第二中级人民法院经审理查明：中融人寿公司是2010年3月注册成立的民营保险公司。某甲有限公司（以下简称"甲公司"）是中融人寿公司的发起人和股东之一（持股比例为20%）。同时，甲公司是上市公司某乙高技术股份有限公司（以下简称"乙公司"，现已更名为某丙股份有限公司）的全资子公司。陈远原系中融人寿公司的法定代表人兼董事长，负责中融人寿公司的全面工作。王天有时任中融人寿公司董事、副总经理兼财务负责人，职责为"负责财务管理、负责或者参与风险管理和偿付能力管理、参与战略规划等重大经营管理活动"等。胡全学于2012年5月至2014年3月先后担任中融人寿公司风控信评部副部长、部长，负责投资业务的风控合规管理工作，同时系该公司固定收益部负责人。2011年12月16日，中融人寿公司与上海润科通信科技有限公司（以下简称"上海润科公司"）签订《灾备系统一体化建设合同》，约定由上海润科公司为中融人寿公司设计项目方案、代为建设机房、代购服务器、开发项目所需软件产品、提供技术支持和合同约定的其他服务。2012年5月20日，中融人寿公司又与上海润科公司签订《投资顾问协议》，约定由上海润科公司为中融人寿公司寻找与投资方向相关的项目，对中融人寿公司项目进行初步论证、整理包装、与投资方进行前期沟通与交流等，同时约定如果需要项目的谈判保证金，中融人寿公司应给予相应的短期资金周转支持，上海润科公司支付相应的利息。

2011年12月至2013年11月间，经陈远决定、王天有审核，中融人寿公司以购买灾备系统、支付投资预付款等名目，先后将13笔该公司资本金账户、保险产品资金专用账户内的资金转至上海润科公司，累计金额为5.24亿元。上海润科公司收到中融人寿公司上述资金后，在收款当日或次日，即将全部款项通过上海博晨实业有限公司（以下简称"上海博晨公司"）账户分别转入乙公司实际管理、控制的上海丰润投资顾问有限公司、上海物众机械设备有限公司、上海志卓机械制造有限公司、上海某某丁科技发展有限公司等账户。涉案资金的最终使用方为乙公司，用于该公司"续贷""倒贷"等资金周转。2013年2月至2013年11月，中融人寿公司先后通过上海博晨公司回收款项9笔，部分款项记载有利息收入，累计回收金额5.27亿余元。中融人寿公司转出的13笔资金，其中10笔共计4.95亿元从转出至收回的时间为4天至1个月，3笔共计2900万元从转出至收回的时间为8个月至1年2个月。其间，胡全学作为中融人寿公司风控信评部负责人，在没有确认存在投资项目的情况下，经王天有授意，于2011年12月至2013年8月间，以购买灾备系统、支付投资预付款等名目多次发起付款申请，涉及资金共计2.54亿元。公安机关于2016年4月21日将陈远抓获归案，于同年4月26日分别将王天有、胡全学抓获归案。

上述事实，有一系列证据证明。上述证据，经一审法院庭审质证，二审法院审核后认为，对第15项证据，中融人寿公司与上海润科公司共计签订了6份《借款协议》，签订时间为2012年7月至2013年10月，常某均作为上海润科公司的法定代表人在协议上签字。另，根据工商档案登记材料，常某于 2013 年 3 月担任上海润科公司法定代表人。故部分《借款协议》签署的时间在常某担任上海润科公司法定代表人之前，上述证据相互矛盾，不能排除王天有辩护人所称《借款协议》系补签的情况，本院对《借款协议》不予确认。对在案其他证据，本院审核属实，予以确认。

针对陈远、王天有、胡全学的上诉理由及其辩护人的辩护意见，北京市西城区人民检察院的抗诉理由及北京市人民检察院第二分院的支持抗诉意见，本院对本案争议焦点归纳如下：（1）中融人寿公司运用资金的性质是设备采购和投资行为还是企业间的资金拆借行为；（2）中融人寿公司运用资金的行为是否违反国家规定；（3）本案属于情节轻微、情节严重还是情节特别严重；（4）如何区分陈远、王天有、胡全学在共同犯罪中的作用；（5）对陈远、王天有、胡全学的刑事追诉与原保监会行政处罚之间的关系问题。

根据本案的事实和证据，北京市第二中级人民法院评判如下：

（1）中融人寿公司运用资金的性质属于关联企业之间的资金拆借行为。理由如下：

第一，合同的实际履行情况及涉案资金的流向显示，中融人寿公司运用资金的行为与设备采购和投资无关。首先，中融人寿公司虽然与上海润科公司签订了《灾备系统一体化建设合同》《投资顾问协议》，但上海润科公司既未依照合同约定向中融人寿公司提供系统设备，也没有为中融人寿公司寻找投资项目，双方签订的合同并未实际履行。其次，上海润科公司在收到中融人寿公司转款后，当日或次日即将全部款项通过上海博晨公司转往乙公司实际控制的相关公司，涉案资金未使用于合同约定的用途。故涉案资金的运用明显与设备采购和投资无关。

第二，资金运用的过程符合资金拆借的特征。涉案资金的回收共计比支出多出 300 余万元，中融人寿公司在记账凭证中记载为"利息收入"，但并非每一笔款项都有对应的利息收入，反映出其资金运用具有关联企业之间资金拆借的特征；且涉案大部分资金从出借到收回的时间在 4 天至 1 个月之间，亦符合资金拆借的运用特征。

第三，在案证据证明涉案资金的运用系资金拆借。时任乙公司财务总监张某、财务副部长钱某的证言均证明,乙公司需要资金时,时任董事长王某某一般找陈远想办法解决,陈远会安排王天有与乙公司联系解决资金问题;陈远、王天有亦供认转出资金最终由乙公司实际使用。上述证据能够相互印证涉案资金的运用属资金拆借的事实。

综上,陈远及王天有的辩护人所提涉案款项支出系设备采购、企业投资的上诉理由及辩护意见不成立,本院不予采纳。

(2) 中融人寿公司拆借保险资金的行为违反了国家规定。理由如下:

第一,保险公司运用资金只能限于保险法规定的领域及国务院规定的其他资金运用形式。《中华人民共和国保险法》第106条规定,保险公司的资金运用限于:银行存款;买卖债券、股票、证券投资基金份额等有价证券;投资不动产;国务院规定的其他资金运用形式。由此可见,对保险资金的管理、利用,保险法以"白名单"的方式作了严格、明确的规定,即只能运用于保险法规定的领域及国务院规定的其他资金运用形式。该条文规范的目的,是保险公司作为金融机构,资金运用必须稳健,遵循安全性原则,其资金应用于投资,确保保险资金的保值和增值,进而确保保险资金的良性运转。

第二,中融人寿公司资金拆借的行为超出了保险法及国务院相关文件规定的保险资金运用范围。首先,保险法的立法演变虽然就保险资金的运用领域呈现扩大趋势,但从未允许保险公司可以向其他企业拆借资金。其次,《关于加快发展现代保险服务业的若干意见》《中共中央 国务院关于深化投融资体制改革的意见》等文件,虽然提出逐步放宽保险资金投资范围,创新资金运用方式,鼓励保险公司通过投资企业股权、债权、基金、资产支持计划等多种形式,在合理管控风险的前提下,为科技型企业、小微企业、战略性新兴产业等发展提供资金支持,但中融人寿公司向关联企业拆借资金,并非保险资金的创新运用方式,明显与国务院相关文件的规定不符。中融人寿公司资金拆借行为,所涉多笔资金没有任何利息,这种拆借行为违背保险公司基本利益,因而也不可能是上述文件所认可的资金运用方式。

综上,陈远、王天有的辩护人所提中融人寿公司运用资金的行为没有违反国家规定的辩护意见不成立,本院不予采纳。

(3) 关于本案属于情节轻微、情节严重还是情节特别严重的问题。《刑法》

第 185 条之一第 2 款关于违法运用资金罪的法定刑援引第 185 条之一第 1 款背信运用受托财产罪的规定,有"情节严重""情节特别严重"两种情形和两个量刑档次。"情节严重"是本罪的定罪条款兼量刑条款。

根据《最高人民检察院、公安部关于公安机关管辖的刑事案件立案追诉标准的规定(二)》第 41 条的规定,违法运用资金罪的追诉标准为:违反国家规定运用资金数额在 30 万元以上的;虽未达到上述数额标准,但多次违反国家规定运用资金的;其他情节严重的情形。上述规定中,将犯罪数额、次数作为独立的情节评价标准,即违反国家规定运用资金数额在 30 万元以上,或者虽未达到上述数额标准,但多次违反国家规定运用资金的,即达到情节严重的定罪标准。

第一,中融人寿公司违法运用资金的行为,属情节严重。中融人寿公司违法运用资金 13 笔,每笔 500 万元至 1.1 亿元不等,累计金额 5.24 亿元,违法运用资金数额巨大,次数多;违法运用资金的起止时间为 2011 年 12 月至 2013 年 11 月,时间跨度较大,资金风险持续时间较长;且中融人寿公司在运用资金的过程中未采取必要风险控制措施,资金使用风险较大;其拆借资金以签订虚假合同为手段,恶意逃避监管,违背股东利益,使巨额资金的运用处于不确定状态,社会危害性较大,依法应当认定为犯罪情节严重。

一审法院适用《刑法》第 37 条的规定,认为本案犯罪情节轻微,系适用法律不当,由此导致对陈远、王天有的量刑畸轻。北京市西城区人民检察院相关抗诉理由成立,本院予以采纳。

第二,应结合本案特点综合评判是否达到情节特别严重的程度。虽然在金融犯罪中通常以犯罪数额作为情节严重程度的标准,但犯罪数额在不同的领域表现出来的社会危害性有一定的差异,保险公司作为金融机构,通常具有运用资金规模巨大的特点,如果单纯以犯罪数额作为情节轻重的标准,则忽视了犯罪危害的特殊性,影响罪责刑的统一。是否属于情节特别严重,应当结合本案特点进行综合评判。

首先,虽然本案违法运用资金的总额达 5.24 亿元,但上述资金分 13 笔转出,中融人寿公司一方面回收之前借出的资金,一方面又拆借出新的款项,资金运用处于循环状态,并非所有涉案资金同时处于风险之中。其次,资金使用方乙公司是上海证券交易所上市公司，偿付能力较强，且资金往来账目清晰，大部分资金占用时间较短，故虽然所涉保险资金的安全处于不确定状态，但尚未造成特别巨大的风险。最后，在客观上，中融人寿公司所拆借的资金均已收回，没有造成实际经济损失，也未造成特别重大的社会危害。

综上，本案违法运用资金的社会危害性并没有达到犯罪情节特别严重的程度。北京市人民检察院第二分院认为本案属情节特别严重的意见不成立，本院不予采纳。

（4）陈远、王天有、胡全学构成违法运用资金罪，陈远、王天有系主犯，胡全学应认定为从犯。理由如下：

根据《刑法》第185条之一第2款的规定，保险公司违反国家规定运用资金，情节严重的，对其直接负责的主管人员和其他直接责任人员，以违法运用资金罪定罪处罚。

陈远作为中融人寿公司的董事长，是该公司违法运用资金行为的决策者；王天有作为中融人寿公司的董事、副总经理兼财务负责人，是主持实施违法运用资金行为的负责人，均应以直接负责的主管人员身份承担法律责任；胡全学在没有确认存在投资项目、明知存在违法运用资金风险的情况下，仍然按照王天有的授意发起用款申请，应以其他直接责任人员的身份承担法律责任。

在共同犯罪中，陈远是决策者，作用最大；王天有系主持实施违法运用资金行为的负责人，作用相比陈远较小，该二人在共同犯罪中均起主要作用，系主犯，应当按照其所参与或者组织、指挥的全部犯罪处罚。胡全学系受指使参与犯罪，在共同犯罪中起次要作用，系从犯，依法应对其从轻处罚。

综上，一审法院对陈远、王天有的量刑畸轻，且没有区分彼此在共同犯罪中的作用，确有不当，本院予以改判，并根据该二人的犯罪情节区别量刑。北京市人民检察院第二分院所提一审判决未依据3名被告人在共同犯罪中的实际作用区别量刑的出庭意见，本院予以采纳。陈远及其辩护人、王天有的辩护人、胡全学及其辩护人所提陈远、王天有、胡全学不构成犯罪的相关上诉理由及辩护意见不成立，本院不予采纳。

（5）关于对陈远、王天有、胡全学的刑事追诉与原保监会行政处罚之间的关系问题。监管部门的行政处罚与司法机关依法刑事追诉，均系为维护金融市场秩序，保障公众资金的安全。针对中融人寿公司违法运用保险资金的行为，原保监会虽对该公司及陈远等人进行了行政处罚，但该公司违法运用资金的行为情节严重，已触犯了刑律，故应依法对陈远等人刑罚处罚。由于触犯法律类型的不同，行政违法责任的追究不能替代刑事责任的追究。陈远、王天有的辩护人的相关辩护意见不成立，本院不予采纳。

北京市第二中级人民法院认为，中融人寿公司违反国家规定运用资金，情节严重，陈远、王天有作为直接负责的主管人员、胡全学作为其他直接责任人员，其行为均已构成违法运用资金罪，依法应予惩处。鉴于王天有犯罪情节较轻，有悔罪表现，依法对其宣告缓刑。鉴于胡全学犯罪情节轻微，不需要对其判处刑罚，依法对其免予刑事处罚。北京市西城区人民法院所作判决，认定事实清楚，定性准确，但适用法律错误，导致对陈远、王天有量刑畸轻，本院依法予以改判。根据陈远、王天有、胡全学犯罪的事实、犯罪的性质、情节和对于社会的危害程度，依照《刑法》第185条之一第2款和第1款、第25条第1款、第26条第1款和第4款、第27条、第52条、第53条、第72条第1款和第3款、第73条第2款和第3款、第37条、第61条及《刑事诉讼法》第225条第1款之规定，判决胡全学犯违法运用资金罪，免予刑事处罚；陈远犯违法运用资金罪，判处有期徒刑1年6个月，并处罚金15万元；王天有犯违法运用资金罪，判处有期徒刑1年，缓刑1年，并处罚金10万元。

八、违法发放贷款罪

（一）刑法条文

第一百八十六条　银行或者其他金融机构的工作人员违反国家规定发放贷款，数额巨大或者造成重大损失的，处五年以下有期徒刑或者拘役，并处一万元以上十万元以下罚金；数额特别巨大或者造成特别重大损失的，处五年以上有期徒刑，并处二万元以上二十万元以下罚金。

银行或者其他金融机构的工作人员违反国家规定，向关系人发放贷款的，依照前款的规定从重处罚。

单位犯前两款罪的，对单位判处罚金，并对其直接负责的主管人员和其他直接责任人员，依照前两款的规定处罚。

关系人的范围，依照《中华人民共和国商业银行法》和有关金融法规确定。

（二）犯罪构成

1. 法益

本罪侵害的法益是国家对金融机构贷款的管理秩序。①

2. 客观行为

本罪在客观方面表现为违反国家规定发放贷款，数额巨大或者造成重大损失的行为。

（1）违反国家规定发放贷款。关于"国家规定"的范围，第一种观点认为仅包括与银行信贷业务相关的法律、行政法规；② 第二种观点认为不仅包括与银行信贷业务有关的法律、行政法规，还包括相关的部门规章；第三种观点认为除此之外还应包括金融机构的内部规定。③ 本书认为，"国家规定"指与银行信贷业务有关的法律、行政法规、部门规章，主要有《中华人民共和国商业银行法》《中华人民共和国银行业监督管理法》《贷款通则》《商业银行授信工作尽职指引》《流动资金贷款管理暂行办法》等。④

（2）"发放贷款的数额巨大""造成重大损失"，根据相关规定，指违法发放贷款数额在100万元以上或者造成直接经济损失数额在20万元以上。"重大损失"的判断要根据经济的观点，即使在法律上受害人基于民事上的关系享有相对于行为人的债权，但在事实上和经济上，受害人依然遭受了损失，

---

① 参见高铭暄、马克昌主编：《刑法学》（第八版），北京大学出版社、高等教育出版社2017年版，第412页。
② 参见周道鸾、张军主编：《刑法罪名精释》（第三版），人民法院出版社2007年版，第293页。
③ 参见朱敬生：《论违法发放贷款罪的司法认定》，载《山东财政学院学报》2009年第6期。
④ 参见王美鹏、李俊：《违法发放贷款犯罪问题研究》，载《人民检察》2017年第18期。

应根据该实际损失来认定"重大损失"。

(3) 根据《中华人民共和国商业银行法》第 40 条的规定,"关系人"是指商业银行的董事、监事、管理人员、信贷业务人员及其近亲属,以及上述人员投资或者担任高级管理职务的公司、企业和其他经济组织。

3. 行为主体

本罪主体为特殊主体,即银行或者其他金融机构及其工作人员,包括自然人和单位。

4. 主观罪过

本罪在主观方面表现为故意。即行为人对自己发放贷款的行为是"违反国家规定"并且"数额巨大"是明知的,但对"造成重大损失"这一客观的超过要素不需要明知,只需从客观上判断是否达到"重大损失"的要求即可。①

(三) 司法认定

1. 共同犯罪

明知他人贷款诈骗而发放贷款的,行为人成立违法发放贷款罪,而对于借款人,依据共犯理论,应以违法发放贷款罪的共犯论处。在金融机构工作人员与借款人事前通谋骗取贷款的情形下,行为人可能构成职务侵占罪(或贪污罪)。

2. 罪数

银行或者其他金融机构的工作人员为他人违法发放贷款且收受贿赂,成立违法发放贷款罪与非国家工作人员受贿罪(或受贿罪)的,实行数罪并罚。

3. 本罪与挪用资金罪

(1) 客体不同:前罪客体为国家对金融机构贷款的管理秩序;后罪客体为公司、企业或其他单位对财产的占有权、使用权和收益权。

(2) 主体不同:前罪主体为银行或者其他金融机构及其工作人员;后罪

---

① 参见张明楷:《刑法学》(第五版),法律出版社 2016 年版,第 790 页。

主体为公司、企业或其他单位的工作人员。

（3）客观方面不同：前罪强调违反国家规定；后罪强调利用职务便利。

（4）公开程度不同：前罪在金融机构账目上呈现的是贷款人与金融机构存在债权债务关系，具有一定的公开性；后罪具有秘密性，往往在账目上没有明确体现。

（四）量刑标准

根据《刑法》第186条第1—3款的规定，犯本罪的，处5年以下有期徒刑或者拘役，并处1万元以上10万元以下罚金；数额特别巨大或者造成特别重大损失的，处5年以上有期徒刑，并处2万元以上20万元以下罚金。银行或者其他金融机构的工作人员违反国家规定，向关系人发放贷款的，依照上述规定从重处罚。单位犯本罪的，对单位判处罚金，并对其直接负责的主管人员和其他直接责任人员，依照上述规定处罚。

（五）解释索引

（1）《最高人民检察院、公安部关于公安机关管辖的刑事案件立案追诉标准的规定（二）》（2010年5月7日）；

（2）《全国法院审理金融犯罪案件工作座谈会纪要》（2001年1月21日）；

（3）《全国人民代表大会常务委员会关于惩治破坏金融秩序犯罪的决定》（1995年6月30日）。

（六）案例举要

 刘顺新等违法发放贷款案[①]

上海市检察院一分院以颜立燕、马建平犯挪用资金罪、合同诈骗罪，刘顺新、陈辉犯挪用资金罪，向法院提起公诉。

刘顺新、马建平、颜立燕辩称，本案事实不清、证据不足，适用法律错

---

① （2010）沪一中刑初字第16号、（2011）沪高刑终字第90号。《刑事审判参考》第825号案例。

误,指控的罪名不能成立。主要理由是:(1)挪用资金部分。第一,爱建信托资金的发放均属于单位放贷行为,马建平作为爱建信托的总经理,其决定、授意、认可放贷的行为均可以代表单位,且所有贷款发放均经爱建信托贷审会集体研究决定;第二,颜立燕的公司仅仅是一个贷款平台,所获贷款大都划入相关公司,应当认定贷款系给单位使用。(2)合同诈骗部分。第一,地下商铺是爱建信托主动提出购买;第二,爱建信托了解所购买的地下商铺的真实情况,不存在被骗的事实;第三,爱建信托与颜立燕双方合作的实质内容是融资;第四,颜立燕一方所获钱款主要用于地下商铺建设,不存在诈骗钱款不予归还的非法占有目的。

法院经公开审理查明:1986年7月,经中国人民银行批准,爱建信托成立,经营范围包括信托存款、贷款、信托投资等金融业务。1998年5月至2004年9月间,被告人马建平担任爱建信托总经理,主持公司的经营管理工作,直接负责爱建信托的贷款等业务。2000年10月,被告人刘顺新曾因动用爱建证券巨额资金至香港炒股被套牢而急需资金用于解套,遂召集被告人颜立燕、陈辉、马建平三人一起商量。经商定,由颜立燕以其公司名义向爱建信托申请贷款,刘顺新、陈辉所在的爱建证券为颜立燕出具形式上符合贷款要求的质押证明,马建平利用其担任爱建信托总经理的职务便利发放贷款,贷款资金用于炒股,三方共同牟利。2000年11月至2001年9月间,颜立燕以其实际控制的骏乐实业、达德投资有限公司名义向爱建信托申请质押贷款,质押物为颜立燕妻子张伟玲在爱建证券开设账户内所拥有的股票和资金。刘顺新、陈辉以爱建证券的名义,为上述账户出具了虚假足额抵押证明。马建平向爱建信托贷审会隐瞒了贷款实际用途以及质押物严重不足的情况,使贷款得以审核通过。其间,马建平还两次将贷款予以拆分,以规避其贷款审批权限不超过1亿元的规定,先后16次向骏乐实业、达德投资发放贷款共计9.6976亿元。2001年8月至9月间,马建平因担心直接发放给颜立燕公司的贷款金额过大,违规贷款行为容易被发现,遂与刘顺新、颜立燕商议,由陈辉等人操作,以爱建证券下属的方达公司作为平台,爱建信托与方达公司签订了虚假的《信托资金委托管理合同》,将爱建信托4.289亿元资金划至方达公司的账户,然后在无任何质押担保手续的情况下,再将上述资金划转给颜立燕实际控制的公司。经审计查明，在爱建信托发放的总计13.9866亿元资金中，划至境外炒股的资金为4.8亿余元；颜立燕及其亲属用于境内炒股、出借、归还借款、提现等用途的资金共计4.5亿余元；划入爱建证券控制账户的资金3.1亿余元；归还爱建信托贷款本金1亿余元。上述贷款中，除归还5.8亿余元外，尚有8.1亿余元贷款本金没有归还。

　　法院认为，从爱建信托的资金流向看，难以认定系给个人使用或者借贷给个人；从爱建信托资金的流出方式看，主要是通过贷款形式发放，故目前证据不宜认定四被告人的行为构成挪用资金罪。现有证据也不足以证明颜立燕具有非法占有爱建信托资金的目的，难以认定爱建信托受到欺骗，故认定被告人颜立燕、马建平的行为构成合同诈骗罪证据不足，罪名不能成立。综合本案事实和证据，四被告人的行为构成违法发放贷款罪，且构成共同犯罪。四被告人在共同犯罪中的地位、作用不同，应当分别承担相应的刑事责任。刘顺新系违法发放贷款的起意者，并纠集各被告人共同策划，且具体实施了出具虚假质押证明的行为及实际使用了部分违法发放的资金，应当认定为主犯；马建平作为金融机构的工作人员，利用担任爱建信托总经理的职务便利，违法发放贷款，在共同犯罪中起主要作用，也应当认定为主犯；陈辉在刘顺新的指使下参与违法发放贷款，在共同犯罪中起次要、辅助作用，系从犯，同时鉴于陈辉具有自首情节，依法可以对陈辉减轻处罚，并适用缓刑；颜立燕在刘顺新的纠集下，为使用资金参与共谋，并实际使用了部分违法发放的资金，在共同犯罪中起次要、辅助作用，系从犯，同时鉴于颜立燕在一审宣判前能够退赔所造成的全部经济损失，有悔改表现，依法可以对颜立燕减轻处罚，并适用缓刑。据此，依照《刑法》第12条第1款、第186条第2款、第25条第1款、第26条第1款和第4款、第27条、第67条第1款、第72条第1款和第3款、第73条第2款和第3款、第53条及第64条之规定，判决如下：被告人刘顺新犯违法发放贷款罪，判处有期徒刑13年，并处罚金20万元。……

　　一审宣判后，被告人刘顺新、马建平不服，以违法发放贷款所造成的6.87亿元亏空已由颜立燕在一审宣判前全部退赔，本案没有造成重大损失等为由，提出上诉。

针对上诉人刘顺新、马建平提出的上诉理由,上海市高级人民法院认为,马建平作为金融机构工作人员,在明知质押物不足、贷款资金用于炒股的情况下,利用其担任爱建信托总经理的职务便利,违反相关法律法规,采取化整为零及操控贷款审查等方法,将贷款发放给颜立燕,数额特别巨大,且造成特别重大损失,其行为符合违法发放贷款罪的构成要件。刘顺新等其他同案被告人与马建平具有违法发放贷款的共同犯罪故意,实施了共同犯罪行为,其行为亦构成违法发放贷款罪的共同犯罪。原判认定的事实清楚,证据确实、充分,适用法律正确,量刑适当,审判程序合法。据此,二审法院依照《刑事诉讼法》第189条第1项之规定,裁定驳回上诉,维持原判。

九、吸收客户资金不入账罪

(一) 刑法条文

第一百八十七条　银行或者其他金融机构的工作人员吸收客户资金不入账,数额巨大或者造成重大损失的,处五年以下有期徒刑或者拘役,并处二万元以上二十万元以下罚金;数额特别巨大或者造成特别重大损失的,处五年以上有期徒刑,并处五万元以上五十万元以下罚金。

单位犯前款罪的,对单位判处罚金,并对其直接负责的主管人员和其他直接责任人员,依照前款的规定处罚。

(二) 犯罪构成

1. 法益

本罪侵害的法益是国家对信贷资金的管理秩序和客户资金的安全。[①]

2. 客观行为

本罪在客观方面表现为吸收客户资金不入账数额巨大或者造成重大损失的行为。

[①] 参见高铭暄、马克昌主编:《刑法学》(第八版),北京大学出版社、高等教育出版社2017年版,第413页。

(1)"吸收客户资金不入账"指违反金融法律法规,对客户的存款不记入银行或其他金融机构的法定存款账目,或者记入该法定账目的数额等与其出具给客户的凭证记载不符,以逃避国家金融监管,即使记入了法定账目以外设立的账目,也不影响本罪成立。其手段主要有销毁原始凭证、自制来账凭证、私自篡改凭证、将款项转入私设账户、向存款客户提供假账号等。①

(2)"客户资金"指客户的存款,无论存款的所有主体,也无论存款的来源,只要是"存款"即可。

(3)根据相关规定,"数额巨大"或"造成重大损失"的标准为:吸收客户资金不入账数额在100万元以上,或者造成直接经济损失数额在20万元以上。

3. 行为主体

本罪主体为特殊主体,包括自然人和单位,即银行或者其他金融机构及其工作人员。

4. 主观罪过

本罪在主观方面表现为故意。

(三)司法认定

1. 本罪与挪用资金罪或挪用公款罪

对于利用职务上的便利,挪用已经记入金融机构法定存款账户的客户存款归个人使用的,或者吸收客户资金不入账,却给客户开具银行存单,形式上满足客户完成存款的要求,客户也认为该款已存入银行,该款却被行为人以个人名义借贷给他人的,均应认定为挪用公款罪或者挪用资金罪。

2. 罪数

在吸收客户资金不入账后,行为人又实施了符合挪用资金罪或挪用公款罪构成要件的行为的情况下,应认定为挪用公款罪或者挪用资金罪。因为在此种情形下,吸收客户资金不入账行为是挪用资金行为(或挪用公款行为)的预备行为,挪用资金行为(或挪用公款行为)才是实行行为也是目的行为,

---

① 参见邓宇琼、许成磊:《危害金融安全、利益和管理秩序犯罪司法适用》,法律出版社2005年版,第161页。

实行行为吸收预备行为，应按照吸收行为成立后的罪名论处。①《全国法院审理金融犯罪案件工作座谈会纪要》也强调，"吸收客户资金不入账，却给客户开具银行存单，客户也认为将款已存入银行，该款却被行为人以个人名义借贷给他人的，均应认定为挪用公款罪或者挪用资金罪"。

（四）量刑标准

根据《刑法》第187条的规定，犯本罪的，处5年以下有期徒刑或者拘役，并处2万元以上20万元以下罚金；数额特别巨大或者造成特别重大损失的，处5年以上有期徒刑，并处5万元以上50万元以下罚金。单位犯本罪的，对单位判处罚金，并对其直接负责的主管人员和其他直接责任人员，依照上述规定处罚。

（五）解释索引

（1）《最高人民检察院、公安部关于公安机关管辖的刑事案件立案追诉标准的规定（二）》（2010年5月7日）；

（2）《全国法院审理金融犯罪案件工作座谈会纪要》（2001年1月21日）。

（六）案例举要

 李娜吸收客户资金不入账案②

【基本案情】

江西省赣州市赣县区人民检察院以被告人李娜犯吸收客户资金不入账罪，向赣州市赣县区人民法院提起公诉，赣州市赣县区人民法院于2020年7月30日作出（2020）赣0721刑初109号刑事判决。

赣州市赣县区人民法院认定，自2017年以来，被告人李娜利用中国农业

---

① 参见谢焱：《吸收客户资金不入账行为的刑法适用与完善》，载《北京师范大学学报（社会科学版）》2017年第6期。

② （2020）赣0721刑初109号、（2020）赣07刑终545号。

银行赣县支行职员的身份,多次亲手把银行客户何某、戚某、邝某、韩某、罗某等人用于购买理财产品的资金私自转存到其使用的戴某(中国农业银行借记卡,卡号62××××××××××××××73)、王某(中国农业银行借记卡,卡号62××××××××××××××79)等多人的银行账户内,并按真实购买中国农业银行理财产品的程序给购买客户出具《中国农业银行理财产品及风险和客户权益说明书》和中国农业银行的进账单,到期后李娜则根据理财产品承诺的利率支付客户利息和归还本金,并引导客户进行复购。被告人李娜采取同样的手段作案,直到2019年4月份案发时,共吸收客户资金不入账1004万元,吸收到的资金除用于支付客户的本金和利息外,其余用于购买金银首饰、汽车等个人开支挥霍,造成何某实际损失129万元。

被告人李娜经民警电话传唤后主动到案,但未如实供述自己的罪行,被采取强制措施、多次讯问之后才如实交代了侦查机关已掌握的主要犯罪事实,自愿认罪认罚。被害人戚某、邝某、韩某、罗某向李娜出具刑事谅解书。

赣州市赣县区人民法院认为,被告人李娜身为银行工作人员,吸收客户资金不入账,数额特别巨大、造成特别重大损失,其行为构成吸收客户资金不入账罪。李娜被采取强制措施、多次讯问之后才如实交代侦查机关已掌握主要犯罪事实,系坦白,自愿认罪认罚,能取得部分被害人的谅解,依法可以从轻、从宽处罚。公诉机关提出的对被告人李娜判处有期徒刑6年,并处罚金6万元的量刑建议适当,予以采纳。经查,根据证人钟某(农行赣县支行纪委书记)的证言,可以证实李娜并未如实向所在单位交代犯罪事实,李娜经民警电话传唤后的第一次讯问笔录中也未如实供述自己的罪行,而是在被采取强制措施、多次讯问之后才如实交代了侦查机关已掌握的主要犯罪事实,依法不能认定为自首。依照《刑法》第187条第1款、第67条第3款、第52条、第53条、第64条及《刑事诉讼法》第15条之规定,判决:(1)被告人李娜犯吸收客户资金不入账罪,判处有期徒刑6年,并处罚金6万元。(2)继续追缴被告人李娜违法所得129万元,发还给被害人何某。

李娜上诉提出,她有自首情节且取得部分被害人的谅解,请求二审对她从轻处罚。

【审判结果】

赣州市中级人民法院经审理认为,上诉人李娜身为银行工作人员,吸收客户资金不入账,数额特别巨大且造成特别重大损失,其行为构成吸收客户资金不入账罪。根据《刑法》第187条第1款的规定,银行或者其他金融机构的工作人员吸收客户资金不入账,数额特别巨大或者造成特别重大损失的,处5年以上有期徒刑,并处5万元以上50万元以下罚金。原审判决鉴于李娜犯罪数额特别巨大、造成特别重大损失、认罪认罚、取得部分被害人的谅解等量刑情节,以吸收客户资金不入账罪对其判处的刑罚属罪责刑相当。因此,李娜及其辩护人要求再从轻处罚的上诉、辩护意见于法无据,不予采纳。原审判决认定事实和适用法律正确,量刑适当,审判程序合法。依照《刑事诉讼法》第236条第1款第1项之规定,裁定驳回上诉,维持原判。

十、违规出具金融票证罪

(一)刑法条文

第一百八十八条　银行或者其他金融机构的工作人员违反规定,为他人出具信用证或者其他保函、票据、存单、资信证明,情节严重的,处五年以下有期徒刑或者拘役;情节特别严重的,处五年以上有期徒刑。

单位犯前款罪的,对单位判处罚金,并对其直接负责的主管人员和其他直接责任人员,依照前款的规定处罚。

(二)犯罪构成

1. 法益

本罪侵害的法益是国家对金融票证的管理秩序和金融机构的信誉及资金安全。①

---

① 参见高铭暄、马克昌主编:《刑法学》(第八版),北京大学出版社、高等教育出版社2017年版,第413页。

2. 客观行为

本罪在客观方面表现为违反规定,为他人出具信用证或者其他保函、收据、存单、资信证明,情节严重的行为。

(1)"违反规定"是指违反相关法律、行政法规、规章及金融机构内部制定的相关制度和规则。

(2)"信用证"是指银行根据买方的请求,开给卖方的一种保证承担支付货款责任的书面凭证;"保函"又称"保证书",是指银行、保险公司、担保公司或个人应申请人的请求,向第三方开立的一种书面信用担保凭证,保证在申请人未能按双方协议履行其责任或义务时,由担保人代其履行一定金额、一定期限范围内的某种支付责任或经济赔偿责任;"票据"指由出票人签发的、约定自己或者委托付款人在见票时或指定的日期向收款人或持票人无条件支付一定金额的有价证券,本罪中仅指汇票、本票和支票;"存单"是指银行凭以办理储蓄业务的一种信用凭证;"资信证明"是指由银行或其他金融机构出具的足以证明他人资产、信用状况的各种文件、凭证等。

(3)"出具"是指票据的出票行为,而不包括承兑行为。[1]

(4)"情节严重",根据立案标准,指违反规定为他人出具金融票证,数额在100万元以上的;造成直接经济损失在20万元以上的;多次违规出具的;接受贿赂违规出具的以及其他情节严重的情形。

3. 行为主体

本罪主体为特殊主体,即银行或者其他金融机构的工作人员。单位也可构成本罪的主体。

4. 主观罪过

本罪在主观方面出于故意,即明知出具金融票证的行为不符合有关规定,仍有意实施。

---

[1] 参见陈兴良:《金融犯罪若干疑难问题的案例解读》,载《江西警察学院学报》2017年第6期。

（三）司法认定

1. 共同犯罪

本罪主体为特殊主体，即只有银行或者其他金融机构的工作人员才能构成本罪，除此之外的其他人员不能成立本罪。银行工作人员或者其他金融机构的工作人员与不具有该特殊身份的人共同实施本罪行为，后者不能成立本罪的正犯，而只能成立本罪的帮助犯或者教唆犯。

2. 罪数

行为人收受贿赂后违反规定为他人出具金融票证，同时满足非国家工作人员受贿罪（受贿罪）与违规出具金融票证罪的构成要件的，实行数罪并罚。

（四）量刑标准

根据《刑法》第188条的规定，犯本罪的，处5年以下有期徒刑或者拘役；情节特别严重的，处5年以上有期徒刑。单位犯本罪的，对单位判处罚金，并对其直接负责的主管人员和其他直接责任人员，依照上述规定处罚。

（五）解释索引

《最高人民检察院、公安部关于公安机关管辖的刑事案件立案追诉标准的规定（二）》（2010年5月7日）。

（六）案例举要

◆ 孙思雄等违规出具金融票证案[①]

深圳市南山区人民法院审理深圳市南山区人民检察院指控原审被告人孙思雄、万克诚犯违规出具金融票证罪一案，作出（2008）深南法刑初字第

---

① （2009）深中法刑二终字第274号。

1321号刑事判决。宣判后，原审被告人孙思雄、万克诚不服，向深圳市中级人民法院提出上诉。

原判认定：2003年间，李会斌（另案处理）任董事长、总经理的深圳市国基房地产开发有限公司（以下简称"国基公司"）开发深圳市南山区漾日湾畔房地产项目，向被告人孙思雄任行长的中国农业银行深圳海晖支行（以下简称"海晖支行"）先后贷款共计2亿元，其中第一笔贷款5100万元，2004年5月到期。此外，国基公司尚有其他银行贷款和按揭款总计8亿元未偿还，已陷入资金危机。2004年1月份深圳市现代计算机有限公司（以下简称"现代公司"）因承接重庆、武汉等地的轨道交通工程业务，决定增资扩股，现代公司董事长、总经理胡某某安排被告人万克诚办理增资扩股具体事宜。此后，被告人万克诚通过王某认识李会斌，又通过李会斌认识孙思雄。李会斌表示要注资入股现代公司。被告人孙思雄主动提出给现代公司2亿元贷款，由李会斌的国基公司为现代公司的贷款提供担保。现代公司只同意贷款1亿元。2004年4月8日，现代公司在海晖支行开设一个正规的一般存款账户（账户尾号7627），用于贷款和验资。2004年5月21日，现代公司的1亿元贷款申请获深圳农行批准。

2004年5月28日，被告人万克诚按照被告人孙思雄、李会斌的安排，瞒着现代公司法定代表人胡某某和公司财务部门，提供伪造的资料，违反账户管理规定，冒用现代公司的名义在海晖支行开设了现代公司不知情、无法掌控的违规账户（账户尾号7908，以下简称"7908账户"），为实施犯罪制造条件。

2004年5月31日，被告人孙思雄、万克诚等人使用虚假的现代公司法定代表人授权委托书，伪造现代公司会计主管邓运泉的签名，编造虚假交易背景合同，从7908账户开出3500万元银行承兑汇票，汇票收款人为李会斌控制的畅通伟业公司，随即由国基公司的财务部经理陈某某解汇，将款转入李会斌控制的康奇贝石公司和雨旸时若公司，李会斌增加700万元，当日以康奇贝石公司2200万元、雨旸时若公司2000万元，合计4200万元，作为国基公司向现代公司的入股资金转入7908账户，20分钟后又将该4200万元转到李会斌控制的广东银头公司。李会斌再增加几百万元，凑足5100万元，还了国基公司在海晖支行第一笔到期贷款。其间，被告人孙思雄在违规的4200万元的验资询证函上签字，并违反银行印章管理规定，强行夺走业务章，在验资询证函上加盖予以确认。

2004年6月29日，被告人万克诚凭据虚假的验资证明，瞒着现代公司法定代表人胡某某申请办理了变更工商登记，将自己非法变成现代公司的法定代表人，使李会斌及其部属王某、马某、方某等人成为现代公司的董事，李会斌所控制的康奇贝石公司、雨旸时若公司非法取得了现代公司42%的股权并控制了现代公司董事会。

2004年7月1日，被告人孙思雄、万克诚再次采用伪造签名、编造虚假合同等方法，从7908账户开出三张银行承兑汇票，总金额1500万元，汇票收款人为李会斌所控制的"汇胜达公司"。

2004年9月1日，被告人孙思雄、万克诚继续实施上述犯罪活动，采用相同手段，从7908账户开出五张银行承兑汇票，将总金额3500万元付给李会斌控制的汇胜达、畅通伟业、城联物流三家公司。

上述由被告人孙思雄、万克诚等人实施的违规出具银行承兑汇票的行为，给现代公司造成了极大损失，使一个国家重点软件企业陷入生存危机之中，也给中国农业银行造成重大损害。

原判认为，被告人孙思雄、万克诚等人合谋，违反规定开出虚假资信证明，数额达4200万元；被告人孙思雄、万克诚多次违反规定从违规账户为他人开出银行承兑汇票，数额达8500万元，情节特别严重，损失特别巨大，其行为均已构成违规出具金融票证罪。公诉机关指控的犯罪事实清楚，证据确实、充分，指控的罪名成立。原判综合本案的事实情节，依照《刑法》第188条第1款、第26条第1款和第4款、第27条之规定，判决如下：被告人孙思雄犯违规出具金融票证罪，判处有期徒刑6年；被告人万克诚犯违规出具金融票证罪，判处有期徒刑3年。

上诉人孙思雄上诉称，一审法院认定事实不清、证据不足，请求二审法院改判无罪。具体理由如下：（1）关于指控的第一项犯罪事实，银行的内部管理中，没有关于禁止同一家公司在同一家银行同时开设两个结算账户的规定，且第二账户也不是越权、秘密开设的，现代公司完全有能力控制第二账户内的资金。(2) 关于指控的第二项犯罪事实，上诉人没有审批承兑汇票权限，也没有证据证明上诉人参与了伪造现代公司会计主管邓运泉的签名。(3) 关于指控的第三项犯罪事实，上诉人认为，增资扩股账户和出资验资账户有所不同，且银行没有义务审核转入和转出存款的真实目的。(4) 上诉人与万克诚没有共同的犯罪故意，也没有共同的犯罪行为，不构成共同犯罪。综上，本案相关事实缺乏确实、充分的证据加以证明，现有证据存在相互矛盾、孤证等情况，本案的证据体系不符合我国刑事诉讼的证明标准，请求二审法院本着疑罪从无的原则认定上诉人无罪。其辩护人的辩护意见是：上诉人孙思雄没有犯罪动机、目的，不存在犯罪故意，也没有违规出具金融票证的犯罪行为，本案造成经济损失的后果和责任在于国基公司和现代公司之间的行为不适用刑法，应以民事法律关系和行政法律关系调整，处理相应的法律后果。综上，请求二审法院撤销一审判决，改判上诉人孙思雄无罪。

上诉人万克诚上诉称：(1) 上诉人不是金融机构的工作人员，无法实施侵害银行内部金融管理制度，也没有与孙思雄主观上合谋的事实和证据，上诉人所实施的行为均是按程序依法依规进行的，且相关的职能部门都按程序办理了批准手续。原判认定上诉人构成违规出具金融票证罪依法不能成立。(2) 原审认定现代公司开设的 7908 账户系临时存款账户，在验资期间只收不付，同时认定胡宇舟和财务部门对该账户的开立并不知情。上诉人认为，这样认定没有任何根据。(3) 原审认定孙思雄违规出具验资询证函，康奇贝石公司和雨旸时若公司 4200 万元的入股投资款转入 7908 账户 20 分钟后被转出，属虚假出资，万克诚均在现场，对以上情况知悉；原审法院又凭虚假的验资证明变更工商登记，认为上诉人提供的 2004 年 5 月 18 日股东会议变更法人代表与事实不符。上诉人认为，原判认定缺乏事实依据。(4) 原判认定孙思雄、万克诚多次从 7908 账户开出银行承兑汇票问题，上诉人认为，承兑汇票并非上诉人经手办理的，上诉人只是履行负责人签字的手续。(5) 公司的经营行为属于民法调整范畴，上诉人并无违规行为，也没有与孙思雄合谋的事实和证据。综上，上诉人认为原审法院认定事实错误，适用法律不当，请求二审法院改判其无罪。其辩护人亦以与上诉人上诉理由相同的观点提出辩护意见。

二审法院经审理查明，原审法院依据经庭审质证、认证的被告人供述、证人证言及相关书证等证据，认定原审被告人孙思雄、万克诚等人合谋，违反规定开出虚假资信证明，证明出资数额达 4200 万元；原审被告人孙思雄、万克诚多次违反规定从违规账户为他人开出银行承兑汇票，数额达 8500 万元的犯罪事实清楚，证据确实、充分，本院对原审所认定的事实和证据均予以确认。

二审法院认为，上诉人孙思雄、万克诚等人合谋，违反法律法规及银行规定开出虚假资信证明，数额达 4200 万元，并多次从违规账户为他人开出银行承兑汇票，数额达 8500 万元，情节特别严重，损失特别巨大，其行为均已构成违规出具金融票证罪。在共同犯罪中，上诉人孙思雄起主要作用，是主犯，依法应当按照其参与的全部犯罪处罚；上诉人万克诚起次要作用，是从犯，依法予以减轻处罚。二上诉人的上诉理由及辩护人相关辩护意见均不能成立，法院不予采纳。原审判决认定事实清楚，证据确实、充分，定罪准确，适用法律正确，量刑适当，审判程序合法，应予维持。依照《刑事诉讼法》第 189 条第 1 项之规定，裁定驳回上诉，维持原判。

十一、对违法票据承兑、付款、保证罪

（一）刑法条文

第一百八十九条　银行或者其他金融机构的工作人员在票据业务中，对违反票据法规定的票据予以承兑、付款或者保证，造成重大损失的，处五年以下有期徒刑或者拘役；造成特别重大损失的，处五年以上有期徒刑。

单位犯前款罪的，对单位判处罚金，并对其直接负责的主管人员和其他直接责任人员，依照前款的规定处罚。

（二）犯罪构成

1. 法益

本罪侵害的法益是国家对票据承兑、付款、保证的管理秩序和金融机构的信誉及资金安全。①

2. 客观行为

本罪在客观方面表现为在票据业务中，对违反票据法规定的票据予以承兑、付款或者保证，造成重大损失的行为。

"违法票据"，一般是指违反票据法规定而无效、失效或者存在瑕疵（如形式要件欠缺、签章与预留印鉴不符、票载金额大写与阿拉伯数字不一致）以及其他违反票据法规定的票据。本罪的行为对象是违反票据法规定的汇票、本票和支票。

"承兑"指执票人在汇票到期之前，要求付款人在该汇票上作到期付款的记载，是汇票特有的制度；"付款"指付款人向持票人支付票据金额以消灭票据关系的行为；"保证"指票据债务人以外的人为担保票据债务的履行，以承担同一内容的票据债务为目的的一种票据行为。

本罪为结果犯，要求造成了重大损失才能构成犯罪，"重大损失"的标准为造成直接经济损失数额在20万元以上。

3. 行为主体

本罪的行为主体是银行或者其他金融机构的工作人员。单位也可构成本罪主体。

4. 主观罪过

本罪在主观方面出于故意，即明知票据违反票据法的规定仍予以承兑、付款或保证，但"重大损失"为客观的超过要素，不要求对于"重大损失"有明知，对该结果不需要行为人具有希望或者放任的心理态度。②

（三）司法认定

1. 共同犯罪

本罪的行为主体属于特殊主体，即只有银行或者其他金融机构的工作人员才能构成本罪，除此之外的其他人员不能成立本罪。银行工作人员或者其

---

① 参见高铭暄、马克昌主编：《刑法学》（第八版），北京大学出版社、高等教育出版社2017年版，第414页。

② 参见张明楷：《刑法学》（第五版），法律出版社2016年版，第791页。

他金融机构的工作人员与不具有该特殊身份的人共同实施本罪行为的,后者不能成立本罪的正犯,而只能成立本罪的帮助犯或者教唆犯。

2. 罪数

如果行为人实施对违法票据承兑、付款、保证的行为同时还构成金融诈骗罪、贪污罪(或职务侵占罪)的共犯,则应按想象竞合从一重罪处罚。若同时收受贿赂,构成受贿罪(或非国家工作人员)的,与对违法票据承兑、付款、保证罪数罪并罚。

(四)量刑标准

根据《刑法》第189条的规定,犯本罪的,处5年以下有期徒刑或者拘役;造成特别重大损失的,处5年以上有期徒刑。单位犯本罪的,对单位判处罚金,并对其直接负责的主管人员和其他直接责任人员,依照上述规定处罚。

(五)解释索引

《最高人民检察院、公安部关于公安机关管辖的刑事案件立案追诉标准的规定(二)》(2010年5月7日)。

(六)案例举要

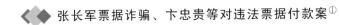
◆ 张长军票据诈骗、卞忠贵等对违法票据付款案①

吉林省长春市人民检察院以被告人张长军犯票据诈骗罪,被告人卞忠贵、马士莹、陈景树犯对违法票据付款罪,向长春市中级人民法院提起公诉。

被告人张长军辩解:其没有伪造票据在银行诈骗,所转的款项均经银行领导审批,起诉书中指控诈骗犯罪所造成的损失数额有误。其辩护人提出,指控张长军票据诈骗没有事实,证据不足,指控不能成立,且张长军积极退赃如实供述,有悔罪表现。

被告人卞忠贵辩解:其签字是为了平衡资金,掌握头寸,没有规定领导

---

① (2000)长刑初字第191号。

签字即转款,手续完备见票即应付款;其签字转出的款项已追回,没有造成重大损失,不构成犯罪。其辩护人提出,被告人卞忠贵不具备对违法票据付款罪的主体身份,没有违反票据法的行为,不构成对违法票据付款罪;本罪是结果犯,重大损失才构成犯罪,司法解释中没有对此界定数额。

被告人马士莹辩解:其既不是经办人也不是主办人,审查票据要素是经办人的事,不构成对违法票据付款罪的主体。其辩护人提出,起诉书指控被告人马士莹的犯罪事实不清,证据不确实、充分,不构成对违法票据付款罪。

被告人陈景树辩解:其没有审查票据的职责,没有付款的行为,签字是正常职权范围,是为了掌握资金头寸,不构成对违法票据付款罪;经办人员不负责,应承担责任;所签批的几笔没有损失,即使损失也是181万元,属数额较大。其辩护人提出,被告人陈景树犯对违法票据付款罪缺乏主、客观要件,不构成对违法票据付款罪。

长春市中级人民法院经公开审理查明:张长军为了在中国农业银行长春开发区支行(以下简称"农行长春开发区支行")贷款和协助该行完成存款任务,找到长春市医药保健品进出口公司(以下简称"长春医药保健品公司")经理关某某,让关在农行长春开发区支行存款,并告诉关可得高额贴息。1997年4月3日,长春医药保健品公司以王亚光名义转账存入农行长春开发区支行营业部50万元。该行营业部主任陈景树得知后告诉张长军自己想用部分此款,并同意张长军用剩余部分,陈授意张私刻存款人王亚光名章。张长军将刻好的王亚光名章和转账存款单复印件交给陈景树,陈景树委托本行工作人员孙某到营业部办理有关存款科目变换手续后,二人告诉孙某将此款换成活期储蓄,陈景树告诉孙某将其中的18万元换成"刘姗荣"名字的通存通兑活期存折,陈景树用后将此款又交给张长军。张长军得知在票据上加盖存款人名章便可将存款人的存款转出的方法后,于1997年4月至1998年3月,以向银行存款可得高额贴息为诱饵,骗取多家公司及个人的信任,向农行长春开发区支行存入巨款。而后,张长军私刻存款人名章,委托农行长春开发区支行工作人员孙某等人填写中国农业银行转账支票,并在支票上加盖私刻的存款人名章,在缺少存款人转账存款单原件和存款人身份证等手续的情况下,张长军利用农行长春开发区支行主要负责人对其信任和个人关系,经陈景树和该行副行长卞忠贵的违规签批以及在陈景树和营业部副主任马士莹的授意、指令下，工作人员朱某某、石某某、王某某等人没有核对转账必要手续和存款人的预留印鉴，通过变化存款科目，致使张长军使用伪造的中国农业银行转账支票多次骗取存款人在该行的巨额存款。具体分述如下：

1997年4月11日、6月3日，长春医药保健品公司以王亚光的名字转账存入农行长春开发区支行营业部146万元，张长军委托该行工作人员帮助填写中国农业银行转账支票，之后在支票上加盖私刻的王亚光名章，在缺少转款必备手续的情况下，陈景树授意工作人员予以办理。张长军使用伪造的五张转账支票将此款全部骗出。其中提取现金45.5万元、支付贷款利息4.5万元、被该行收回冒名贷款本息20.6万元，其余75.4万元转到张长军所在的吉林省中联企业贸易公司在该行（以下简称"中联公司"）的账户上，张长军陆续将款提出。

1997年5月23日，长春医药保健品公司以王亚光的名字转账存入农行长春开发区支行营业部200万元，张长军委托该行工作人员帮助填写转账支票，之后在支票上加盖私刻的王亚光名章，在缺少转款手续的情况下，陈景树授意工作人员予以办理。张长军使用伪造的两张转账支票，将此款全部骗出。其中转入个人金穗卡40万元，转入中联公司在该行账户160万元，张长军陆续将款提出。

1997年7月14日，长春医药保健品公司以齐晶的名字转账存入农行长春开发区支行营业部993468元，张长军委托该行工作人员帮助填写转账支票，之后在支票上加盖私刻的齐晶名章，在缺少转账手续的情况下，陈景树授意工作人员予以办理。张长军使用伪造的转账支票，将此款全部转入个人金穗卡，并陆续支取。

1997年8月5日，长春医药保健品公司以王亚光的名字转账存入农行长春开发区支行营业部1593376.97元，张长军委托该行工作人员帮助填写转账支票，之后在支票上加盖私刻的王亚光名章，在缺少转款手续的情况下，陈景树违规签批，张长军使用伪造的转账支票，将此款全部转入个人金穗卡，并陆续支取。

1997年10月9日，长春医药保健品公司以王亚光的名字分三笔转账存入农行长春开发区支行营业部241万元，张长军委托该行工作人员帮助填写转账支票，之后在支票上加盖私刻的王亚光名章，找到马士莹，马士莹在明知转款手续不齐全的情况下，找不管结算业务的副行长卞忠贵违章签批，并让经办人员办理，张长军使用伪造的转账支票，将此款全部转入中联公司大安印刷厂在该行的账户上。张长军为提取现金，经卞忠贵介绍，将其中160万元转入三源实业有限公司在该行的账户上，张长军使用三源实业有限公司的现金支票将160万元全部提出，余款被陆续提出用于支付贴息款和贷款利息。

1997年12月26日，中商外贸大连公司长春分公司以姜利民的名字转账存入农行长春开发区支行营业部200万元，张长军委托该行工作人员帮助填写转账支票，之后在支票上加盖私刻的姜利民名章，在缺少转款手续的情况下，陈景树违规签批，张长军使用伪造的转账支票将此款转入崔美子等人在该行的账户上，之后将现金提出。

1997年12月29日，长春市益丰贸易有限责任公司以李春林的名字转账存入长春市开发区支行营业部200万元，张长军委托该行工作人员帮助填写转账支票，之后在支票上加盖私刻的李春林名章，在缺少转款手续的情况下，陈景树违规签批，张长军使用伪造的转账支票将此款转入崔美子在该行的账户上，将崔美子账户上的现金提出，以李春林的名字在该行存四笔活期储蓄，后张长军将款全部支取。

1998年1月15日，长春医药保健品公司以王亚光的名字转账存入农行长春开发区支行营业部100万元，张长军找到马士莹，马士莹让薛光雷帮助张长军填写转账支票，之后张长军在支票上加盖私刻的王亚光的名章，马士莹在明知转款手续不齐全的情况下，让经办人员将此款转入姜利民账户，用于归还张长军此前骗支的款。

1998年1月12日，长春中东集团有限责任公司（以下简称"中东集团"）以任丽春名字转账存入农行长春开发区支行营业部500万元，张长军委托该行工作人员帮助填写转账支票，之后在支票上加盖私刻的任丽春名章，找到被告人马士莹，被告人马士莹在明知转款手续不齐全的情况下，找被告人卞忠贵违规签批，并让经办人员办理，张长军使用伪造的转账支票，将此款转入吉林泛亚信托投资公司长春证券交易部高英账户,顶被告人卞忠贵妻子张某某的存款任务。之后,由张某某将此款以张长军的名字在长春市农行营业部鼎华储蓄所存入活期储蓄,张长军分三次将款支取。

....

在张长军使用上述伪造的转账支票骗取存款人在银行的存款期间,因害怕存款人支取已被其骗出的存款导致罪行败露和为了诱骗存款人更多的存款,用骗取的款项借给或转还存款人及支付存款人高额贴息,共计 1539 万元。

综上,张长军使用伪造的转账支票共计诈骗 40974143.05 元,其中 1000 万元诈骗未遂,支付贴息款和归还、借给存款人以及案发后收缴款物共计折合 22673570.51 元,实际损失 8300533.54 元;卞忠贵违规签批 19927289.08 元,造成损失 5591075.64 元;马士莹违规付款 20927289.08 元,造成损失 5871649.47 元;陈景树违规签批或授意付款 8656844.97 元,造成损失 2428884.05 元。

长春市中级人民法院认为:除被告人陈景树及其辩护人所提出请求公正判处的要求应予采纳外,其余辩解和辩护观点均不能成立,不予采纳。为维护国家金融管理秩序和保护国家财产不受侵犯,打击犯罪,依照《刑法》第 194 条第 1 项、第 199 条、第 189 条第 1 款、第 57 条第 1 款、第 59 条、第 47 条之规定,判决如下:被告人张长军犯票据诈骗罪,判处死刑,剥夺政治权利终身,并处没收个人全部财产;被告人卞忠贵犯对违法票据付款罪,判处有期徒刑 6 年;被告人马士莹犯对违法票据付款罪,判处有期徒刑 6 年;被告人陈景树犯对违法票据付款罪,判处有期徒刑 6 年。

十二、非法转让、倒卖土地使用权罪

(一)刑法条文

第二百二十八条 以牟利为目的,违反土地管理法规,非法转让、倒卖土地使用权,情节严重的,处三年以下有期徒刑或者拘役,并处或者单处非法转让、倒卖土地使用权价额百分之五以上百分之二十以下罚金;情节特别严重的,处三年以上七年以下有期徒刑,并处非法转让、倒卖土地使用权价额百分之五以上百分之二十以下罚金。

第二百三十一条 单位犯本节第二百二十一条至第二百三十条规定之罪的，对单位判处罚金，并对其直接负责的主管人员和其他直接责任人员，依照本节各该条的规定处罚。

（二）犯罪构成

1. 法益

对于本罪的法益，有观点认为是国家的土地管理制度和市场秩序；① 也有观点认为是国家对土地使用权的管理制度和公平的市场交易秩序；② 还有观点认为是国家对土地的管理活动；③ 另有观点认为本罪的法益是土地使用权。④ 本书认为，本罪侵害的法益是国家对土地使用权的管理秩序。⑤

2. 客观行为

本罪在客观方面表现为违反土地管理法规，非法转让、倒卖土地以使用权，情节严重的行为。

（1）必须是违反土地管理法规的行为。《全国人民代表大会常务委员会关于〈中华人民共和国刑法〉第二百二十八条、第三百四十二条、第四百一十条的解释》规定，"违反土地管理法规"是指违反土地管理法、森林法、草原法等法律以及有关行政法规中关于土地管理的规定。

（2）不要求行为人已经对土地使用权的变更进行了变更登记，只要事实上实施了转让、倒卖土地使用权的行为即可成立本罪。在土地使用权是公司股份的情况下，股东转让该股份的，不能认定为转让、倒卖土地使用权的行为，不构成本罪。

（3）必须是非法转让、倒卖土地使用权的行为。"非法转让土地使用权"，指土地使用人违反相关土地管理法规将其拥有的土地使用权再转移的行为，

---

① 参见黄京平主编：《破坏市场经济秩序罪研究》，中国人民大学出版社1999年版，第692页。
② 参见张国轩：《商业犯罪的定罪与量刑》，人民法院出版社1999年版，第88页。
③ 参见陈明华主编：《刑法学》，中国政法大学出版社1999年版，第541页。
④ 参见陈兴良：《规范刑法学》（第四版），中国人民大学出版社2017年版，第775页。
⑤ 参见高铭暄、马克昌主编：《刑法学》（第八版），北京大学出版社、高等教育出版社2017年版，第452页。

包括出售、交换和赠予;"非法倒卖土地使用权",指土地的受让者通过合法途径获得土地使用权后不进行任何开发建设,违反土地管理法规将土地转手倒卖给他人,进而从中牟利的行为。

(4) 只有"情节严重"的,才能构成犯罪。"情节严重"应根据《最高人民法院关于审理破坏土地资源刑事案件具体应用法律若干问题的解释》第1条和《最高人民检察院、公安部关于公安机关管辖的刑事案件立案追诉标准的规定(二)》第80条的规定认定。

3. 行为主体

本罪主体为一般主体,即已满16周岁、具有刑事责任能力的自然人,单位也可以成为本罪的主体。

4. 主观罪过

本罪在主观方面出于故意,并具有牟利的目的。

(三) 司法认定

1. 以土地使用权为内容的股权转让行为的定性

有学者认为,以土地使用权作为入股公司的股份,然后将该股份转让给他人的行为实际上是以合法形式掩盖的非法转让使用权的行为,可以构成本罪。[①] 但本书认为,以土地使用权为内容的股权转让行为合法,不应当作为犯罪处理。理由:(1) 根据《中华人民共和国公司法》第27条的规定,股东可以用土地使用权等"非货币财产"作价出资,且并没有规定在股份内容为土地使用权的情况下不得转让,因此该行为是符合民法规定的,而刑法是保障法,具有谦抑性,需要满足二次违法的要求,若将该民事上合法的行为作为犯罪处理则会违反法秩序统一性的基本原理。(2) 股权转让会导致股权主体的变更,但并不会导致土地使用权人的变更,公司仍享有该土地使用权,而受转让的股东只是享有该土地使用权作价所占的公司股份份额而并非享有该土地使用权,土地使用权没有发生转让。(3) 市场上存在大量的以土地使用权为内容的股权转让行为,若将这类行为都作为犯罪处理,将会严重扰乱市

---

① 参见邹清平:《非法转让、倒卖土地使用权罪探析》,载《法学评论》2007年第4期。

场的经济秩序，不利于社会主义市场经济的发展。①

2. 本罪与非法占用农用地罪

（1）客体不同：前罪的客体是国家对土地使用权的管理秩序，属于破坏社会主义市场经济秩序犯罪；后罪的客体是国家土地管理制度，属于妨害社会管理秩序犯罪。

（2）行为表现不同：前罪是非法转让、倒卖的行为；后罪表现为非法占用农用地，改变被占用土地用途，造成农用地大量毁坏的行为。

（3）对象不同：前罪的犯罪对象是土地使用权；后罪的犯罪对象为农用地。

（4）主观目的不同：前罪要求以牟利为目的；后罪没有要求该目的。

（5）犯罪结果不同：前罪的结果为"情节严重"；后罪要求"数量较大，造成农用地大量毁坏"。

3. 罪数

行为人非法占用农用地后，又将该农用地的土地使用权非法转让、倒卖给他人，造成农用地大量毁坏，同时构成本罪与非法占用农用地罪的，由于非法占用行为与非法转让、倒卖行为属于手段行为与目的行为的关系，符合牵连犯的要求，因此应当从一重罪处罚。若行为人采取伪造相关证明文件等方式，将他人的土地使用权卖给他人骗取财物，同时构成非法转让、倒卖土地使用权罪与诈骗罪的，也应根据牵连犯的处罚原理，以诈骗罪论处。若在非法转让、倒卖土地使用权过程中，同时存在行贿、敲诈勒索等行为，构成其他犯罪的，应以本罪与其他罪名实行数罪并罚。②

（四）量刑标准

根据《刑法》第 228 条、第 231 条及相关司法解释的规定，本罪存在两个刑档，具体为：

（1）非法转让、倒卖：① 基本农田 5 亩以上的；② 基本农田以外的耕地

---

① 参见周光权：《非法倒卖转让土地使用权罪研究》，载《法学论坛》2014 年第 5 期。
② 参见邹清平：《非法转让、倒卖土地使用权罪探析》，载《法学评论》2007 年第 4 期。

10 亩以上的；③ 其他土地 20 亩以上的；④ 非法获利 50 万元以上的；⑤ 接近上述数量标准并具有其他恶劣情节的，处 3 年以下有期徒刑或者拘役，并处或者单处非法转让、倒卖土地使用权价额 5% 以上 20% 以下罚金。

（2）非法转让、倒卖：① 基本农田 10 亩以上的；② 基本农田以外的耕地 20 亩以上的；③ 其他土地 40 亩以上的；④ 非法获利 100 万元以上的；⑤ 接近上述数量标准并具有其他恶劣情节的，处 3 年以上 7 年以下有期徒刑，并处非法转让、倒卖土地使用权价额 5% 以上 20% 以下罚金。

单位犯本罪的，对单位判处罚金，并对其直接负责的主管人员和其他直接责任人员，依照上述规定处罚。

（五）解释索引

(1)《最高人民法院关于个人违法建房出售行为如何适用法律问题的答复》(2010 年 11 月 1 日)；

(2)《全国人民代表大会常务委员会关于〈中华人民共和国刑法〉第二百二十八条、第三百四十二条、第四百一十条的解释》(2009 年 8 月 27 日)；

(3)《最高人民检察院、公安部关于公安机关管辖的刑事案件立案追诉标准的规定（二）》(2010 年 5 月 7 日)；

(4)《最高人民法院、最高人民检察院、公安部、国土资源部关于在查处国土资源违法犯罪工作中加强协作配合的若干意见》(2008 年 9 月 28 日)；

(5)《国土资源部、最高人民检察院、公安部关于国土资源行政主管部门移送涉嫌国土资源犯罪案件的若干意见》(2008 年 9 月 8 日)；

(6)《检察机关为社会主义新农村建设服务的意见》(2006 年 9 月 1 日)；

(7)《最高人民法院关于人民法院为建设社会主义新农村提供司法保障的意见》(2006 年 8 月 21 日)；

(8)《最高人民法院关于审理破坏土地资源刑事案件具体应用法律若干问题的解释》(2000 年 6 月 19 日)；

(9)《最高人民检察院关于学习贯彻十五届三中全会精神的通知》(1998 年 10 月 23 日)。

（六）案例举要

◆ **廖渭良、张松泉非法占用农用地，衢州市衢江区云溪乡候堂村经济合作社、张洪渭非法转让土地使用权案**①

浙江省衢州市衢江区人民检察院以被告人廖渭良、张松泉犯非法占用农用地罪，被告单位衢州市衢江区云溪乡候堂村经济合作社、被告人张洪渭犯非法转让土地使用权罪，向衢江区人民法院提起公诉。

被告人廖渭良、张松泉对公诉机关指控的事实均无异议。其辩护人共同提出：园地改为水塘养鱼属合法的产业结构调整，并未改变农用地的用途，故廖渭良、张松泉的行为不构成非法占用农用地罪，此外，《中华人民共和国刑法修正案（二）》（以下简称《刑法修正案（二）》）中只规定了"耕地、林地等农用地"，所以园地不属于非法占用农用地罪的犯罪对象，且目前最高人民法院只对非法占用耕地及林地作出了认定"数量较大、大量毁坏"的司法解释，而没有关于园地的相应司法解释，所以认定被告人非法占用农用地数量较大、造成农用地大量毁坏并无法律依据。

候堂村经济合作社、张洪渭对检察院指控不持异议。

衢江区人民法院经公开审理查明：2002年，廖渭良、张松泉想合伙在候堂村园背上（地名）的农用地上承包采砂，向时任该村村支部书记兼村经济合作社社长的被告人张洪渭提出了承包采砂的要求。张洪渭于2002年10月29日、10月30日主持召开村党员、干部会议，讨论并决定将村园背上、光湖边（地名）的72亩农用地（园地）承包给廖渭良、张松泉采砂。2002年11月8日，候堂村经济合作社作为发包方与廖渭良、张松泉签订了承包合同，张洪渭作为村经济合作社代表在合同上签名。此后，候堂村经济合作社以在上述农用地上开发水产养殖为名向有关行政管理部门审批，但国土部门并未给予批准。2003年10月1日，廖渭良、张松泉在没有办理土地使用审批手续的情况下，擅自在园背上开工采砂，破坏农用地表层8.07亩，当日，衢州市国土资源局衢江分局接到举报前往制止，并作出了相应的处罚和告知。2004

---

① 最高人民法院指导性案例第445号。

年7月左右，廖渭良、张松泉为了收回成本，在明知未取得采砂审批手续的情况下，继续采砂并予以销售，从中获取利润，直至2005年1月6日被衢州市国土资源局衢江分局再次查获。经衢州市衢江区土地勘测队勘测，实际毁坏园地面积共计23.71亩，取砂平均深度3.563米。

衢江区人民法院认为，非法占用农用地不仅仅指耕地、林地，也包括草地、园地、养殖水面等其他农用地。《刑法修正案（二）》中所说的"改变被占用土地用途"并非仅指非法将农用地改为建设用地等非农用地，而且还包括农用地之间的非法改变用途的行为。非法占用园地等农用地的"数量较大"认定标准应参照2000年最高人民法院的有关司法解释执行。廖渭良、张松泉违反土地管理法规，结伙非法占用农用地，改变被占用土地用途，数量较大，造成农用地大量毁坏，其行为均构成非法占用农用地罪；被告单位候堂村经济合作社以牟利为目的，违反土地管理法规，非法转让土地使用权，情节特别严重，被告人张洪渭作为单位的直接负责人，代表本村组织并具体实施了非法转让农用地使用权的行为，其行为构成非法转让土地使用权罪。公诉机关的指控成立。廖渭良刑罚执行完毕后5年内又犯应当判处有期徒刑以上刑罚之罪，属累犯，应从重处罚。廖渭良、张松泉认罪态度较好，可酌情从轻处罚。被告人张洪渭能认罪，有悔罪表现，可依法适用缓刑。据此，依照《刑法》第228条、第231条、第342条、第25条第1款、第64条、第65条第1款、第72条第1款之规定，于2006年5月26日判决如下：（1）候堂村经济合作社犯非法转让土地使用权罪，判处罚金2万元；张洪渭犯非法转让土地使用权罪，判处有期徒刑3年，缓刑4年，并处罚金2万元；廖渭良犯非法占用农用地罪，判处有期徒刑8个月，并处罚金3万元；张松泉犯非法占用农用地罪，判处有期徒刑6个月，并处罚金3万元；（2）扣押的廖渭良、张松泉的违法所得各5万元予以追缴，上缴国库。

一审宣判后，被告单位以及各被告人均未提出上诉，公诉机关亦未提出抗诉。

十三、私自开拆、隐匿、毁弃邮件、电报罪

（一）刑法条文

第二百五十三条 邮政工作人员私自开拆或者隐匿、毁弃邮件、电报的，处二年以下有期徒刑或者拘役。

犯前款罪而窃取财物的，依照本法第二百六十四条的规定定罪从重处罚。

（二）犯罪构成

1. 法益

本罪侵害的法益是公民的通信自由权利和邮政部门正常的活动。①

2. 客观行为

本罪在客观方面表现为邮政工作人员利用职务上的便利，私自开拆、隐匿、毁弃邮件、电报的行为。

（1）"利用职务上的便利"指邮政工作人员利用营业、分拣、接发、押运、投递等职务所赋予的直接接触邮件、电报工作的便利条件。若不是利用邮政工作的便利条件，实施前述行为的，可能构成侵犯通信自由罪。

（2）有私自开拆、隐匿、毁弃邮件、电报的行为。"私自开拆"，是指未经寄件人或收件人同意，并且没有其他合法事由，拆开邮件、电报，使其内容处于行为人或寄件人与收件人以外的其他人可能知悉的状态的行为。"隐匿"，是指故意不向收件人或其他权利人递交邮件、电报，致使权利人无法知悉其内容的行为；"毁弃"，是指对邮件、电报进行物理上毁灭或效用上毁灭的行为。

（3）本罪的行为对象是邮件和电报。邮件，是指通过邮政企业寄递的信件（信函、明信片）、印刷品、邮包、报刊、汇款通知等。电报，是指明码电报、密码电报，也包括传真。

---

① 参见高铭暄、马克昌主编：《刑法学》（第八版），北京大学出版社、高等教育出版社2017年版，第484页。

（4）必须是违法的，若有合法的依据，例如有法定理由或根据合法命令等实施上述行为的，不构成犯罪。

（5）本罪属于行为选择和对象选择的罪名，只要行为人实施了其中一种行为，或者侵害了其中一种行为对象，即构成本罪。

3. 行为主体

本罪为身份犯，其行为主体必须是邮政工作人员，即在邮政部门工作的管理人员、营业员、发行员、投递员、接发员、分拣员、押运员、汇兑员以及受邮政部门委托的代办员、分邮员。只有与邮件、电报直接有联系职责的特定工作人员，才能构成本罪的主体。非邮政工作人员如机关收发室的收发员、值班室人员等，私自开拆或者隐匿、毁弃他人邮件、电报，构成犯罪的，可以按照侵犯通信自由罪论处。

4. 主观罪过

本罪在主观方面表现为故意，过失不构成本罪。

（三）司法认定

罪数认定上，邮政工作人员犯本罪窃取财物的，属于想象竞合犯，依照《刑法》第264条的规定，以盗窃罪从重处罚。

（四）量刑标准

根据《刑法》第253条的规定，犯本罪的，处2年以下有期徒刑或者拘役；邮政人员犯本罪而窃取财物的，依照《刑法》第264条的规定，以盗窃罪从重处罚。

（五）解释索引

(1)《最高人民法院、最高人民检察院、公安部、邮电部关于加强查处破坏邮政通信案件工作的通知》（1983年11月17日）；

(2)《最高人民检察院、邮电部关于转发吉林省人民检察院、吉林省邮电管理局〈关于极少数邮电工作人员私拆、隐匿、毁弃邮件、电报的渎职犯罪情况的报告〉的通知》（1980年9月24日）。

（六）案例举要

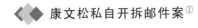
康文松私自开拆邮件案①

【基本案情】

泉州市丰泽区人民检察院以被告人康文松犯私自开拆邮件罪，向泉州市丰泽区人民法院提起公诉。

泉州市丰泽区人民法院经审理查明：2017年间，被告人康文松被派遣至某速递物流股份有限公司泉州分公司从事揽投员工作，并被上述公司安排在本区东海街道滨城揽投站。2018年3月底的一天，康文松所在揽投站接收被害人袁某的诉讼代理人通过快递向袁某邮寄的一部玫瑰金色OPPO R9tm手机（价值人民币350元）。康文松将该邮件按照邮寄要求，投递至本区东海街道御花园小区丰巢快递柜内。因快递单的收件人联系电话号码填写错误，康文松未能与被害人袁某取得联系。同年4月中旬的一天，康文松发现上述邮件无人领取，即取回并放在公司。同年6月的一天，康文松发现该邮件仍无人领取，于是未按照规定将该邮件退回邮件处理中心而是私自开拆，将上述手机占为己有并刷机使用。同年7月，袁某因未收到手机而联系康文松，康文松即将上述手机归还。之后，袁某发现手机内的数据丢失，双方协商未果后，袁某即报警。2018年9月20日，经公安机关电话通知，康文松自动投案，并如实供述了上述事实。

【审判结果】

泉州市丰泽区人民法院认为：被告人康文松身为速递物流公司的揽投员，利用职务便利，私自开拆邮件并从中窃取财物，其行为已构成私自开拆邮件罪。公诉机关指控的犯罪事实和罪名成立。被告人康文松犯罪后自动投案，归案后如实供述犯罪事实，系自首，予以从轻处罚。据此，依照《刑法》第253条第1款、第67条第1款、第72条第1款、第73条第1款和第3款之规定，判决被告人康文松犯私自开拆邮件罪，判处拘役5个月，缓刑6个月。

---

① （2019）闽0503刑初176号。

十四、职务侵占罪

(一) 刑法条文

第二百七十一条第一款 公司、企业或者其他单位的工作人员,利用职务上的便利,将本单位财物非法占为己有,数额较大的,处三年以下有期徒刑或者拘役,并处罚金;数额巨大的,处三年以上十年以下有期徒刑,并处罚金;数额特别巨大的,处十年以上有期徒刑或者无期徒刑,并处罚金。

(二) 犯罪构成

1. 法益

本罪侵害的法益是公司、企业或者其他单位的财物所有权。此处的"公司、企业或者其他单位",是指非公有性质的公司、企业或者其他单位。[①]

2. 客观行为

本罪在客观方面表现为利用职务上的便利,将本单位的财物非法占为己有,数额较大的行为。对本罪的客观方面须从以下两个方面进行理解:

(1) "利用职务便利"。行为人利用职务上的便利而侵吞、窃取、骗取本单位财物,是职务侵占罪的本质特征之一,也是职务侵占罪区别于盗窃罪的主要特征。一般而言,"利用职务上的便利",是指直接利用本人职务上的便利,包括两种情况:一是利用本人主管、经管财物的职务便利;二是担任其他职务的公司、企业或者其他单位工作人员,利用因执行公务而临时经手、管理本单位财物的便利。如果只是利用在本单位工作,熟悉作案环境等条件,不能视为利用职务上的便利,不构成本罪。

(2) 行为人必须非法占有数额较大的财物。行为人非法占有的财物没有达到法定的数额标准的,不成立犯罪。

[①] 参见高铭暄、马克昌主编:《刑法学》(第八版),北京大学出版社、高等教育出版社2017年版,第514页。

3. 行为主体

本罪主体为特殊主体，即限于公司、企业或者其他单位的人员。这里的"公司"，是指依照公司法设立的有限责任公司和股份有限公司。"企业"，是指进行企业登记从事经营活动的，但并不以公司形式组成的经济实体，如厂矿、商店、宾馆饭店以及其他服务性行业。"其他单位"，是指除了公司、企业之外的事业单位、人民团体等。根据《刑法》第271条第2款的规定，国家工作人员不能成为本罪的主体。①

4. 主观罪过

本罪在主观方面出于故意，且以非法占为己有为目的，即行为人明知是公司、企业或者其他单位的财产，还要将其非法占有。

（三）司法认定

1. 共同犯罪

《最高人民法院关于审理贪污、职务侵占案件如何认定共同犯罪几个问题的解释》第2条规定，行为人与公司、企业或者其他单位的人员勾结，利用公司、企业或者其他单位人员的职务便利，共同将该单位财物非法占为己有，数额较大的，以职务侵占罪共犯论处。第3条规定，公司、企业或者其他单位中，不具有国家工作人员身份的人与国家工作人员勾结，分别利用各自的职务便利，共同将本单位财物非法占为己有的，按照主犯的犯罪性质定罪。

2. 本罪与贪污罪

《最高人民法院、最高人民检察院关于办理国家出资企业中职务犯罪案件具体应用法律若干问题的意见》第1条规定，国家工作人员或者受国家机关、国有公司、企业、事业单位、人民团体委托管理、经营国有财产的人员利用职务上的便利，在国家出资企业改制过程中故意通过低估资产、隐瞒债权、虚设债务、虚构产权交易等方式隐匿公司、企业财产，转为本人持有股份的改制后公司、企业所有，应当依法追究刑事责任的，依照《刑法》第382条、

---

① 参见高铭暄、马克昌主编：《刑法学》（第八版），北京大学出版社、高等教育出版社2017年版，第514页。

第 383 条的规定，以贪污罪定罪处罚。

上述规定以外的人员实施该款行为的，依照《刑法》第 271 条的规定，以职务侵占罪定罪处罚；上述规定以外的人员与上述规定的人员共同实施该款行为的，以贪污罪的共犯论处。

3. 所隐匿财产在改制过程中已为行为人实际控制，或者国家出资企业改制已经完成的，以犯罪既遂处理

4. 村民小组组长利用职务便利非法占有公共财物行为的定性

《最高人民法院关于村民小组组长利用职务便利非法占有公共财物行为如何定性问题的批复》明确：对村民小组组长利用职务上的便利，将村民小组集体财产非法占为己有，数额较大的行为，应当依照《刑法》第 271 条第 1 款的规定，以职务侵占罪定罪处罚。

5. 在国家出资企业中从事管理工作的人员利用职务便利非法占有本公司财物的定性

《最高人民法院关于在国有资本控股、参股的股份有限公司中从事管理工作的人员利用职务便利非法占有本公司财物如何定罪问题的批复》明确：在国有资本控股、参股的股份有限公司中从事管理工作的人员，除受国家机关、国有公司、企业、事业单位委派从事公务的以外，不属于国家工作人员。对其利用职务上的便利，将本单位财物非法占为己有，数额较大的，应当依照《刑法》第 271 条第 1 款的规定，以职务侵占罪定罪处罚。

6. 村委会和村党支部成员利用职务便利侵吞集体财产犯罪的定性

《全国法院维护农村稳定刑事审判工作座谈会纪要》明确：关于村委会和村党支部成员利用职务便利侵吞集体财产犯罪的定性问题，为了保证案件的及时审理，在没有司法解释规定之前，对于已起诉到法院的这类案件，原则上以职务侵占罪定罪处罚。

（四）量刑标准

根据《最高人民法院、最高人民检察院关于办理贪污贿赂刑事案件适用法律若干问题的解释》第 11 条第 1 款的规定，《刑法》第 163 条规定的非国家工作人员受贿罪、第 271 条规定的职务侵占罪中的"数额较大""数额巨

大"的数额起点,按照本解释关于受贿罪、贪污罪相对应的数额标准规定的 2 倍、5 倍执行。

(五) 解释索引

(1)《最高人民法院、最高人民检察院关于办理国家出资企业中职务犯罪案件具体应用法律若干问题的意见》(2010 年 11 月 26 日);

(2)《最高人民法院关于在国有资本控股、参股的股份有限公司中从事管理工作的人员利用职务便利非法占有本公司财物如何定罪问题的批复》(2001 年 5 月 23 日);

(3)《最高人民法院关于审理贪污、职务侵占案件如何认定共同犯罪几个问题的解释》(2000 年 6 月 30 日);

(4)《全国法院维护农村稳定刑事审判工作座谈会纪要》(1999 年 10 月 27 日);

(5)《最高人民法院关于村民小组组长利用职务便利非法占有公共财物行为如何定性问题的批复》(1999 年 6 月 25 日)。

(六) 案例举要

◆ 李江职务侵占案[①]

沪深航公司成立于 2002 年 3 月,公司类型为有限责任公司(国内合资)。被告人李江系该公司驾驶员,朱庚戌、熊祥文系搬运工。

2008 年 1 月 12 日下午,被告人李江与朱庚戌、熊祥文三人按照沪深航公司的指令将一批货物从公司仓库运至上海浦东国际机场。李江负责驾驶车辆、清点货物、按单交接并办理空运托运手续,熊祥文、朱庚戌负责搬运货物。当日下午 4 时许,在运输途中,三人经合谋共同从李江驾驶的货车内取出一箱品名为"纪念品"的货物,从该封存箱内窃得 30 枚梅花鼠年纪念金币(价值共计 16 万余元)予以瓜分。后在沪深航公司的追问下,李江和朱庚戌、熊祥文将窃得的 30 枚梅花鼠年纪念金币退至沪深航公司,由沪深航公司退还给

---

① 载《最高人民法院公报》2009 年第 8 期。

托运人。李江、朱庚戌、熊祥文三人陆续离开沪深航公司。2008年3月14日，李江被公安机关抓获。

本案一审的争议焦点是：被告人李江的行为构成职务侵占罪还是盗窃罪。

上海市长宁区人民法院一审认为：被告人李江在实施犯罪行为时利用了自身职务上的便利。李江系沪深航公司的驾驶员，在完成运输任务过程中，不仅负有安全及时地将货物运至目的地的职责，还负责清点货物、按单交接及办理空运托运手续。因此，李江对其运输途中的货物负有保管职责。托运人将涉案金币交付给沪深航公司承运，由此沪深航公司取得了对涉案金币的控制权。李江受沪深航公司委派具体负责运输该批货物，其在运输途中亦合法取得了对该批货物的控制权。根据本案事实，托运人对涉案金币所采取的包装措施，仅是将金币等货物用纸箱装好后以胶带封缄。该包装措施虽然在一定程度上宣示了托运人不愿他人打开封存箱的意思，但主要作用在于防止货物散落。托运人办理托运时，就已整体地将保管、运输该批货物的义务交付给沪深航公司，托运人在整个运输过程中客观上已无力控制、支配该批货物。因此，李江作为涉案货物承运人沪深航公司的驾驶人员，在运输涉案货物途中，对涉案货物负有直接、具体的运输、保管职责。李江正是利用这种自身职务上的便利，伙同他人将本单位承运的货物非法占有。李江身为公司工作人员，伙同他人利用其控制、保管运输途中的货物的职务便利，将本单位承运的货物非法占为己有，其行为符合职务侵占罪的犯罪构成，且数额巨大，应以职务侵占罪予以惩处。李江在公安机关立案侦查前退出了赃物，归案后认罪态度较好，且系初犯，可从轻处罚。

据此，长宁区人民法院依照《刑法》第271条第1款、第25条第1款、第59条之规定，于2008年9月3日作出判决：被告人李江犯职务侵占罪，判处有期徒刑6年，并处没收财产16000元。

长宁区人民检察院以一审判决认定罪名错误、量刑畸轻为由，向上海市第一中级人民法院提出抗诉。其抗诉理由为：首先，托运人任某将封存的货物交付托运时，未对货物进行保险，也未说明价值和品种，按照货运规定，货物丢失，承运方仅承担每千克100元的赔偿责任，无须按丢失货物的实际价值全额赔偿，故沪深航公司不属于本案被害人。其次，本案中托运的货物已由托运人封存，沪深航公司及李江均不清楚箱内货物的具体品种、数量，李江的职责仅为保证封存箱的完好、不丢失，无权打开封存箱。因此，李江等人在运输途中秘密打开封存箱盗窃其中财物的行为是超越其职务权限的，李江秘密窃取的行为没有利用职务上的便利，只是利用了工作上的便利，故不符合职务侵占罪的构成要件。李江伙同他人以非法占有为目的，利用工作便利，秘密开启封存箱，窃得被害人任某价值16万余元的纪念金币，数额特别巨大，其行为构成盗窃罪。一审判决认定罪名错误，导致量刑畸轻，提请二审法院依法改判。

上海市人民检察院第一分院出庭意见认为，一审判决认定的事实清楚，证据确实、充分，诉讼程序合法，但定性错误，导致量刑畸轻。李江秘密窃取他人财物的行为构成盗窃罪，具体理由如下：（1）托运人任某将货物交给沪深航公司托运时，未进行货物保险，也没有说明货物的价值和品种，而是将已经封存好的货物箱按照一般货物进行托运，可见任某将封存箱交付托运时，对封存箱中的货物仍宣示其享有控制权。（2）从沪深航公司承运货物的收费和赔偿标准看，沪深航公司和李江在运输途中对封存箱中的货物不具有直接、具体的保管职责，在货物缺损时也不会向托运人进行全额赔偿。（3）李江的职责仅为保证封存箱的完好、不丢失，无权打开封存箱，因此，李江伙同他人在运输途中秘密开启封存箱，盗窃其中财物的行为是超越其职权的，其行为并未利用职务便利，而是利用工作便利。（4）对李江的行为以盗窃罪定罪处罚，符合我国刑法的立法精神。根据《刑法》第253条第2款的规定，对于邮政工作人员私自开拆或者隐匿、毁弃邮件、电报而窃取财物的，依照盗窃罪从重处罚。本案中，李江所在沪深航公司系货运服务公司，在承运各种货件业务方面与邮政局并无本质差别，故将李江的行为认定为盗窃与上述刑法条款规定所体现的立法精神一致。（5）司法实践中，驾驶员盗窃集装箱内运输物资的案件均按照盗窃罪处理。同样，对于事先封存好的非集装箱运输物资，若驾驶员在运输中予以窃取的，也应以盗窃罪处罚。综上，长宁区人民检察院的抗诉理由充分，应予支持。一审判决对李江行为的定性错误，导致量刑畸轻，应当予以纠正，建议二审法院依法改判。

李江及其辩护人对于一审判决认定的事实和证据均无异议。李江辩护人认为，李江具备职务侵占罪的主体要件，李江系沪深航公司的驾驶员，负责将货物安全运送到目的地，具有经手、管理、控制涉案货物的职务便利。李江主观上有非法占有的故意。李江侵犯的是本公司的财物，公司负责运送的货物应当视为本单位的财物。李江客观上利用自己运输、保管货物的职务便利窃取了自己控制的本单位财物，属于职务侵占的行为。因此，李江的行为符合职务侵占罪的犯罪构成。区分盗窃罪和职务侵占罪的关键，在于窃取行为是否改变被窃财物的控制状态。李江在实施窃取行为之前已经实际控制涉案财物，故其行为应认定为职务侵占罪。针对检察机关的出庭意见，辩护人认为，本单位财物不仅指本单位所有的财物，还包括本单位占有、控制的财物。民事案件赔偿责任与刑事案件定罪无关，李江的行为实际上是侵犯了本单位的财产权利；虽然托运人已经对货物装箱封存，但并不影响李江实际控制该货物；《刑法》第252条规定的是邮政工作人员的行为，是对特殊主体的特别规定，李江所在公司性质与邮政部门不同，不能适用该条规定。综上，李江的行为应以职务侵占罪定罪处罚，一审判决正确，应予维持。

上海市第一中级人民法院经二审，确认了一审查明的事实。

本案二审的争议焦点，仍然是李江的行为构成职务侵占罪还是盗窃罪。

上海市第一中级人民法院二审认为：盗窃罪和职务侵占罪的区别在于行为人实施犯罪行为时是否利用了职务上的便利。因此，认定李江的行为是否构成职务侵占罪，就需要判断李江在实施犯罪行为时是否利用了其自身职务上的便利。

首先，李江在实施涉案犯罪行为时，具有职务上的便利。所谓"职务便利"，是指行为人因在本单位具有一定的职务所产生的方便条件，即管理、保管、经手本单位财物的便利。本案中，沪深航公司依据运输合同合法占有、控制涉案货物。托运人任某虽然事先将货物用纸箱包装并以胶带封缄，但该封装措施的主要作用是防止货物散落、便于运输。根据一般生活常识，用胶带封装纸箱仅是用于对货物进行包装以防止货物散落，不可能达到封闭防盗的目的。检察机关认为任某对货物的封存是宣示其仍享有控制权，但是当事人对动产是否享有控制权是客观状态，并不以当事人的主观心态而发生改变。任某仅用胶带封缄纸箱不可能达到实际控制货物的目的，其将货物交付沪深航公司后也未对沪深航公司的运输行为进行监督。按照普通货物运输惯例，沪深航公司在依据运输合同接收涉案货物后，就取得了该货物的直接控制权，李江在具体负责该货物的运输过程中，亦实际合法取得了该货物的控制权。任某未告知沪深航公司箱内货物的品种、数量的事实，仅影响对运输费用及承运人违约责任的确定，不能由此否认沪深航公司作为承运人实际控制货物的事实，也无法免除承运人保障货物安全的义务。沪深航公司作为承运人，在履行合同过程中不仅负有将货物安全及时地送达目的地的义务，同时对该货物负有直接保管的职责。李江系沪深航公司的驾驶员，在履行职务的过程中实际控制该货物并负有保管货物、将货物运至目的地并办理托运的职责。综上，李江在实施涉案犯罪行为时，具有职务上的便利。

其次，李江在实施涉案犯罪行为时，利用了职务上的便利。虽然李江无权私自拆开涉案货物封箱，但如前所述，胶条封箱仅是包装的形式，并没有防盗密闭作用。李江正是利用自己运输、保管涉案货物的职务便利，伙同他人非法占有封箱内的物品。检察机关关于李江在犯罪中没有利用职务便利而是利用工作便利的意见不能成立。

再次，涉案货物系沪深航公司运输、保管的财物，在运输过程中应视为该公司财物。公司保管、使用或者运输中的他人财产被公司员工侵占后，公司依法要对财产所有人承担民事责任，故公司员工的侵占行为，实际侵害的是所在公司的财产权利。因此，公司保管、使用或者运输中的他人财产也应视为公司财产。本案中，虽然托运人任某在办理托运手续时未对货物进行保险，未说明货物的品种和数量，依据运输合同，任某无法获得全额赔偿，但沪深航公司仍然需要对托运人在一定范围内承担相应的赔偿责任，并因此导致其财产权利实际受到侵害。因此，李江非法占有的涉案货物应视为沪深航公司的财产。

最后，《刑法》第253条第2款是专门针对具有特殊主体身份的邮政工作人员的立法，属于特别规定。根据罪刑法定的原则，对于定罪的法律条款不可进行类推解释。上述刑法条款只适用于邮政工作人员窃取财物的行为，而李江并非邮政工作人员，不适用该规定。

综上，李江身为公司工作人员，伙同他人利用职务便利，将公司承运的货物非法占为己有，数额巨大，其行为已构成职务侵占罪，依法应予以惩处。李江在公安机关立案侦查前退出了赃物，到案后交代态度较好，能够自愿认罪、悔罪，且系初犯、偶犯，酌情从轻处罚。一审判决认定李江犯职务侵占罪的事实清楚，证据确实、充分，定性正确，量刑适当，审判程序合法。其辩护人的辩护意见符合法律规定，予以采纳。上海市长宁区人民检察院的抗诉意见及上海市人民检察院第一分院的出庭意见不能成立，不予采纳。依照《刑事诉讼法》第189条第1项之规定，于2008年11月26日裁定如下：驳回抗诉，维持原判。

十五、挪用资金罪

（一）刑法条文

第二百七十二条　公司、企业或者其他单位的工作人员，利用职务上的便利，挪用本单位资金归个人使用或者借贷给他人，数额较大、超过三个月未还的，或者虽未超过三个月，但数额较大、进行营利活动的，或者进行非法活动的，处三年以下有期徒刑或者拘役；挪用本单位资金数额巨大的，处三年以上七年以下有期徒刑；数额特别巨大的，处七年以上有期徒刑。

国有公司、企业或者其他国有单位中从事公务的人员和国有公司、企业或者其他国有单位委派到非国有公司、企业以及其他单位从事公务的人员有前款行为的，依照本法第三百八十四条的规定定罪处罚。

有第一款行为，在提起公诉前将挪用的资金退还的，可以从轻或者减轻处罚。其中，犯罪较轻的，可以减轻或者免除处罚。

（二）犯罪构成

1. 法益

本罪侵害的法益是公司、企业或者其他单位资金的使用收益权。

2. 客观行为

本罪在客观方面表现为行为人利用职务上的便利，挪用本单位资金归个人使用或者借贷给他人，数额较大、超过 3 个月未还的，或者虽未超过 3 个月，但数额较大、进行营利活动的，或者进行非法活动的行为。

"挪用本单位资金归个人使用或者借贷给他人"，是指公司、企业或者其他单位的非国家工作人员，利用职务上的便利，挪用本单位资金归本人或者其他自然人使用，或者挪用人以个人名义将挪用的资金借给其他自然人和单位的行为。①

"归个人使用"，包括：（1）将本单位资金供本人、亲友或者其他自然人使用的；（2）以个人名义将本单位资金供其他单位使用的；（3）个人决定以单位名义将本单位资金供其他单位使用，谋取个人利益的。②"利用职务上的便利"，是指利用本人在职务上主管、经管或经手单位资金的方便条件，例如单位领导人利用主管财务的职务，出纳员利用保管现金的职务，以及其他工作人员利用经手单位资金的便利条件。未利用职务上的便利，不可能挪用单位资金，也不可能构成挪用资金罪。③"挪用"，是指利用职务上的便利，非法擅自动用单位资金归本人或他人使用，但准备日后退还。其中的"他人"包括自然人与法人等单位。

《刑法》第 272 条规定的挪用资金罪中的"归个人使用"与《刑法》第 384 条规定的挪用公款罪中的"归个人使用"的含义基本相同。1997 年修改《刑法》时，针对当时挪用资金比较突出的情况，在规定"归个人使用时"的同时，进一步明确了"借贷给他人"属于挪用资金罪的一种表现形式。④

本罪的行为对象是单位资金。筹建公司的工作人员在公司登记注册前，利用职务上的便利，挪用准备设立的公司在银行开设的临时账户上的资金，归个人使用或者借贷给他人，构成犯罪的，应当以挪用资金罪论处。⑤

---

① 参见高铭暄、马克昌主编：《刑法学》（第八版），北京大学出版社、高等教育出版社 2017 年版，第 516 页。
② 参见《最高人民检察院、公安部关于公安机关管辖的刑事案件立案追诉标准的规定（二）》第 85 条。
③ 参见《最高人民法院关于如何理解刑法第二百七十二条规定的"挪用单位资金归个人使用或借贷给他人"问题的批复》。
④ 参见《全国人民代表大会常务委员会法制工作委员会刑法室关于挪用资金罪有关问题的答复》。
⑤ 参见《最高人民检察院关于挪用尚未注册成立公司资金的行为适用法律问题的批复》。

挪用资金构成犯罪，分为三种情形：(1) 挪用本单位资金归个人使用或者借贷给他人，数额较大，超过 3 个月未还的。这是较轻的一种挪用行为。其构成特征是行为人利用职务上主管、经手本单位资金的便利条件而挪用本单位资金，其用途主要是归个人使用或者借贷给他人使用，但未用于从事不正当的经济活动，而且挪用数额较大，且时间上超过 3 个月而未还。(2) 挪用本单位资金虽未超过 3 个月，但数额较大，进行营利活动的，或者进行非法活动的。其构成特征是行为人利用职务上主管、经手本单位资金的便利条件而挪用本单位资金，其用途主要是从事营利活动或者非法活动，挪动数额较大，时间上不作超过 3 个月未还的限制。(3) 挪用本单位资金数额巨大的。其构成特征是挪用的数额巨大，对挪用资金的用途和挪用时间不作限制。

3. 行为主体

本罪主体为特殊主体，即公司、企业或者其他单位的工作人员。具体包括三种不同身份的自然人：(1) 股份有限公司、有限责任公司的董事、监事。(2) 上述公司的工作人员，是指除公司董事、监事之外的经理、部门负责人和其他一般职工。上述的董事、监事和职工必须不具有国家工作人员身份（具有国家工作人员身份的人，不能成为本罪的主体，只能成为挪用公款罪的主体）。(3) 上述企业以外的企业或者其他单位的职工，包括集体性质的企业、私营企业、外商独资企业的职工，国有公司、国有企业、中外合资、中外合作股份制公司、企业中不具有国家工作人员身份的所有其他职工。

此外，根据相关司法解释，受国家机关、国有公司、企业、事业单位、人民团体委托，管理、经营国有财产的非国家工作人员也是本罪的行为主体。①

《刑法》第 272 条第 2 款规定："国有公司、企业或者其他国有单位中从事公务的人员和国有公司、企业或者其他国有单位委派到非国有公司、企业以及其他单位从事公务的人员有前款行为的，依照本法第三百八十四条的规定定罪处罚。"

村民小组组长利用职务上的便利，擅自将村民小组的集体财产为他人担

---

① 参见《最高人民法院关于对受委托管理、经营国有财产人员挪用国有资金行为如何定罪问题的批复》。

保贷款，并以集体财产承担担保责任的，属于挪用本单位资金归个人使用的行为，构成犯罪的，应当依照《刑法》第 272 条第 1 款的规定，以挪用资金罪追究行为人的刑事责任。①

4. 主观罪过

本罪的主观罪过为故意，行为人必须明知是单位的资金而非法占有、使用。但这里的非法占有、使用的故意，是指暂时占有、使用单位资金的故意。如果行为人具有不法所有的目的，则成立职务侵占罪。②

(三) 司法认定

1. 共同犯罪

有学者认为，首先，共同犯罪的主体，必须是两个以上达到刑事责任年龄、具有刑事责任能力的人或单位。其次，构成共同犯罪必须二人以上具有共同的犯罪行为。所谓"共同的犯罪行为"，指各行为人的行为都指向同一犯罪，互相联系，互相配合，形成一个统一的犯罪活动整体。再次，构成共同犯罪必须二人以上具有共同的犯罪故意。实施犯罪时故意内容不同的，不构成共同犯罪。

2. 停止形态

按照目前关于既遂标准的通说理论即既遂的构成要件说，犯罪既遂就是行为具备犯罪构成的全部要件，因而，若行为人着手实施犯罪后，违背其意志而使犯罪未能具备犯罪的全部构成要件的，为犯罪未遂。至于预备与中止则按照刑法明文规定即可。

(四) 量刑标准

按照《最高人民法院、最高人民检察院关于办理贪污贿赂刑事案件适用法律若干问题的解释》第 11 条第 2 款的规定，《刑法》第 272 条规定的挪用资金罪中的"数额较大""数额巨大"以及"进行非法活动"情形的数额起

---

① 参见《公安部关于村民小组组长以本组资金为他人担保贷款如何定性处理问题的批复》。
② 参见高铭暄、马克昌主编：《刑法学》（第八版），北京大学出版社、高等教育出版社 2017 年版，第 517 页。

点，按照本解释关于挪用公款罪"数额较大""情节严重"以及"进行非法活动"的数额标准规定的2倍执行。

具体而言，10万元以上为挪用资金"数额较大"的入罪数额，400万元以上为挪用资金"数额巨大"的入罪数额，200万元以上为挪用资金"数额较大不退还"的入罪数额；挪用资金进行非法活动的入罪数额标准为6万元以上，200万元以上为挪用资金进行非法活动"数额巨大"的入罪数额，100万元以上为挪用资金进行非法活动"数额较大不退还"的入罪数额。

《刑法》第272条第3款规定："有第一款行为，在提起公诉之前将挪用的资金退还的，可以从轻或者减轻处罚。其中，犯罪较轻的，可以减轻或者免除处罚。"

（五）解释索引

(1)《最高人民法院、最高人民检察院关于办理贪污贿赂刑事案件适用法律若干问题的解释》（2016年4月18日）；

(2)《全国人民代表大会常务委员会法制工作委员会刑法室关于挪用资金罪有关问题的答复》（2004年9月8日）；

(3)《公安部关于村民小组组长以本组资金为他人担保贷款如何定性处理问题的批复》（2001年4月26日）；

(4)《最高人民检察院关于挪用尚未注册成立公司资金的行为适用法律问题的批复》（2000年10月9日）；

(5)《最高人民法院关于如何理解刑法第二百七十二条规定的"挪用单位资金归个人使用或借贷给他人"问题的批复》（2000年7月20日）；

(6)《最高人民法院关于对受委托管理、经营国有财产人员挪用国有资金行为如何定罪问题的批复》（2000年2月16日）。

（六）案例举要

 侯朋挪用资金、职务侵占案[①]

陕西省三原县人民法院审理三原县人民检察院指控原审被告人侯朋犯挪

---

① （2018）陕0422刑初26号、（2019）陕0422刑初104号、（2020）陕04刑终69号。

用资金罪、职务侵占罪一案，于2018年7月6日作出（2018）陕0422刑初26号刑事判决。原审被告人侯朋不服，提出上诉。陕西省咸阳市中级人民法院审理后，于2019年6月13日作出（2018）陕04刑终156号刑事裁定：撤销三原县人民法院（2018）陕0422刑初26号刑事判决，发回三原县人民法院重新审判。三原县人民法院重新审理后，于2019年12月5日作出（2019）陕0422刑初104号刑事判决。宣判后，原审被告人侯朋仍不服，提出上诉。陕西省咸阳市中级人民法院受理后，依法组成合议庭，于2020年7月7日公开开庭进行了审理。现已审理终结。

原审判决认定：2012年6月，被告人侯朋与张某甲从他人手中购买三原牧源奶牛养殖有限公司（以下简称"牧源公司"）股权成为该公司股东。2013年4月22日，张某乙投资入股，侯朋、张某甲、张某乙三人成为该公司股东，由侯朋担任公司经理，负责公司经营。在张某乙投资入股时，三人对公司资产进行了清算，并且三人在清算单上签字。公司资产有：养殖户借款228.13万元、固定资产146.27万元，合计374.4万元；经三人商议，三人各投资124.8万元。当时公司账户余额31.001067万元未包括在公司清算资产中。张某乙当日向公司账户转入12.4万元，另将32.4万元转入到侯朋个人账户。2013年5月10日，被告人侯朋从牧源公司账户中将36万元借给朋友谭某用于竞标工程，后让张某甲以牧源公司给王某某转账36万元为名制作对账单交与公司会计作账。2013年6月5日，谭某将36万元还给侯朋。侯朋收到该笔款后，同年6月25日付给奶农栾某某10.5万元用于公司业务，剩余25.5万元并未入账，被其个人侵占。

2013年9月3日，牧源公司以侯朋的名义在中国银行西安临潼支行贷款到账57.5万元。当日，侯朋擅自将其中的10万元借给谭某。2014年6月11日，谭某将10万元借款还给侯朋。

另查，牧源公司成立于2009年11月27日，属于自然人投资或控股的有限责任公司。经营范围及方式是奶牛养殖、销售，法定代表人是侯朋。

依据以上事实，原审法院认为，被告人侯朋在担任牧源公司法定代表人期间，利用其职务之便，将本单位资金36万元借给谭某，其中10.5万元用于经营活动；又在该公司银行贷款到账57.5万元的当日将其中的10万元借给谭某，属于挪用本单位资金 10 万元借贷给他人，且超过 3 个月未还，以上被告人侯朋挪用本单位资金共计 20.5 万元借贷给他人，其行为已触犯《刑法》第 272 条之规定，构成挪用资金罪。被告人利用其职务之便，将本单位资金 36 万元借给谭某，后将其中的 25.5 万元非法占为己有，数额较大，其行为已触犯《刑法》第 271 条之规定，构成职务侵占罪。故公诉机关指控其犯罪事实清楚，证据确实充分，罪名成立。法院遂依照《刑法》第 271 条、第 272 条、第 64 条及《最高人民法院、最高人民检察院关于办理贪污贿赂刑事案件适用法律若干问题的解释》第 11 条之规定，判决：（1）被告人侯朋犯挪用资金罪，判处有期徒刑 8 个月；犯职务侵占罪，判处有期徒刑 1 年 8 个月；数罪并罚，决定执行有期徒刑 2 年；（2）责令被告人侯朋退赔牧源公司损失 25.5 万元。

宣判后，原审被告人侯朋不服，上诉提出：他从牧源公司账户转给谭某的 36 万元是其个人资金，原审认定该 36 万元属于公司资金，继而认定他对其中 25.5 万元予以侵占构成职务侵占罪，对其中 10.5 万元予以挪用构成挪用资金罪，认定事实及定性错误。据此，请求二审撤销原判，予以改判。

咸阳市人民检察院派员出庭，认为原审诉讼程序合法，判决认定侯朋构成职务侵占罪、挪用资金罪的事实清楚、正确，证据确实、充分，建议二审驳回上诉，维持原判。

经审理查明：2012 年 6 月，原审被告人侯朋与张某甲从他人手中购买牧源公司股权成为该公司股东。2013 年 4 月 22 日，张某乙投资入股，侯朋、张某甲、张某乙三人成为该公司股东，由侯朋担任公司经理，负责公司经营。在张某乙投资入股时，三人对公司资产进行了清算，并且三人在清算单上签字。公司资产有：养殖户借款 228.13 万元、固定资产 146.27 万元，合计 374.4 万元；当时公司账户余额 31.001067 万元未列入公司资产清算单中。经三人商议，侯朋、张某甲、张某乙各投资 124.8 万元（即各投资 374.4 万元的 1/3）；因该公司之前借张某乙 80 万元，经清算对账，张某乙因认购股份应再给侯朋 44.8 万元。当日，张某乙将 12.4 万元转入公司账户，将 32.4 万元转入侯朋的个人账户。同年 4 月 26 日，公司账户收入 5.3351 万元；同年 5 月 4 日，公司账户支出 4 笔共计 12.4907 万元。2013 年 5 月 10 日，侯朋从牧源公司账户中将36万元借给朋友谭某用于竞标工程，后让张某甲以牧源公司给王某某转账36万元为名制作对账单交与公司会计作账。2013年6月5日，谭某将36万元还给侯朋。侯朋收到该笔款后，同年6月25日付给奶农栾某某10.5万元用于公司业务，剩余25.5万元并未入账，被其个人侵占。

2013年9月3日，牧源公司以侯朋的名义在中国银行西安临潼支行贷款到账57.5万元，当日，侯朋擅自将其中的10万元借给谭某。2014年6月11日，谭某将10万元借款还给侯朋。

另查，牧源公司成立于2009年11月27日，属于自然人投资或控股的有限责任公司。经营范围及方式是奶牛养殖、销售，法定代表人是侯朋。

法院认为，上诉人侯朋在担任牧源公司法定代表人期间，利用其职务便利擅自决定从本公司账户出借36万元给他人从事营利活动，因该36万元中不排除包含张某乙认购股份转给侯朋个人的12.4万元，故其此次挪用资金的数额应认定为23.6万元。因侯朋在挪用该笔资金后向公司股东张某甲谎称将资金借给了养牛户王某某，张某甲据此出具了对账单，导致该虚假的对账单被会计作账使用；且侯朋在收到该笔还款后未入账，除将10.5万元支付给奶农栾某某用于公司业务外，将其余资金据为己有，其在诉讼过程中又辩解出借的该36万元均属于其个人资金，故侯朋此次挪用资金后，其主观意图明显发生变化，产生了侵占公司资金的犯意，对其挪用23.6万元的行为应根据处理转化犯的原则，以职务侵占罪定罪处罚，但侯朋实际侵占资金的数额应扣除其用于公司业务支付给奶农的10.5万元，认定为13.1万元。上诉人侯朋侵占公司资金数额较大，其行为已触犯《刑法》第271条之规定，构成职务侵占罪。上诉人侯朋又利用其职务便利，在本公司银行贷款到账后擅自将其中10万元借给他人，数额较大，超过3个月未还，其行为已触犯《国刑法》第272条之规定，构成挪用资金罪。上诉人侯朋犯有数罪，依法应予以并罚。对其违法所得应责令退赔受损单位。咸阳市人民检察院关于原审审判程序合法的出庭意见成立，予以支持；关于原审认定事实清楚、证据确实充分、量刑适当的出庭意见不能成立，不予支持。关于上诉人侯朋的上诉意见及辩护人的辩护意见，根据侯朋在2013年5月10日从牧源公司账户出借给谭某36万元之前公司账户的余额情况及资金组成情况，结合侯朋在出借资金后向张某甲谎称资金用途及其在侦查阶段的供述等证据，可综合认定侯朋从公司账户出借给谭某的 36 万元中确有 23.6 万元属于公司资金，后侯朋在收到 36 万元还款后对其挪用的公司资金产生侵占意图，应按职务侵占罪论处，实际侵占数额为 13.1 万元（即 23.6 万元扣减用于公司业务支付给奶农的 10.5 万元），故侯朋的上诉意见及辩护人的辩护意见部分成立，予以采纳，部分不成立，不予采纳。

综上，原审关于第一宗事实的认定有误，导致本案量刑不当，应予改判。依照《刑法》第 271 条第 1 款、第 272 条第 1 款、第 64 条、第 69 条第 1 款、《最高人民法院、最高人民检察院关于办理贪污贿赂刑事案件适用法律若干问题的解释》第 11 条第 1 款和第 2 款、《刑事诉讼法》第 236 条第 1 款第 3 项的规定，判决如下：（1）撤销陕西省三原县人民法院（2019）陕 0422 刑初 104 号刑事判决。（2）上诉人侯朋犯职务侵占罪，判处有期徒刑 8 个月；犯挪用资金罪，判处有期徒刑 6 个月；决定执行有期徒刑 11 个月。（3）责令上诉人侯朋退赔牧源公司损失 13.1 万元。

十六、故意延误投递邮件罪

（一）刑法条文

第三百零四条　邮政工作人员严重不负责任，故意延误投递邮件，致使公共财产、国家和人民利益遭受重大损失的，处二年以下有期徒刑或者拘役。

（二）犯罪构成

1. 法益
本罪侵害的法益是国家的邮政管理秩序。
2. 客观行为
本罪在客观方面表现为邮政工作人员严重不负责任，故意延误投递邮件，致使公共财产、国家和人民利益遭受重大损失的行为。① 按照《中华人民共和国邮政法》第 6 条、第 20 条的规定，邮政企业应当为用户提供迅速、准确、安全、方便的业务；邮政企业寄递邮件，应当符合国务院邮政管理部门规定的寄递时限和服务规范。邮政工作人员不履行其职责，不遵守上述规定，即为不负责任的表现。如果行为人出于泄愤、报复而故意延误投递邮件，也是邮政工作人员对其职责不负责任的表现，至于如何界定严重与否，则应主要结合其造成的危害后果来认定。

3. 行为主体

本罪主体为特殊主体，即邮政工作人员。这里的"邮政工作人员"，是指邮政企业及其分支机构的营业员、投递员、押运员或者其他从事邮政工作的人员。②

4. 主观罪过

本罪在主观方面出于故意，即行为人严重不负责任，拒不办理依法应当办理的邮政业务，故意延误投递邮件。

（三）司法认定

本罪只存在既遂。延误投递邮件的行为发生了使公共财产、国家和人民利益遭受重大损失的结果，才构成犯罪。仅有延误投递的行为而没有发生重大损失的结果，不成立本罪。

（四）量刑标准

根据《最高人民检察院、公安部关于公安机关管辖的刑事案件立案追诉标准的规定（一）》第 45 条的规定，邮政工作人员严重不负责任，故意延误投递邮件，涉嫌下列情形之一的，应予立案追诉：（1）造成直接经济损失 2 万元以上的；（2）延误高校录取通知书或者其他重要邮件投递，致使他人失去高校录取资格或者造成其他无法挽回的重大损失的；（3）严重损害国家声

---

① 参见高铭暄、马克昌主编：《刑法学》（第八版），北京大学出版社、高等教育出版社 2017 年版，第 555 页。
② 参见陈兴良：《规范刑法学》（第四版），中国人民大学出版社 2017 年版，第 999 页。

誉或者造成其他恶劣社会影响的;(4)其他致使公共财产、国家和人民利益遭受重大损失的情形。

根据《刑法》第 304 条的规定,犯本罪的,处 2 年以下有期徒刑或者拘役。

(五)解释索引

《最高人民检察院、公安部关于公安机关管辖的刑事案件立案追诉标准的规定(一)》(2008 年 6 月 25 日)。

(六)案例举要

 扬中市鸿顺速递有限公司、吴某等故意延误投递邮件案①

扬中市人民法院收到扬中市鸿顺速递有限公司的刑事自诉状,扬中市鸿顺速递有限公司请求依法追究被告人吴某、曹某甲、曹某乙、张某、蔡某、魏某的刑事责任,判处其犯破坏生产经营罪、寻衅滋事罪、故意延误投递邮件罪。法院依法组成合议庭对本案进行了审查,现已审查终结。

扬中市鸿顺速递有限公司诉称:吴某、曹某甲、曹某乙、张某、蔡某等五人,原系扬中鸿顺速递有限公司片区承包人。五被告人为一己私利,全然不顾职业操守和合同约定,于 2015 年 11 月 21 日、22 日、23 日连续三天罢工,拒不送件。2016 年 2 月 1 日吴某、曹某甲擅自停止派件,直至 2 月 19 日才来公司取件。第 2 天,即 2 月 20 日吴某、曹某甲、曹某乙、张某四人再次实施罢工。其间,吴某、曹某甲非法扣留自诉人 300 余件快件拒不归还(注:根据两个月遗失 86 件之多的快件,结合现场盗窃快件,推断被告人没有全部归还)。

由于被告人一而再再而三地不顾职业操守和合同约定,自诉人 2016 年 2 月 20 日依法与被告人解除承包合同。出于泄愤报复,吴某、曹某甲、曹某乙、张某、蔡某等五人,纠集以被告人魏某为首的数十名社会不良人员。分别于 2016 年 2 月 20 日、21 日、22 日、23 日、26 日、27 日、29 日,七次使

---

① (2017)苏 1182 刑初字第 257 号。

用自驾的机动车围堵我司大门和各个车辆进出口通道。其他人员涌入我司内部工作场所，以谩骂、推搡、恐吓、打砸等违法行为，对我司员工实施不法侵害，严重扰乱了我司的正常工作秩序。

恶劣的是，在自诉人报案后，警方已介入的情形下。六被告人依然六次纠集数十名社会不良人员，以自驾的机动车围堵我司大门和各个车辆进出口通道。其他人员依然涌入我司内部工作场所，以谩骂、推搡、恐吓、打砸等手段对我司员工实施不法侵害。

由于六被告人聚众持续不间断非法侵害，我司员工刘某遭受过度惊吓，出现恐惧、害怕、茶饭不思、噩梦不断、不敢出门等症状，2016年3月1日在扬中人民医院接受住院治疗23天，诊断"急性应激障碍"，出院后服药至今仍未痊愈，2017年3月镇江第五人民医院诊断"创伤性应激障碍"。据此，自诉人认为，我司员工刘某患病与六被告人的不间断非法侵害存在直接因果关系。

另外，根据我司实时监控显示，2016年2月23日18时许，上述六被告人纠集的十数名不法人员，在我司分拣快递工作现场，除对正在分拣快递的员工实施谩骂、推搡、恐吓外，数人多次用快递包裹打砸我司员工，并且恶意用脚猛踩踩踏快递包裹，混乱中，两个不知名的女人趁机偷盗三个快递包裹。

因六被告人的违法犯罪行为，根据上海圆通公司2016年4、5两个月传至我司的处罚数据，据不完全统计，我司直接经济损失达62938.8元，其中失窃损失达8480.94元。

根据我司监控系统2016年2月23日拍摄的实时画面，由六被告人带来的闲杂人员偷盗快递包裹的行为，以及被告人吴某、曹某甲非法扣留我司300余件快件，当天究竟被扣多少快件没有归还不得而知。但问题的关键是，我司自成立以来，从没有在短短的两个月当中失窃过86件快件，总价值8480.94元（本次直接经济损失62938.80元，不包括2015年11月21日至23日连续三天罢工的损失，三天直接经济损失超过20万元）。

据此，自诉人认为，六被告人六次纠集大量社会不良人员在我司工作场所泄愤报复、寻衅滋事，结合2016年2月23日监控拍摄到的盗窃行为。因此不能排除六被告人和这些社会不良人员在七次非法闯入我司工作场所趁乱实施盗窃的可能性。因为我司自成立以来，月均失窃快件包裹从没超过两件。

综上，自诉人请求追究六被告人犯破坏生产经营罪、寻衅滋事罪、故意延误投递邮件罪的刑事责任。

扬中市人民法院认为：扬中市鸿顺速递有限公司控诉六被告人犯破坏生产经营罪、寻衅滋事罪、故意延误投递邮件罪均不属人民法院直接受理的自诉案件的范围，应由公安机关先行受理，自诉人不能直接提起刑事自诉。本案中，自诉人控告六被告人犯寻衅滋事罪，扬中市公安局向刘某作出《不予立案通知书》，表明公安机关已经作出了不予追究犯罪嫌疑人刑事责任的书面决定，刘某可以提起刑事自诉，如刘某因故不能告诉，可由其法定代理人、近亲属代为告诉。但本案的自诉人扬中市鸿顺速递有限公司并非刘某的法定代理人、近亲属，故扬中市鸿顺速递有限公司诉讼主体资格不适格。依照《刑事诉讼法》第204条、《最高人民法院关于适用〈中华人民共和国刑事诉讼法〉的解释》第1条、第263条第2款第1项的规定，裁定如下：对扬中市鸿顺速递有限公司的刑事自诉，本院不予受理。

十七、泄露不应公开的案件信息罪

（一）刑法条文

第三百零八条之一第一款　司法工作人员、辩护人、诉讼代理人或者其他诉讼参与人，泄露依法不公开审理的案件中不应当公开的信息，造成信息公开传播或者其他严重后果的，处三年以下有期徒刑、拘役或者管制，并处或者单处罚金。

（二）犯罪构成

1. 法益

本罪侵害的法益是司法机关的正常的诉讼及审判活动。

2. 客观行为

本罪在客观方面表现为泄露依法不公开审理的案件中不应当公开的信息，

造成信息公开传播或其他严重后果的行为。①"泄露",是指将本不应告知他人的信息让他人知悉。"依法不公开审理的案件",是指根据法律规定,属于特别情况,不得进行公开审理的案件。

3. 行为主体

本罪主体为特殊主体,即只能是司法工作人员、辩护人、诉讼代理人或者其他诉讼参与人。单位也可以成为本罪的主体。

4. 主观罪过

本罪在主观方面出于故意,过失不构成本罪。即行为人主观上明知所泄露的信息属于不公开审理的案件信息。

（三）司法认定

区分本罪与故意泄露国家秘密罪的界限,是认定本罪的一个关键问题。本罪与故意泄露国家秘密罪的区别主要在于:

（1）在犯罪客体方面,本罪的客体为司法机关正常的诉讼秩序和诉讼当事人涉案信息的安全,而故意泄露国家秘密罪的客体为国家保密制度。

（2）在犯罪对象方面,本罪泄露的是依法不公开审理的案件中不应当公开的信息,包括涉及国家秘密而不公开审理的案件中的不应公开的国家秘密;故意泄露国家秘密罪泄露的仅限于国家秘密。

（3）在犯罪主体方面,本罪主体为特殊主体,是指参与该案件的司法工作人员、辩护人、诉讼代理人或者其他诉讼参与人;故意泄露国家秘密罪的主体可以由国家工作人员构成,也可能由非国家工作人员构成。

（四）量刑标准

根据《刑法》第 308 条之一的规定,犯本罪的,处 3 年以下有期徒刑、拘役或者管制,并处或者单处罚金。

---

① 参见高铭暄、马克昌主编:《刑法学》(第八版),北京大学出版社、高等教育出版社 2017 年版,第 559 页。

十八、披露、报道不应公开的案件信息罪

（一）刑法条文

第三百零八条之一第三款　公开披露、报道第一款规定的案件信息，情节严重的，依照第一款的规定处罚。

（二）犯罪构成

1. 法益

刑法学界主流观点认为本罪的法益是司法机关的正常活动。① 本书认为，本罪侵害的法益是司法机关正常的诉讼活动和审判活动以及诉讼当事人的信息安全。

2. 客观行为

本罪在客观方面表现为公开披露、报道依法不公开审理的案件中不应当公开的信息的行为。其中"不应当公开的信息"包括国家秘密、商业秘密、个人隐私等信息。

3. 行为主体

本罪主体为一般主体，任何具有刑事责任能力的自然人均可构成本罪，单位也可成为本罪的主体。

4. 主观罪过

本罪在主观方面出于故意，即行为人应当明知披露、报道的信息为不公开审理案中不应公开的信息。至于行为人在主观方面的目的是什么，对本罪在定罪方面不会产生影响。

（三）司法认定

本罪为情节犯，以情节严重作为构成犯罪的限制性要件，学界一般认为

---

① 参见高铭暄、马克昌主编：《刑法学》（第八版），北京大学出版社、高等教育出版社2017年版，第559页。

情节犯只存在既遂。

（四）量刑标准

根据《刑法》第308条之一的规定，犯本罪的，处3年以下有期徒刑、拘役或者管制，并处或者单处罚金。单位犯本罪的，对单位判处罚金，并对其直接负责的主管人员和其他直接责任人员，依照上述规定处罚。

十九、接送不合格兵员罪

（一）刑法条文

第三百七十四条 在征兵工作中徇私舞弊，接送不合格兵员，情节严重的，处三年以下有期徒刑或者拘役；造成特别严重后果的，处三年以上七年以下有期徒刑。

（二）犯罪构成

1. 法益

本罪侵害的法益是国家征兵工作的正常活动。《中华人民共和国国防法》第50条第2款规定："各级兵役机关和基层人民武装机构应当依法办理兵役工作，按照国务院和中央军事委员会的命令完成征兵任务，保证兵员质量。其他有关国家机关、社会团体和企业事业单位应当依法完成民兵和预备役工作，协助兵役机关完成征兵任务。"所以在征兵工作中徇私舞弊必会影响到我国征兵工作的正常活动以及我国国防实力和军事储备力量。

2. 客观行为

本罪在客观方面表现为在征兵工作中徇私舞弊，接送不合格兵员，情节严重的行为。"徇私舞弊"，通常是指为徇私情、私利，故意违背事实和法律，伪造材料，隐瞒情况，弄虚作假的行为。从严格意义上理解，"徇私"应理解为徇个人私情、私利。接送不合格兵员入伍的具体表现形式包括：（1）接送不到入伍年龄的兵员；(2) 接送学历不符合征兵要求的兵员；(3) 接送健康状况不符合入伍条件的兵员；(4) 接送政治审查不合格的兵员；(5) 接送依法受过刑事处罚的人等不合格兵员；(6) 接送其他不合格兵员。行为必须同时具备"徇私舞弊"与"接送不合格兵员"的构成要件，且情节严重的构成本罪。①

3. 行为主体

本罪主体为特殊主体，即负责或者参与征兵工作的有关人员。既包括地方武装部负责征兵工作的人员，也包括征兵部队派出的武装部队工作人员。

4. 主观罪过

本罪在主观方面出于故意，即行为人明知其徇私舞弊的行为是不符合法律规定的，也明知这种行为可能产生严重后果，但放任这种结果的发生，且行为人在主观上具有徇私的目的。

（三）司法认定

本罪的认定，应着重区分罪与非罪的界限。本罪客观方面的"徇私舞弊"与"接送不合格兵员"必须同时具备，且情节严重才能成立本罪。因而未同时具备客观方面构成要件，或者虽然具备客观方面构成条件，但未达到情节严重程度的，不构成接送不合格兵员罪。②

（四）量刑标准

根据《最高人民检察院、公安部关于公安机关管辖的刑事案件立案追诉标准的规定（一）》第93条的规定，在征兵工作中徇私舞弊，接送不合格兵员，涉嫌下列情形之一的，应予立案追诉：(1) 接送不合格特种条件兵员1名以上或者普通兵员3名以上的；(2) 发生在战时的；(3) 造成严重后果的；(4) 其他情节严重的情形。

---

① 参见高铭暄、马克昌主编：《刑法学》（第八版），北京大学出版社、高等教育出版社2017年版，第617页。
② 同上书，第618页。

根据《刑法》第 374 条的规定，犯本罪的，处 3 年以下有期徒刑或者拘役；造成特别严重后果的，处 3 年以上 7 年以下有期徒刑。

（五）解释索引

《最高人民检察院、公安部关于公安机关管辖的刑事案件立案追诉标准的规定（一）》（2008 年 6 月 25 日）

后 记

2016年11月7日，中共中央办公厅印发《关于在北京市、山西省、浙江省开展国家监察体制改革试点方案》，部署在三省市设立各级监察委员会，从体制机制、制度建设上先行先试、探索实践，为在全国推开积累经验。2016年12月25日，第十二届全国人民代表大会常务委员会第二十五次会议通过《关于在北京市、山西省、浙江省开展国家监察体制改革试点工作的决定》，决定在三省市设立监察委员会，行使监察职权。即将试点地区人民政府的监察厅（局）、预防腐败局及人民检察院查处贪污贿赂、失职渎职以及预防职务犯罪等部门的相关职能整合至监察委员会。2017年11月4日，第十二届全国人民代表大会常务委员会第三十次会议通过《关于在全国各地推开国家监察体制改革试点工作的决定》。2018年3月，全国从中央到地方全面成立"监察委员会"。

根据《中华人民共和国监察法》第3条的规定，各级监察委员会是行使国家监察职能的专责机关，依照本法对所有行使公权力的公职人员进行监察，调查职务违法和职务犯罪，开展廉政建设和反腐败工作，维护宪法和法律的尊严。监察委员会与纪委合署办公，从而实现党对国家监察工作的领导，是实现党和国家自我监督的政治机关。作为行使国家监察职能的专责机关，监察委对《中华人民共和国刑法》中的88个罪名具有管辖权。为了准确地理解与适用这些罪名，我们组织人员编写了《监察委管辖案件罪名适用精编》一书，这也是在我受聘上海市嘉定区监察委员会法律顾问之后萌生的想法。经过一段时间的努力，我们完成了这本书的编写工作。在编写过程中，我们结合了2020年12月26日第十三届全国人民代表大会常务委员会第二十四次会议表决通过，并于2021年3月1日起生效的《中华人民共和国刑法修正案

（十一）》的最新内容。参加本书编写的人员有：安超杰、陈冲、方圆、傅星杰、葛格、洪欣秀、贾雯婷、金忠杰、林令佳、唐青、汪芳、汪涵治、王天龙、颜筱燚、姚山春、张妍、周鑫薇。全书最后由李翔统稿。在本书编写过程中，得到了上海市嘉定区监察委员会的大力支持，在此特别表示感谢。

李　翔　谨识于华东政法大学明实楼

2021年1月11日